国家社科基金青年项目资助(16CJY022)

新时代健康老龄化理论与实践

济南社会科学院 编

山东大学出版社
·济南·

图书在版编目(CIP)数据

新时代健康老龄化理论与实践 / 济南社会科学院编
. —济南:山东大学出版社,2020.9
ISBN 978-7-5607-6726-0

Ⅰ.①新… Ⅱ.①济… Ⅲ.①人口老龄化—研究—中国 Ⅳ.①C924.24

中国版本图书馆 CIP 数据核字(2020)第 187022 号

策划编辑 徐 翔
责任编辑 李昭辉
封面设计 牛 钧

出版发行 山东大学出版社
社 址 山东省济南市山大南路 20 号
邮政编码 250100
发行热线 (0531)88363008
经 销 新华书店
印 刷 济南华林彩印有限公司
规 格 720 毫米×1000 毫米 1/16
23.25 印张 360 千字
版 次 2020 年 9 月第 1 版
印 次 2020 年 9 月第 1 次印刷
定 价 86.00 元

《新时代健康老龄化理论与实践》

编委会

序

“健康老龄化”概念的提出源于人口老龄化给社会带来的压力。随着经济社会的发展，人的寿命逐渐延长，而与此同时，生育率却大幅度下降，人口老龄化呈现快速发展的趋势。世界卫生组织预测，到 2025 年，发展中国家的老年人口将达到 8.4 亿，约占全球老年人口的 70%。面对社会快速老龄化的到来，如何应对日益严峻的人口老龄化趋势，如何在保障老年人合法权益的同时，减轻老年人医疗费用压力，降低适老性基础设施投入增加及老年社会福利增加等与社会经济发展产生的矛盾，一直是世界各国不得不面对的重要课题。近几年，强调让老年人拥有健康的身体，尽可能延长老年人具有劳动能力和从事社会活动的时间，从而缓解人口老龄化对社会冲击的理念被国际社会普遍接受，“健康老龄化”被认为是应对人口老龄化的重要战略。

我国高度重视人口健康问题。2016 年 10 月，中共中央、国务院发布了《“健康中国 2030”规划纲要》;2017 年 3 月，国家卫计委、国家发改委、国家中医药局、全国老龄办等 13 部门联合印发了《“十三五”健康老龄化规划》，提出要积极应对人口老龄化，提高老年人的健康水平，助力实现“健康中国”的战略目标。

“健康老龄化”战略在中国实施的成败，不仅是事关我国能否处理好老龄化与社会经济发展之间矛盾的根本性议题，而且还是推进“健康中国”建设的关键性环节。在我国进入社会主义新时代，踏上从“富起来”走向“强起来”的新征程的起步之时，实施“健康老龄化”战略是积极应对人口老龄化问题的正确选择。

本书从理论和实践两个维度对如何实现健康老龄化进行了研究：

从理论层面来看，本研究对新时代健康老龄化的定位和发展策略进行了系统阐述。首先，对健康老龄化概念的提出、认识以及引入我国的过程进行了阐释；论述了健康老龄化概念从提出以来，世界卫生组织以及世界各国学者对其研究的不断深化和拓展以及对其内涵的不断丰富和完善；我国学者在引进国外研究成果的同时，对健康老龄化与中国实际相结合进行了大量本土化探索。其次，对我国健康老龄化的发展策略展开了研究，以《“健康中国 2030”规划纲要》、十九大“实施健康中国战略”的精神以及我国《“十三五”健康老龄化规划》为依据，详细分析和阐释了未来我国实施健康老龄化的发展方向和发展策略。

从实践层面来看，本研究不仅引荐了世界上经济发达国家制定和建构老年人健康支持体系的政策和做法，从而对未来健康老龄化整体性、长期性的问题进行了思考和考量，而且还就我国如何实现健康老龄化进行了路径探索，在健全多元化养老服务体系，深化和拓展老年人教育，倡导和促进老年人健康生活方式，大力开展老龄健康产业，积极推进养老智慧化这五个方面展开了具体研究，并提出了对策和建议。

马军远

2019 年 11 月

目　录

第一章
新时代健康老龄化的定位和发展策略

为了迎接人口老龄化的挑战，国际社会提出，要把实现健康老龄化作为一项全球性的发展战略。在1987年5月召开的世界卫生大会上，“健康老龄化”这一概念被正式提出。随后，1990年世界卫生组织提出了实现“健康老龄化”的目标。1994年，邬沧萍教授首次把“健康老龄化”这一概念引入中国。2016年10月，中共中央、国务院印发了《“健康中国2030”规划纲要》，并发出通知，要求各地区、各部门结合实际，认真贯彻落实，并就“促进健康老龄化”作了专门部署。2017年3月，国家卫计委、国家发改委等部门联合下发了《“十三五”健康老龄化规划》。

“健康老龄化”这一概念从提出到引入中国，再到纳入中国发展战略，在30余年的时间里，不仅是学术界广泛关注的热点问题，而且还是各省市和地区在经济社会发展规划中不可忽略的问题之一。

第一节　“健康老龄化”概念的提出及理论研究

一个国家或地区如果60岁以上的人口占总人口的10％以上，或65岁以上的人口占总人口的7％以上，即为人口老龄化社会。由于生育率的迅速下降和平均预期寿命的延长，我国的人口老龄化发展迅速。数据资料显示，2015年我国65岁以上的人口总数为1.44亿，占总人口的比重为10.47%[①]，而预计到2050年，我国65岁以上的人口数将达到3.6亿，约占总人口的25.6%。[②] 在人口老龄化趋势加剧的社会背景下，健康老龄化理论被引入我国，并迅速引发了学界关于健康老龄化在中国的本土化研究热潮。通过跨学科、多层次的对话和交流，使健康老龄化的研究领域逐渐拓展，成果也不断得到丰富。

一、"健康老龄化"概念的提出及引入我国

随着经济社会的发展，西方发达国家率先进入了老龄化社会，由此而带来的负面影响也日益显现，突出表现在社会保障方面。例如，英、美、法等国对老年医疗保险和退休金支出已感到难以承担，几届政府都试图削减或已经削减这方面的财政预算，也因此引起了很多社会矛盾。为应对这一历史性挑战，1987年5月召开的世界卫生大会把"健康老龄化的决定因素"作为老龄化研究项目的主要课题，列入世界卫生组织的《全球保健纲要》；1990年9月，世界卫生组织在哥本哈根会议上把"健康老龄化"作为一个战略目标；1993年7月，第15届世界老年学大会更是把"科学为健康的老龄化服务"定为大会主题。[③] 在这些目标和战略的引领下，国外学者曾提出过"积极老龄化"(active aging)、"生产型老龄化"(productive aging)和"成功的老龄化"(successful aging)的概念，作为老龄化的积极发展模式。发达国家纷纷从自身实际情况出发，提出了量身定做的"健康老龄化"方案，使得他们国家大多数老年人在物质生活丰富的基础上寻求更大意义的健康幸福。[④]

在20世纪90年代初期，世界卫生组织提出和倡导"健康老龄化"之际，中国正经历着改革开放和经济崛起。如何建构中国的社会保障体系，如何积极应对人口老龄化，以避免步西方后尘，成了学界关注的热点问题。最早在我国提倡"健康老龄化"的是时任中国老年学学会会长邬沧萍教授。1994年2月，在卫生部、中国老龄问题全国委员会和中国老

---

① 参见陆杰华、郭冉：《从新国情到新国策：积极应对人口老龄化的战略思考》，《国家行政学院学报》2016年第5期。

② 参见曾毅：《尽快实施城乡"普遍允许二孩"政策既利国又惠民》，《人口与经济》2015年第5期。

③ 参见王珣、刘毅强：《略论健康老龄化》，《医学与哲学》1996年第9期。

④ 参见童峰：《基于循证实践方法的老年人口健康干预研究》，西南财经大学出版社2016年版，第15页。

年学学会联合组织召开的"中国老年保健研讨会"上，邬沧萍教授以"为使我国出现健康的老龄化而奋斗"为题致开幕词。同年同月,《中国老年学》杂志刊登了他撰写的《为实现健康的老龄化而努力》一文。同年9月20日，邬沧萍教授又在《人民日报》上发表文章提倡"健康老龄化"。[①] 从此,健康老龄化理论在中国"落地生根",并取得了丰硕成果。在中国知网,仅以"健康老龄化"为关键词进行篇名检索就显示,从1995年至2018年,有1390余篇文献。

二、健康老龄化的定义和认识

(一)健康老龄化的定义

1987年5月,以延长寿命和增加生活满意度为目标的"健康老龄化"概念在世界卫生大会上第一次被提出,并被作为老龄化研究项目的主要研究课题。值得一提的是,"健康老龄化"概念自从提出以来,伴随着社会的进步、经济的发展及人口老龄化进程的加快,人们不断赋予它新的内容。1990年,世界卫生组织把"健康老龄化"作为应对人口老龄化的一项发展战略而提出,其主旨是从老年人的健康状况和医疗保健出发,延长人类的生物学年龄和心理年龄,强调提高老年人的生活质量,缩短带病生存期并延长健康余命,保持较好的身体机能状态,直到生命结束。2002年,世界卫生组织给"健康老龄化"的概念又增加了"保障"和"参与"两个维度,将其发展为"积极老龄化"政策框架。2007年,"健康老龄化"概念得到了进一步的发展,有人认为健康老龄化是老年人在晚年保持躯体、心理和社会功能的健康状态,将疾病和生活不能自理的时间推迟到生命的最后阶段。2015年,"健康老龄化"的概念又发展为"维护老年健康生活所需的功能发挥过程",这是世界卫生组织所下的最新定义,其目标是改善老年人的功能发挥。所谓"功能发挥",是指使个体能够按照自身观念和偏好来生活和行动的健康相关因素。促进健康老龄化,应充分考虑老年人的内在能力、健康特征、自身需求、可支配资源、居住环境等因素,综合评价各因素之间动态交互形成的影响效果,积极增强和维护老年人的内在能力,建立促进老年人功能发挥的良好环境,实现个人与环境的和谐契合,达到改善功能发挥的目标,使老年人的生活处于较高

① 参见王洵:《"健康老龄化"研究的回顾与展望》,《人口研究》1996年第5期。

的健康水平。现在普遍接受的“健康老龄化”概念即源于此。[①]

对健康老龄化的定义，国内虽然有很多学者从不同的视角作出了阐释，但比较而言，本研究认为，目前最权威的是国家在“十三五”健康老龄化规划中给出的解释，具体表述为：健康老龄化，即从生命全过程的角度，从生命早期开始，对所有影响健康的因素进行综合、系统的干预，营造有利于老年健康的社会支持和生活环境，以延长健康预期寿命，维护老年人的健康功能，提高老年人的健康水平。[②] 由此而言，健康老龄化是一个内涵丰富的系统化过程。

（二）对健康老龄化的认识

1. 健康老龄化的内涵和外延

从内涵来看，首先要看人们对于“健康”的认识。早在20世纪50年代，世界卫生组织便把“健康”定义为“躯体、精神和社会适应的完满状态”，由此而引申出了对“健康老龄化”的审视。邬沧萍教授认为：“健康老龄化有生理、心理也有社会含义。”黄怡兴则进一步提出“躯体、社会、经济、心理和智力五种功能状态良好”。[③] 由此可见，随着医学的发展，人们对健康的认识不断拓展，健康的内涵也在不断丰富。现代意义上的“健康”是涉及生理、心理和社会的，多角度、综合性的概念，“健康老龄化”则是在“健康”内涵的基础上审视人口老龄化，使人口老龄化不再是单一的人口结构变化，而是被赋予了人口学、医学、老年学、经济学、社会学等多学科领域的丰富内涵。

从外延来看，“健康老龄化”应包含个体、群体和社会三个层面：“个体”包括老年人个体身心健康和良好的社会适应能力，“群体”包括老年群体的整体健康预期寿命的延长以及良好的社会融入状态，“社会”包括人口老龄化社会中具有良好的、可持续的人文环境和社会环境。三个层面密切相关，老年人个体的健康和老年群体整体的健康是健康老龄化的基础，而人文环境和社会的健康则是健康老龄化的有力保障。

2. 健康老龄化的社会特征

“健康老龄化”不只是老年人或老年群体的追求目标，而且是全社会发展的目标。老年群体的健康是实现“健康老龄化”社会的基础，但同时

① 参见陈坤、李士雪：《健康老龄化的理念演变与实现路径》，《理论学刊》2017年第3期。

② 参见国家卫生计生委等13部委（办、局）：《“十三五”健康老龄化规划》，2017年3月9日。

③ 参见王洵：《健康老龄化”研究的回顾与展望》，《人口研究》1996年第5期。

也应当看到,老年人口并不是社会上的孤立群体,它是与其他年龄人口互相依赖和互相作用的一个整体。[①] 健康老龄化关注老年人口中大多数人的健康长寿,强调总人口中健康老年人比重的不断提高。

从社会学视角来看,研究健康老龄化的目的并不仅局限于“个体的健康老龄化”,而是研究如何实现“社会的健康老龄化”。因此,从促进社会发展的视角来看,健康老龄化社会的主要特征体现在三个方面:一是社会成员中庞大老年群体的绝大多数人是健康长寿的,并过着有尊严、有保障的物质和精神生活;二是社会发展不受人口老龄化的影响,可实现社会经济的持续、快速和健康发展,并使社会生活充满活力;三是社会和家庭的代际关系和谐,各年龄群体的人口协调发展,公平地享受社会发展的一切成果。[②]

3.健康老龄化的过程

无论是从人的个体来讲,还是从社会来讲,健康老龄化都是一个动态的、变化的过程。

首先,就个体而言,健康的变化贯穿人的一生。人从孕育出生一直到老年,是一个逐渐生长的过程。在漫长的一生中,人每一段时期的健康状况不仅与当下的身心健康息息相关,而且还与前一段时期甚至更早时期的身心状况息息相关。因此,要实现健康老龄化,不能仅关注老龄阶段或老年人群,还应当关注其他年龄阶段群体的健康状况。正如王珣等提出的:要提高老年人群的预期寿命,也断然不是从老年人抓起就能够奏效的。无论是从身心健康方面的自我保健意识和行为,抑或是从社会经济方面为老后所做的种种准备和调试,都需要人们在不同的人生阶段打好基础。因此,作为人生来说,健康老龄化的实现需要用人的一生去做准备。[③]

其次,就社会而言,社会发展是一个过程,人口老龄化也是一个过程,而且是伴随着社会经济的一定发展阶段出现,并随着社会的发展而发展的。[④] 人口老龄化是人口结构逐渐演变的过程,这个过程与经济社会发展密切相关,即人口老龄化发展与变迁孕育于经济社会的发展与变

① 参见王珣、刘毅强:《略论健康老龄化》,《医学与哲学》1996 年第 9 期。

② 参见邬沧萍、姜向群:《“健康老龄化”战略刍议》,《中国社会科学》1996 年第 5 期。

③ 参见王珣、刘毅强:《略论健康老龄化》,《医学与哲学》1996 年第 9 期。

④ 参见王珣、刘毅强:《略论健康老龄化》,《医学与哲学》1996 年第 9 期。

迁过程中。

从健康老龄化的过程这一视角来看，要实现健康老龄化的目标不仅需要研究和解决当下老年人群健康医疗、健康服务和健康保障所面临的问题，而且还应当根据人口结构、经济社会发展趋势对健康老龄化发展作出长远预测和发展规划。

三、健康老龄化的理论深化与拓展

由于我国人口老龄化发展迅速，因此健康老龄化引发了社会的极大关注，与此相关的理论研究也不断深化，主要包括全面健康老龄化、积极老龄化等方面，并取得了丰硕成果。这些研究成果的意义不仅体现在理论的深化与拓展上，而且还体现在它们扎根于中国实践，对老龄化发展进行了大量本土化研究，为制定有中国特色的健康老龄化发展战略奠定了坚实的基础。

（一）全面健康老龄化研究

有学者认为，老龄化中国追求的“健康老龄化”应该是“全面健康老龄化”。在人口学意义上，全面健康老龄化不仅指老年人或者老年期的全面健康，而且还包括全人口的“全民健康”。从生命历程看，只有中青年时期的全面健康才能为老年期的全面健康奠定基础。

全面健康老龄化有层面之分：身体健康老龄化是低层面的健康老龄化，心理健康老龄化是中层面的健康老龄化，道德健康老龄化是高层面的健康老龄化。全面健康老龄化包含着老有所健、老有所乐、老有所为、老有所用和老有所成等积极的价值追求。

只有全面促进健康老龄化，才能全面预防和解决老龄化问题。具体来说，一是在“生命健康”的视角下，身体健康、心理健康和道德健康三方面是有机的组合，是不能也不应割裂的。老年人身体健康康虽然重要，但不能全面反映健康老龄化的内涵。二是在“生态健康”的视角下，生存环境、遗传基因和生活方式三因素也是有机的组合，是不可或缺的。从生命历程的角度来理解基因健康老龄化，很多老年病其实就是基因病、遗传病，需要从源头抓起；生存环境通过空气、水和食物来影响人类的健康，最终反映在健康老龄化上，青山绿水实现的是我们期待的“绿色长寿”；从生活方式的角度来理解，人们的行为和选择对老年期的健康都有深刻的影响。

因此,“全面健康老龄化”提倡通过社会推广、社区落实、全民参与的强大机制,促使老年群体在身体健康、心理健康和道德健康三方面同时推进,对遗传基因、生存环境和生活方式三大因素同时关注。[①]

(二)积极老龄化研究

联合国世界卫生组织在第二次世界老龄大会上提出了“积极老龄化”的概念,世界卫生组织在2002年发布了《积极老龄化:政策框架》,将积极老龄化定义为“为了提高老年人的生活质量而优化其健康、参与及保障的机会的过程,使老年人生活更加舒适、更有尊严、更有价值”。其中,“积极”指促进老人继续参与社会、经济、文化、宗教、公民活动,而不仅仅是体育活动或者体力劳动。健康、参与和保障是积极老龄化的三大支柱。积极老龄化从老年人社会权利的视角出发看待老年人问题。从科学的角度来说,积极老龄化是一个更宽泛的概念,包括了成功老龄化、健康老龄化、生产老龄化、效率老龄化的范畴。[②]

从健康老龄化到积极老龄化,体现了人们对老年人的角色认识发生了改变,老年人群不仅是社会发展的受益者,而且还是社会发展的参与者,为社会做出了贡献。因而,老年人群不仅是被保障的对象,而且还是人力资源的一部分,应当大力发掘老年人所拥有的资源,为经济社会发展奉献经验和智慧。这一转变要求在应对人口老龄化的过程中要充分认识到老年人的潜能,鼓励老年人参与社会活动,促进老年人发展,创建有利于老年人发展的社会环境。

从建立积极老龄化理论与政策框架来看,积极老龄化理论的产生和发展受到积极心理学、生命周期理论等思想的影响,并强调以权力为基础,维护老年人的权利。有学者提出,积极心理学研究积极的情绪和体验、积极的个性特征、积极的心理过程对于生理健康的影响,旨在由治疗转为潜能开发,表现在解决老龄化问题上,就是帮助老年人开发潜能,树立积极健康的社会参与信心,消除社会成员对老年人的偏见。[③] 邬沧萍强调,随着研究的不断推进,积极老龄化理论由“以需求为基础”转向“以

---

① 参见穆光宗:《全面把握“健康老龄化”》,《理论思考》2014年第9期。

② 参见张俊、侯培娇、陈佩雯等:《积极老龄化研究进展》,《牡丹江医学院学报》2017年第5期。

③ 参见李金珍、王文忠、施建农:《积极心理学:一种新的研究方向》,《心理科学进展》2003年第3期。

权利为基础”，关注老年人所应享有的权利。[①] 宋全成等认为，积极老龄化“以承认老年人的人权和联合国关于独立、参与、尊严、照料和自我实现的原则为基础”，老年人有权利要求国家、政府及社会保障他们享有社会参与、继续工作、得到尊重、社会保障的权利。[②] 也有人认为，积极老龄化以提高老年人生命生活的质量、延长寿命为目标，为此应动员、组织、优化各种社会资源，制定系统解决老龄化问题的社会发展政策。[③]

从积极老龄化的应用实践来看，多数学者认为，各级政府和非政府组织以及全社会各行各业在应对人口老龄化的过程中，都应发挥积极作用。要根据老年人的需要、愿望和能力，努力创造条件，使他们参与社会发展，充分发挥他们的作用。老年人虽然从工作岗位上退了下来，但他们仍然是家庭和社会的宝贵资源，要让他们融入社会、参与社会，使他们活得有价值、有意义。

（三）健康老龄化影响因素分析研究

基于对世界卫生组织“健康老龄化”的响应，很多国家和国际组织都已积极开展关于老年健康影响因素的研究。例如，欧盟牵头实施的“老龄健康的遗传学”（Genetics of Healthy Aging，GEHA）研究项目，涉及人口学、遗传基因学、老年医学、分子生物学、遗传流行病学、生物信息与统计学等多学科领域，由各方面专家参与协作完成，以确定老年人的生理基因与社会环境各因素之间是否存在相关性。[④] 近几年来，国内老年健康影响因素研究成果不断丰富，其研究领域已从疾病、死亡和寿命等方面，逐步扩大到社会、医疗和保障领域，研究对象更加细化，有专门针对高龄老人的研究，也有针对女性老人、失能老人、贫困老人、养老照护、临终照护等的研究。此外，通过不同养老模式来探讨养老质量及老年人口健康问题也日趋普遍起来。例如，陈功按时间纵向梳理了养老模式的历史演绎历程及变化趋势[⑤]，有些学者则从横向比较的角度探讨目前多样

① 参见邬沧萍：《积极应对人口老龄化理论诠释》，《老龄科学研究》2013 年第 1 期。

② 参见宋全成、崔瑞宁：《人口高速老龄化的理论应对：从健康老龄化到积极老龄化》，《山东社会科学学报》2013 年第 4 期。

③ 参见崔恒展、李宗华：《老龄化背景下的养老内容研究》，《山东社会科学》2012 年第 4 期。

④ 参见童峰：《基于循证实践方法的老年人口健康干预研究》，西南财经大学出版社 2016 年版，第 16 页。

⑤ 参见陈功：《我国养老方式研究》，北京大学出版社 2003 年版，第 1 页。

化的养老模式对于养老的差异性影响[①]，还有学者通过比较社区居家养老、社区机构养老、机构养老等不同机构，探讨了其对老年人生活质量的影响。

伴随着健康老龄化理论研究的不断深入，人们认识到，实现健康老龄化的目标最终必须上升到发展战略层面，并落实到政策的制定和应用上。因而健康老龄化的影响因素研究并没有停留于医学、生物学、人口学等领域，而是不断向政治、经济、社会和科学技术等领域延伸。例如，有学者运用 PEST 分析法[②]，对健康老龄化的影响因素进行了分析，并从宏观战略层面提出了对策建议。白忠良等人运用 PEST 分析法，从政治、经济、社会、技术四个维度对我国健康老龄化事业进行了分析。从政治环境来看，自改革开放以来，人口老龄化问题日益受到国家的关注和重视，政府先后出台了一系列政策文件，包括 1994 年国家计委、民政部等部门联合制定了《中国老龄化工作七年发展纲要（1994～2000）》，2000 年国家出台了《关于加强老龄工作的决定》，2001 年国务院公布了《中国老龄事业发展“十五”计划纲要（2001～2005）》，2011 年国家出台了《中国老龄事业发展“十二五”规划》，2017 年国家出台了《“十三五”国家老龄事业发展和养老体系建设规划》等。

从经济环境来看，经济水平的提升为老龄化事业的发展提供了坚实的保障，在改革开放初期，“未富先老”的现状曾经对我国的养老社会保障体系、城乡老年人保障水平带来了一定的影响。另外，老龄人口数量的增多带来了老年人卫生服务利用需求的增大及卫生费用的上涨。研究发现，2000～2050 年，与年龄相关的社会支出的增长大约一半是由医疗卫生和长期护理引起的。而与此同时，我国银发产业逐渐兴起，老年人的各种需求随着老龄化进度的加快也在同步增长。在我国，老年养老服务、老年金融投资理财业务、老年人娱乐设备和电子产品等产业正日渐兴起。

从社会环境来看，目前社会对健康老龄化的认识并没有达到很全面

① 参见章晓爵：《城市居家养老评估指标体系的探索》，百家出版社 2007 年版，第 13 页。

② PEST 分析法是指对宏观环境的分析，包括对政治（politics）、经济（economy）、社会（society）和技术（technology）这四大类主要外部环境因素进行分析，通常是通过这四个因素来分析企业集团面临的状况。如今，PEST 分析法已经不只运用于企业领域，而且普遍被用于分析某一组织、项目甚至国家的特定领域的宏观环境因素。

的高度。大部分观点认为,健康老龄化就是简单地把老年人集中起来供养,防止其遭受疾病的痛苦,但对老年人生活质量重视不足。还有另一部分观点认为,健康老龄化只是针对老年人群体,也就是等到年龄达到老年人口的标准后,再对其采取健康老龄化的措施,而不是将健康老龄化的观念贯穿到整个生命周期过程中。由此可见,健康老龄化的实现离不开正确认识和高度重视健康问题的良好的社会环境。

从技术环境来看,一是实现老龄健康所需的专业人员缺口较大。自1999年起,我国各级政府从上到下建立了相应的老龄工作委员会办公室(简称"老龄委"),形成了一套系统的老龄化工作管理体制,但我国老年专科卫生专业人员的数量还满足不了目前老年人群体的健康服务需求。我国生活自理困难、需要专门人员照护的老年人以及高龄老年人群基数大,需要大量专业化的照护服务人员,目前专业人员整体数量和素质都有待提高。二是健康老龄化研究不足。现阶段,针对实现健康老龄化外在途径的研究较多,主要集中于社会保障、医疗保健、社区服务、养老模式以及政策法规等,但结合现代互联网技术促进健康老龄化的研究以及与其他学科领域交叉起来研究健康老龄化实现途径及其影响因素的研究较少。①

健康老龄化的影响因素分析成果非常丰硕,受篇幅所限,本书不能详尽综述。总之,这些已有的研究为国家健康老龄化发展战略的提出提供了理论依据和专业支撑,对建立健全养老保障措施、改善老年群体的生活和生命质量,从而实现健康老龄化具有重要意义。

四、健康老龄化行动的国际经验借鉴

国际上,一些国家比我国更早关注、研究和采取积极措施来解决人口老龄化问题,健康老龄化已经在一些国家之间达成共识,它们的一些做法和经验值得我们参考和借鉴。

(一)制定健康老龄化国家战略

世界上许多经济发达国家都制定了保障老年人健康的支持体系,以体现老年人的尊严和价值,从而应对人口老龄化,促进实现健康老龄化。

---

① 参见白忠良、杨静、梅光亮等:《我国健康老龄化事业的PEST分析》,《中国卫生事业管理》2018年第3期。

发达国家在应对人口老龄化的过程中，大多从宏观着眼全盘考虑，建构应对老龄化挑战的一揽子政策。[①]

澳大利亚政府采用全政府视角，通过退休金和退休收入支持、人力保障、住房、社会包容、长期教育以及医疗、健康和其他老年人健康服务来保障老年人，促进老年人发展。在澳大利亚，有比较完善的专门针对老年人的综合保健，分为养老院养老和社区养老，分别对不同年龄段、不同需求的个体提供个性化服务。另外，澳大利亚还制定了老龄化的国家战略（NSAA），把健康老龄化作为政策议程中的核心问题，并且政府决定落实一系列的政策，使老年人能够最大限度地参与并奉献社会。

日本政府为解决老年人的经济、医疗和日常生活护理照料等一系列问题，建立了以“年金—医疗—护理”为核心的老年人福利体系和以居家养老为中心、以社区老年服务为补充的老年服务模式。此外，日本还建立了专门针对前期高龄老年人（企业退休人员，70～74 岁）和后期高龄老年人（75 岁及以上）的医疗费用调节制度，从而减轻了高龄老年人的医疗费用负担。

英国的老年健康支持依托于国家卫生服务制度下的健康保障，医疗、社区和养老相结合的社区照护以及独立于国家卫生服务制度的社会照料服务。社会照料服务是专门为老年人、精神病患者和儿童提供的一项护理和保健的援助项目，通常围绕看护的尊严、接受照护和晚年健康这三个主题进行。

在美国，有专门保障老年人健康的美国老年和残障健康保险以及保障穷人（包括低收入老年人）的医疗救助，老年人可以从中获得包括医院和医生服务、家庭健康计划咨询、专业护理机构的照护、诊断服务等基础性医疗服务。美国的长期照护服务主要包括护理院保健、家庭卫生保健和临终关怀，为不同需求的老年人提供照护服务。此外，美国还制定了促进中老年人身体活动的计划以及定期拜访老年人的福利保障。[②]

新西兰政府采取健康老龄化战略，该战略的目的是提供更多的机会来促进老年人以他们所喜欢的方式参与到社区活动中来。而要达到该

---

① 参见茅倬彦、杨玉萍、郭震威：《人口老龄化背景下发达国家的困境和应对策略》，《人口与计划生育》2015 年第 6 期。

② 参见国家应对人口老龄化战略研究·健康老龄化与老年健康支持体系研究课题组：《健康老龄化与老年健康支持体系研究》，华龄出版社 2014 年版，第 19 页。

目的，需要消除参与的障碍，并和所有部门一起采取行动，与此同时还要平衡老年人、年轻人以及下一代的需求。该战略提供了一个框架，用来指导一系列政府机构政策和服务的发展，也确定了一些实现健康老龄化的关键领域。同时，还对现行的政策和服务进行了评价，来保证与健康老龄化原则的一致性。新西兰的健康老龄化战略确定了十个优先目标，并配有针对性的行动，具体工作项目将由政府的不同部门来承担、参与。

加拿大制定了老龄化卫生政策来保证和促进健康老龄化的实现。同时，加拿大公共卫生机构建议，要想从个人健康行为方面获得健康老龄化，需要老年人的参与，重新调整卫生服务体系，将研究转化为行动，创造支持性的环境，采取一种多层面的方法承认多样性，并建立可持续发展机制，同时打击年龄歧视。①

（二）制定健康老龄化的相关制度和措施

1. 长期照护制度

世界卫生组织大力提倡长期照护服务，作为老年护理制度的一部分，长期照护是指由非正式的照护提供者（家庭、朋友、邻居）和（或）专业人员（卫生、社会、其他）开展的活动系统，以确保缺乏完全自理能力的人能根据个人的优先选择保持最高可能的生活质量，并享有最大可能的独立、自主、参与、个人充实和人类尊严。世界卫生组织提出，长期照护的重要内容包括："保持参与社区、社会和家庭生活；住房的环境性适应和辅助装置以弥补功能减退；评估和评价社会照护和卫生保健状况，产生明确的照护计划，并由适当专业人员和准专业人员采取后续行动；制定规划，以通过降低危险性措施和质量保证减少残疾或预防进一步恶化；必要时在专门机构照护环境或住区照护环境中提供照护；规定承认并满足精神、情感和心理需要；酌情采取必要的姑息治疗和抚恤治疗；对朋友、家庭和其他非正式提供照护者的支持。"

但是，在许多国家，由于提供照护的人得不到任何报酬，导致家庭照护带来了新的经济和社会压力。大多数非正规护理仍然由妇女提供，提供照护的妇女由于离开劳动力市场，失去了晋升机会，收入也较低，从而在经济上蒙受了损失。为了兼顾工作和家庭责任，她们还要承受体力和

① 参见国家应对人口老龄化战略研究·健康老龄化与老年健康支持体系研究课题组：《健康老龄化与老年健康支持体系研究》，华龄出版社 2014 年版，第 13、19 页。

精神上的压力。在世界许多地区，特别是在非洲，人类免疫缺陷病毒/艾滋病的蔓延迫使生活已经非常艰难的老年妇女挑起更重的担子，照护感染人类免疫缺陷病毒/艾滋病的子孙以及因父母死于艾滋病而沦为孤儿的孙辈。

家庭照护的提供者（通常情况下为中年或老年妇女）生病后应该得到支持或者照护，以确保她们能够最大限度地提供照护服务，管理他们在照护过程中的压力，从而更长时间地扮演照护角色。在瑞典，政府通过“支付照看者计划”，为非正式照护者发放工资，这就要对照看任务和照护时间作出规范。对于被雇用的正式照护者来说，同样可以通过社会保险和福利获得补贴。日本、马来西亚和新加坡为那些在家照护患者的人提供经济激励。在马来西亚，政府对有老年人花费医疗费用的家庭减免税收。但是，将钱补给家庭而非照护提供者本人可能会造成性别上的不公平，例如，通常由女性来承担照护的任务，而由男性作为家庭的代表领取和控制这笔补偿金。①

2. 创建老年人友好型城市

随着城市的发展，60 岁以上的老年居民人数也在增长。世界卫生组织提出了“积极老龄化政策框架”，为实现该框架，世界卫生组织提出了《创建老年人友好型城市指南》，该指南鼓励城市对老年人友好，以促进老年人的发展。友好型城市的建筑和服务都能够满足不同需求和能力的老年人。在老年人友好型城市中，所有的政策、服务、设施和建筑都应该支持老年人，确保老年人继续活跃，其基本出发点是承认老年人的能力，并将老年人作为一种重要的资源；预测和顺应老年人不断变化的需求和喜好；尊重老年人的决定和生活方式；保护易感老年人；促进老年人参与社会生活。老年人友好型城市主要包括户外空间和建筑、交通、住房、社会参与、尊重和社会包容、公民参与和就业、交流和信息、社会支持和健康服务八个方面。

该指南主要针对城市规划人员，但也针对老年公民，后者可利用该指南来监督建设更关爱老年人的城市的各方面进展，其核心是一个涉及关爱老年人特征的核对表。例如，为促进市内步行和享受城区绿地，一

---

① 参见国家应对人口老龄化战略研究·健康老龄化与老年健康支持体系研究课题组：《健康老龄化与老年健康支持体系研究》，华龄出版社 2014 年版，第 14 页。

个关爱老人的城市应当有足够的位置适当、维护良好和安全的公用长椅以及足够的清洁、安全、便于残疾人使用和标志明显的公共厕所。

关爱老年人城市的其他重点特征包括：人行道应当有良好的维修和照明设施；公共建筑物应当充分便利残疾人出入；城市公共汽车司机应当等老年人坐稳之后才开车，公共汽车上应有优先供老年人使用的座位；应当有足够的残疾人专用停车位；社区应当有能适应人进入老年以后需求和能力方面变化的房屋；应提供友好的个人化服务和信息，而不是自动化的应答服务；应当以简单的语言提供便于阅读的书面信息；在居住区附近应当有公用和商业服务点与商店，而不是集中在城外；应当有尊重和包容老年人的公民文化。

3.基于年龄友好的初级卫生保健

对贫穷的老年人来说，以社区为基础的初级保健中心通常是最早接触到的卫生保健系统，也通常是唯一能够接触到的保健系统。在这些机构中所获得的服务和治疗对促进老年人健康影响重大。为老年人的保健和康复进行投资能延长他们健康和活跃的岁月，最终目标是实现一种持续的照护，包括促进健康和预防疾病，平等地提供初级保健、急性护理治疗、康复，慢性健康问题的社区照护，老年人（包括老年残疾人）的身心康复，乃至为身患苦疾或不治之症的老年人提供姑息治疗。对老年人的有效照护需要综合考虑身心、社会、精神和环境因素。

初级保健是以实际的、科学的和社会可以接受的方法和技术为基础的基本保健，社区内的个人和家庭通过全面参与均能普遍获得，而且社区和国家本着自力更生和自主的精神，在其发展的每一阶段都负担得起。老年人在利用保健服务方面可能会遇到若干障碍，包括经济上、身体上、心理上和法律上的障碍。他们还可能遇到提供服务时的年龄歧视以及与年龄有关的残疾歧视，因为有人可能认为给老年人治疗不如给年轻人治疗有价值。针对初级保健，世界卫生组织提出了以下建议：

（1）创建老年人友好型初级保健中心，并给出了以下指导意见：信息、教育和培训，包括所有的健康保健工作人员都应该受到文化知识、态度和技能方面的培训；所有在保健中心的临床人员都需要接受老年护理核心技能的基本培训；卫生中心提供与年龄、性别和文化相适宜的教育和信息，对老年人进行健康教育、疾病管理，提供药品；卫生中心人员应该定期检测药物的使用情况等。

(2)建立以社区为基础的健康保健管理系统,卫生中心应该努力使他们的管理过程满足老年人的特殊需求,包括低收入、低教育水平、认知水平受损的老年人;保健中心系统应该是成本敏感的,以确保低收入人群对卫生服务的利用;保健中心应该采取在社区水平提供连续保健服务的支持体系;保健中心应该建立机制,以促进和协调获得社会和家庭照护服务;健康中心应该有老年人的健康档案,使他们能够在社区保健和二级、三级机构提供的保健以及社会服务之间得到连续性的支持;所有的利益相关者(包括老年人)都应该是基于社区的卫生服务机构决策制订的参与者;提供有关健康中心的信息,例如营业时间、收费标准、药品和检查收费、注册程序等时都应该以年龄、性别适宜的方式提供。

4. 应对施暴于老年人和忽略老年人的做法

对老年人的忽略、虐待和暴力行为有多种形式,包括身体的、心理的、情感的、经济的,并且发生在每个社会、族裔和地理领域,对此都应有干预计划。随着年龄的变老,痊愈能力下降,因此受到虐待的老年人可能永远不能完全从身体或心理所受的创伤中恢复过来。羞耻和恐惧会使老年人不愿寻求帮助,因此创伤的影响可能更加严重。各社区必须共同努力,防止对老年人的虐待、犯罪行为和欺骗行为。专业人士应该认识到家庭、社区和养老机构正规和非正规护理人员可能会有忽略、虐待和暴力行为。

干预计划包括在年轻人中教育和培养尊重老年人的意识,例如,可以在学校课程中适当引入反对虐待老年人的内容,在加拿大已经开始尝试这样做。

日本的一个非正式组织——老年人虐待研究协会(Society for the Study of Elder Abuse,简称“SSEA”)在 1996 年成立了日本老年人虐待干预中心。该中心开通了热线,提供与虐待老年人有关的信息和法律咨询,同时还提供有关健康保健和福利的信息。

1998 年,在阿根廷首都布宜诺斯艾利斯促进社会和老年人福利部门建立了专门处理虐待老年人问题的机构。参与该项目的专家和其他工作人员都接受了特殊的关于暴力干预的老年病学培训。

为应对对老年人的忽略和暴力行为,联合国第二次老龄大会提出了如下两个目标:

(1)消除对老年人一切形式的忽略、虐待和暴力行为,包括利用媒体和其他提高认识的宣传工作，提高专业人员的敏感度，并教育公众，使他们认识到虐待老年人问题及其各种特点和原因；颁布法律，加强司法工作，消除虐待老年人的行为，消除对老年人有害的传统习俗等。

(2)建立支持帮助服务体系，处理虐待老年人问题，包括为受虐待者提供服务，做出安排促使施虐者改过自新；鼓励保健和社会服务专业人员让可能受虐待的老年人了解他们可以得到的保护和支持；将处理虐待老年人问题的方式作为专业护理人员培训的一部分；建立信息方案，使老年人了解欺骗消费者的行为等。[①]

(三)国外健康老龄化措施对我国的启示

国际上，发达国家的做法虽然因国家情况的不同而有所不同，但综合起来看，对我国在以下几个方面有一定借鉴意义或启示：

(1)积极面对人口老龄化问题，政府高度重视并发挥了不可替代的社会协调作用。政府借助于其社会影响力以及国民的信任，引领全社会广泛参与，建构养老助老的社会保障功能；号召全社会在包括户外空间和建筑、交通、住房、社会参与、尊重和社会包容、公民参与和就业、交流和信息、社会支持和健康服务等方面尊重老年人的决定和生活方式，促进老年人参与社会生活。

(2)依据本国人口老龄化的实际情况，除了在宏观上制定国家健康发展战略、健康老龄化发展战略之外，还制定了有较强针对性的、详细的社会养老助老计划，以此推进和不断扩大社会养老助老的社会覆盖面，不断扩大社会的影响力，消除人口老龄化所带来的社会负面影响。

(3)制定并出台相关的法律和规定，以法律的形式规范社会养老助老的行为，从而不断提高社会为老年人提供的服务质量，积极有效地提高老年人的生活水平，保证老年人的合法权益。

(4)建立健全养老助老规范化、标准化管理体系，根据老年人的特点，通过制定和出台非常明确的居住、生活、医疗、服务等技术标准，防止老年人出现意外事故，这一方面减少了行业风险，另一方面切实保障了养老助老的服务水平和质量。

(5)建立多元化养老助老服务体系，针对老年人经济收入、身体状

① 参见国家应对人口老龄化战略研究·健康老龄化与老年健康支持体系研究课题组：《健康老龄化与老年健康支持体系研究》，华龄出版社 2014 年版，第 45～50 页。

况、个人和家庭文化背景、职业背景以及年龄阶段等特征建立多元化养老助老服务体系,以满足老年人多元化的需求。

第二节　新时代健康老龄化发展战略

在我国进入社会主义新时代,踏上从"富起来"走向"强起来"的新征程之际,实施健康老龄化战略是根据我国人口老龄化发展趋势和老年人口客观实际制定的正确的人口政策,是积极应对人口老龄化的明智选择,这一战略的实施必将对推进"健康中国"建设和实现中华民族伟大复兴的中国梦起到积极的促进作用和重要的保障作用,意义重大而深远。①

健康老龄化发展战略是应对人口老龄化的科学定位和顶层设计,各级政府担任着决策者和执行者的双重角色,在实现健康老龄化的目标管理、组织实施等方面发挥着重要作用。

一、我国老年人健康与社会保障政策回顾

改革开放前,我国沿袭着长期以来以计划经济、单位制为主要特征的经济社会体制,老年人的照料主要由家庭和单位承担,政府着力解决的是城市"三无"、农村"五保"等特殊困难老年人的基本生活保障问题,主要是通过兴办城市福利院和农村敬老院提供集中供养服务。② 改革开放后,随着国家实力的显著增强,党和政府开始积极探索一切有利于社会主义现代化建设的新观点、新方法,"社会福利社会化"这一当时在发达国家已经发展成熟的社会福利观念被引入国内,并在全国开展了广泛的探索和实践。

40 多年来,国家在养老服务机构建设、医养结合养老服务、老年人健康与医疗体制改革、养老保险制度建设等领域相继出台了一系列政策,逐渐建构起具有中国特色的健康老龄化政策支撑体系。

(一)养老服务机构建设政策回顾

改革开放前和改革开放初期,我国养老服务是以"社会福利"的形式

---

① 参见王胜今、舒莉:《积极应对我国人口老龄化的战略思考》,《吉林大学社会科学学报》2018 年第 6 期。

② 参见民政部社会福利和慈善事业促进司:《为了夕阳红满天——老年人福利与养老服务 40 年发展历程与成就》,《中国民政》2018 年第 24 期。

出现的。养老服务机构建设的内容一般是纳入社会福利院发展的范畴，重点是照护“三无”(即无生活来源、无劳动能力、无法定赡养人)对象。1979 年，城市福利院开展了孤老职工的自费收养工作，使城市老年人社会福利服务对象第一次冲破了“三无”对象的局限。

1984 年 11 月，民政部在福建漳州召开全国城市社会福利事业单位整顿经验交流会议，首次提出“社会福利社会办”的指导思想，支持城市社会福利院和农村敬老院向社会老年人开放。1992 年，邓小平在南方视察期间谈到了人口老龄化的问题，指出中国解决老龄化问题不能走欧洲福利国家的路子，还是要走中国的以家庭养老为主的路子。在这个阶段，“养老服务”的概念尚未出现，各级政府文件大部分以老年人福利服务定义老年人服务。

1993 年《民政部、国家计委等部门关于加快发展社区服务业的意见》(民福发[1993]11 号)第一次提出了“养老服务”的概念。该文件将养老服务项目纳入社区服务业范畴，确立了“85％以上街道兴办一所社区服务中心、一所老年公寓(托老所)、一所残疾人收托所和一所以上托幼机构”的发展目标。在这个时期，发展养老服务和养老服务业被提出并纳入政府议事日程。因为养老服务发展不成熟及语言习惯，养老服务与老年人福利服务的概念在这个时期并存使用。但总的看来，这个时期无论是老年人福利服务还是养老服务，都主要是指为老年人提供的生活照顾和护理服务，即狭义的养老服务概念。①

1996 年，我国颁布了《中华人民共和国老年人权益保障法》，党和国家对老龄事业与产业的发展更加重视。民政部等相关部门相继出台了《社会福利机构管理暂行办法》《老年人社会福利机构基本规范》等政策文件，从软件和硬件方面规范了福利机构的管理，服务项目也不再局限于单一的生活保障，养老、医疗、康复护理、精神慰藉等内容逐渐融为一体。此外，民政部还发布了《农村敬老院管理暂行办法》，对敬老院的性质、资金渠道、管理主体、院务管理、财务管理、人员选用、生产经营、政策扶持等方面作出了明确规定，大大推动了农村敬老院的规范化发展。

2000 年以来，党和国家对养老机构发展的重视力度不断增强，指导

---

① 参见民政部社会福利和慈善事业促进司：《为了夕阳红满天——老年人福利与养老服务 40 年发展历程与成就》，《中国民政》2018 年第 24 期。

性文件也越来越具体。以民政部为例，十几年间相继出台了《关于加快实现社会福利社会化的意见》《关于支持社会力量兴办社会福利机构的意见》《关于加快发展养老服务业的意见》《养老机构设立许可办法》《养老机构管理办法》等一系列重要文件。特别是2006年公布的《关于加快发展养老服务业意见的通知》提出要“逐步建立和完善以居家养老为基础、社区服务为依托、机构养老为补充的服务体系”，还提出“地方各级人民政府和有关部门要采取积极措施，大力支持发展各类社会养老服务机构。引导和支持社会力量兴建适宜老年人集中居住、生活、学习、娱乐、健身的老年公寓、养老院、敬老院”。从此，养老机构的发展环境日益优化。

2013年国务院下发的《关于加快养老服务业发展的若干意见》明确提出，要“充分发挥市场在资源配置中的基础性作用，逐步使社会力量成为发展养老服务业的主体”，并从投融资、税收、土地、补贴、人才培养与就业等方面提出了具体的政策要求。文件出台后，相关部门相继出台了《关于推进养老服务评估工作的指导意见》《关于开展公办养老机构改革试点工作的通知》《关于开展养老服务业综合改革试点工作的通知》《关于加强养老服务标准化工作的指导意见》《关于推进养老机构责任保险工作的指导意见》等文件，其中大部分是针对养老机构发展过程中迫切需要突破和解决的问题进行的政策指引与试点要求。

2015年，国家发改委、民政部、全国老龄办联合印发了《关于进一步做好养老服务业发展有关工作的通知》，明确将政府用于社会福利事业的彩票公益金50%以上用于养老服务业。此外，各地也纷纷出台了社会养老服务体系建设规划，并通过建立财政专项资金、加大建设补贴和运营补贴等方式，着力提高对社会养老服务体系的财政投入。

（二）“医养结合”养老服务政策回顾

从政策层面来看，“医养结合”从提出到实施大致可分为三个阶段。

第一阶段为“初始阶段”，即从改革开放到2015年。这一阶段还没有关于医养结合的专项政策，多数散见于关于建设和发展养老服务体系的政策文件之中。例如，2011年12月，国务院办公厅发布了《社会养老服务体系建设规划（2011～2015年）》，首次在国家政策文件中提出鼓励在老年养护机构中内设医疗机构，指出“在机构养老层面，重点推进供养型、养护型、医护型养老设施建设”；2013年9月，在国务院发布的35号文《国务院关于加快发展养老服务业的若干意见》中，首次在国家层面的文件中提出“积极推进医疗卫生与养老服务相结合”，并明确指出“推动医养融合发展”“要促进医疗卫生资源进入养老机构、社区和居民家庭”“要探索医疗机构与养老机构合作新模式”等。在国务院35号文明确了“推动医养融合发展”的任务之后，国家又陆续发布了一系列指导性文件，如《国务院关于促进健康服务业发展的若干意见》（国发[2013]40号）、《关于加强养老服务标准化工作的指导意见》（民发[2014]17号）、《关于推进城镇养老服务设施建设工作的通知》（民发[2014]116号）、《关于规范养老机构服务收费管理促进养老服务业健康发展的指导意见》（发改价格[2015]129号）、《关于鼓励民间资本参与养老服务业发展的实施意见》（民发[2015]33号）等。在这些指导性意见中，都对发展“医养结合”作出了相关指示。

第二阶段为“规划部署”阶段，以国务院办公厅转发卫生计生委、民政部、发展改革委、财政部、人力资源社会保障部、国土资源部、住房城乡建设部、全国老龄办、中医药局等在2015年11月联合发布的《关于推进医疗卫生与养老服务相结合的指导意见》为标志。该意见可谓国家为推动“医养结合”发展作出的顶层设计，并明确了具体目标。该意见对推进医疗卫生与养老服务相结合，满足人民群众多层次、多样化的健康养老服务需求进行了全面部署。该意见提出，到2020年，符合国情的医养结合体制机制和政策法规体系基本建立，医疗卫生和养老服务资源实现有序共享，覆盖城乡、规模适宜、功能合理、综合连续的医养结合服务网络基本形成。该意见对基层医疗卫生机构、医疗机构、养老机构开展不同形式的医疗卫生便利服务提出了要求。该意见明确了实现医养结合五方面的重点任务，包括建立健全医疗卫生机构与养老机构合作机制，支持养老机构开展医疗服务，推动医疗卫生服务延伸至社区、家庭，鼓励社会力量兴办医养结合机构，鼓励医疗卫生机构与养老服务融合发展等。该意见的发布标志着国家对发展“医养结合”养老服务作出了宏观指导和整体规划。

第三个阶段是“推行试点”阶段。继《关于推进医疗卫生与养老服务相结合的指导意见》出台后至今，医养结合试点从国家层面全面展开，试点目的是探索《关于推进医疗卫生与养老服务相结合的指导意见》各项指导性政策如何实施落地。2016年6月，民政部、卫生计生委下发了《关于确定第一批国家级医养结合试点单位的通知》(国卫办家庭函[2016]644号),确定了北京市东城区等50个市(区)作为第一批国家级医养结合试点单位。2016年9月,卫计委下发了《关于确定第二批国家级医养结合试点单位的通知》(国卫办家庭函[2016]1004号),确定北京市朝阳区、天津市南开区等40个市(区)作为第二批国家级医养结合试点单位。前后两批共确定了90个试点市(区),范围覆盖31个省、直辖市、自治区。随着试点在实践层面的探索和取得了良好成效,促使国家对医养结合的未来发展进一步作出了战略性规划和安排。《"十三五"国家老龄事业发展和养老体系建设规划》(国发[2017]13号)提出"构建居家为基础、社区为依托、机构为补充、医养相结合的养老服务体系",十九大报告提出"推进医养结合,加快老龄事业和产业发展"。

(三)老年人健康与医疗卫生政策回顾

改革开放以来,我国医疗卫生体制进行了全面改革,老年人看病难、看病贵的问题逐渐得到缓解,老年健康事业取得了长足进展。2009年,中共中央、国务院发布了《关于深化医药卫生体制改革的意见》,提出建立基本医疗保障制度和基本药物保障制度,健全基层医疗卫生服务体系,促进基本公共服务逐步均等化,从而建立健全覆盖城乡居民的基本医疗保障制度,为群众提供安全、有效、方便、廉价的医疗卫生服务。此外,该意见还提出要加强公共卫生服务体系建设,建立健全疾病预防控制、健康教育、妇幼保健、精神卫生、应急救治、采供血、卫生监督和计划生育等专业公共卫生服务网络,完善以基层医疗卫生服务网络为基础的医疗服务体系的公共卫生服务功能,建立分工明确、信息互通、资源共享、协调互动的公共卫生服务体系,提高公共卫生服务和突发公共卫生事件应急处置能力,促进城乡居民逐步享有均等化的基本公共卫生服务。

在促进全民健康和老年人保健方面,卫生部、财政部、计生委在联合发布的《关于促进基本公共卫生服务逐步均等化的意见》中进一步明确了基本公共卫生服务的任务,并且提出了保障措施,如加强公共卫生服务体系建设,健全公共卫生经费保障机制等。关于老年人保健,该意见要求对辖区65岁及以上老年人进行登记管理,进行健康危险因素调查和一般体格检查,提供疾病预防、自我保健及伤害预防、自救等健康指导。慢性病管理方面,要求对高血压、糖尿病等慢性病高危人群进行指导,对确诊高血压和糖尿病患者进行登记管理,定期进行随访,每次随访要询问病情,进行体格检查及用药、饮食、运动、心理等健康指导。之后,在《医改 2010 年度主要工作安排》中提出了 9 项公共卫生服务的工作目标,为在城乡基层医疗卫生机构普遍落实居民健康档案、健康教育、免疫规划、传染病防治、儿童保健、孕产妇保健、老年人保健、慢性病管理、重度精神疾病患者管理共 9 类国家基本公共卫生服务项目;在《医改 2011 年度主要工作安排》中提出为 65 岁及以上老年人每年进行健康危险因素调查和体格检查。疾病控制、健康教育、健康检查等公共卫生服务措施都对老年人健康管理起到了积极的促进作用。

2011 年,"十二五"规划提出坚持民生优先,完善社会保障、医疗卫生,全面做好人口保障工作,促进人口长期均衡发展。"深化医药卫生体制改革"和"十二五"规划对促进健康老龄化的实施提供了良好的契机。在卫生服务体系方面,强调健全基层卫生服务体系,加强基层医疗卫生服务建设,提升基层服务能力,加强以全科医生为重点的基层医疗卫生队伍建设,大力培养相关人才。由于老年人长期患病的特点,加强基层卫生服务体系建设增加了老年人看病就医的方便程度。此外,"十二五"规划还提出积极应对人口老龄化,"建立以居家为基础、社区为依托、机构为支撑的养老服务体系。加快发展社会养老服务,培育壮大老龄事业和产业,加强公益性养老服务设施建设,鼓励社会资本兴办具有护理功能的养老服务机构。拓展养老服务领域,实现养老服务从基本生活照料向医疗健康、辅具配置、精神慰藉、法律服务、紧急援助等方面延伸。增加社区老年活动场所和便利化设施。开发利用老年人力资源。"

(四)社会养老保险制度改革回顾

社会养老保险是国家依法强制实施、专门面向劳动者并通过向企业、个人征收养老保险费形成养老金,用以解决劳动者退休后社会保障问题的一项社会保险制度。[①] 养老保险金是老人退出劳动力市场以后,基本生活得到保障的主要收入来源。经过 40 多年的改革,我国覆盖城乡所有人群的社会养老保险制度基本形成,为保障老年人健康生活奠定了坚实的经济基础。

① 参见郑功成:《论中国特色的社会保障道路》,武汉大学出版社 1997 年版,第 180 页。

1. 城镇养老保险制度建设及养老保障

20 世纪 80 年代中期，我国由计划经济向社会主义市场经济转型，企业改制，原有养老保障体系改革迫在眉睫。为了解决这些问题，国家开始在一些市、县进行养老保障费用的社会统筹试点，即在统筹区域内的企业之间，按照“以支定收，略有节余”的原则，确定养老金的支出比例，由政府指定的劳动部门负责养老金的统一收缴、发放。

1991 年 6 月，在地区试点的基础上，国务院发布了《关于企业职工养老保险制度改革的决定》，明确宣布实行养老保障的社会统筹，社会统筹制开始在全国范围内逐步推行，统筹层次大多集中在市、县两级。1995 年 3 月，国务院下发的《关于深化企业职工养老保险制度改革的通知》明确提出了改革方向是实行社会统筹与个人账户相结合，还提出了社会统筹与个人账户相结合的两个具体实施办法，并允许各地结合本地实际选择试点。1997 年 7 月，在总结改革经验的基础上，国务院发布了《关于建立统一的企业职工基本养老保险制度的决定》，决定建立统一的城镇职工养老保障制度，已经实行的两套方案向新的“统账结合”方案过渡。2005 年 12 月，《国务院关于完善企业职工基本养老保险制度的决定》正式发布，明确了在企业职工基本养老保险领域的主要任务。通过这一系列变革措施，中国的养老保障体系已经初步建成，制度改革也已经初见成效。

目前，我国城镇社会养老保障由非缴费惠普型养老、缴费型基本养老保险、企业年金及个人寿险储蓄型养老和家庭养老等多层次构成。其中，缴费型养老保险的目标人群是城镇从业人员，该养老保险是城镇劳动者的基本养老保障，是老人的基础养老金来源；非缴费型养老保障的目标人群是贫困老人，有利于消除贫困；企业年金和个人寿险储蓄安排的养老保障将成为城镇退休人员晚年生活的具有补充性质的资金来源，也是提高退休生活质量的重要保障。

2. 农村养老保险制度建设及养老保障

我国农村社会养老保险制度的试点始于 20 世纪 80 年代，养老保险制度的规范在 20 世纪 90 年代以后才真正开始。1991 年 2 月，民政部农村养老办公室制订了《县级农村社会养老保险基本方案》，要求以县为单位开展农村社会养老保险工作，自 1992 年 1 月 1 日起在全国公布实施。此后，农村社会养老保险工作逐步在全国各地推广开来。1995 年 10 月

19 日，国务院办公厅转发了民政部《关于进一步做好农村社会养老保险工作意见的通知》，要求农村社会养老保险金的筹集采用“以个人缴纳为主，集体补助为辅，国家予以政策扶持”的基本原则。

2009 年 9 月，国务院印发了《关于开展新型农村社会养老保险试点指导意见》，决定在全国选择 10％的县(市、区、旗)开展新型农村社会养老保险(以下简称“新农保”)试点，以后逐步扩大试点，全国普遍实施，2020 年之前基本实现对农村适龄居民的全覆盖，并明确了各级财政对新农保的补助政策。该指导意见表明，国家将对农民“老有所养”承担重要责任，并把新农保作为逐步缩小城乡差距，实现基本公共服务均等化的一个重要步骤。从此，无论是发达地区的农民还是欠发达地区的农民，都被吸引并参加到新农保制度之中，从而建立起覆盖全国农村居民的社会养老保险制度。

另外，对农村困难老人，有“五保户”制度作为生活保障支撑。农村“五保户”制度是指国家明确规定，对农村无法定抚养人、无劳动能力、无生活来源的老年人、残疾人和未满 16 周岁的村民，由县、乡、村三级政府筹集经费，实行五保供养，即保吃、保穿、保住、保医、保葬。“五保户”制度对于保障贫困老年人口的生活和健康起到了积极的作用。

二、新时代我国促进健康老龄化的宏观战略

党的十八大以来，以习近平同志为核心的党中央以国家长远发展为基点，以民族伟大复兴为目标，将全民健康融入国家战略。党中央在“推动医疗卫生工作重心下移”“医疗卫生资源下沉”，推动“城乡基本公共服务均等化”，解决群众“看病难、看病贵”问题，提倡广泛开展全民健身运动，推动全民健身和全民健康深度融合等诸多方面出台了一系列政策，“健康中国”战略路线逐渐明晰。而在“健康中国”整体战略布局中，健康老龄化始终是不可或缺的重要组成部分。

(一)“健康中国 2030”的核心要义

早在 2014 年 12 月，习近平总书记在考察江苏省镇江市世业镇卫生院时就提出“没有全民健康，就没有全面小康”。习近平总书记指出，健康是促进人的全面发展的必然要求，是经济社会发展的基础条件，是民族昌盛和国家富强的重要标志，也是广大人民群众的共同追求。党的十八大以来，以习近平同志为核心的党中央把人民身体健康作为全面建成

小康社会的重要内涵，从维护全民健康和实现国家长远发展的角度出发，身体力行、率先垂范，正在铺设一条以人民为中心的“健康之路”。

2016 年 10 月 25 日，中共中央、国务院发布了《“健康中国 2030”规划纲要》，这是一个推进“健康中国”建设的 15 年中长期行动纲领，也是中华人民共和国成立以来首次在国家层面提出的健康领域中长期战略规划。

1. 以人民为中心的发展思想

该纲要提出了坚持以人民为中心的发展思想，要求牢固树立和贯彻落实创新、协调、绿色、开放、共享的发展理念，坚持以基层为重点，以改革创新为动力，预防为主，中西医并重，将健康融入所有政策，实行人民共建、共享的卫生与健康工作方针，以提高人民健康水平为核心，突出强调了三项重点内容：一是预防为主、关口前移，推行健康生活方式，减少疾病发生，促进资源下沉，实现可负担、可持续的发展；二是调整优化健康服务体系，强化早诊断、早治疗、早康复，在强基层的基础上，促进健康产业发展，更好地满足群众的健康需求；三是将“共建共享 全民健康”作为战略主题，坚持政府主导，动员全社会参与，推动社会共建共享，人人自主自律，实现全民健康。

2. 建设健康中国的基本方略——共建共享

该纲要指出，共建共享是基本发展方略，从供给侧和需求侧两端发力，统筹社会、行业和个人三个层面，实现政府牵头负责、社会积极参与、个人体现健康责任，不断完善制度安排，形成维护和促进健康的强大合力，推动人人参与、人人尽力、人人享有，在“共建共享”中实现“全民健康”，提升人民的获得感，明确将“全民健康”作为建设“健康中国”的根本目的。强调“立足全人群和全生命周期两个着力点”，分别解决提供“公平可及”和“系统连续”健康服务的问题，做好妇女儿童、老年人、残疾人、低收入人群等重点人群的健康工作，强化对生命不同阶段主要健康问题及主要影响因素的有效干预，惠及全人群，覆盖全生命周期，实现更高水平的全民健康。

3. 以人民为中心的五大健康战略任务

该纲要提出了今后一段时期的五大健康战略任务。纲要坚持以人民健康为中心，站在大健康、大卫生的高度，紧紧围绕健康影响因素（包括遗传和心理等生物学因素、自然与社会环境因素、医疗卫生服务因素、生活与行为方式因素）确定的主要任务，包括健康生活与行为、健康服务与保障、健康生产与生活环境等方面，以人的健康为中心，按照从内部到外部、从主体到环境的顺序，依次针对个人生活与行为方式、医疗卫生服务与保障、生产与生活环境等健康影响因素，提出了普及健康生活、优化健康服务、完善健康保障、建设健康环境、发展健康产业五大方面的战略任务：

一是普及健康生活。这要从健康促进的源头入手，强调个人健康责任，通过加强健康教育，提高全民健康素养，广泛开展全民健身运动，塑造自主自律的健康行为，引导群众形成合理膳食、适量运动、戒烟限酒、心理平衡的健康生活方式。

二是优化健康服务。这要以妇女儿童、老年人、贫困人口、残疾人等人群为重点，从疾病的预防和治疗两个层面采取措施，强化覆盖全民的公共卫生服务，加大慢性病和重大传染病防控力度，实施健康扶贫工程，创新医疗卫生服务供给模式，发挥中医"治未病"的独特优势，为群众提供更优质的健康服务。

三是完善健康保障。通过健全全民医疗保障体系，深化公立医院、药品、医疗器械流通体制改革，降低虚高价格，切实减轻群众的看病负担，改善就医感受；加强各类医保制度整合衔接，改进医保管理服务体系，实现保障能力长期可持续。

四是建设健康环境。针对影响健康的环境问题，开展大气、水、土壤等污染防治，加强食品药品安全监管，强化安全生产和职业病防治，促进道路交通安全，深入开展爱国卫生运动，建设健康城市和健康村镇，提高突发事件应急能力，最大限度地减少外界因素对健康的影响。

五是发展健康产业。要求区分基本和非基本，优化多元办医格局，推动非公立医疗机构向高水平、规模化方向发展；加强供给侧结构性改革，支持发展健康医疗旅游等健康服务新业态，积极发展健身休闲运动产业，提升医药产业发展水平，不断满足群众日益增长的多层次、多样化健康需求。

（二）十九大实施"健康中国"战略的规划和目标

2017 年 10 月，党的十九大召开，十九大报告对实施"健康中国"战略进行了专门论述，把人民健康与国家富强紧密结合起来，指出人民健康是民族昌盛和国家富强的重要标志。虽然十九大报告对实施"健康中国"战略的论述仅有 300 余字，但对确保人民健康、打造"健康中国"提出了明确的战略目标和实施路径。

1. 为人民群众提供全方位、全周期健康服务的“全面健康”战略思想

健康是人民幸福的前提和基础，无健康也就无幸福可言。全面健康追求的不仅是个体身体健康，而且还包含精神、心理、生理、社会、环境、道德等方面的健康；提倡的不仅有科学的健康生活，而且还有正确的健康消费等。它的范畴涉及各类与健康相关的信息、产品和服务，也涉及各类组织为了满足社会的健康需求所采取的行动。早在2016年，习近平总书记在全国卫生与健康大会上就提出“要坚定不移贯彻预防为主方针，坚持防治结合、联防联控、群防群控，努力为人民群众提供全生命周期的卫生与健康服务”。十九大报告则进一步提出“要完善国民健康政策，为人民群众提供全方位、全周期健康服务”。健康政策是“健康中国”的指引，它不仅关系到“健康中国”的发展方向，而且还关系到“健康中国”前行的速度和进程。

2. 深化医药卫生体制改革的具体方略

党的十九大报告提出，要进一步深化医药卫生体制改革，包含着构建并完善医药卫生体系的深刻内涵，即全面建立健全公共卫生服务体系、医疗服务体系、医疗保障体系和药品供应保障体系。具体来看，包括要重点建立和健全我国的医疗保障制度、现代医院管理制度、药品供应保障制度，同时还要加强基层医疗卫生服务体系和全科医生队伍建设，以确保中国特色的医疗卫生系统能够提供优质高效的医疗卫生服务，并确保实现全民全面健康的战略目标。

3. 从“以治病为中心”向“以健康为中心”的战略转移

党的十九大报告指出“坚持预防为主，深入开展爱国卫生运动，倡导健康文明生活方式，预防控制重大疾病”，充分体现了“健康优先”的理念，这是对“以治病为中心”的医疗观念的突破和提升。“以治病为中心”强调疾病的诊治，是人体进入疾病状态以后的医疗干预；而“以健康为中心”强调不仅要解决好“看病”的问题，而且还要解决好“防病”的问题，即如何让老百姓不生病、晚生病、不生大病，达到身心健康。在方法上，“以健康为中心”强调把促进全民健康作为政府的重要职责，实施健康教育、健康促进、健康管理、健康环境等发展战略，提倡构建涵盖健康促进、预防保健、疾病治疗、康复护理的健康服务体系，倡导全民健康生活方式行动，全方位、全周期地保障人民健康。

4.实施食品安全战略,让人民吃得放心

习近平总书记一直高度重视食品安全,在2015年就明确提出,要切实加强食品药品安全监管,用最严谨的标准、最严格的监管、最严厉的处罚、最严肃的问责,加快建立科学完善的食品药品安全治理体系。党的十九大报告则更是强调要"实施食品安全战略,让人民吃得放心"。而要真正"吃得放心",不仅需要加强执行新《食品安全法》的力度,而且还需要加大惩处力度、全民参与、社会共治。把"实施食品安全战略,让人民吃得放心"写入党的十九大报告,这足以说明食品安全在"健康中国"发展中的地位。另外,党的十九大报告还特别提出了"着力解决突出环境问题,加大生态建设、环境执法力度"等重要内容,并要求"必须坚持厉行法治,推进科学立法、严格执法、公正司法、全民守法"。只有具备这些具体措施和法治保障,才能为"健康中国"的前行保驾护航。

5.坚持中西医并重,传承发展中医药事业

中医在我国有几千年的历史,在长期医疗实践过程中逐步发展成为一套成熟的医学理论体系。中医运用中药、针灸、推拿、按摩、拔罐、气功、食疗等多种治疗手段,在疾病预防、疾病诊疗、康复、保健养生中具有独特的优势。多年来,由于诸多因素的影响,造成了目前国内普遍中医药弱、西医药强的现实,中西医发展很不协调。党的十九大报告提出"坚持中西医并重,传承发展中医药事业",并把它置于"健康中国"战略的高度,为在新时代推动中医药振兴发展提供了遵循,指明了方向,赋予了中医药事业适应现代化社会、对接产业化需求的内涵和要求。

6.加快老龄事业和产业发展

党的十九大报告把确保老年健康纳入"健康中国"战略,作为"健康中国"战略的重要组成部分,可见对养老问题的高度重视。党的十九大报告提出"积极应对人口老龄化,构建养老、孝老、敬老政策体系和社会环境,推进医养结合,加快老龄事业和产业发展",为老龄事业和产业发展描绘了蓝图。未来积极应对人口老龄化包含相互依存的"五大板块"内容,分别是:一是要从政策上建构完善的养老、孝老、敬老的政策支持体系;二是要加强孝德文化的继承和发扬,积极营造养老、孝老、敬老的社会环境;三是要大力推动和发展医养结合,为老年人提供多层次、多元化、便捷的医养结合养老服务;四是加快老龄事业发展,要实现"老有所养、老有所医、老有所教、老有所学、老有所为、老有所乐",全面发展和完善养老保障体系、老年医疗保健、为老社会服务、老年文化教育、老年人参与社会发展、老年人合法权益保障等老龄事业；五是加快老龄产业发展，要牢牢抓住人口老龄化带来的重大经济发展机遇，沉着应对人口老龄化给经济发展带来的严峻风险和挑战，紧紧围绕打造"老龄产业"这一新的经济引擎的战略任务，大胆探索，积极作为，努力使巨大的老龄产业市场潜能变现为推动中国经济持续发展的强大新动能，造福全体人民的老年期生活，使人民健康长寿。

（三）我国新时代健康老龄化发展规划

2017 年 3 月，国家卫计委、国家发改委、国家中医药局、全国老龄办等 13 部门联合印发了《"十三五"健康老龄化规划》，以积极应对人口老龄化，提高老年人的健康水平，助力实现"健康中国"的战略目标。紧接着，为贯彻该规划的精神，确保各项重点任务落到实处，国家卫计委下发了《"十三五"健康老龄化规划重点任务分工》，这是中国首个就健康老龄化发展提出全面系统的规划、明确具体目标和作出任务分工安排的战略性部署。

1. 制定健康老龄化发展规划的背景

随着老龄化程度不断加深，中国老年健康服务的刚性需求不断释放。国家卫计委预测，到 2020 年，中国 60 岁及以上老年人口将达 2.55 亿左右，占总人口的 17.8%。[①] 如何持续提升老年人的健康水平，防治中国老年人不断出现的慢性病及由此引发的失能化，是制定该规划的出发点。统计显示，中国患有慢性病的老年人已近 1.5 亿，失能和部分失能老年人约 4000 万，而老年医护等机构数量有限且地区分布不均，失智照护、安宁疗护等机构严重缺乏，从事老年健康服务的人员数量不足，老年健康保障政策效率不高等同样是该规划出台的重要原因。"十三五"时期是全面建成小康社会的决胜阶段，也是我国老年人口快速增长、老龄化压力日益凸显的时期，老年健康服务发展正面临着十分严峻的挑战。

事实上，在该规划出台之前，在国家层面已经发布了《"健康中国 2030"规划纲要》《"十三五"深化医药卫生体制改革规划》和《"十三五"卫生与健康规划》（简称"一纲两规"），就提高全民身体素质、加强重点人群健康服务、发展老年健康服务、推动医疗卫生与养老服务融合发展等作

① 参见《2020 年中国 60 岁以上人口 2.55 亿》，《人民日报》（海外版）2017 年 3 月 24 日。

出了重要部署。而规划着眼于老年群体，系统规划与部署了“十三五”期间老年健康整体工作，正是落实国务院“一纲两规”的切实举措。该规划的印发对我国积极应对人口老龄化，维护老年人的健康，提高老年人的健康水平，助力实现“健康中国”的战略目标将发挥重要的作用。

2. 明确了实现健康老龄化的战略任务

围绕老年健康工作的重点、难点与薄弱环节，我国将老年健康服务作为中心任务，优化老年健康与养老资源配置与布局，补齐短板，加快推进整合型老年健康服务体系建设，对此该《规划》提出了以下九大战略任务：

(1)推进老年健康促进与教育工作，提升老年人健康素养，包括开展老年健身、老年保健、老年疾病防治与康复、科学文化、心理健康、职业技能、家庭理财等内容的教育活动等。

(2)加强老年健康公共卫生服务工作，提高老年健康管理水平，包括做好老年疾病预防工作，做好国家基本公共卫生服务项目中的老年人健康管理服务工作，适当调整老年人健康体检的项目和内容，启动老年人心理健康预防和干预计划，为贫困、空巢、失能、失智、计划生育特殊家庭和高龄独居老年人提供日常关怀和心理支持服务等。

(3)健全老年医疗卫生服务体系，提高服务质量和可及性，包括加强医疗卫生服务体系中服务老年人的功能建设，加强康复医院、护理院和综合性医院老年病科建设，推动基层医疗卫生机构积极开展老年人医疗、康复、护理、家庭病床等服务，提高老年人医疗卫生服务的可及性等。

(4)积极推动医养结合服务，提高社会资源的配置和利用效率，包括大力发展医养结合服务，建立健全医疗卫生机构与养老机构合作机制，鼓励多种形式的签约服务、协议合作。支持有条件的养老机构按相关规定申请开办康复医院、护理院、中医医院、安宁疗护机构或医务室、护理站等，重点为失能、失智老人提供所需的医疗护理和生活照护服务，提高基层医疗卫生机构为居家老人提供上门服务的能力等。

(5)加强医疗保障体系建设，为维护老年人健康奠定坚实基础，包括健全基本医疗保障制度，巩固提高保障水平，全面实施城乡居民大病保险制度。在地方试点的基础上，探索建立长期护理保险制度；实现符合条件的跨省异地住院老年人医疗费用直接结算，鼓励发展与基本医保相衔接的老年商业健康保险，满足老年人多样化、多层次的健康保障需求；

进一步加大对贫困老年人的医疗救助力度等。

(6)发挥中医药(民族医药)特色，提供老年健康多元化服务，包括开展老年人中医药(民族医药)健康管理服务项目，扩大中医药健康管理服务项目的覆盖广度和服务深度，不断丰富老年人中医健康指导的内容，推广老年中医体质辨识服务，根据老年人的不同体质和健康状态提供更多中医养生保健、疾病防治等健康指导，支持养老机构开展融合中医特色的老年人养生保健、医疗、康复、护理服务等。

(7)以老年人的多样化需求为导向，推动老年健康产业发展，包括积极发展老年健康产业，结合老年人身心特点，大力推动健康养生、健康体检、咨询管理、体质测定、体育健身、运动康复、医疗旅游等多样化健康服务；大力提升药品、医疗器械、康复辅助器具、保健用品、保健食品、老年健身产品等研发制造技术水平，扩大健康服务相关产业规模；推进信息技术支撑健康养老发展，发展智慧健康养老新业态等。

(8)推进适老健康支持环境建设，营造老年友好社会氛围，包括推进老年宜居环境建设。建设老年人社会参与支持环境，从与老年健康息息相关的各方面入手，优化“住、行、医、养”等环境，营造安全、便利、舒适、无障碍的老年宜居环境体系；推进老年人住宅适老化改造，支持适老住宅建设；弘扬敬老、养老、助老的社会风尚，强化家庭养老功能，完善家庭养老政策支持体系等。

(9)加强专业人员队伍建设，提高队伍的专业化、职业化水平，包括切实加强老年健康服务人员队伍建设，尽快培养一批有爱心、懂技术、会管理的老年人健康服务工作者，将老年医学、康复、护理人才作为急需紧缺人才纳入卫生计生人员培训规划，加强专业技能培训，大力推进养老护理从业人员的职业技能鉴定工作等。

3.落实重点任务分工

为了深入贯彻和落实该规划部署的九大战略任务，国家卫计委于2017年11月专门下发了《“十三五”健康老龄化规划重点任务分工》。该任务分工细致梳理了该规划的九大任务，确定了未来几年需要完成的17项重点任务和4项重点项目，并明确了各项任务和项目的承担单位。

例如，针对老年健康教育，一是提出要开展老年健身、老年保健、老年疾病防治与康复、科学文化、心理健康、职业技能、家庭理财等内容的教育活动，明确由全国老龄办牵头，教育部、民政部、财政部、体育总局、国家卫生计生委配合；二是提出要健全老年人身边的体育健身组织，丰富老年人身边的体育健身活动，支持老年人身边的体育健身赛事，建设老年人身边的体育健身设施，加强老年人身边的体育健身指导，弘扬老年人身边的健康文化，明确由体育总局牵头，全国老龄办配合；三是倡导积极健康的生活方式，提高老年人的健康水平和生活质量，积极发展社区老年教育，引导开展读书、讲座、学习共同体、游学、志愿服务等多种形式的老年教育活动，面向全社会宣传倡导健康老龄化的理念，营造老年友好的社会氛围，开展老年健康保健知识进社区、进家庭活动等，明确由全国老龄办、教育部、国家卫生计生委、国家中医药局等部门按职责分别负责。

再如，针对老年疾病预防工作，提出要做好国家基本公共卫生服务项目中的老年人健康管理服务工作，适当调整老年人健康体检的项目和内容，推广老年痴呆、跌倒、便秘、尿失禁等防治技术，开展老年常见病、慢性病、口腔疾病的筛查干预和健康指导，做到老年疾病早发现、早诊断、早治疗，促进老年人功能健康，到2020年实现65周岁及以上老年人健康管理率达到70％及以上，明确由国家卫生计生委负责。

其他重点任务包括：推动开展老年人心理健康与关怀服务；加强医疗卫生服务体系中服务老年人的功能建设；大力发展医养结合服务；推动居家老年人长期照护服务的发展；加强老年健康相关科研工作；健全基本医疗保障制度，巩固提高保障水平；进一步加大对贫困老年人的医疗救助力度；开展老年人中医药（民族医药）健康管理服务项目；推动发展中医药（民族医药）特色医养结合服务；积极发展老年健康产业；推进信息技术支撑健康养老发展；发展智慧健康养老新业态；推进老年宜居环境建设；切实加强老年健康服务人员队伍建设，尽快培养一批有爱心、懂技术、会管理的老年人健康服务工作者；建立健全监测检查评估机制，定期监督重大项目、重大工程的实施情况等。

针对老年心理健康与心理关怀服务项目、医养结合示范工程、老年中医药（民族医药）健康服务项目、开展智慧健康养老示范项目这4项重点工程，也进行了详细部署和分工安排。这些举措无疑对促进健康老龄化具有重要的积极意义。

三、新时代实现健康老龄化的重要意义

健康老龄化是人类社会发展的必然追求，其重要性在世界范围内已经达成共识。人口老龄化的诸多负面影响归根结底是与老年人的健康状况分不开的。2013 年 5 月，北京大学国家发展研究院“中国健康与养老追踪调查”(CHARLS)项目公布的《中国人口老龄化的挑战：中国健康与养老追踪调查全国基线报告》有一个重要的结论，即“老龄化结果如何，很大程度上取决于是否能实现健康的老龄化”。据世界卫生组织统计，全球 49 个高收入国家人均健康寿命为 70 岁，而中国只有 66 岁；发达国家 60 岁以上老年人口中身体健康的比例超过 60%，而中国只有 43% 左右。健康老龄化将是应付人口老龄化所应采取的一项明智、乐观和有效的战略选择。[①] 健康老龄化战略在中国实施的成败，不仅是事关我国能否处理好老龄化与社会经济发展之间矛盾的根本性议题，而且还是推进“健康中国”建设的关键性环节。

我国进入社会主义新时代后，实施“健康老龄化”战略是积极应对人口老龄化的正确选择，这一战略的实施必将对推进“健康中国”建设和实现中华民族伟大复兴的“中国梦”起到积极的促进作用和重要的保障作用。

1. 实施“健康老龄化”满足了人民对美好生活的期盼

身体健康是人民实现对美好生活期盼的首要条件，是享受发展成果的最基础性保证。然而，由于老年人健康资本存量下降，健康能力不足，从而失去了享受美好生活的权利和机会，甚至会经历痛苦的老龄化过程，与美好生活形成鲜明反差。进入新时代，党中央在带领人民迈上从“富起来”到“强起来”，实现小康社会的新征程的关键时刻，把“健康老龄化”这一科学决策上升为国家战略，并提出实现健康、维护健康、确保健康的一系列举措，为全体人民追求健康幸福的美好生活提供了强有力的支持和坚强保障。

2. 实施“健康老龄化”是应对人口老龄化的有效路径

“健康老龄化”发展战略着眼于大多数人口健康质量的提高，并且必须从人的一生健康的培养着手，在人们进入老龄阶段之前就奠定健康的

---

① 参见邬沧萍、姜向群：《“健康老龄化”战略刍议》，《中国社会科学》1996 年第 5 期。

身体基础。这一战略还要求政府所提供的医疗保健资源必须面向全社会，从整体上提高人口的医疗保障水平，注重预防性的医疗保健以及人口整体素质的改善。在实施健康老龄化的过程中，绝大多数老年人应保持身心健康，余寿中的带病期大大缩短，继续工作的年限延长，其智力和技术释放期也随之延长，由于衰老而造成的老年人社会功能的衰退减缓，老年人在更大程度上实现自强自立，实现老年群体自助。这样，由于老年人口健康水平的提高和参与社会能力的增强，将使“老有所为”获得更广泛的含义和更新的内容。[①]另外，还可以在一定程度上弥补由于老龄化造成的年轻劳动力不足问题。

3. 实施“健康老龄化”有利于解决当前我国社会的主要矛盾

党的十九大提出，我国社会主要矛盾已经转化为人民日益增长的美好生活需求与不平衡不充分发展之间的矛盾。改革开放以来，通过生产力大幅度提升和物质生产的较大幅度的增长，我国已经告别过去的短缺时代，进入到一些结构性过剩和结构性不足相并存的时代。这个时代，人民生活的需求与我们物质服务和各方面经济、社会、政治、文化发展不平衡、不充分；一些社会服务、公共服务大量短缺，我们在一些健康、绿色发展方面所享受的还不是非常充分；一部分人先富起来了，但是并没有真正实现共同富裕。实施健康老龄化战略有助于补齐上述广大人民需求的短板，缓解发展不平衡、不充分的矛盾。这是因为，健康老龄化不仅传播健康新理念，倡导科学生活方式，改变传统生活习惯，而且还进行体育、卫生、环境、文化等方面的基础设施建设，大力发展健康事业和健康产业，形成保障健康的制度体系和服务体系，从而缓解了发展不平衡、不充分的矛盾。

4. 实施“健康老龄化”战略有利于增强党的凝聚力和战斗力

“健康老龄化”的宗旨是最大限度地提高老年人健康，减轻国家与人民的负担，建设和谐与稳定的社会，造福全体人民。党的十九大报告中指出：“全党必须牢记，为什么人的问题，是检验一个政党、一个政权性质的试金石。带领人民创造美好生活，是我们党始终不渝的奋斗目标。必须始终把人民利益摆在至高无上的地位，让改革发展成果更多、更公平地惠及全体人民，朝着实现全体人民共同富裕不断迈进。”这是向全体人

① 参见邬沧萍、姜向群：《“健康老龄化”战略刍议》，《中国社会科学》1996年第5期。

民的庄重承诺。“健康老龄化”包含着养老、孝老、敬老的丰富内涵，而要实现“健康老龄化”，必须加强组织领导，在党组织的坚强领导下，在实践中把“健康老龄化”各项目标措施落到实处，真正造福于人民，从而真正践行党对人民的庄严承诺，增强党的凝聚力和战斗力。

第三节　新时代实现健康老龄化的主要路径

没有“健康老龄化”，就没有真正的“健康中国”。在应对人口老龄化的过程中，首先要把老人的健康放在优先发展的战略地位。经过近30年的演进，养老问题的焦点已经从关注老年人的寿命长度转向更加关注老年人的寿命质量。对老年人而言，“活得长了”并不代表“活得更好了”。健康老龄化的目标就在于保障老年人寿命质量的同时扩展其寿命长度。然而，面对人口多、底子薄、资源少以及发展不平衡、不充分等基本国情，健康老龄化在中国还需要突破一系列的瓶颈和障碍。

继2017年3月国家卫计委、国家发改委、国家中医药局、全国老龄办等13部门联合印发《“十三五”健康老龄化规划》之后，全国部分省市相继出台了相关政策或规划，以促进健康老龄化发展，如《贵州省“十三五”健康老龄化规划》(2017年12月)，《广东省“十三五”健康老龄化规划》(2018年1月)，《河南省健康老龄化规划(2018～2020年)》(2018年1月)，《福建省2018～2020年健康老龄化行动计划》(2018年2月)，《内蒙古自治区健康老龄化规划(2018～2020)》(2018年10月)。另外，有些省市在相关性文件中就“健康老龄化”进行了专门部署。例如，中共山东省委、省政府2018年2月印发的《“健康山东2030”规划纲要》中，专门就促进健康老龄化作出了安排，包括推进医养结合示范省建设，加强医疗保障体系建设，建立社会化的长期护理保险制度，发挥中医药(民族医药)特色，提供老年健康多元化服务，以老年人多样化需求为导向，推动老年健康产业发展等。

上述国家和各省市的规划对健康老龄化未来整体性、长期性、基本性的问题进行了思考和考量，设计出了未来整套行动的方案、应该达到的奋斗目标、遵循的行动原则、完成的明确任务等。然而，从实践操作层面来考量，如何实现规划中的各项目标和任务，还应当寻求和探索具体的实现路径。笔者认为，实现健康老龄化的主要路径包括健全多元化养老服务体系、深化和拓展老年人教育、倡导和促进老年人健康生活方式、大力开展老龄健康产业、积极推进养老智慧化等方面。

(一)健全多元化养老服务体系

我国老龄人口不仅总体规模迅速扩大,而且各个家庭“少子老龄化”现象突出。因此,绝大多数老年人及其家庭迫切需要社会化的养老服务。能否健全和完善社会养老服务体系,是实现健康老龄化面临的严峻挑战。为此,我国在2006年就把“以居家养老为基础、社区服务为依托、机构养老为补充的服务体系”作为养老服务体系建设的目标。①随后,国家发改委、民政部于2009年开始在全国实施“基本养老服务体系试点”,确定了一批试点省份。2011年,我国政府提出并实施了《社会养老服务体系建设规划(2011～2015)》的社会政策。同年,民政部进一步提出,建立“以居家养老为基础、社区服务为依托、机构养老为支撑,资金保障与服务保障相匹配,基本服务与选择性服务相结合,形成‘政府主导、社会参与、全民关怀’的服务体系”。

虽然我国社会养老服务体系建设的目标从提出至今已经有10余年,但是社会养老服务无论是服务供给数量还是服务质量都远不尽如人意。究其原因,主要是没有解决供需矛盾问题,即为老服务的供给与需求存在较大差距。老年人的服务需要与其他年龄段的人群相比具有特质性,老年人因为年龄、性别、经济状况、身体状况、居住环境、老伴状况、子女状况等多重因素影响,造成其养老服务需求在内容上、形式上、方法上、层次上也各不相同。养老服务是针对老年人的特质性需要而给予的满足,也就是说,养老服务是各类供给主体根据老年人的特点提供的,用以提高老年人生活和生命质量的有偿或无偿的活动。② 而当前养老服务市场提供的为老服务尚未做到从老人“特质性”的需求出发,服务项目的设计和规划在内容和形式等方面不能做到多元化、精细化。因此,建立健全能够切实满足老年人需求的多元化养老服务体系迫在眉睫。

新时代伴随着健康老龄化社会建设的快速推进,加快建立多元化养老服务体系,应当设立与当代老龄化背景、经济发展速度相适应的,能使

---

① 参见国务院办公厅转发全国老龄委办公室和发展改革委等部门文件:《关于加快发展养老服务业意见的通知》(国办发[2006] 6号)。

② 参见董红亚:《我国社会养老服务体系的解析和重构》,《社会科学》2012年第3期。

老年人多元化的服务需求得到满足的，覆盖城乡的基本养老服务体系总体规划；应当在服务理念和服务形式上由过去的“经济供养为主”向促进“身心健康为主”转变；应当进一步转变政府职能，在提供基本养老公共服务的基础上，建立面向所有老年人提供生活照料、康复护理、精神慰藉和紧急救援的社会养老服务体系；应当进一步扩展健康养老的内涵，加强农村养老服务体系建设；应当深化医养结合，扩大长期照护保险制度试点，促进健康老龄化在整个生命历程的推进，持续提升养老服务质量；应当加快养老服务市场在设施、组织、人才和技术要素上形成网络体系；应当建立健全养老服务行业的服务标准、运行机制和监管制度等。

（二）深化和拓展老龄健康教育

老龄健康教育是满足老年人精神文化生活需求、促进老龄人口身心健康、提升老年人文化素养、引导老龄人口积极有效参与社会的重要途径。著名哲学家、教育家杜威认为，教育是社会的，教育的首要功能是社会化。他提出“教育即生活”“学校即社会”。在杜威看来，教育是社会的，是一种过程，主要体现在教育要适应社会和用教育改造社会两个方面。老年健康教育既是社会教育的重要组成部分，也是实现健康老龄化不可缺少的重要路径之一。

老龄健康教育对促进老年人身心健康具有重要意义。老年健康教育的过程就是老龄人口改善身体素质、获得精神关怀、促进心理健康的过程，老年人在接受教育的过程中，通过有计划、有组织、有系统地接受各种有益于身心健康的知识，不断提升道德修养、科学文化素养和身体健康素质，不仅丰富了自身的生活、陶冶了情操，而且还帮助老龄人口建立起健康的意识和积极的生活态度，摒弃与科学养生和健身强体相悖的行为和非健康的生活方式。

老龄健康教育对促进健康老龄化社会发展具有重要意义：一是有利于建构终身学习的社会环境。人类社会是一个不断发展、不断进步的社会，特别是进入新时代后，社会发展迅速，科技知识和信息技术日新月异。在这样一个快速发展的社会中，作为个体的人必须树立终身学习的理念，方能不为社会所淘汰。老龄人口虽然在生理上步入了老年阶段，但仍然是社会人口的一部分。随着社会人口老龄化的加重，老龄人口在社会人口中的比例越来越高。这样一个庞大的人群如果不能与时俱进，跟上时代发展的步伐，将会对社会产生巨大的压力，影响社会发展和进步。大力发展老龄健康教育的重要意义之一则在于让老龄人口践行终身学习,跟上时代发展的步伐,实现“老有所学、老有所为”。二是有利于开发劳动力资源。老年人群是丰富的人力资源,一方面,随着人口老龄化的加重,年轻劳动力人群数量在总人口占比中将越来越少;另一方面,随着医疗和生活水平的提高,老年人健康寿命将逐渐延长。加强老年教育,开发老龄人口的劳动力资源,使一部分健康老年人能够参与社会经济活动,是解决年轻劳动力不足问题的重要途径。

当前,老年健康教育还不能完全满足时代的要求。一是传统的教育方法不能满足时代要求。随着社会经济的快速发展和科技手段的日新月异,传统的老龄健康教育方法和模式已逐渐不能满足社会需求。二是老年教育资源严重不足。纯依赖政府财政支出将不能满足庞大的老龄群体的现实需要,需要通过接纳更多的社会力量共同发展老龄事业与老龄产业,以满足老年健康教育市场的需求。三是老年健康教育内容还有待于不断拓展和丰富。

新时代老龄健康教育要有新作为,就要更新观念,转换方式,适应形势发展的需要,深刻理解与把握当代中国倡导的老龄健康教育价值理念,提高健康教育实践的自觉性和可行性。

(三)倡导和促进老年人健康生活方式

健康生活方式是个体基于身心健康的动机和能力所发生的一系列维护和促进良好健康状况的行为模式。科学研究证明,生活方式对健康的边际影响大于社会经济地位,社会经济地位在某种程度上要通过生活方式对健康产生影响。从健康干预的实践角度而言,良好的生活方式对老年人的健康水平起着极为重要的积极作用。①

老年人健康生活方式包括生理、心理及社会适应三个方面的内容。世界卫生组织倡导的健康四大基石包括合理膳食、适量运动、戒烟限酒和心理平衡,实质上就是对健康生活方式内容的概括。具体来说,老年人健康生活方式就是老年人要在合理膳食的基础上,进行适度的锻炼,养成良好的日常生活习惯,使生活作息符合老年人的生理和心理特点,

---

① 参见阮航清、王本喜、袁倩兰等:《社会经济地位、生活方式与老年人健康水平—— 以北京市为例》,《老龄科学研究》2016 年第 9 期。

有益于老年人的身心健康。①

近年来，学术界从社会支持系统、医疗资源、卫生环境、生活环境等视角对健康长寿的因素展开了研究，取得了丰硕成果。世界卫生组织认为，与人的健康长寿相关的因素中，气候条件占7%，医疗条件占8%，社会因素占10%，遗传因素占15%，生活行为方式占60%。而有资料表明，由于不良生活方式和行为引起的疾病占老年人致死病因的50%以上。也就是说，通过调整生活方式，可使危害老年人的主要慢性疾病减少一半以上，改变不良生活方式就可提高老年人的生活质量，从而预防疾病或并发症的发生。②

对于老年人而言，健康的生活方式是提高生活质量的前提，是长寿的基础条件。通过倡导老年人健身以及养成健康的饮食、作息习惯，坚持积极健康的生活方式，可以尽可能地预防老年疾病的发生，让老人安享晚年的幸福生活。

倡导老年人健康生活方式是全社会的责任。政府应大力发展老年人健康管理，与现代信息科技、社区、医院、家庭等各方联合起来，加强合作，合理利用"互联网+"等现代化科技，构建综合的健康信息管理平台，加强健康管理人才的培养，促进老年人健康管理的专业化发展；医院不仅要依靠传统的生物医学理念和方法去解决老年人遇到的健康问题，还需要通过健康教育、沟通疏导、自我调节以及改变不良生活行为和习惯来加大对老年病的预防和康复辅导；有条件的社区卫生服务中心和乡镇卫生院应当逐步开展老年人个性化健康干预和指导服务，为老年人提供平衡膳食、身体活动、养生保健、体质辨识等咨询服务；社区要对老年人采取有效的社区护理干预措施和进行宣传教育，促使老年人树立正确的生活方式观念，从而自觉建立良好的生活方式，提高生活质量；政府要积极主导并与社会各界联合建设健康的生产生活环境，要优化人居环境，加强文化、科教、休闲、健身等公共服务设施建设，提高各类公共体育设施的开放程度和利用率，形成覆盖城乡的全民健身服务体系，维护和促进老年人健康；学术界要在学理上认真探究我国长寿健康文化的基础，归纳和研究当今影响人们健康长寿的相关因素，从而为老人健康生活提

① 参见阳珊：《关于老年人健康生活方式的研究》，《现代经济信息》2018年第11期。

② 参见黄恒俊：《健康促进计划对老年人健康生活方式影响的探讨》，《现代护理》2005年第5期。

供科学的指导。

(四)大力发展老龄健康产业

健康产业是与人的整体健康相关的产业的统称,以满足人们的多元化健康需求为导向,以提高人群的健康水平为目的,整个产业链可以延伸至促进人群健康的方方面面。顾名思义,老年健康产业即以满足老年人的多元化健康需求为导向,以提高老年人的健康水平为目的的产业。

健康产业由六大基本产业群构成:一是以医疗服务、药品器械以及其他耗材产销、应用为主体的医疗产业;二是以健康理疗、康复调理、生殖护理、美容化妆为主体的非(跨)医疗产业;三是以保健食品、功能性饮品、健康用品产销为主体的传统保健品产业;四是以个性化健康检测评估、咨询顾问、体育休闲、中介服务、保障促进和养生文化机构等为主体的健康管理产业;五是以消杀产品、环保防疫、健康家居、有机农业为主体的新型健康产业;六是以医药健康产品终端化为核心驱动而崛起的中转、以专业物流配送为主体的新型健康流通产业。①

老年健康产业不但蕴藏着无限的商机,而且还有利于解决我国日益严重的老龄化问题,减轻老龄化给国家和社会带来的沉重经济和精神压力。大力发展老龄健康产业,无论是对个体、家庭、社会和国家,都能带来积极的外部效应:对个体而言,满足了健康需求,显著提高了个人的幸福指数;对家庭而言,通过健康产业提高了老人健康水平,能够减轻家庭成员的心理和经济压力,促进整个家庭的幸福感的提高;对社会而言,通过健康产业提高个体的健康水平,不仅能够提高个人的工作效率,而且还能促进整个社会的生产效率的提高;对国家而言,既能提高养老健康产品和服务的质量,有效解决人口老龄化带来的一系列问题,又能实现经济结构的转型升级。

新时代,随着老年人寿命的提高以及经济发展和人们生活水平的提高,养老健康产业的发展范围也在不断扩大,住房、医疗、保健、娱乐、文化、学习、旅游等领域都呈现出多元化的发展趋势。当前,大力发展老龄健康产业,要充分发挥市场主体的主动性和创造性,使养老健康产业开发主体多元化,养老健康产品和服务多元化,以满足不同层次、不同消费

---

① 参见刘春霖、韩月月:《业界共话健康革命全球瞩目“兆亿产业”——第二届世界健康产业大会暨第十四届中国国际健康产业博览会在京召开》,《中国民康医学》2013 年第 7 期。

水平的老年人的需求；要培育老年人的消费市场，注重老年人的现实需求并开发潜在需求；要大力开拓智能养老健康产业，通过智能技术开发相关智能老年人产品，如针对老年人的智能床垫、智能手机、智能玩具、智能机器人等，为老年人的生活和健康保驾护航。

（五）积极推进养老智慧化

智慧养老是指利用信息技术等现代科学技术（如互联网、社交网、物联网、移动计算等），围绕老人的生活起居、安全保障、医疗卫生、保健康复、娱乐休闲、学习分享等各方面支持老年人的生活服务和管理，对涉老信息自动监测、预警甚至主动处置，实现信息技术与老年人的友好、自主式、个性化智能交互。[①] 随着社会发展和生活水平的提高，传统的养老服务模式已经满足不了市场需求，养老需求呈现出了高、精、准的发展态势。在"互联网＋"时代，通过大健康、大数据推动互联网与健康养老事业加速融合发展，为老年人提供更精准和便捷的服务正成为健康老龄化发展的主流。

与传统养老模式相比，智慧养老具有独特的优势，它不仅可以提升老年人的生活质量，而且还可以借鉴老年人的经验智慧，使智慧科技和老人相得益彰，使老年人过得更幸福，更有尊严和价值。具体来说，一是运用现代信息科技技术使养老服务和医疗保健能够实现远程和智能化控制；二是通过高科技设备设施以及科学、人性化的管理方式，让老年人能享受到更高品质的人性化服务；三是通过应用现代科学技术手段，提高服务质量和效率，降低成本，用较少的资源最大限度地满足老年人的养老需求。这些智能设备通过相应的适老化设计，可以完成人工不愿做、做不好甚至做不了的为老服务。

目前，我国智慧化养老在产品制造领域和服务领域都取得了长足发展。例如，智能健康设备开始进入寻常百姓家，一些老年人专用的可穿戴设备可以帮助失能老人、半失能老人、独居老人和老年痴呆患者发生意外摔倒、突发疾病或走失情况时得到及时救助；在社区，通过"居家养老服务平台""一键通呼叫器"和"热线电话"将老人、政府、社区、医疗机构、医护人员等紧密联系起来，通过整合社区内外资源，提高了社区养老服务的能力和水平。再如，运用现代信息科技，我国远程医疗技术已经

① 参见左美云：《智慧养老的含义与模式》，《中国社会工作》2018年第11期。

从最初的电视监护、电话远程诊断发展到利用高速网络进行数字、图像、语音的综合传输，并且实现了实时的语音和高清晰图像的交流，为偏远地区困难老人和行动不便的老年人看病、治病提供了更广阔的发展空间。

不过，智慧养老还有很多急需解决的问题，如技术上的突破、政策上的支持、对于老人的隐私保护问题等。新时代积极推进养老智慧化，国家需要从顶层设计上关注智慧养老事业，在政策上、税收上给从事智慧养老的企业和机构一定的优惠和支持，要引导智慧养老产业或行业建构规范化、标准化指标体系，使养老与医疗、社保系统等在技术上都能够彼此兼容、互联互通；在产品和服务模式设计上，要进一步考虑“适老性”设计，保证为老服务产品的设计匹配老人的生理特征，更“人性化”；政府要加快引导打通智慧养老供给侧与需求侧的信息屏障，提高市场资源配置与流通效率，增进社会参与助老的氛围与渠道，提升服务覆盖半径和提供能力，加强主管部门对行业的监管，形成以科技为手段、以政府为引导、全社会共同参与的智慧养老生态系统。

（本章作者：朱冬梅，济南社会科学院）

第二章

老年健康服务

我国是世界上人口老龄化程度比较高的国家，老龄人口数量多，老龄化速度快，应对人口老龄化的任务重，这是不可回避的国情。随着家庭小型化、空巢化以及快速的城镇化和人口流动，越来越多的家庭面临照料者缺失的问题。社会不仅需要大批养老机构，而且还需要完善的医疗服务体系和专业人才，促进健康、医疗、康复、护理和养老服务的有序衔接，推动建立完善包括预防保健、疾病诊治、康复护理、长期照护、安宁疗护等覆盖城乡、综合连续的老年健康服务体系。

但是，总体而言，现阶段我国养老健康服务供给不足，老年健康服务市场不完善，政府责任落实不到位，城乡养老服务发展不均衡，农村养老服务体系薄弱，特别是养老领域的医疗水平不高，而且医疗领域对养老领域的服务能力也有限，老年护理人才资源欠缺等问题仍然十分突出。针对这些问题，本章通过对“区域服务”视野下养老服务体系建设、医养结合面临的困境及创新发展路径、医养护一体化健康养老服务模式、社会福利政策视角下的农村养老服务、农村老年人社区养老服务需求以及老年护理人才培养发展的分析和梳理，查找存在的主要问题，提出了深入推进医养结合，切实打通医疗卫生与养老服务资源，实现医养一体化服务；建构科学完善的老年护理人才培养体系；结合农村实际，针对农村老年人的生活特征以及他们对健康养老的需求，积极建设互助养老、资产权益养老、智慧养老等新模式；在不断深入社区、养老机构及老年家庭调研的基础上，探索出“自主养老、互助服务”的居家养老服务新模式等对策建议，以期为我国老年健康服务的发展提供思路和借鉴。

第一节 “区域服务”视野下养老服务体系建设

本章从对习总书记提出构建“居家为基础、社区为依托、机构为补充、医养相结合的养老服务体系”这一实践命题的理解出发，以“区域服务”为概念基础，结合对养老服务社会实践的调研，从社会发展预期和市场经济规律的层面，以区域发展的视角，提出了“区域养老服务”的新概念、新模式，用以解读构建社区居家养老服务体系的实质内涵和践行构建养老服务体系的实现形式，从而进一步探求构建养老服务体系的实践方法和演进措施，力图呈现养老服务体系建设的新模式。

一、“养老服务体系”的内涵

构建养老服务体系，是习总书记立于新的历史发展阶段和共享社会基础之上，反映我国老龄社会发展预期，引领老龄事业发展的具体思想指导。深入理解和掌握其深刻内涵，是做好养老服务体系构建工作的关键一步。

（一）体现以人民为中心

“以人民为中心”是习近平新时代中国特色社会主义思想的鲜明特点，是“构建养老服务体系”的工作出发点和落脚点。发展养老服务事业要以人民为中心，围绕保障和改善老年民生，提高老年人生命质量和生活质量，着重解决社会养老服务预期与供给发展不平衡、不充分之间的矛盾，是习总书记提出构建社会养老服务体系的立意根本之所在。

（二）尊重生命规律，服务全生命周期

生、老、病、死是人类社会的自然规律，尊重生命规律过程，是历史唯物主义的基本立场。随着年龄增加，老年人的身体机能，尤其是生活起居自理能力都会有一个减弱、下降的渐变过程。变化虽无可选择，但社会要尊重生命规律，主动因应变化，做好为老年人提供全生命周期相关服务的工作准备，包括对居家、社区、机构及以外的场所的服务准备，以及随着老人对服务要求的不断增加，在服务内容和过程上的准备等，以“渐次保守式”的服务，让老年人能够拥有更多时间、更多选择接近原有状态下的生活。

(三)亲民近民,紧贴老年人生活

构建居家为基础、社区为依托、机构为支撑、医养相结合的养老服务体系,其中居家、社区是老年人的常住居所,其立意在于阐明服务要从日常事、身边事、具体事做起,要围绕最接近老年人的生活环境,提供最现实的服务和帮助,如社区、居家的柴米油盐、蒸煮清洁,机构的照看医护养等,以体现体系服务贴近老年人日常生活,贵在亲民、近民、便民的特质内涵。

(四)有机、完整、稳定的业态统一体

体系建设是服务供给侧有机、完整、稳定的服务业态统一体,能使服务内容和服务过程最终落实是关键。围绕社区、居家、机构的服务,从生活起居、护理陪伴到医疗介入等,展现的是一个服务连续不断,能提供持续、方便、优质、实惠,且全程、全域、相互衔接的服务保障体系,从而尽可能多地满足老年人需要。最终,形成养老服务内容和形式有机结合、服务过程完整呈现、行业稳定发展的统一体,是养老服务体系建设的关键意义所在。

二、“区域服务”的概念及意义

(一)“区域服务”的社会背景基础

当前现实中,探究养老服务体系建设,多以政府层面的政策促进体系建设,推进社会保障制度,改善机构设施建设,以围绕居家养老、社区服务、机构养老、医养结合具体问题的个案研究为主,尚缺乏社会经济层面的关系问题的研究,不能完整反映社会养老服务领域的客观供需状况和经营规律。现实中多呈现散在游离状态,养老服务机构、社区服务、政务大厅、社会服务组织等往往是东西南北各据一方,距离较远,反映在一个较小的区域内,表现为养老服务不成体系,即没有将养老服务体系建设纳入地区发展的总体布局中,没有让养老服务融入当地的经济发展,最终形成整体发展的养老服务体系建设格局和产业发展格局。

(二)区域服务的概念

本书中“区域服务”即指“区域养老服务”,概念的重点是“区域”,就是将养老服务体系的内容研究从“养老服务”一般概念中的居家、社区、机构等相对局限的空间,换置扩大到一定区域(自然行政区域),进行施策研究。简言之,就是由点到面的研究,即从“区域”层面,对养老服务的布局、内容、供给、运营及政策影响等规律的变化或状态进行研究。“区域服务”的概念更容易反映养老服务社会属性和经济属性的,是基于对当前养老服务事务的观察产生的印象分析。首先,笔者在调研中发现,养老服务“区域化”是实践中人们普遍关注的问题;其次,区域内广覆盖的养老服务经营方式已有展现,现实中已经涌现出不少典型的案例,如济南、日照、临沂等地,有的企业或机构开展了跨多个社区、多个行业的“区域化”养老服务业务,他们的经营模式对养老服务呈现向规模化实体发展具有一定的引导意义。

(三)区域养老服务的意义

“区域服务”的意义在于从不同层面对“养老服务体系”进行研究阐发,促进养老服务体系建设的创新实践和体系作用的整体发挥,展现习近平新时代中国特色老龄工作思想和构建“养老服务体系”的精神内涵,呈现以人民为中心,以亲近老年人的最佳方式,满足老年人全生命周期、全服务领域养老服务的实践过程。另外,从市场经济层面,围绕服务要求和市场发展预期,“区域服务”还有以下意义呈现:

1. 体现养老服务与区域经济发展的统一性

随着社会发展,老年人口的民生问题与社会经济发展的关系会更加紧密。养老服务体系的发展需要以区域经济的发展为条件,依赖本区域经济的发展作为基础和支撑;同时,养老服务体系也是区域经济的组成部分,可以影响作用于一个区域的经济发展,反映区域内社会发展的总体水平和社会协调状况,两者居于社会的统一体之中。因此,关注区域经济质量,应考虑与养老服务体系建设的相互影响。

2. 直接体现养老服务体系的社会属性

人是社会的产物,人的社会生产和生活都具有社会性,这种社会性往往要通过足够数量的人群活动才能更加充分、全面地展现。养老服务体系建设的功能展现也要通过一定区域和足够数量人群的生产生活状况来实现。“区域养老服务”可以将不同类型、繁杂游离的服务内容有机融合到社会养老服务体系的共同功用之中,将老年人的所有服务需求通过包括居家、社区、机构在内的更广泛的社会层面实现供给衔接,进而反映出社会经济发展过程或自然状态下社会共同应对养老事务的社会属性。

3. 更好实现养老服务的市场化、产业化

随着社会经济生活全部转入市场,养老服务业必然被带入其中,养老服务的需求都可以通过实体服务机构的服务得以呈现。只有在超越居家、社区、机构等狭小空间的一定区域内,才能更为有效地协调调动社会的积极因素,培育和完善市场经济条件下的养老服务产业。从商品的经济属性看,养老服务的相融外展性与市场的块状割裂性之间的矛盾,是养老服务难以延续发展的最主要、最直接的问题。只有合理布局服务区域,才能使服务的价值和使用价值有效发挥,并为服务的演进发展积累活力和动力。从经济社会现实看,养老服务体系中的优质市场成分易被或已被瓜分,而需求较少、散在游离、偏置社会一隅的服务项目难以盈利,运营困难,少有人问津。对此,只有建立区域内服务格局的平衡,才可能实现服务的供需平衡。

4.体现政府主导和政策引导

"区域服务"给政府发挥主导作用,统筹养老事业发展提供了更适合的载体空间。在"区域"概念下,政府可以根据当地社会经济发展和养老服务市场的具体情况,通过完善规划布局和扶持政策,有重点地引导培育养老服务向有机、整体、稳定的产业业态发展,实现养老服务的全方位和全过程发展。尤其是在老年人需求预期明显,但市场难以形成有效供给的服务内容的状态下,要主动做好服务发展的引导调节工作,防止由于盈利多寡而出现服务业态冷热不均的状况和现象。

三、"区域养老服务"的工作思路

实现以"区域养老服务"模式促进养老服务体系的发展,其基本工作思路是"把握社会预期,融合服务功能,做实服务项目,延伸服务效能"。

(一)把握社会预期

养老服务是社会发展进程中满足老年人特殊预期要求的社会产物,社会阶层对其有不同的认识和预期,这是影响养老服务发展的基本因素。在政府层面,应坚持"以人民为中心",着力构建"居家为基础、社区为依托、机构为补充、医养相结合"的养老服务体系建设。在社会层面,随着共享社会的发展进步,社会养老服务需求预期更广泛、更繁杂,个性化、差异化也更加明显;社会家庭及老年人更是希望通过社会提供周详、可心的服务,来帮助实现自然状态的居家起居;服务提供者也希望通过满足社会的需求,并且得到社会的认可、扶持而不断发展壮大,实现盈利和再发展。因此,社会各层面要把握好社会服务预期,确立好在"区域"

养老服务体系中的发展定位。

（二）融合服务功能

融合是现代经济社会发展行之有效的思维运用，养老服务的发展也应不断吸收社会发展的有效经验，融合各类社会服务功能，并主动将自己的经营特点、服务优势融入社会服务的市场需要。养老服务一方面具有业态内容繁杂、涉及面广、产品需求单一、难成规模等特点；另一方面，很多服务需求与其他行业提供的服务又相融相通，可从中得到相互促进和发展。而与此同时，有些为老年人设计的服务也可以提供给其他社会成员。因此，利用服务的相融性，注重从经营理念、业态功能和服务区域等方面互补融合，以提升服务的适用性、有效性，是区域服务的重要优势。例如，章丘宏盛物业公司既承担企事业单位的物业服务，又为老年人居家服务提供家政、餐饮服务等；既做机构养老服务医护服务、居家上门服务，又做依托智能平台的线上线下综合服务等。通过不断融合服务功能，实现了借力发展、延伸发展、集聚发展，使服务效能得到真实展现。

（三）做实服务项目

做实服务项目是体系建设的基础，也是养老服务不断演进和事业发展行稳致远的制胜法宝，是区域服务的重点内容。具体来说，一是在量的方面，要注重服务内容的丰富多样性，尽力满足老年人更多不同的服务需求，如对入住机构的老人提供心理辅导，对社区老人开展助浴、助餐、家务整理等服务。二是在质的方面，要重视和完善实现服务细节过程，如注意服务的及时性，要在需要的时间、需要的场所实现服务；注意心理感应，服务多用敬语，多抚慰关心等；注意服务环境，要客观体现对服务内涵的理解和用心；注重惠心服务，优化服务流程，高标准订制服务内容等。

（四）延伸服务效能

养老服务多呈现零、散、小、少的经营特点。为此，对不断增加的养老服务需求，靠不断新增服务机构是不现实的，很多可以通过现有服务机构在已有服务基础上，不断延伸服务功能、扩大服务范围就能很好地实现。例如，章丘宏盛、济南和孚、日照中盛、临沂凯旋等几家养老服务企业的发展过程就呈现了不断延伸发展、逐步扩大服务过程的特点：他们有的是从医疗服务转向护理养老，再向社区服务发展；有的是从物业服务到居家养老服务，再到机构和医护服务，再转社区智能平台服务，承接区域内线上线下的居家服务。这些服务超越社区、居家、机构点的概念，形成了区域内整体服务不断扩展的明显趋势，具有区域养老服务体系的雏形。

四、“区域养老服务”的关键因素

区域养老服务既是养老服务体系建设的理论探索，也是可呈现的具体实践。随着实践认识的不断深入，“区域服务”的导向作用会有一个较好的展现。促使区域服务发展和完善，需把握以下几个关键因素：

（一）政府主导下的市场培育是重要因素

养老服务产业的发展尚存很多不利因素，需要政府的积极引导和热心培育。习总书记强调指出：“要培育养老产业新的增长点，完善相关规划和扶持政策。”政府在积极构建养老服务体系工作中，可以“区域服务”为思路，做好三件事情：强化区域统筹，完善服务布局，培育区域服务；着力完善老龄政策制度，用政策推动区域服务发展；把握服务发展预期，积极引导供给侧调整，重点培育壮大服务企业。实践证明，政府部门的大力支持和积极培育是养老服务体系建设和养老服务事业发展的关键因素。

（二）服务能力是实质内涵

扎实有效的服务呈现是“区域养老服务”最为重要的环节，是其模式的实质内涵。换言之，模式本身的意义就是用供给侧“充分、有机”的服务内容，去串联衔接涉及区域内老年人居家、机构、社区等处所的生活需要，最大限度地营造原本自然环境下老年人的生活起居状态。社会只有根据不断变化的养老需要，努力发展服务供给，不断促进养老服务的改进升级，才能最终体现养老服务体系的服务功用，体现养老服务体系的实际社会价值。

（三）全、优、强是发展秘诀

实现盈利是养老服务面临的大问题，尤其是社区居家养老服务，盈利难、利润少是目前的普遍现象。在功能基础上的服务延展应是发展养老服务的可行做法，要根据养老服务的供需散在不成规模的特点，积极向“一专多能”发展，努力形成区域养老服务市场上“内容全、服务优、能力强”的服务优势，并逐步演进成“区域养老服务”的市场经营优势和服务辐射能力。利用融合发展、延伸服务的思路，集聚区域服务预期，实现物业与养老、医疗、健康等多服务业态和内容的无界融合，最终实现服务的良性发展。

（四）智能化、互联网＋是重要支撑

要提升新动能转换，实现养老服务提质增效，智能化、互联网＋是不可或缺的战略支撑，也是养老服务业高质量发展、跨界融合发展的正确途径。智能化新产品、新技术的引用可以提高管理效能，节约人力资源，促进服务的精细化。同时，也为区域养老服务的深化发展提供了重要依托和技术支撑。从运营管理来说，对老年人身体状况、服务需求状况的掌握，服务延伸辐射能力、服务需求的对接以及服务质量监管等，都可以借助智能化、互联网等技术最终实现。从服务业态的更新发展来讲，借助智能化可进一步实现老年人的全域安全监护、老年人健康信息管理等公益服务的演进，进一步完善养老服务体系建设。

总之，基于社会市场经济发展的一般规律研究构建养老服务体系，不能局限于社区、居家、机构等点的概念、狭小地域和分割游离的服务供给，而应该在跨社区、机构服务的相对广义区域、领域以及注重服务融合的角度，去研究体系的构成、运行和呈现形式，便于促进形成相对稳定的服务供求关系，引领、培育养老服务体系向可持续、实体化方向发展。“区域服务”即是构建养老服务体系的模式呈现，也是可期借鉴的养老服务发展的创新实践。

（本节作者：周刚，山东省卫生健康委员会）

第二节　医养护一体化健康养老服务模式的探索与思考

随着老龄人口数量的不断增长，老年人的养老、医疗及护理问题逐渐凸显，我国现有的养老服务以及医疗服务水平无法在短时间内满足大量老年人的需求。目前，我国的公立医院无法为老年人提供充足的住院服务，而老年病专科医院以及一些专业的老年人医疗、健康服务机构的规模不大，数量也不多。多数养老机构中虽然配置了简单的医疗设施，但是缺乏规范的管理和医护服务。如何缓解当前养老服务的社会压力，满足老年人对养老、医疗及护理服务的需求，是迫切需要解决的问题。医养护一体化健康养老服务模式作为一种科学的方式，可以在一定程度上满足现阶段老年人养老以及医疗的需求，是解决养老服务问题的有效途径。

一、健康养老服务面临的困难

（一）家庭养老功能的弱化

家庭养老、养儿防老是我国传统社会的养老方式和理念。而在当今社会，由于受曾经实行的计划生育政策、人口迁移流动等多重因素影响，家庭规模逐渐缩小，独生子女家庭比例较大，独居老人增多，传统的家庭格局发生了不同程度的转变，依靠家庭养老的模式受到了强烈冲击，使得很多老年人难以依靠子女获得良好照护。具体来说，我国的家庭结构模式一般为“4－2－1”家庭，即每个家庭中有四个老人、夫妻双方以及一个孩子，两个子女要赡养四个老人，会存在一定的经济压力。在家庭人口结构的变化以及多元化思想观念的冲击之下，传统的家庭观念逐渐淡化，家庭养老功能也呈现弱化的趋势，老年人的物质需求、情感需求无法完全依靠家庭得到有效的满足。而即便老人与年轻人共同居住，年轻人面临工作、学习、生活、经济、子女等不同因素的影响，不得不缩减照护老人的时间，无暇与老人交流沟通，也无暇关注老人的精神生活。对于一些具有慢性疾病、失能或者半失能的老人的家庭来说，年轻人在对老人的护理上承担着过大的压力。在这种家庭养老能力逐渐降低的情况下，首要问题就是要解决家庭养老困难以及压力问题。北京大学袁方教授认为，解决中国社会的老龄化问题，单凭一方面力量是无法满足实际需求的，必须要整合国家、社会以及家庭等各个方面的资源，对其进行优化完善，才可以满足老年人就医以及养老的需求。

（二）养老机构无法满足医疗需求

由于缺乏医疗领域的服务，当前多数养老机构医护能力明显不足，仅能安排老年人住宿以及提供一些基本的生活照护，无法满足老年人的医疗需求。而随着老年人年龄的增加，其身体机能也在不断下降，对于医疗服务的需求逐渐增加。特别是对一些失能和半失能老人，更是需要专业化的康复训练、辅导和特别的照护，这对于一般的养老机构来说无疑是服务内容中较大的缺憾，也是一些养老机构一直以来入住率不高的主要原因。另外，由于缺乏较好的医护服务，当前一些养老机构对于风险管控较为关注，导致养老机构服务对象结构失衡，主要体现在一些养老机构收纳的老人多数具有一定的经济条件和生活能力，而对于一些失能老人和有照护风险的老人，则因为无法提供充足的医疗服务而拒之门外或要求严苛。

（三）医院无法提供充分的养老照护护理服务

这里的“医院”就是一些可以提供医疗护理服务的医疗机构，其主要职能就是提供急性病症的救治、病症恢复、康复治疗、慢性病诊治等。目前，这类医院一方面还不能对需要长期护理的残障老人提供精细化长期护理服务，另一方面床位紧缺，不能满足社会需求。一些老年人已经符合出院需求，但是因出院后在家无法得到良好照护，故坚持住院，这样必然导致医院服务资源的浪费，无法合理利用医疗服务资源，导致无法满足一些需要医疗治理的老年人的需求。医养护一体化健康养老服务模式可以有效缓解此种问题，将医疗、养老、康复护理等各项服务进行有效的整合，实现系统衔接。

二、医养护一体化健康养老服务模式的工作内容

医养护一体化健康养老服务模式就是将医疗资源、养老资源以及护理资源进行系统整合，进而提升对老年人的健康护理水平，提升其自理能力，有效降低老年人失能以及半失能的概率。从整体上来说，医养护一体化健康养老服务模式就是集医疗服务、养老服务以及护理服务等功能为一体的服务模式，它可以从根本上缓解因为人口老龄化造成的医疗以及养老服务不足的问题。

构建医养护一体化健康养老服务模式可以为老年人提供专业的医疗护理系统服务，在实践中要为护理服务提供合理的价格系统，明确其社会价值与作用；要构建完善的责任制度，将临床护理落实到个人；要提升教育质量以及实践能力，为一些专业的特殊护理人员提供专业的培训课程，提升医疗护理队伍的专业能力；要获得政策的支持，为专业护理构建良好的社会氛围；要重视市场引导，进而构建完善的正规化护理服务系统。通过上述措施，提升临床护理工作能力以及水平，优化护理能力，提升护理的医疗专业性，构建稳定、安全的护理系统，真正凸显医养护一体化健康养老服务模式的价值与作用。

（一）医疗服务

医疗服务就是通过医院以及诊所自身的人力资源以及专业医学能力，综合人体科学的基础理论，在医学标准的规定之下，为人们提供科学

的治疗、康复护理方案，使患者保持健康水平的一种具有公共属性的产品。

随着人们对医疗服务需求的不断增加，对于医院工作也提出了更为严格的要求，医疗机构要不断提升自身的服务能力，增强患者的满意度，这样才可以凸显医院的社会价值与地位。随着老年人年龄的增长，身体的抵抗力逐渐下降，出现了各种疾病，在此种背景之下，在对老年人的养老服务中就要重视医疗服务这一项目，对于老年人来说，医疗服务是一项重要的保障措施。

在医养护一体化健康养老服务模式之下，要完善老年人现有的医疗福利保障，保障老年人可以受到公平合理的待遇，为老年人看病提供便捷，同时也可以为老年患者提供专业的服务以及指导。老年群体的疾病多为慢性病，具有治愈率低、病程长的特征，会伴随功能性方面的问题，需要长期的、专业的护理。另外，老年群体的心理问题也是较为关键的内容，为老年群体提供医疗服务不仅要重视身体疾病，而且还要重视情感和心理上的支持与安慰，关怀关爱老年人群体，关注其身心健康。

医养护一体化健康养老服务模式中的医疗服务就是综合老年群体的实际状况以及需求，通过与相关部门的合作，提供专业的、有针对性的医疗服务，满足老年人的实际需求，继而为老年人提供便捷、优质的医疗服务，通过医学技术为患者提供治疗以及护理保健，其主要的服务内容就是服务态度、医院形象等非物质形态的服务模式，基于内容可以分为基本医疗服务以及特殊医疗服务。

（二）养老服务

养老服务就是对老年人提供一些日常基本的生活护理，关注老年人的精神、物质需求。医养护一体化健康养老服务模式之下，养老服务的主要目的就是在人类年龄增加、身体机能不断下降的过程中，为老年群体提供适合的医疗卫生、饮食营养、精神娱乐、交通出行等基本的服务内容，可以为失能以及半失能老人提供住宿、生活照料、康复治疗以及娱乐活动等服务。

医养护一体化健康养老服务模式中，养老服务是与医疗护理有着直接的关系的。要基于老年群体的疾病类型、种类以及身体状况等因素，合理提升养老护理活动水平。同时，要综合实际状况，通过不同的方式进行养老服务，进而解决家庭以及社区养老中存在的问题与不足，可以从根本上提升资源的利用效率与质量。

（三）护理服务

护理服务就是以患者为中心，满足患者的基本生活需求，提升基础护理能力，构建完善的护理责任机制，提升护理能力，保障老年人获得正常的、合理的、舒适的医疗服务，加强对老年群体精神状态的观察与分析，在家庭支持之下，提升卫生资源的利用效率，实现全天候的医疗护理。将护理作为重要服务内容，践行人本主义，基于老人自身健康状况，重点考量老人的生命健康、精神、体感等要素，组织开展有效的诊疗活动，在满足老人消除或减轻病患的需求的基础上，构建完善的护理服务模式。基于医养护一体化健康养老服务模式中的护理内容包括：

第一，保健护理，即为老年群体提供营养保健康复护理，综合老年人的具体状况、疾病类型、身体机能等合理制定饮食、运动计划。

第二，医疗帮助。根据老年群体的身体状况、疾病类型、程度等状况，遵循医嘱定期用药、复诊，进行康复治疗，进行日常的血压、体温监测。

第三，康复治疗。要积极与老年群体沟通，讲解各种康复器械的应用重点与内容，提升康复效果与质量。

第四，健康教育。通过网络以及专家讲座等，对保健、治疗、营养、运动以及心理等知识的讲解，提升老年人的保健能力。

第五，基础生活护理，主要就是饮食、起居、洗浴以及卫生清理等日常服务。

第六，精神文化。通过组织读书等活动，积极与老年人沟通，重视心理辅导，及时梳理老人的各种不良心理问题。

第七，为老年人提供体育锻炼、法律咨询以及其他各种服务。

三、医养护一体化健康养老服务模式的模式类型

医养护一体化健康养老服务模式包含多种类型，包括医疗机构以及养老机构的合作，医疗机构优化养老服务，养老机构增设医疗服务，养护与社区、家庭的融合等。在实践中，可以综合具体状况、基础条件以及资源、资金等因素对其系统分析，综合实际状况合理开展，具体做法如下：

（一）医疗机构以及养老机构的合作

将医院以及养老院的各项资源进行整合，实现功能互补。在实践中，双方可以共同合作，确定合作内容，制定合作计划。医院可以根据养老院老人的实际状况组织开展定期的身体检查，为养老院的老人提供医护治疗等。通过这样的合作模式，可以强化养老机构的医疗功能，而医院也可以解决床位等资源紧张的问题，二者的合作方式也更加灵活、丰富。此种模式对医院以及养老资源进行有效的整合，突破了医疗机构以及养老院二者的限制，可以凸显二者的优势提升，对各项资源进行合理配置，实现了双向合作，为老年人提供了“一站式”的服务。

（二）医疗机构优化养老服务

2018 年 10 月国务院颁布的《关于加快发展养老服务业的若干意见(国发[2013]35 号)》明确规定：“卫生管理部门要支持有条件的养老机构设置医疗机构。医疗机构要积极支持和发展养老服务，有条件的二级以上综合医院应当开设老年病科，增加老年病床数量，做好老年慢病防治和康复护理。要探索医疗机构与养老机构的合作新模式，医疗机构、社区卫生服务机构应当为老年人建立健康档案，建立社区医院与老年人家庭医疗契约服务关系，开展上门诊视、健康查体、保健咨询等服务，加快推进面向养老机构的远程医疗服务试点。医疗机构应当为老年人就医提供优先优惠服务。”这些规定有力地推动了医护型养老机构的创建，推动了医养护一体化健康养老服务模式的建立。

医养护一体化健康养老服务模式就是对医疗机构的功能以及运作模式进行优化整合的方式，合理应用医院的卫生资源，对过剩资源进行统筹管理，通过对机械设备、医务人员的专业培训，可以为老年患者提供长期、专业的医疗护理服务。

医疗机构中增设养老服务后，医疗机构要在对老人的精神以及物质需求进行分析的基础上，提供专业的医疗以及护理服务，进而提升资源的利用效率，缓解医院的压力与问题，为老年人提供优质的医疗康复服务。医疗机构以及一些基层的医疗服务中心在实践中可以进行整合改造，成立专业的康复以及老年人养护中心，进而为老年人群体提供长期的、有效的医疗以及护理服务。通过对老年康复诊所、老年慢性病房、专科医院、临终护理医院等老年人医疗机构的整合以及完善，提升各项资源的利用效率。对基层卫生机构的资源进行统筹整合，合理配置工作人员，加强对一些失能以及半失能老年人的护理，提供专业的康复护理服务，从而实现一体化服务。

（三）养老机构增设医疗服务

在养老机构中提供必要的诊疗项目，合理利用闲置的医疗资源，为老年群体提供充足的资源，是一种缓解养老问题的有效方式。当前在养老机构中增设医疗服务，要加强对老年群体的关注，完善硬件设施，重视人员配置，提供专业的医疗场所，为高龄患者提供更为专业的医疗护理以及卫生产品。在实践中，各地要出台相应政策，鼓励养老院增设医疗服务机构，为老人提供基础的医疗卫生服务。

（四）医疗、养护与社区、家庭的融合

医疗、养护服务与社区、家庭的融合，就是一种以社区卫生服务体系为主要载体，构建完善的医生、责任医生签约制度，为社区老年人提供上门医疗服务的模式。要在现有的责任医生团队基础之上，组织注册全科医生、社区护士、公共卫生医生、乡镇卫生医生等共同构成的服务队伍，加强对慢性疾病患者、失独家庭等的关注，实现疾病医疗、基本公共卫生以及个性化的健康管理服务。

此种模式通过对社区、家庭以及养老机构的整合，保障了老年人可以在生活自理的状况之下获得专业的养老服务以及医疗服务。在实践中，最为关键的就是要将医疗机构以及养老机构的资源进行明确列出，避免资源建设浪费等问题的出现，进而提升服务质量与效果。

四、医养护一体化健康养老服务模式构建的政策与手段

当前，在人口老龄化的背景之下，医养护一体化健康养老服务模式还处于探索阶段，要想充分凸显医养护一体化健康养老服务模式的作用，就要整合社会资源，基于不同的角度、不同的领域进行分析，加强引导，通过社会各个方面的共同努力，构建完善的医养护一体化健康养老服务系统。

（一）政策倾斜，合理干预

政府部门要在医养护一体化健康养老服务模式构建的过程中，充分凸显自身的价值与作用，要在设计分析、投入评估、市场监督以及政策等不同角度进行合理的干预以及引导，协调各个方面的不同资源，构建一个和谐的环境。要转变政府职能，分析养老系统的优势与不足，对社会、

政府以及其他机构现有的服务模式进行整合，优化资金供给模式，进而提升社会服务的积极性以及主动性，构建一个和谐的、完善的医养融合政策环境。

政府要对医疗机构做好顶层设置和规划分析，要了解群众的实际需求，通过财政优惠以及政策优惠，扶持开展医养护一体化的医疗机构和养老机构。对医养护一体化健康养老机构的工作人员的薪资待遇、福利补贴等进行政策支持，制定标准的职业规范要求，提升专业人员参与医养护一体化健康养老服务模式的积极性。

在医养护一体化健康养老服务模式的构建过程中，涉及民政、卫生、社保以及财政等不同的职能部门，要综合各个部门的实际状况，构建完善的制度与标准，对老年人的实际状况进行分析，明确具体的标准以及规定要求。通过各个部门之间的协调以及合作，强化政策指导，规范服务管理，进而推动行业的可持续发展，从根本上分析医养护一体化健康养老服务模式的配套设备，合理设置并且制定标准的规范要求，进而促进医养护的结合发展。

卫生、社保以及民政、老龄等政府部门要积极沟通，响应国家的各项政策与规定，明确自己的责任与义务，制定完善、统一的建设标准以及管理规范，确定服务标准要求，整合各个部门的资源以及资金，形成统一、系统的支付系统，为医养护一体化健康养老服务模式的构建给予充足的资金扶持。

（二）整合社会资源，优化市场配置

养老问题是全社会共同的问题，只有社会公众以及机构的共同参与，才可以缓解人口老龄化问题。要探究完善的参与机制，整合社会资源以及力量，通过对官方以及社会资源等不同领域资源的整合，实现资源的统一管理，通过取长补短的方式解决医养护一体化健康养老服务模式在践行中的各种问题。

为了优化市场中各项资源的配置功能，就要构建公平平等的竞争环境，提升社会各个组织的参与性，加强引导，合理干预，对市场化运作的模式进行优化完善，构建医养护一体化的康复机构，在医疗养老服务实施方案的制定过程中，分析社会组织的实际需求，简化审批程序，进而提升审批的效率与质量。

在医养护一体化健康养老服务模式的构建过程中，要综合区域之间存在的差异性，通过政府、家庭等不同购买方式进行整合优化，提升市场、社会、公众参与的积极性，对老年人的现实需求进行分析，探究合理的消费观念。同时，鼓励政府以及非营利性的养老机构加强对老年人保健、医疗、康复以及基本生活的关注，重视老年人的心理问题，通过在饮食、生活、药品、健康娱乐、精神需求等不同领域的整合，完善医养护一体化健康养老服务模式的功能。

另外，要合理利用新媒体资源、传统媒体资源，在学校、企业等领域加强对医养护一体化健康养老服务模式的宣传，提升关注度，进而鼓励全社会共同参与，形成一个良性循环，整合社会资源以及力量，构建良好的社会氛围，这样才可以提升养老服务质量，缓解养老问题，为医养护一体化健康养老服务模式的构建奠定基础。

（三）转变养老观念，重视自主管理

在传统的养老观念中，居家养老是较为主要的养老方式，但是在计划生育、经济发展、社会压力等各个方面因素的影响之下，多数家庭在经济及精力上的养老压力越来越大，独居老人、空巢老人问题比比皆是，在此种环境之下，医养护一体化健康养老服务模式可以有效缓解各种问题与不足，在一定程度上缓解家庭养老的负担，也满足了老年人的精神需求。这种新型的养老模式可以转变传统的养老观念，也逐渐创新了社区养老以及机构养老等不同的模式与手段。

无论通过何种方式养老，都要尊重老年人自己的选择，鼓励老年人选择合适的养老服务以及手段，可以通过家庭、社区、政府以及市场等提供服务，获得各个方面的不同支持，提升老年人的自主性，保障养老模式与老年人的日常生活方式以及习惯相适应，给老人充分的尊重。

（四）培养专业人才，提升服务水平

医养护一体化健康养老服务模式在践行中需要专业的养老队伍的支持，对此，在实践中要构建规模庞大、训练有素的专业养老队伍，构建高质量、科学的养老团队，养老机构中的医疗服务机构要设置专业的技术岗位，要对医疗、康复保健、营养等各个领域的人才进行严格的技能考核，符合规定方可上岗。对于一些重点工作内容，如老年人康复、护理以及医疗等岗位，要对人才进行专业的培训，将其与卫生计生人员培训的工作内容进行整合，重视培训管理，完善培训机制与制度，与高校合作设置专业的岗位，进而为社会养老提供专业的人才。

在医养护一体化健康养老服务模式中，服务人员的综合素质能力直接决定了此种模式的效果。在实践中，要以满足客户的实际需求作为基础，明确工作内容以及任务。同时也要提升服务人员的社会地位，构建良好的社会氛围，为各项工作的开展奠定基础。

在医养护一体化健康养老服务模式中，要综合老年人的实际需求，不断改善、优化、创新辅助设备，提升服务的科学性以及智能化水平，合理应用各种高新技术手段，进行实时监督控制，降低劳动的强度，提升服务质量。

（五）基于人本主义，合理应用高新技术

在医养护一体化健康养老服务模式中，要具有人本理念，整合应用各种高新技术手段，将大数据技术、“互联网＋”等技术与医养护一体化健康养老服务模式有效整合，通过网络技术手段提供专业的医学、护理指导，实现线上服务以及线下服务的有效整合，做到网络与实践的无缝链接。利用网络技术构建健康档案区域信息平台，通过各种技术手段，提升医养护一体化健康养老服务模式的智能化以及信息化建设，强化对患者的护理，为医务人员、护理人员以及监督人员提供有效的沟通平台，构建联动的云端数据信息库，实时更新老年人的状况。通过智慧医疗，利用网络在线支付、结算，提供“一站式”的结算等服务，将医养护一体化健康养老服务模式与网络技术进行有效的融合，改善老年人看病难的问题。

在医养护一体化健康养老服务模式的智慧化构建过程中，首先要建设智能化的医疗信息网络机构模式，从根本上节省看病就医的时间，进而为老年人提供更为安全、更为便捷、更高水平的治疗服务，这样才可以提升老年人医疗养护的质量与效果。

在实践中，要综合区域状况以及社会环境等因素，构建医养护一体化健康养老服务的试点单位，调查整理老年人健康信息内容，构建社区、医疗机构、养老机构联合的信息数据云平台，通过大数据对老年人养老以及服务的趋势进行研究，对数据进行分析，优化完善医养护一体化健康养老服务模式，进而提升医疗以及社会服务资源的利用效率，实现养老以及医疗信息数据的共享以及交换，为医养护一体化健康养老服务模式功能的完善提供有效的信息数据支持。

（本节作者：董圆圆，齐鲁师范学院）

第三节 社会福利政策视角下的农村养老服务研究

自我国1999年正式进入老龄化社会以来，国家和政府不断加大对老年人事业的支持力度，老年人的养老服务建设亦取得了非常大的进步。“十二五”期间，我国已经初步建立起以居家为基础、以社区为依托、以机构为补充、医养结合的多层次养老服务体系。但总体来看，目前养老服务供给不足、养老服务市场不完善、政府责任落实不到位、城乡养老服务发展不均衡等问题仍然十分突出。在政府提出“确保人人享有基本养老服务”的政策承诺以后，养老服务势必需要加快发展。为实现这一政策目标，必须保障每一位农村老年人的基本养老服务需求得到满足。

基于农村庞大的老年人口数量、老年人口所占比例较大以及农村所面临的严峻的养老形势，有必要就如何发展农村养老服务，明确政府责任，实现农村老年人口“老有所养”进行探讨。本章拟在社会福利政策的视角之下来分析我国农村养老服务的得与失，并力图重拾政府的农村养老服务责任，廓清对农村养老服务的认识，为农村养老服务体系建设提供理论以及方法论上的支持。

一、基本理念

(一)社会福利政策

一般而言，社会福利政策属于社会政策领域，所谓“社会政策”，一种主要是政府及社会组织如何处理社会问题的社会行政(公共治理)，另一种是同社会福利直接相关的利益配置和不同社会结构之间的互动关系，还有一种同经济手段或经济政策相呼应的国家政策，其目的是协调不同阶层或不同利益团体之间的关系，以减少社会冲突，增强社会团结。[①] 社会福利起源于慈善与济贫，当下社会人们可以凭借个人机会追逐自身福利，也有权利去享有国际提供的社会福利。体制观念和助残观念是两个

① 参见熊跃根:《社会政策的比较研究:概念、方法及其应用》,《经济社会体制比较》2011年第3期。

相互竞争、促进社会福利的理论方法。[①] 除此以外，另有发展型的社会福利政策，指的是一种协调经济政策和社会政策，融合社会发展目标的社会福利政策模式。[②] 总而言之，社会福利政策是一种在特定社会结构内，由政府起到主要决策功能，进行资源、利益配置，开展社会福利活动，维持人类社会功能的领域。

对社会福利政策的诠释方面，世界著名社会福利学者尼尔·吉尔伯特(Neil Gilbert)指出，其主要分为制度、分析和政治的不同视角。制度的视角可以明确社会结构及主要机构的福利功能、范围；政治的视角能够探索社会和政府在社会福利领域内的联系；分析的视角则侧重政策选择及背后与实际的关联。同时尼尔·吉尔伯特(Neil Gilbert)也提出了自己的社会福利政策分析架构。

（二）农村养老服务

何为养老服务？从广义上讲，养老服务就是为老年人安度晚年提供的一切形式的服务。养老服务的本质就是要不断满足老年人的需求，提高老年人的生活质量。有学者指出，老年社会服务的政策行动包括老年基本生活保障、老年医疗卫生服务、老年文娱服务、老年人精神保健及老年人的基本权益保障。[③] 对此，笔者表示认同。本章所指的农村养老服务同样具有广泛性的特点，其内涵既包括资金、设施等物质性养老基本公共物品，也包括生活照料、康复医疗、文化娱乐、精神保健及老年权益保障等非物质性养老支持。因此，反观政府目前在农村推进的老年人养老服务体系建设以及所构建的老年社会保障政策，包括"五保"老人供养、农村最低生活保障政策、高龄补贴政策、社会救助及精准扶贫到户政策等，皆是为满足农村老年人的养老需求而推动发展的农村老年服务政策行动。因此，本研究将农村老年人的养老保险政策、医疗保险政策、最低生活保障政策等老年人社会保障政策以及国家推进建设的居家、社区、机构的社会养老服务体系等全部纳入农村养老服务研究中来。

① 参见李钟玄：《美国的社会福利政策及其社会工作》，《杭州师范大学学报》(社会科学版)2013年第6期。

② 参见姚云云、刘金良：《我国社会福利发展诉求与政策回应——基于发展型社会福利政策的选择》，《西安电子科技大学学报》(社会科学版)2013年第1期。

③ 参见关信平：《社会政策概论》，高等教育出版社2009年版，第377页。

(三)社会福利政策的分析框架

尼尔·吉尔伯特在其《社会福利政策引论》一书中提到:在福利分配架构之内,社会福利政策可以被解释为在决策什么是福利(what),被提供或者提供给谁(whom),如何输送(delivered)以及财务(financed)如何被提供之间的选择原则。

在这样的一个架构当中,尼尔·吉尔伯特通过四个问题的形式来表现其选择分析的四个维度:

(1)社会分配的基础是什么?

(2)社会供给的分配形态是什么?

(3)这些供给的输送策略是什么?

(4)这些供给的资金提供方式是什么?

这四个问题分别对应着 what、whom、delivered 以及 financed 的决策。因而在尼尔·吉尔伯特的社会福利政策分析架构当中就整合了社会分配的基础、社会供给的类型、输送的策略及财务的模式四个维度(或者说“要素”),并将其整合成一个完整的系统,提供了社会福利政策分析的理论基础。社会分配的基础是福利资格标准操作性定义的指导方针。社会供给的类型主要是依据福利的形式和可转移性对福利进行的分类,现金、福利券、实物都是具体的社会供给的形式,据此还可以探讨社会供给的本质。输送的策略解决的是如何在服务提供者与服务消费者之间做出便利、有效的组织性安排。财务的选项模式主要关注经费的来源是公共部门、私营部门还是混合来源,要了解政府涉入其中的程度。尼尔·吉尔伯特将此分析框架置于 1962 年以来发生的社会服务方案改变研究分析上,对社会福利政策发展的本质发现了以下特征:

(1)社会分配的基础:选择式到普及式。

(2)社会供给的本质:从无形及限制到具体及多样化。

(3)输送系统:公共部门及与收入维持相连接的公共部门、私营部门或营利部门。

(4)财务:无限制的分类补助款到定额的综合补助款(多渠道的经费来源有税收、捐赠及收费,财务资金流动),这同样是一个良好的社会福利政策发展的过程与方向。

接下来,笔者将把中国农村养老服务建设置于这样一个分析框架之中并加以探讨。

二、我国农村养老服务的研究分析

(一)社会分配的基础:政策对象从缺失、选择性到普遍性

社会分配的基础是指用来决定谁能够接受社会福利政策所提供福利的规则,或者说社会分配的基础指的就是社会福利政策的政策对象。受制于经济社会发展水平及城乡二元分割的现状,长期以来我国养老服务政策对象中缺少农村老年人,农村老年人进入政府养老服务政策对象经历了一个由选择性到普遍性的过程。

1. 政策的缺失

在考察我国农村养老服务政策发展之前,必须明确长久以来农村社会养老保险与医疗保险的缺失。因为就某种意义而言,社会保险本质上是一种服务。[①] 在此基础上,进一步讨论农村养老服务发展,就会发现一段时间以来,农村老年社会服务游离于政策之外,农村老年人长期缺乏基本养老保险与基本医疗保险服务。事实上,我国"新农合"始自2003年,2009年实现制度全覆盖。而"新农保"从2009年开始试点,实现制度全覆盖至今时间并不长。

总之,我国养老服务政策发展进入活跃期的时间并不长,这也就意味着梳理农村养老服务政策存在几个重要节点。同时,配合农村养老服务政策对象的不断扩大,其经历了一个由选择性到普遍性的过程。

2. 政策的选择性

一是2006年发布的《关于加快发展养老服务业意见的通知》(国办发[2006]6号)中提到,"建立健全老年福利服务体系,为城乡无劳动能力、无生活来源、无赡养人的老年人和生活困难的老年人提供无偿或低收费服务,保障他们的基本生活。"所涉及的农村养老服务对象主要是农村"三无"老人与生活困难老年人,而这部分老年人群体主要是纳入农村"五保"供养制度与农村最低生活保障制度中去,且由农村公办养老机构承担养老服务。根据《农村五保工作条例》规定,敬老院主要面向"三无"老人、残疾人以及未满16周岁的村民开放。显而易见,农村敬老院主要面向的是农村"三无""低保"等生活困难的弱势老年群体,

① 参见傅志明、刘玉璞:《论社会保险服务及其公平性》,《中国行政管理》2008年第12期。

那些生活条件较差的空巢老人、留守老人却被排斥在养老机构的大门之外，[①]遑论满足其他农村老年人的养老服务需求。不仅如此，零散的制度安排及缺乏有效的行政监管也为地方政府的逃避责任留下了空隙，表现在一些地方政府钻制度的空子，将五保老人转为低保对象，从而减轻财政负担。例如，济南市 2014 年集中供养的五保标准为 5300 元，而低保标准为 3000 元，两者存在着 2300 元的差额，这就存在一定规避财政责任的风险。这种选取特定人群的养老服务政策安排显然是一种选择式的社会福利资格体系，而它所体现的正是剩余主义的福利理论。这就决定了政府组织安排的养老服务只会面向被选择的、具有特定需求的人群。

二是在 2011 年出台的《社会养老服务体系建设规划(2011～2015)》中有关我国社会养老服务体系的内涵中明确指出“着眼于老年人的实际需求，优先保障孤老优抚对象及低收入的高龄、独居、失能等困难老年人的服务需求，兼顾全体老年人改善和提高养老服务条件的要求”，“兼顾全体老年人改善和提高养老服务条件的要求”与“确保人人享有基本养老服务”意味着政府养老服务政策的扩大化与普遍主义取向。

3. 政策的普遍性

2013 年出台的《国务院关于加快发展养老服务业的若干意见》(国发[2013]35 号)提出“着力保障特殊困难老年人的养老服务需求，确保人人享有基本养老服务”，“加大对基层和农村养老服务的投入”，并明确了加强农村养老服务的主要任务。“确保人人享有基本养老服务”意味着在制度层面每一位农村老年人都享有政府规定的养老服务，它明确体现出一种普遍主义的社会福利资格，遵循制度主义的福利理论。其重要意义还在于，养老服务的准公共物品性质得到确认，公民社会权利(养老服务权利)的实现得以成为可能。2017 年新发布的《国务院关于印发“十三五”国家老龄事业发展和养老体系建设规划的通知》(国发[2017]13 号)表明我国养老服务进入了提质增效阶段。多层次、多样化的养老服务更加方便可及。对于农村养老服务，在推动农村特困人员供养服务机构建设的同时，面向低收入、高龄、独居、残疾、失能农村老年人提供服务，并

① 参见姚兆余:《农村社会养老服务:模式、机制与发展路径——基于江苏地区的调查》,《甘肃社会科学》2014 年第 1 期。

大力发展农村互助养老服务,加强关爱服务。至此,我国的养老服务体系已经将全部的农村老年人纳入有中国特色的社会养老服务制度中,养老服务迎来了提质增效的新阶段。

值得注意的是,在实践中,我国政府所主导构建的以居家为基础、社区为依托、机构为补充、医养结合的多层次养老服务体系并没有满足全部农村老年人的养老服务需求。政府主导建立的多层次养老服务体系其目的是调配多方资源、集合各方力量解决农村养老服务问题;同时也是本着更具有针对性的原则搭建起适合不同老年人养老需求的服务平台。然而,政府的政策规定、组织安排与现实运作情况还存在一些差异,农村老年人的养老服务存在被人为分割,甚至出现一些不同的养老服务层次之间互相排斥的现象,这与借助多层次的养老服务体系使每个人的养老服务需求都得到满足的制度设计初衷相违背。

(二)社会供给的现实:农村养老服务始终不足

在我国农村,具体的养老服务政策出台以前,农村老年人的养老服务主要依靠的是家庭养老以及宗族亲邻的协助照护。家庭保障一直是农村老年人的养老服务主体形态,大部分老年人的经济支持、生活照料来源于子女、亲朋等。农村老年人最初从国家得到的制度化帮助主要是"五保"制度,这是一项对农村具有特殊困难的"三无"老年人实施的社会救济,提供保吃、保穿、保住、保医、保葬五项保障内容。

从2007年起,国家在农村建立了最低生活保障制度,低保制度最主要的还是为低保户提供资金支持。2003年开始试点新型农村合作医疗制度,制度以大病统筹为主,旨在减轻参合人员的医疗支出压力;2009年开始实行的新型农村社会养老保险制度解决的依然是农村老年人的养老金问题。这一阶段,国家对农村老年人养老服务提供的主要是资金或物资。2011年12月,国务院出台了《社会养老服务体系建设规划(2011~2015年)》,提出建设以居家为基础、社区为依托、机构为支撑的社会养老服务体系,同时阐释了社会养老服务体系的内涵及居家养老、社区养老和机构养老的功能定位,这就为政府提供不同形式的社会供给指明了方向。社会养老服务体系规划实施以来,政府加大了对农村养老服务体系建设的支持力度。例如,政府通过购买居家养老服务,为居家的老年人提供了生活照料、家政服务、康复护理和精神慰藉等方面的服务。在这一过程中,政府引入市场竞争机制,为老年人提供了更多具体的非物质形式的公共服务，满足了其不同的养老服务需求。政府购买的居家养老服务费用一般要列入财政预算，然而，对于广大农村而言，居家养老服务建设才刚刚起步，并没有专门的财政预算。

对于农村的社区养老建设，政府要求以乡镇敬老院为基础，建设日间照料和短期托养的养老床位，主要向留守老年人及其他有需要的老年人提供日间照料、短期托养、配餐等服务；同时倡导探索农村互助养老新模式。机构养老服务以设施建设为重点，通过设施建设，实现其基本养老服务功能。实际上，农村居家养老服务设施的覆盖率非常低，以幸福院为例，国家肯定了河北省肥乡县的互助幸福院建设，并鼓励在全国范围内推广。2013 年推出的《中央专项彩票公益金支持农村幸福院项目管理办法》提出，要为每一个农村幸福院建设提供 3 万元的资金支持。即便如此，幸福院的建设也远远满足不了农村庞大的老年人养老服务的需求。山东省的调查数据显示，平均每个幸福院的建设成本大约为 84 万元。截至 2014 年 8 月，济南市共有 177 个行政村兴建了幸福院，占全部行政村总数的 3.89%。[①] 很明显，政府所倡导以及推广的幸福院模式需要强大的政府财政支持。在政府主导的养老机构中，情况依旧不容乐观，许多敬老院不仅存在入住人员方面的限制，如前文所述的“五保”老人身份资格问题，在养老服务内容上也存在着极大的缺陷。许多农村敬老院只提供老年人吃住，不提供老年人需要的医疗诊治、精神慰藉、文化娱乐等服务。这样的情况不能够仅归因于政府财政支出的压力，很多时候其在政府主导的类似养老机构里也是一种常态；换句话说，就是基层政府以及作为政府代表的机构管理人员缺乏想要为农村老年人提供此类公共养老服务的意识。

(三)服务输送系统：输送主体多元化及城乡不均、农村可及性低等问题

福利输送系统指的是存在于地方社区脉络下，在服务提供者与服务消费者之间具有的一种组织性安排。无论服务的属性是公有化还是私有的，其输送体系的建构重点都在于增进福利服务的一致性与可及性。

审视农村养老服务输送系统的现状，需要从供给、需求以及供需之

---

① 参见张世青、王文娟、陈岱云：《农村养老服务供给中的政府责任再探——以山东省为例》，《山东社会科学》2015 年第 3 期。

间的匹配等方面入手。

一般而言，福利服务的提供方有政府机构、营利组织、非营利社会组织等。在各主体参与社会福利服务的输送过程中，依据不同的组织定位与扮演角色，承担不同的责任。政府机构作为养老服务提供者（或安排者），主要是通过公立养老机构、政府购买服务等形式，部分也会以政府服务[①]的形式提供给服务接受者，譬如说基层政府组织安排雇员进社区的相关老年服务等。目前，社会组织以其专业化、规范化的养老的服务积极介入我国社区居家养老服务中去，公益性社会组织凭借非营利、实现社会利益、优质的服务得到了越来越多的社会认可。政府在积极扶持社会组织发展的同时，看到了其对于提升公共服务效率，提高老年人群体生活质量的重要作用。营利组织提供的养老服务往往依托市场需求，具有精准、快速、服务水平较高、专业化程度高等特点，适应不同养老服务需求的满足，但同时也面临同质化、准入门槛、服务标准等问题的挑战。当然，在最近几年流行的公私合作伙伴（Public-Private-Partnership，PPP）模式中，也涌现出了不少优秀的范例。

在养老服务供给主体方面，乡村与城市存在非常大的差距。首先，政府长期缺位于农村养老服务的供给，前述提到，鉴于养老服务政策对象中农村老年人的缺失，所谓“社会养老服务”对于大多数农村老年人而言是一片空白。目前政府主导或者说公共的养老服务机构主要包括敬老院、养老院、互助幸福院、老年人活动中心。政府推动的农村社区养老服务建设主要有两大主要内容：老年人日间照料中心和社区老年人活动中心。其中，社区老年人活动中心建设比较普遍，而大部分农村社区还没有老年人日间照护中心。实际上，农村社区居家养老的形式其实质仍旧是基于家庭的支持，子女是大部分农村老年人的经济来源，生活照料同样也是依靠家庭成员。生活照料与医疗保健是农村老年人最重要的两项养老服务需求。在目前全国普遍性的医疗资源匮乏的情况下，农村的医疗卫生情况不容乐观，社区医院建设不能够满足农村居民的医疗服务需要，更不必说缺乏经济收入的农村老年人的医疗保健。农村较少拥有公共医疗服务站点，已有的农村社区医疗机构多是在原私人诊所的基

---

① 参见[美]E. S. 萨瓦斯著：《民营化与公私部门的伙伴关系》，周志忍等译，中国人民大学出版社2017年版，第54页。

础上与政府加强合作的产物。以笔者所在的农村社区为例,本村加上周边的近十多个村社只有一个私人医疗诊所,近几年该诊所加大与政府合作,扩大了规模,可以算是比较好的一个医疗服务点,但是仍旧不能满足十里八村的农村居民的健康保健需求。政府对农村养老服务供给的长时期忽视,是造成目前农村养老服务需求无法得到有效满足的重要原因。其次,商业性养老服务在农村的生存土壤及发展环境不及城市。商业性的养老机构通常意味着较高水平的养老服务和较高的服务收费。商业性养老服务组织与机构所提供的这些营利性质的服务除了能够满足老年人的养老服务需求以外,还可以对服务的标准化提供帮助。但是,在农村,阻碍其发展的主要因素是较高的经济门槛,不仅是农村老年人的低收入,而且还有养老机构建设的高投入、运营的高成本等。正是因为其营利的目的,这类机构对老年人的养老服务需求较为敏感,必须努力促成其服务的实现。然而,即便近几年政府加大力度扶持农村养老服务企业的发展,并积极引导企业向农村市场渗透,但农村养老服务产业的发展依旧不能使人满意。另外,政府与私人部门的合作是建设农村养老服务体系的重要手段,不仅仅是医疗领域,如前文所述的政府购买养老服务、私人领域以及市场机制的引入,我们期待的结果是效率的增进,进而节制服务的成本。最后,农村社会组织发展缓慢,养老服务组织匮乏,无法与城市相提并论,更无法满足农村老年人的养老服务需求。具体来看,农村社会组织发展有以下几个特点:经济合作组织多,社会服务组织少;“官方”社会组织多,“非官方”社会组织少;缺乏组织化;缺乏自治性;缺乏社会资本支持等。

农村老年人的养老服务需求正在不断迅速增加,农村老年人养老服务需求的增加有其必然性与促进因素,如庞大的农村老年人口基数、快速的老龄化进程、家庭结构的变迁、城乡人口流动、乡村社会经济发展变动、国家政策推动等。不过,针对不同的养老服务方式及内容,农村老年人拥有具备自身特点的需求意愿。研究发现,在家庭养老占据主流的情况下,农村老年人对社会养老服务已经存有一定的需求意愿①,但农村老

---

① 参见黄俊辉、李放、赵光:《农村社会养老服务需求意愿及其影响因素分析:江苏的数据》,《中国农业大学学报》(社会科学版)2015 年第 2 期。

年人社区养老服务需求整体不高[①]，农村社会养老服务需求内容以生活照料、健康医疗、精神服务为主。[②]

对农村养老服务的供需匹配现状的研究发现，存在城乡养老服务不均等发展、农村养老服务可及性低等问题。

第一，城乡养老服务发展不均等。就社区居家养老服务而言，城市服务项目比较齐全，服务项目供给比较充分，农村服务项目供给低，服务利用率较低，且农村老年人对社区居家养老服务的需求远远大于实际供给。[③]

第二，农村养老服务可及性较低。可及性主要指老年人进入养老服务网络，接受或获取养老服务的程度问题。有研究表明，农村基本养老服务的总体可及性较低，且农村基本养老服务的经济可及性与养老服务方式的可及性地区差异明显。[④] 农村养老服务可及性低的原因之一是服务内容的缺乏，即“无”的问题。例如农村老年教育服务，由于乡村社区文化设施建设不足，老年讲座等教育活动确实无法满足农村老年人的教育需求。再比如，农村长期缺乏基本的社会医疗保险，老年人的医疗护理、康复保健等服务难以维持。另外一个原因是，农村社区养老、居家养老、机构养老等社会养老服务方式之间发展不均衡，农村内部不同区域间存在较大差异。

（四）财务形式：不完善与公共财政的乏力

财政政策是国家宏观调控的重要手段。近年来，党中央、国务院高度重视农村养老服务体系发展，加大了对养老服务业发展的扶持力度，先后出台了多项政策，以促进养老机构的健康发展。然而，养老服务供给不足，尤其是农村供给不足，是我国老龄化社会必须正视并解决的问题之一，我国当前的财政政策虽然在一定程度上能够促进养老服务供给水平的提升，但从总体来看，现行的财政政策在支持养老服务发展方面还存在着诸多问题，我国养老服务供给的财政体制改革也已迫在眉睫。当前，用于支付社会福利的资金的筹集形式一般具有税收、收费和捐赠

① 参见武玲娟：《农村老年人社区养老服务需求及其影响因素分析——基于第四次中国城乡老年人生活状况抽样调查山东省数据》，《山东社会科学》2018 年第 8 期。

② 参见李伟：《农村社会养老服务需求现状及对策的实证研究》，《社会保障研究》2012 年第 2 期。

③ 参见丁志宏、王莉莉：《我国社区居家养老服务均等化研究》，《人口学刊》2011 年第 5 期。

④ 参见王飞鹏、白卫国：《农村基本养老服务可及性研究——基于山东省 17 个地级市的农村调研数据》，《人口与经济》2017 年第 4 期。

三种。在我国经济实力增长的同时，国家财政收入持续快速增加，政府公共财政对老年福利事业的投入有了强有力的资金支持。当前城乡一体化建设进一步要求公共财政支出向农村倾斜，推动未来农村养老服务发展。然而，检视我国公共财政情况，养老方面的支出比例非常小。

三、政策建议

（一）构建基本养老服务制度，明确基本养老服务内容

目前，我国的人口老龄化面临着“城乡倒置”现象、“未富先老”矛盾突出、空巢及独居老人较多、老年人高龄化等问题，加之城乡经济社会发展不均的情况，农村老龄化社会呈现出老龄人口多、养老需求大、养老服务供给匮乏及保障工作滞后等特点。实现农村老年人“老有所养”的政策目标，促进农村养老服务业发展，须以建立适合农村特点的基本养老服务制度为总抓手，明确基本养老服务内容，确保人人能够享有基本的养老服务。

1. 构建覆盖全体农村老年人的基本养老服务制度

基本养老服务制度要面向全体老年人群体，确保每一位农村老年人都被纳入制度中。基本养老服务制度既包括基本养老保险、基本医疗保险等保障性老年服务政策，也包括农村“五保”老人供养制度、高龄老人津贴制度、失能困难老人的养老服务补贴制度等。基本养老服务制度保基本的政策要求，不但要确保政策的制度覆盖率，而且还要实现操作层面的全覆盖。重点要加强养老服务能力建设，我国养老服务发展长期以来重养护、轻服务，重机构养老、轻居家社区养老，必须推动完善农村养老服务项目，积极引导社会资本，培育农村居家社区养老服务机构。政府财政资源要向农村社区服务基础设施建设上倾斜，提升农村社区的服务能力。做好养老服务机构与政府之间的联通工作，确保老年人享有的政府购买服务及时、有效。

2. 明确基本养老服务内容

基本养老服务以满足老年人的基本养老服务需求、提升老年人的生活质量为目标。现阶段，农村老年人基本养老服务须立足于经济社会发展现状，为老年人提供基本生活照料、基本康复保健、救助关爱、社会参与、权益保障以及基本社会养老保险、基本社会医疗保险等基本养老服务政策内容。要划列出基本养老服务的内容清单，设定每一服务项目的

计划目标，通过项目年度实施与评估推动基本养老服务发展。

(二)增强政府的主动服务意识，落实政府责任

确立农村养老服务发展政府责任制，增加公共养老服务供给。在目前农村养老服务体系建设滞后，服务能力较弱，而农村老龄化形势严峻、养老服务需求无法满足的情况下，必须明确政府在推动农村养老服务业发展中的首要责任。

1.加快完善农村兜底保障性养老服务建设，落实政府责任

养老服务具有社会准公共产品的性质，政府理应是服务的提供者或安排者。同时，在我国社会政策要托底的社会治理理念下，必须加快完善政府兜底保障性养老服务建设。政府兜底养老服务主要面向农村“五保”供养老人、农村高龄老人、生活不能自理的经济困难老人等。乡村敬老院要在提升养老服务标准、丰富养老服务内容、提高入院老年人生活质量的同时，积极面向农村空巢老人、独居老人、失能老人以及“失独”老人等老年群体提供入院服务。要改变“五保”老人集中供养的政策安排，对于有能力的老人开展分散供养，完善上门养老服务。提高农村失能老人以及高龄老人的养老服务补贴与高龄津贴标准。要切实增加基础保障性养老服务社会产品的供给量，转变养老服务方式，提升养老服务水平。

2.转变政府职能，强化社会治理服务意识

构筑社会化养老服务体系，要求政府有积极的责任意识，主动落实政府责任。政府不仅要服务于经济建设，而且还要加强社会治理；要实施积极的社会政策，对于养老服务建设主动担责。加大对基本养老保险、基本医疗服务等的财政支持力度，公共财政支出要不断加大对老年福利事业的支持力度，以提供基本的养老服务。要强化公办养老机构的老年服务，丰富与完善政府对养老服务的购买，增加对农村困难老年群体的扶助。强化政府部门的职责履行，要将农村养老服务发展情况纳入政府年度绩效考核中去，设立奖罚惩戒制度，激励政府的养老服务作为，杜绝政府缺位、办事不力的现象。

(三)促进养老服务均等化，增强农村养老服务可及性

推动养老服务建设城乡一体化发展，主要是针对农村落后的养老服

务体系、不均衡的社会养老服务方式、偏弱的养老服务能力等突出问题，对症下药，攻坚克难。

1. 坚持公平、正义、共享的价值理念

养老服务建设不能因其地域（城乡差别）、身份（农民职工之分）、性别等的差距而排斥任何人，对待农村老年群体要一视同仁。发展农村养老服务，就是要确保和维护起点公平与过程公平，努力促进结果公平。首先，要明确农村老年群体在基本养老服务政策中的社会权利，目前尚缺乏农村老人养老服务的法律保障条文，建议适时出台城乡养老服务领域的法律文件，特别是将农村老年人一同纳入其中。其次，对于农村弱势老年人需要加以特别帮扶，从而促进过程平等。例如，对经济困难老年人加入基本养老保险与基本医疗保险的给予政府补贴。最后，开展农村养老服务评估，查缺补漏，使农村老年人接受养老服务，满足养老服务需求。坚持共享的价值理念与当下“以人民为中心”的政府施政理念是相通的。共享的价值理念体现在共同参与过程、共同分享结果上，这与以人民为中心所强调的人人参与、人人尽责、人人共享的要求不谋而合。

2. 增强农村养老服务的可及性

对此主要从丰富农村养老服务内容，优化居家养老、社区养老、机构养老等社会化养老服务方式的结构入手。对于基本养老服务项目，政府承担首要供给责任，需要制定公共财政预算，不断提高财政支出比例，并向农村倾斜。加快推动农村养老服务供给，需要政府先行，树立公私合作伙伴（PPP）模式下的优秀范例，并推进该模式在农村的应用，推进农村居家养老服务连锁经营。强化社区居家养老的主体地位，需要加强农村社区建设，发展农村社区服务，提升农村社区福利水平。提升农村养老服务能力，解决农村养老服务“最后 1 公里”问题。

（四）引导社会多元主体参与，推动养老服务业发展

我国养老服务的供给脱胎于“国家-家庭”的二元模式，特别是农村的养老服务，社会化程度非常低，家庭养老等传统思想与方式根深蒂固。推动我国农村养老服务建设，必须树立多元主体共同参与的基本信念，以政府为主导，追求社会化的养老服务方式，同时注意家庭的基础作用。

1. 政府

要积极发挥政府在农村养老服务体系建设中的组织、安排、协调、推进、管理、监督等作用，强调政府首责意识。政府要承担基本养老服务制度中的财政责任，并建立问责制度。要建立农村养老数据统计中心，为农村老年人建立个人养老数字信息档案。

2. 家庭

支持家庭供养，寻求建立“家庭-社会”之间的平衡机制，完善家庭支持政策。例如，积极探索基于长照护理保险制度的子女看护与保险基金的替代机制。

3. 市场

要开放包括农村在内的整个养老服务市场，完善市场准入机制，不断丰富养老服务内容，强化养老服务标准。在积极规划养老服务业发展的同时，加强养老服务市场的法律法规以及政策制定，并适时推出针对农村老年人的养老服务发展实施意见。

4. 社会组织

培育农村社会组织，支持农民的社会组织建设，特别是对农村服务类社会组织的建设。在目前农村养老服务供需难以有效匹配的情况下，广泛动员社会力量参与发展农村的养老服务业，引导社会资源对农村养老服务方面的投入，推动城市社会养老组织及商业养老服务公司向农村下沉。依托高等院校、老年协会、企业工会等力量开展农村养老服务志愿活动，建立开展长效志愿服务项目，并积极培育农村社会志愿服务力量。

（五）加强农村养老服务试点，探索农村养老新模式

要结合农村人口外流，空巢、独居老人较多，经济发展水平低，人口老龄化迅速等特点，积极探索农村养老新模式。

1. 探索互助养老模式

建设城乡互助养老方式，例如，将城市老年人入乡旅居同农村老年人空置住房相联系，开展“邻里互助”居家养老服务项目，因应农村地缘、亲缘下的熟人社会网络，发挥中华优秀传统，推进农村互助幸福院建设。

2.探索资产权益养老新模式

强化集体经济、盘活土地等资源要素，开展以宅基地换养老、以土地换养老等多种养老模式。在此过程中，需要特别注意农村老年人的决策参与及选择自由，不可盲目推进，粗暴施行。

3.发展“互联网+”养老服务，开展“智慧养老”

我国互联网(包括移动互联)技术的快速发展及应用为农村养老服务发展带来了新机遇。要借鉴互联网的快速、信息化、数字化、集约化优势，充分运用养老服务网络平台，联结服务机构与服务终端，重点在降低服务成本、增加服务时效、丰富服务内容、扩充服务对象、分析服务需求等方面实现突破。

农村养老服务探索要特别注意结合当地农村的实际情况，广泛开展实地调研，摸清各地农村的养老需求与现实困境，积极加强农村养老模式创新发展。农村养老服务试点的重点在于摸清农村养老服务建设的特点，探索其自身发展规律，以期完善农村基本养老服务制度。切忌舍本求末，“重试点，轻总结”。要努力做到试点方案具有普遍适应性、可复制、可推广。

(本节作者：童国庆，山东大学)

第四节　农村老年人社区养老服务需求与对策分析

随着我国城镇化进程的推进，农村劳动力逐渐向城市流动，农村家庭“空巢化”“空心化”现象不断增多，家庭养老服务功能逐渐弱化，农村老年人的养老服务需求必然需要来自家庭之外的其他社会主体在养老服务中的介入和补充。[①] 国务院发布的《“十三五”国家老龄事业发展和养老体系建设规划》中也明确指出，老龄事业的目标之一是使“居家为基础、社区为依托、机构为补充、医养相结合的养老服务体系更加健全”。

---

① 参见黄俊辉、李放、赵光：《农村社会养老服务需求意愿及其影响因素分析：江苏的数据》，《中国农业大学学报》(社会科学版)2015年第2期。

可见，大力发展居家社区养老服务，已成为弥补家庭养老服务功能不足的重要措施。

国家发改委发布的《城乡社区服务体系建设规划（2016～2020年）》提出，要不断满足社区居民日益增长的社会服务需求，以实现服务的精细化。而实现社区养老服务的精细化，则取决于对当前老人社区养老服务需求状况的精准把握。① 本章将利用“第四次中国城乡老年人生活状况抽样调查”中山东省的数据，分析农村老年人的社区养老服务需求状况，并在此基础上有针对性地提出农村社区养老服务发展的对策建议。

一、数据说明和基本情况

（一）数据说明

本章采用“第四次中国城乡老年人生活状况抽样调查”中山东省的数据。“第四次中国城乡老年人生活状况抽样调查”是针对我国老年人生活状况的基础性、公益性、战略性的法定国情调查，调查时间为2015年8月1日0时至8月31日24时。调查内容涵盖九大方面，采用“分层、多阶段PPS、最后阶段等概率”抽样设计，采取入户访谈和问卷调查的方法收集数据。调查对象为居住在中国内地的60周岁及以上中国公民。山东省调查数据涉及除济南、聊城外的15个地市，40个县（市、区）。共发放调查问卷17759份，样本有效比率为99.5%。山东数据有效样本中（n＝17669）城乡分类代码为农村的老年人，共计10196个样本，本章主要利用统计分析软件SPSS 24对山东数据中农村老年人10196个样本进行统计分析。

本章主要对山东数据中农村老年人10196个样本进行了描述性统计分析，分析了农村老年人的基本情况及不同变量下老年人的社区养老服务需求特征，将分析变量概括为老年人的不同特征，包括个人特征、家庭特征、经济状况、身体状况、社会参与及精神特征等方面。将调查问卷中涉及的九大类社区养老服务项目分为日常生活类服务、医疗康复类服

① 参见熊茜、钱勤燕、王华丽：《社区养老服务体系的构建——基于居家老人需求状况的分析》，《山东大学学报》（哲学社会科学版）2016年第5期。

务、健康教育服务和心理咨询或聊天服务等。

(二)农村老年人的基本情况

本次调查的农村老年人女性比例高于男性,以低龄(60～69岁)老年人为主(占57.5%),文化程度普遍较低,小学及以下的达82.3%,因为这部分老年人大部分出生在20世纪50年代或以前,受当时国家经济社会条件的影响,许多人难以获得受教育的机会。从家庭状况来看,有配偶的占多数,所占比例为73.3%,平均子女数为2.9个,有两个子女的最多,占32.8%,居住方式以非独居为主,独居老人占20%。

经济状况方面,采用老人的自感判断,觉得基本够用的占59.4%,非常宽裕和比较宽裕的共占17.4%,比较困难和非常困难的达21.4%。可见,由于多数农村老年人无退休金,其老年经济状况并不理想。

身体状况方面,自评健康状况非常好、比较好的分别占9.9%、29.1%,一般的占40.1%,比较差、非常差的共占20.9%;需要照料护理的人占13.2%,其中最主要的照护者是配偶,占50.8%,其次是儿子占30.4%,儿媳占7.3%,女儿占6.1%。可见,在农村受"养儿防老"观念的影响,家庭成员是主要的照护者,儿子是除配偶之外最主要的照护者。自理程度根据访问员的判断,分为完全自理、部分自理和完全不能自理三种状态,其中完全自理的占82.9%,部分自理、完全不能自理的分别占15.2%和1.9%。总体上看,农村老年人的整体身体状况不佳,失能、半失能比例较高。

在社会参与方面,56.1%的农村老年人经常参加各类公益活动,82.9%的愿意帮助社区有困难的老年人,这表明老年人在公益事业发展、社会和谐稳定方面发挥着重要的积极作用。76.1%的农村老年人参加了最近一次的社区选举,46.6%的农村老年人表示社区在办大事时没有征求过他们的意见,仅有20.8%的农村老年人向社区提过建议,这表明农村老年人积极参与社区建设的主动性不够,热情度不高,社区老年人投身社区建设的积极作用还有待进一步引导和提升。

精神特征方面,主要选取了幸福感、孤独感两个变量。感觉非常幸福、比较幸福的农村老年人分别占22.2%、45.3%,比较不幸福和非常不幸福的共占5.3%,可以判断出,整体来讲农村老年人的幸福指数较高;

经常或有时感到孤独的农村老年人占33.4%，达三成之多，可见，农村老年人的精神孤独问题较为明显，值得关注。具体如表2-1所示。

表2-1　　调查对象的基本情况

变量			比例(%)
个人特征	性别	女	52.0
		男	48.0
	年龄	低龄(60～69岁)	57.5
		中龄(70～79岁)	28.1
		高龄(80岁及以上)	14.4
	文化程度	未上过学(包括扫盲班)	44.1
		小学(包括私塾)	38.2
		初中	14.1
		高中/中专/职高	3.2
		大学专科	0.2
		本科及以上	0.1
家庭状况	婚姻状况	有配偶	73.3
		丧偶	24.3
		离婚	0.4
		从未结婚	2.1
	子女数	0	2.6
		1	9.3
		2	32.8
		3	24.9
		4	16.0
		5个及以上	14.4
	居住方式	非独居	80.0
		独居	20.0

续表

变量			比例(%)
经济状况	经济状况	非常宽裕	2.0
		比较宽裕	17.2
		基本够用	59.4
		比较困难	18.0
		非常困难	3.4
身体状况	健康状况	非常好	9.9
		比较好	29.1
		一般	40.1
		比较差	16.2
		非常差	4.7
	照料护理	不需要	86.8
		需要	13.2
	自理能力	完全自理	82.9
		部分自理	15.2
		完全不能自理	1.9
社会参与	经常参加公益活动	否	43.9
		是	56.1
	愿意帮助社区有困难的老年人	否	17.1
		是	82.9
	最近一次的社区选举	没参加	23.9
		参加	76.1
	社区办大事时是否征求过您的意见	否	46.6
		是	53.4
	向社区提出过建议	否	79.2
		是	20.8

续表

变量			比例(%)
精神特征	幸福感	非常幸福	22.2
		比较幸福	45.3
		一般	27.2
		比较不幸福	4.2
		非常不幸福	1.1
	孤独感	经常	6.1
		有时	27.3
		从不	66.6

资料来源:《第四次中国城乡老年人生活状况抽样调查》(山东省)。

二、农村老年人社区养老服务需求状况分析

对社区养老服务项目的需求上,有44.6%的农村老年人至少需要一项社区养老服务。从具体服务项目来看,农村老年人对上门看病的服务需求最大,占41%,其次是康复护理和上门做家务,需求比例分别为9.5%和8.7%,日间照料、健康教育服务、心理咨询/聊天解闷服务需求比例分别占7.9%、7.3%、7.1%(见表2-2)。统计数据显示,农村老年人最突出的养老服务需求表现在医疗健康方面,其次是日常生活类,再次是健康教育服务和心理咨询或聊天服务,这表明农村老年人对社区提供的医疗健康服务、日常生活服务和心理咨询服务的期望值都很高,这也是今后社区养老服务发展的重点领域。

表2-2　　农村老年人社区养老服务项目需求状况

类别	服务需求			
日常生活类服务	助餐服务	助浴服务	上门做家务	老年辅具用品租赁
	4.9%	3%	8.7%	2.3%
医疗健康类服务	上门看病	日间照料	康复护理	
	41%	7.9%	9.5%	

续表

类别	服务需求			
精神慰藉及其他健康教育类	心理咨询/聊天解闷	健康教育服务	其他	
	7.1%	7.3%	0.1%	

资料来源:《第四次中国城乡老年人生活状况抽样调查》(山东省)。

(一)日常生活类服务需求特征

表2-3中的调查数据显示,农村老年人中,男性与女性在助餐服务、助浴服务、上门做家务的需求方面差别不大;年龄在80岁及以上的农村老年人中,其日常生活类服务三个项目的需求都明显高于其他年龄的老年人;文化程度低的农村老年人对日常生活类服务三个项目的需求高于文化程度高的群体,如未上过学的农村老年人对助餐服务、助浴服务、上门做家务的需求比例分别为6%、4.2%、10.3%。不同婚姻状况的农村老年人对日常生活类服务需求差别不大,但子女数量对日常生活类服务影响较大,最明显的特征表现在无子女的农村老年人需求最高,远远高出其他子女数量的群体。居住方式不同的农村老年人对日常生活类服务需求也存在差异,独居农村老年人对助餐服务、助浴服务、上门做家务的需求比例分别为7.4%、4.3%、12.4%,远远高于非独居老人。自感经济状况越差的农村老年人对日常生活类服务的需求越高。与此同时,身体健康状况对农村老年人的日常生活类服务需求也具有明显的影响,伴随着健康状况的恶化,对日常生活类服务的需求越高,自理能力越差需要日常生活类服务的比例越高,需要照料护理的农村老年人日常生活类服务需求高于不需要照料护理的老年人。社会参与积极的农村老年人,无论是参加公益活动积极还是向社区提建议等方面,参与率高的农村老年人的日常生活类服务需求都低于参与率低的农村老年人。精神特征方面,孤独感强、幸福感弱的农村老年人对日常生活类服务的需求高于孤独感弱、幸福感强的农村老年人。

表 2-3　不同特征农村老年人日常生活类服务需求

	变量名称	变量分类	助餐服务（%）	助浴服务（%）	上门做家务（%）
	老年人整体	1＝需要	4.9	3.0	8.7
个人特征	性别	女	4.7	3.2	8.5
		男	5.0	2.8	8.8
	年龄	低龄（60～69 岁）	3.4	2.1	7.1
		中龄（70～79 岁）	5.0	2.8	8.6
		高龄（80 岁及以上）	10.5	7.0	15.0
	文化程度	未上过学（包括扫盲班）	6.0	4.2	10.3
		小学（包括私塾）	4.2	2.1	7.7
		初中	3.3	1.9	6.4
		高中/中专/职高	4.6	2.1	8.5
		大学专科	0.0	0.0	4.0
		本科及以上	6.7	0.0	0.0
家庭状况	婚姻状况	有配偶	3.8	2.2	7.1
		丧偶	6.8	4.4	11.6
		离婚	5.4	2.7	13.5
		从未结婚	13.5	5.3	20.7
	子女数	0	12.3	5.8	23.1
		1	4.0	3.1	9.2
		2	4.2	2.3	7.0
		3	3.7	2.0	7.3
		4	4.9	3.2	8.8
		5 个及以上	7.7	5.4	11.8
	居住方式	非独居	4.2	2.7	7.7
		独居	7.4	4.3	12.4

续表

	变量名称	变量分类	助餐服务（%）	助浴服务（%）	上门做家务（%）
经济状况	经济状况	非常宽裕	4.0	2.5	4.0
		比较宽裕	3.7	1.9	6.0
		基本够用	3.9	2.3	8.3
		比较困难	7.9	5	11.6
		非常困难	11.7	9.2	15.8
身体状况	健康状况	非常好	2.9	1.5	5.1
		比较好	3.3	2.1	7.1
		一般	4.7	2.2	8.4
		比较差	7.0	5.0	11.9
		非常差	12.8	11.1	16.6
	照料护理	不需要	3.7	2.1	7.6
		需要	12.7	9.4	16.4
	自理能力	完全自理	3.9	2.0	7.6
		部分自理	8.6	7.2	13.9
		完全不能自理	15.3	11.2	14.3
社会参与	参加公益活动	否	6.0	3.7	9.6
		是	4.0	2.4	7.9
	愿意帮助社区有困难的老年人	否	4.8	2.9	8.3
		是	4.9	3.0	8.7
	最近一次的社区选举	没参加	5.8	3.8	8.6
		参加	4.6	2.7	8.7
	社区办大事时是否征求过您的意见	否	5.2	3.2	8.7
		是	4.6	2.8	8.6
	向社区提出过建议	否	5.0	3	8.8
		是	4.5	2.8	8.0

续表

	变量名称	变量分类	助餐服务（%）	助浴服务（%）	上门做家务（%）
精神特征	幸福感	非常幸福	3.6	2.2	5.4
		比较幸福	4.3	2.3	8.7
		一般	5.5	3.8	10.2
		比较不幸福	10.9	7.7	14.2
		非常不幸福	11.9	8.3	14.5
	孤独感	经常	10.9	15.1	15.8
		有时	6.1	37.8	10.7
		从不	3.8	46.8	7.2

资料来源:《第四次中国城乡老年人生活状况抽样调查》(山东省)。

（二）医疗康复类服务需求特征

表2-4中的调查数据显示，农村老年人中，男性与女性在上门看病、日间照料、康复护理、老年辅具用品租赁等医疗康复类服务需求上差别不大；年龄在80岁及以上的农村老年人中，其对医疗康复类服务四个项目的需求都明显高于其他年龄段的老年人；文化程度低的农村老年人对医疗康复类服务四个项目的需求高于文化程度高的群体，如未上过学的农村老年人对上门看病、日间照料、康复护理、老年辅具用品租赁的需求比例分别为47.9%、9.9%、10.5%、3%，高于其他文化程度的老年人。婚姻状况对医疗康复类服务影响不大，但子女数量对日常生活类服务影响较大，最突出的特征是无子女的农村老年人需求最高，远远高出其他子女数量的群体。居住方式不同的农村老年人对医疗康复类服务需求存在着明显差异，独居农村老年人对上门看病、日间照料、康复护理、老年辅具用品租赁的需求比例分别为44.9%、10.6%、9.6%、2.7%，均高于非独居老人。自感经济状况比较困难、非常困难的农村老年人对医疗康复类服务的需求高于经济状况较好的老年人。身体健康状况对农村老年人的医疗康复类服务需求也具有明显的影响，伴随着健康状况的恶化，对医疗康复类的服务需求也不断上升，自理能力越差需要医疗康复类服务的比例越高，需要照料护理的农村老年人医疗康复类服务需求明显高于不需要照料护理的人。社会参

与积极的农村老年人，无论是参加公益活动还是向社区提建议等方面，参与率高的农村老年人的医疗康复类服务需求均低于参与率低的农村老年人。精神特征方面，孤独感强、幸福感弱的农村老年人对日常生活类服务的需求高于孤独感弱、幸福感强的农村老年人。

表 2-4　　不同特征农村老年人医疗康复类服务需求

	变量名称	变量分类	上门看病（%）	日间照料（%）	康复护理（%）	老年辅具用品租赁（%）
	老年人整体	1＝需要	41.0	7.9	9.5	2.3
个人特征	性别	女	42.2	7.8	9.4	2.3
		男	39.6	8.0	9.6	2.4
	年龄	低龄（60～69 岁）	37.5	6.5	8.6	2.2
		中龄（70～79 岁）	42.9	7.5	10.0	1.7
		高龄（80 岁及以上）	51.2	14.6	11.8	4.4
	文化程度	未上过学（包括扫盲班）	47.9	9.9	10.5	3.0
		小学（包括私塾）	37.5	6.4	9.3	1.9
		初中	12.4	6.3	7.9	1.7
		高中/中专/职高	2.1	7.0	7.0	1.5
		大学专科	0.0	0.0	0.0	0.0
		本科及以上	0.0	0.0	0.0	0.0
家庭状况	婚姻状况	有配偶	39.2	6.6	9.1	2.0
		丧偶	46.1	10.7	9.9	2.8
		离婚	37.8	5.4	8.1	0.0
		从未结婚	44.4	13.5	12.0	1.9
	子女数	0	45.6	13.5	11.2	2.3
		1	40.0	6.2	7.8	1.9
		2	38.2	6.9	9.2	2.5
		3	39.6	6.3	9.4	1.9
		4	41.9	9.7	9.1	1.8
		5 个及以上	48.4	11.1	11.5	3.8
	居住方式	非独居	40.1	7.3	9.5	2.3
		独居	44.9	10.6	9.6	2.7

续表

	变量名称	变量分类	上门看病(%)	日间照料(%)	康复护理(%)	老年辅具用品租赁(%)
经济状况	经济状况	非常宽裕	35.2	8.5	10.6	1.0
		比较宽裕	39.3	6.0	10.0	1.5
		基本够用	38.3	6.6	7.6	2.2
		比较困难	49.1	11.5	13.3	3.3
		非常困难	57.3	19.2	19.8	4.3
身体状况	健康状况	非常好	28.0	5.8	4.8	1.1
		比较好	38.6	6.0	7.9	1.9
		一般	39.3	6.9	8.1	1.9
		比较差	50.8	11.3	14.3	3.5
		非常差	62.5	21.4	24.5	7.5
	照料护理	不需要	38.4	6.0	8.1	1.8
		需要	58.2	21.3	19.8	6.1
	自理能力	完全自理	38.3	6.3	8.0	1.9
		部分自理	52.7	14.3	15.1	4.5
		完全不能自理	62.2	28.1	29.1	6.1
社会参与	参加公益活动	否	41.5	51.3	10.5	2.1
		是	40.5	48.7	8.7	2.7
	愿意帮助社区有困难的老年人	否	44.1	8.9	10.4	1.3
		是	40.0	7.7	9.3	2.6
	最近一次的社区选举	没参加	41.4	8.7	10.5	2.4
		参加	40.8	7.7	9.2	2.3
	社区办大事时是否征求过您的意见	否	41.5	7.8	8.7	1.6
		是	40.7	8.0	10.2	3.0
	向社区提出过建议	否	41.4	8.0	9.3	2.4
		是	38.7	7.8	10.3	2.3

续表

	变量名称	变量分类	上门看病（%）	日间照料（%）	康复护理（%）	老年辅具用品租赁（%）
精神特征	幸福感	非常幸福	30.9	6.9	7	1.9
		比较幸福	42.2	6.7	9.7	2.2
		一般	44.8	8.8	9.5	2.3
		比较不幸福	50.9	16.5	16.3	6.3
		非常不幸福	59.1	25.5	22.7	3.6
	孤独感	经常	53.3	14.1	14.3	3.9
		有时	46.7	8.9	11.1	2.9
		从不	37.5	6.9	8.4	2.0

资料来源:《第四次中国城乡老年人生活状况抽样调查》(山东省)。

(三)健康教育服务和心理咨询/聊天解闷及其他服务需求特征

表 2-5 中的调查数据显示,不同个人特征、家庭特征、经济状况、身体状况、精神特征等对健康教育服务需求的差异均不明显,只有不同社会参与状况的农村老年人健康教育服务需求有差异,而这种需求差异与日常生活类服务、医疗康复类服务的需求正好相反,而农村老年人对心理咨询/聊天解闷的服务需求也呈现这一特点,即社会参与率高的农村老年人对健康教育服务的需求也高,经常参加公益活动、愿意帮助社区有困难的老年人、参加最近一次的社区选举、社区办大事时被征求过意见、向社区提出过建议的农村老年人对健康教育服务、心理咨询/聊天解闷的需求比例均高于没有参与此类社会活动的群体。对心理咨询/聊天解闷的需求方面,性别、婚姻状况不同的农村老年人差异不大,文化程度低、无子女、独居的农村老年人则有较高的需求,经济状况越差对此项需求越高,身体健康状况越差、自理能力越差,需求也越高,有照料护理需求的农村老年人心理咨询/聊天解闷的需求明显高于没有照料护理需求的老年人。精神特征方面,孤独感强、幸福感弱的农村老年人对心理咨询/聊天解闷服务的需求高于孤独感弱、幸福感强的农村老年人,经常感到孤独的人对此需求更为迫切。其他需求方面,由于没有具体的服务内容,并没有发现有意义的需求特征。

表 2-5 不同特征农村老年人健康教育服务和心理咨询/聊天解闷及其他服务

<table>
<tr><th></th><th>变量名称</th><th>变量分类</th><th>健康教育服务(%)</th><th>心理咨询聊天解闷(%)</th></tr>
<tr><td></td><td>老年人整体</td><td>1=需要</td><td>7.3</td><td>7.1</td></tr>
<tr><td rowspan="11">个人特征</td><td rowspan="2">性别</td><td>女</td><td>7.2</td><td>7.3</td></tr>
<tr><td>男</td><td>7.4</td><td>6.8</td></tr>
<tr><td rowspan="3">年龄</td><td>低龄(60～69 岁)</td><td>7.6</td><td>6.5</td></tr>
<tr><td>中龄(70～79 岁)</td><td>6.6</td><td>6.5</td></tr>
<tr><td>高龄(80 岁及以上)</td><td>7.7</td><td>10.4</td></tr>
<tr><td rowspan="6">文化程度</td><td>未上过学(包括扫盲班)</td><td>7.0</td><td>8.7</td></tr>
<tr><td>小学(包括私塾)</td><td>7.8</td><td>6.1</td></tr>
<tr><td>初中</td><td>7.3</td><td>5.2</td></tr>
<tr><td>高中/中专/职高</td><td>7.6</td><td>5.5</td></tr>
<tr><td>大学专科</td><td>0.0</td><td>8.0</td></tr>
<tr><td>本科及以上</td><td>0.0</td><td>0.0</td></tr>
<tr><td rowspan="12">家庭状况</td><td rowspan="4">婚姻状况</td><td>有配偶</td><td>7.2</td><td>6.0</td></tr>
<tr><td>丧偶</td><td>7.0</td><td>9.3</td></tr>
<tr><td>离婚</td><td>0.0</td><td>5.4</td></tr>
<tr><td>从未结婚</td><td>5.8</td><td>8.7</td></tr>
<tr><td rowspan="6">子女数</td><td>0</td><td>4.2</td><td>8.9</td></tr>
<tr><td>1</td><td>9.3</td><td>6.9</td></tr>
<tr><td>2</td><td>7.8</td><td>7.2</td></tr>
<tr><td>3</td><td>6.4</td><td>6.3</td></tr>
<tr><td>4</td><td>7.2</td><td>7.1</td></tr>
<tr><td>5 个及以上</td><td>7.1</td><td>7.9</td></tr>
<tr><td rowspan="2">居住方式</td><td>非独居</td><td>7.4</td><td>6.4</td></tr>
<tr><td>独居</td><td>7.0</td><td>9.9</td></tr>
</table>

续表

	变量名称	变量分类	健康教育服务(%)	心理咨询聊天解闷(%)
经济状况	经济状况	非常宽裕	5.5	5.0
		比较宽裕	8.0	5.4
		基本够用	7.0	7.1
		比较困难	7.9	8.5
		非常困难	7.5	9.5
身体状况	健康状况	非常好	5.6	5.2
		比较好	8.2	6.7
		一般	6.4	6.5
		比较差	8.6	9.3
		非常差	8.6	10.9
	照料护理	不需要	7.3	6.5
		需要	7.8	10.9
	自理能力	完全自理	7.4	6.7
		部分自理	7.2	9.2
		完全不能自理	4.1	9.2
社会参与	参加公益活动	否	5.3	6.5
		是	8.9	7.6
	愿意帮助社区有困难的老年人	否	5.0	4.6
		是	7.8	7.6
	最近一次的社区选举	没参加	6.0	6.5
		参加	7.7	7.7
	社区办大事时是否征求过您的意见	否	5.7	5.5
		是	8.7	8.5
	向社区提出过建议	否	6.4	6.8
		是	10.6	8.1

续表

	变量名称	变量分类	健康教育服务(%)	心理咨询聊天解闷(%)
精神特征	幸福感	非常幸福	7.2	6.6
		比较幸福	7.5	6.4
		一般	7.3	8.1
		比较不幸福	7.0	9.8
		非常不幸福	4.5	10.0
	孤独感	经常	7.2	15.0
		有时	8.0	8.7
		从不	7.0	5.7

资料来源:《第四次中国城乡老年人生活状况抽样调查》(山东省)。

三、加强农村社区养老服务的建议

根据调查数据发现,农村老年人社区的养老服务需求存在以下特点:

第一,医疗康复类服务需求最强烈。调查发现,农村老年人对医疗康复类社区服务的需求最高,如对"上门看病""康复护理"等服务的需求远远超出其他服务的需求,"上门做家务"等日常服务类次之,再次是"健康教育服务""心理咨询/聊天服务"等。

第二,不同特征的老年人对社区养老服务的需求不同。年龄、文化程度、有无子女、居住方式、经济状况、身体状况、社会参与状况、幸福感、孤独感等不同特征的农村老年人,社区养老服务需求也不同。年龄高、文化程度低、无子女、独居、经济状况差、身体状况不佳、幸福感低、孤独感强的老年人对医疗康复类、日常生活类、"心理咨询/聊天服务"的社区服务需求高,而这些特征在"健康教育服务"社区服务需求上的差异则不明显。

第三,不同社会参与状况的农村老年人的社区养老服务需求不同。社会参与活动积极、参与率高的农村老年人对"健康教育服务"社区的需求也高,但对医疗康复类、日常生活类、"心理咨询/聊天服务"的社区服务需求反而低。

基于农村老年人社区养老服务需求的特征，在构建社区养老服务体系时要重点考虑以下几个方面：

（一）开展农村社区医养结合，大力发展社区医疗康复类服务

根据调研数据得知，农村老年人对医疗康复类社区服务的需求最高，因此，促进社区内医养结合的发展，大力推行社区医疗康复类服务，满足老年人“上门看病”“康复护理”的需求是农村社区养老服务体系建设的重点。为此，要加大农村社区卫生服务的资金投入与政策支持，支持企业和社会组织运用物联网、移动互联网和云计算、大数据等信息技术与医养服务不断融合，创新社区智慧医养服务供给方式。在信息技术的支撑下，提供包括紧急呼叫、上门看病、健康管理、康复辅具等社区服务项目，实现医疗资源与养老需求的信息互通，保障社区医疗康复类服务的便捷性和普及化。

“看病难、看病贵”导致农村老年人有病不敢求医，社区内上门看病与康复护理等医护服务要与医保结算全面结合，只有这样才能解除不方便出门就医的老年人的后顾之忧。在一些城市，已经将上门医疗服务、建立家庭病床纳入医保支付范围，家庭病床医保报销起付线降低了50％，这些措施非常值得在农村开展试点并逐步推广。同时，伴随着国家允许执业医师多点执业政策的出台，农村社区卫生服务中心也要创新思路，吸引越来越多的专业医师投身到农村社区卫生医疗服务中，解决部分农村老人因出行不便导致看病难、护理难的问题，满足老年人最基本的生存需求。

（二）鉴于农村老年人整体经济状况较差，要坚持以政府为主导发展农村社区养老服务

城镇老年人的主要收入来源是退休金，而农村老年人普遍没有退休金，政府统一发放的基础养老金较少，导致农村老年人经济收入较为薄弱，陷入贫困的风险大于城镇老年人。按照最新农村扶贫标准2300元/(年·人)，有35％的农村老年人总收入低于这一标准，相比之下，城镇老

年人贫困发生率较低，处在12.33%～29.72%之间。[①] 根据调研数据，经济状况越差的农村老年人，社区养老服务需求越高，为此，必须大力发展社区居家养老服务，以低收费或免费的形式提供农村老年人急需的社区服务项目。长期以来，我国实行城乡二元的社会福利政策，农村养老服务供给存在着政府、市场、社会三重失灵的现象[②]，因此，在发展农村养老服务业时必须突出政府的主导地位。

养老服务业可以分为三种基本类型：市场化、营利性服务业，社会化、非营利性服务事业和兜底保障性公共服务业。[③] 在农村养老服务供给中，既要强调政府的主导地位，同时也要重视多元主体合作参与供给，多元主体的参与成效如何也直接与政府的作用发挥程度相关。政府要在农村社会养老服务市场发育不完善、社会组织发展不充分的补缺阶段承担起困难老人的兜底保障性养老服务供给。同时，通过政府在养老服务业领域的"放管服"改革，积极调动社会资本、社会力量参与养老服务供给，在三类养老服务业共同发展的前提下，也可以通过政府购买服务的方式来提供养老服务。相比于政府直接兴办养老服务，政府购买服务的方式不仅成本更低，而且效率更高、专业化更强。

（三）依托社区公共服务综合信息平台，建设农村社区老年人综合信息管理系统

不同特征的农村老年人对社区养老服务的需求也存在一定的差异。根据调研数据，年龄、居住方式、身体状况、经济状况、社会参与率、精神特征等都会影响老年人的社区养老服务需求。为此，必须全面掌握老年人的详细信息，以便为其提供精准化、个性化、专业化的服务。依托已有的社区综合服务设施和社区公共服务综合信息平台，结合信息技术发展的新成果，建设社区老年人综合信息管理系统已成为大力发展农村社区养老服务的必要措施。通过此系统，可适时了解不同特征老年人的多样

① 参见朱晓、范文婷：《中国老年人收入贫困状况及其影响因素研究——基于2014年中国老年社会追踪调查》，《北京社会科学》2017年第1期。

② 参见张举国：《"一核多元"：元治理视阈下农村养老服务供给侧结构性改革》，《求实》2016年第11期。

③ 参见高传胜：《以老龄服务业包容性发展破解中国养老难问题》，《中州学刊》2016年第9期。

化服务需求,及时对老年人的需求作出回应,进而满足他们的生活需求。

通过老年人综合信息管理系统的建立与完善,可以实现以下功能:

第一,通过全方位的农村社区老年人信息管理系统,对辖区内的老年人特征信息进行动态化管理,从而对社区养老服务项目进行相应的调整和管控。如信息数据显示,农村社区内高龄老人数量增长迅速,失能化程度越来越高,那么随之就可以加大针对高龄老人的上门医护服务项目的供给和投入。

第二,信息化的管理系统可以实现对社区老人的分类管理,推动农村社区养老服务精准化,瞄准有养老需求的老年人,提供多样化、个性化的服务。

第三,通过农村社区老年人综合信息平台的建立,老年人不出家门就可获得紧急呼叫、医疗护理、生活照料、精神陪伴等方面的社区服务,社区服务中心也能及时掌握老年人的需求并予以支持。

(四)充分利用农村社区的资源,大力发展农村社区互助养老模式

调查数据显示,82.9%的农村老年人愿意帮助社区有困难的老年人,这说明农村社区有良好的互助养老基础。基于现实农村家庭养老功能的弱化,农村社区互助养老模式已成为一种家庭养老的“补缺”方式,在家庭成员不能完全满足老年人生活照料及精神慰藉需求的情况下,这种互助养老模式成了一种自发的选择,而这种选择也得到了政策的回应。国务院颁布的《“十三五”国家老龄事业发展和养老体系建设规划》中明确指出:“通过邻里互助、亲友相助、志愿服务等模式和举办农村幸福院、养老大院等方式,大力发展农村互助养老服务。”因此,在现实需求和国家政策的双重推动下,发展农村社区互助养老模式已成为破解农村养老难题的重要举措。

农村幸福院作为老年人互助养老的一个成功经验,也得到了国家财政的大力支持。民政部、财政部决定,从 2013 年起,连续 3 年累计投入 30 亿元,用于农村幸福院的建设和设备配置,这是大力发展农村互助养

老的有力举措。[①] 为此,农村社区互助养老要充分利用农村幸福院,调动农村低龄老人、留守妇女等人力资源,以高龄、独居、空巢、五保、优抚、特困等老人为主要服务对象,提供就餐服务、日常照料、心理咨询、文化学习、体育健身、娱乐休闲等综合服务。在农村互助养老模式逐步成熟的条件下,通过创新农村长期照料形式,互助养老的服务内容可以逐渐拓宽到失能老人,向中、轻度失能老人提供一些基本的、专业性不是很强的照料服务,分担部分家庭照护的负担。

(本节作者:武玲娟,山东大学哲学与社会发展学院)

第五节　老年护理人才培养发展研究

据全国老龄委发布的《中国人口老龄化发展趋势预测研究报告》提供的数据显示,我国将进入一个高度老龄化的社会,疾病、生活不能自理、残障老年人的比重日益增加,需要长期照护的老人数量会大幅度增加,老年人护理需求也随之增加。面对如此发展趋势,培养大量的老年护理人才势在必行。国务院发布的《关于推进医疗卫生与养老服务相结合的指导意见》(国办发[2015]84 号)文件中指出,将老年医学、护理人才作为急需紧缺人才纳入卫生计生人员培训规划,加快培养护理、老年医学等方面的专业人才。然而,我国的老年护理教育起步较晚,发展缓慢,尚未构建起与老龄化社会相适应的完善的老年护理教育体系。因此,探索适合我国国情的老年护理人才培养体系成了改善和提升我国老年人生活质量的客观要求和护理学科科学发展的重要途径。

一、老年护理人才需求现状分析

高校的人才培养需要结合社会需求,及时主动地调整人才培养方案,以为人类健康服务为主要培训内容的护理院校的人才培养更是如

① 参见吕晓莉:《中国城乡失能老人长期照料需求比较研究》,中国社会科学出版社 2016 年版,第 223 页。

此。与我国人口老龄化、城镇化及家庭结构变迁加重的趋势相适应，老年护理人才资源的欠缺也逐渐凸显出来，不仅是在老年护理人才数量上不足，而且相关护理人员的服务质量的提升同样至关重要。老年护理人才短缺一方面受老龄化加剧的影响，另一方面是老年护理专业自身发展滞后所致，老年护理专业的发展速度落后于老龄化发展速度，这两个矛盾因素相互作用，导致当前我国老年护理人才严重短缺。

(一)老龄化加剧导致对老年护理人才需求上升

相关报告显示，我国是目前世界上老年人口最多的国家，人口老龄化较为严重，预计至2020年，我国年龄超60岁的老年人数量将达到总人口的17.17%。而伴随着老龄化的加剧，年龄超过65岁的老年人的数量也在逐渐增多，目前我国与老龄化同时并存的还有少子化、家庭结构的空巢化等问题，越来越多的老年人无法受到子女或年轻亲属的照料。另外，医疗卫生事业的发展进步使得老年人的寿命普遍延长，但由于年龄增长，加之受生活节奏、饮食习惯以及环境变化等多方因素的综合影响，老年人各类疾病以及各类并发症的发生率也有一定的上升，因此，也需要给予一定的专业护理。基于这些方面的原因，不仅对护理人员的数量的要求有所提高，而且疾病的复杂程度以及目前对护理水平要求的提升，也对护理人员的专业技能以及相关素质提出了更高的要求。随着社会进一步发展带来的老年护理供需失衡是亟待解决的社会问题。

(二)老年护理自身发展相对滞后

在我国，有关老年护理的专业教育的开展相对较晚，老年护理作为专业课程在高等护理院校开设也是在1998年之后才开始的，最初只有老年护理学一门课程，近年来，其他相关的专业课程才逐渐开始开设并普及，在部分高等院校中，也开始将老年护理学设为本科教育的专业方向。目前，老年护理专业还未发展形成比较成熟的课程体系，处于相对滞后的状况，一是其作为专业发展方向普及程度还不够高，因此从高等护理教育发展的规模来看，老年护理学还处在弱势上；二是老年护理所涉及的领域也较宽、较广，具有其独特的专业性，因此对护理人员的要求更高。有研究称，目前在我国，从事老年护理工作的主要为非专业人员，且无论是在非专业的老年护理人员中还是在专业的老年护理人员中，其专业素质与水平都参差不齐,对老年护理质量的整体提升产生了严重阻碍。

基于以上分析,从供需理论的角度出发,刚性的老年护理需求和滞后的老年护理教育之间供需失衡的矛盾突出,亟待解决。

二、老年护理人才的培养发展与研究现状

我国老年护理教育起步较晚,教育理念相对滞后,直至1998年我国高校才逐渐开设老年护理学课程,目前课程设置还处于初级探索阶段,存在课程设置与教材不适合、课时安排不合理等情况;实践教学重视不够,实训基地普遍空白,学生的毕业实习基地、实习时间安排及实习主要内容与普通护理专业基本相同,这严重影响了老年护理人才的培养质量;老年教育师资严重匮乏且教师的教学能力、实践能力等各方面急需进一步提升;部分高校虽然开设了老年护理专业或老年护理方向的硕士、博士研究生高学历教育,但是培养老年护理人才的规模和速度远不能满足老龄化的需求,所以我国应扩大老年护理教育规模,更新观念,加大人才培养建设力度,满足社会需求。

(一)我国老年护理人才培养研究现状分析

我国的老年护理人才培养发展主要存在如下问题:

一是专业设置空白,在医学目录下没有老年学或老年护理学这一学科,部分护理院校开设了“老年护理学”课程,但大多为30～40学时,且部分院校以选修课的性质存在,重视度不够,学生对于老年护理所必需的知识和技能的掌握缺乏系统性和全面性,开设的老年护理相关课程也寥寥无几,更缺乏针对性。随着老龄化对护理需求的加剧,一些护理院校探索性地开设了老年护理方向,以期培养专业的老年护理人才;同时,在护理教育中加强老年护理教育已经成为业内专家的共识。

二是学生及社会对老年护理的认可度不高。相关学者调查发现,护理专业学生对于从事老年护理的职业认同感不高,从事意愿较低,多数不愿从事老年护理工作,主要与个人成长空间受限、专业成就感较低和社会地位不高等原因有关。

三是老年护理的职业培训教育欠规范。目前还没有系统的职业培

训规范，大多数养老护理员的培训教育以职业学院为依托，但这部分院校办学条件有限，大都没有自己的养老机构或者附属养老院，校外实训基地主要集中在医院中以收治老年患者为主的病房，但医院是以医疗护理为重点，远不能适应老年人居家安全护理、生活护理、心理护理等要求。

四是老年护理职业岗位的多元化需求与老年护理教育的单一化矛盾突出。目前保姆、护工、养老护理员是居家养老、机构养老等养老模式的主力军。提升养老护理整体质量的关键是提高这部分人员对老年护理知识和技能的掌握水平，同时，他们的素质也是衡量一个国家养老整体水平的重要因素。但目前保姆、护工仅经过初步的培训就上岗，缺乏专业的知识技能，养老护理员的持证上岗率也不高。但是，老年护理除了需要基本的生活照料外，还需要专业的医疗护理队伍，因此老年护理需求的多元化、老年护理人员构成的复杂化决定了老年护理教育的复杂性。老年护理教育应该走职业化、大众化、现代化、专业化、多元化的发展之路。

（二）国外老年护理发现现状分析

一些发达国家目前已经拥有规范的养老护理员培训制度和方式，例如，美国的养老护理员学历分为专科、本科、硕士、博士，实施严格的分层培训，根据学历从事不同的养老护理工作，培训目标明确，课程设置完善；澳大利亚对护理人员实施严格的准入制度，考取相应的资格证以后才能上岗，并且严格定期培训，采用多层次的分级老年护理教育体系来应对严峻的养老形式，且各个层次的老年护理人员各司其职，有条不紊地开展工作，同时，澳大利亚还建立了由入职培训、在职培训、院外岗位培训三部分组成的完善的继续教育体系。日本有专门的老年护理学校，培养专门从事养老护理工作的护理人员，并且在全社会的参与下分层次、科学地进行老年护理人才的培养，引入了志愿者老年护理制度。以上国家都形成了相对完善的老年护理人才培养体系，其中，老年护理专业人才的培养目标、培养内容、课程设置、培养模式等方面都有成熟的经验，为我国完善及发展老年护理人才的培养体系提供了科学的借鉴。

综上所述，虽然我国与这些国家基本国情不同，但有一个共同点就是都面临着严峻的老龄化挑战，他山之石，可以攻玉，我们可以根据我国的基本国情，借鉴相关国家的经验，来完善我国的老年护理教育人才培养体系，具体启示如下：

一是根据国情逐步建立分层级的老年护理人才培养体系。我国的老年护理教育体系还不完善，在这个完善的过程中应采用分步走的策略。目前养老机构中的护理人员大多为非护理专业人员，文化水平较低，在给予这部分人员专业化的老年护理培训的同时，逐步发展大专、本科教育，随着国家政策的健全，可在高等教育中大力开展老年护理硕士、博士等高层次老年护理人才的培养，培养出多层次护理人员，以满足我国老年护理事业发展、老龄化背景下老年患者的护理需要。

二是建立完善的职前培养-职后培训体系。我国养老机构的老年护理人员以下岗再就业或无业零基础再培训的人员为主，缺乏具有专业知识和技能的高素质、高水平的护理人员，加之继续教育培训体系不完善，无法保障培训时间、次数以及内容。因此，可以借鉴相关国家的成功经验，建立完善的职前培养-职后培训体系，老年护理专业人员须在入职前接受正规的教育，取得毕业证书后方可进入老年护理工作领域工作，在入职后，根据不同教育背景的护理人员开展多种形式的、不同层次的、系统的、有计划的在职培训，从整体上提高我国老年护理人员的水平，进一步满足老年人不同层次的需求。

(三)老年护理人才培养的课程体系研究现状

1.国内老年护理课程体系发展及研究现状

我国老年护理教育起步较晚，老年护理课程建设有待于进一步完善。目前老年护理专业在我国各个层次的护理教育中还没有开设，仅部分院校护理学专业目录下开设了老年护理方向，且该方向由于受到护理课程学时的限制，开设的老年护理课程所占学时不多，如刘宇等人对我国 110 所开设护理专业的高等院校的调查显示，其中 54.5%的(73 所)学校设置了老年护理学课程，总学时平均为 30 学时(其中理论课平均为

26 学时，实践课平均为 4 学时）。[1] 处在发展初期的老年护理教育缺乏核心课程设计，且普遍存在重理论轻实践的现象，主要表现为老年护理实践课程的缺失，加之护生在实习过程中很少涉及老年护理专科实习，很难达到预期的教学效果。目前，部分院校开设了老年服务与管理专业，其课程设置是在护理专业课程设置的基础上，加入了老年学概论、老年心理学、老年疾病预防与照护、老年人康复与训练、老年政策法规、老年经济学、老年护理学、营养与饮食保健等课程，但是招生情况并不乐观。

2. 国外老年护理课程体系发展及研究现状

相对而言，发达国家的老年护理人才培养体系较为完善，如欧洲地区的《老年护理专科课程指南》中要求，老年护理专科的核心课程包括老年护理学概论、老年生理病理、老年人的心理与精神健康等。美国的老年护理专科护士已有较长的历史，从本科、硕士到博士，体系完善，并且培养了老年护理领域的专家，有老年护理执业护士。日本进入老龄化社会较早，其老年护理发展也较为完善，老年护理课程包括老年解剖与生理、发展与老化、护理概论、护理康复论、生活支持技术、社会支持技术、社会保障制度、老年痴呆护理、残疾护理、医疗护理与实践等。在国外，尤其是发达国家，老年护理课程已成为必修课，得到了应有的重视。

因此，相关院校应该根据老年护理需求，借鉴国际上相关经验，调整护理课程，将老年护理相关课程纳入相关的专业课程体系，并不断完善该体系。

（四）我国老年护理人才的培养模式研究现状

虽然我国护理教育发展中存在很多不足，但越来越多的高校根据自身实际情况进行了探索与努力，提出了适合自身院校发展的老年护理人才培养模式。

王芳[2]提出了“三全”（全程、全员、全方位）创新老年护理人才培养模式，搭建了与医院和养老机构合作的“校企合作”培养平台，突出了校内

① 参见刘宇、郭桂芳：《我国老年护理需求状况及对老年护理人才培养的思考》，《中国护理管理》2011 年第 4 期。

② 参见王芳：《老年护理本科教学课程体系模块的构建与阶段性效果评价》，《护理学杂志：综合版》2013 年第 7 期。

实训—实习前强化技能训练—顶岗实习的“三段式”实践体系，强化了高技能人才培养其核心地位，在实训实习中，培养了护生的人文关爱品质，强化了其职业能力，提升了其综合素质。林琳等①以“四川养老与老年健康协同创新中心”为研究对象，提出了通过校企合作、校校合作，实现多方资源共享与优势互补，达到培养创新型养老护理实用人才的目的，从而解决老年护理人才培养难题。姜娜等②依托老年护理产业产学研战略联盟，探索了高职老年护理专业“四位一体、护学交融”的人才培养模式，有效推进学校、医院、基地、社区深度合作与多主体教学、多主体育人，提高了人才培养质量。王生峰等③在借鉴其他院校办学经验的基础上，初步构建了由学校、医院、科研机构、社区卫生服务中心、养老院五位一体的产学研结合老年护理专业人才培养模式，主要从人才培养计划、目标及规格、课程体系、教学内容等方面进行了改革与完善，为其他院校提供了参考。张俊浦④以特色学生活动为依托，创新了老年服务与管理专业人才培养模式，集实训实践（成立养老护理培训中心，建立自有老年产业公司，加强校企合作）和科研（筹备建立老年事业发展研究中心）于一体，不仅促进了护生综合能力的培养，而且还开阔了师生视野，全面提升了人才培养质量。余亮等⑤在人口老龄化的背景下探索并实践了“长期护理服务”人才培养模式，认为应提高认识、转变观念，教学体系应突出学校特色，进一步拓展实践教育基地，使护生不仅能在医院从事护理工作，而且在养老机构、家庭和社区中也能胜任，以适应社会护理事业发展的

① 参见林琳、赵小玉：《协同创新中心在老年护理专业人才培养中的作用——以“四川养老与老年健康协同创新中心”为例》，《成都医学院学报》2014 年第 6 期。

② 参见姜娜、孙梦霞、张颖杰等：《高职老年护理专业“四位一体、护学交融”人才培养模式探索》，《护理研究：中旬版》2014 年第 5 期。

③ 参见王生锋、齐玉梅、黄行芝：《临床护士情绪智力与工作绩效及工作满意度的相关研究》，《中华护理教育》2013 年第 1 期。

④ 参见张俊浦：《老年服务与管理专业校企合作模式的途径探索》，《职业教育研究》2014 年第 12 期。

⑤ 参见余亮、章艳珍、方勤：《探索“长期护理服务”人才培养模式的研究与实践》，《齐齐哈尔医学院学报》2015 年第 12 期。

需求。侯晓霞[①]在人才培养过程中构建了以工作过程为主线的"教、学、做"一体化教学模式，坚持校企合作、工学结合，强化教、学、做一体的教育教学思想，突出职业本位，强化技能培训。王芳等[②]根据学院自身发展，初步构建了高职老年护理人才培养模式，认为在实施过程中需要校院双方不断探索与实践，加强合作，以找出适合老年护理专业人才培养的最佳途径。符秀华等[③]为了顺应人口老龄化的趋势，培养实用型老年护理专业人才，打破传统的高职护生"2＋1"模式（两年在校学习，一年在医院顶岗实习），提出采取"基础知识学习——仿真实训和岗位见习——顶岗实习"的渐进方式，推行毕业证＋护士执业证和养老护理员职业资格证制度，并改革了护生学业考核评价标准，从而提高了人才培养质量。吴波等[④]探索实践了"产教融合、学做对接"的校企共育人才培养模式，促进了学校老年护理人才培养与区域养老产业协同发展，这与王燕等[⑤]、袁兆新等[⑥]研究实践的老年护理专业人才培养模式相似，均突出了在人才培养中学校与养老企事业单位的合作。

综合以上研究，我国现有的老年护理人才培养模式大多都注重校企合作，但具体的合作机制、内容等还不明确，还需进一步探索，以更好地提高老年护理人才培养质量。

三、我国老年护理人才培养策略

就目前我国老年护理专业的教育现状而言，还未建立起适应当前老龄化社会的系统的教育体系，这已经成为护理服务行业中一项比较突出

① 参见侯晓霞：《"教学做"一体化教学模式创新研究——以大连职业技术学院老年服务与管理专业为例》，《课程教育研究》2015 年第 20 期。

② 参见王芳：《老年护理本科教学课程体系模块的构建与阶段性效果评价》，《护理学杂志：综合版》2013 年第 7 期。

③ 参见符秀华、陈瑜：《顺应人口老龄化趋势 培养实用型老年护理专业人才》，《卫生职业教育》2016 年第 11 期。

④ 参见吴波、区绮云：《校企共建老年护理人才培养模式的实践探索》，《卫生职业教育》2016 年第 20 期。

⑤ 参见王燕、孟繁洁、胡燕等：《校企共建老年护理专业方向办学模式的研究与实践》，《成都医学院学报》2014 年第 6 期。

⑥ 参见袁兆新、金笛：《校企合作培养模式下老年护理教育的研究与实践》，《科技创新导报》2015 年第 17 期。

的重大现实挑战，而其中最为紧迫的任务就是老年护理专业人才的培养。建构科学完善的老年护理人才培养体系势在必行。

（一）明确人才培养目标

要想培养适应社会需求的老年护理专业人才，首先应明确人才培养目标，这就要求相关院校应做好专业调研，分析专业所对应的工作岗位（群），进一步明确并有效融合老年护理岗位（群）所需的知识、能力、素质等，以此作为老年护理人才培养目标及专业人才培养方案制定的依据。

（二）优化课程体系和课程设置

专业改革与建设的核心是课程。老年护理专业的课程设置需以需求为导向，紧紧围绕老年人群的特点，突出老年医学和老年护理领域的新动向、新成就、新技术，体现多学科交叉和渗透。应打破传统模块式课程体系的约束，避免知识点的重复，可以老年护理工作过程遴选课程内容，以典型的工作项目和任务为主线，将老年护理专科岗位的相关教学内容嵌入到相应的课程模块中，形成“嵌入式”老年护理专业课程体系，增强了知识与能力结构的关联性、逻辑性和稳定性，彰显老年护理专业方向的特色。另外，根据专业特点，加入人文课程，提高护生人文素养；根据学校特色，可加入特色教育内容，如将中医特色教育引入老年护理专业教育，在课程设置中加入中医护理、中医康复保健课程等。

（三）完善实践教学体系

技能操作在护理工作中是至关重要的，作为护理专业教学的重要组成部分，实践教学会直接影响护理学生的专业能力，所以在老年护理人才培养过程中应完善专业实践教学平台，建设校内老年护理实训实习基地或依托不同类型的校外老年护理实践基地，增强护生分析问题、解决问题的能力。校内老年护理实训实习基地力求按照老年病房的环境进行建设，实训设备如仿真老年模拟人、肢体运动康复仪器等应完善，以便实现教学环境与工作环境的统一；在校外老年护理实践基地建设方面，可与集医疗、养老、教学、科研、产业于一体的老年病房、养老机构或社区卫生服务中心等进行合作，满足护生实习实训的需求，为就业做好准备。另外，学校可定期组织老年护理技能大赛，促进护生将所学专业知识与技能相互转化。

（四）完善保障体系

过硬的师资力量是教学实施的重要保障，这就需要学校配备具有较高专业素质、专业技能且能够解决具体实际问题的专业师资队伍。在教学实践工作中，学校可招聘有经验的一线老年护理或者医技人员做专业教师，并利用假期或者整个学期根据教学需要安排教师到养老机构顶岗实习，锻炼教师的实践能力。此外，还可通过校企合作，聘请经验丰富的养老服务人员做兼职教师，为教学提供保障。有条件保障的院校还可积极开展国家与国家之间或地区与地区之间的老年护理教育交流与合作，向老年护理教育发展较好的国家或地区学习宝贵经验，进一步拓展师生视野。另外，应积极为年轻教师提供科研和实践场所，提高教师的专业能力，优化教学理念、教学方法等，提升师资队伍质量。

（五）改进教学方法与手段

随着教育信息化的高速发展，在护理专业课程教学过程中，传统“灌输式”的教育模式将逐步向“启发式、引导式”教学方法转变，教师在课堂中更多地引导学生进行学习，使“权威教学”转变为“探索教学”，如开展PBL教学、小组讨论、角色扮演、体验式教学等，可提高护生的自学能力、创新能力、评判性思维等综合能力。学者刘志宏[①]认为，在信息化条件下，对临床护理教学模式进行创新，将微课与翻转课堂相结合，使护生能够掌握主动权，调动护生的学习积极性，提高评判性思维能力与创新意识。刘娜等[②]将服务性学习引入“老年护理学”课程教学中，即通过反思问题、形成计划、实施计划、评价及反思结果四个步骤引导护生学习，发现该学习模式有助于改善护生对老年人的情感态度，提高护生的自主学习、团队合作能力、理论联系实际能力及评判性思维能力，强化了护生老年护理的基本技能。

（六）考核评价方式改革

结合老年护理理论与实践相结合的特点，大多数院校在考核评价时

① 参见刘志宏：《社区护理干预对老年糖尿病患者治疗效果影响分析》，《中外健康文摘》2014 年第 19 期。

② 参见刘娜、杨云衣、董志刚等：《护生参加〈老年护理学〉课程服务性学习的体验及反思》，《解放军护理杂志》2015 年第 7 期。

一般都运用理论知识与技能操作相结合的综合考核方法，并于课程结束后的学期末集中进行考核评价，这种考核评价方式虽然均涉及了理论与技能，但对平时护生的学习过程未能体现，所以可采取平时考查（含考勤、课堂表现、参与测评情况、实践能力、完成作业、见习实训）与学业考查（开放式问题的开卷考试为主）各占50%的考查方式，考核中突出对学习过程的考核，而不只局限于最终的考试成绩。另外，为突出学生的实际操作技能，还可提高实际操作技能在课程考核中的比重，并随堂对实训的每一个结束的项目进行考核。

（七）完善人才培养质量监控体系

人才培养质量监控体系应由学院教学督导委员会、护理学院教学督导组、护理专业建设指导委员会构成，监控体系成员一方面不定期深入教学一线，对老年护理教学及其管理进行全方位督导，保障教学质量；另一方面要接受来自学生关于教学硬件和软件的反馈，对存在的问题及时提出整改方案，保障教学工作有序有效开展。

（八）建立完善的老年护理人才职前培养—职后培训体系

随着经济社会的发展和科学技术的进步，新知识、新理论、新技术不断涌现，促使人们的学习和自我完善需求不断增长，终身教育越来越受到人们的重视，这种理念也逐渐成为教育改革和创新的核心理念和实践指南。在护理领域，医学科学技术的迅速发展、医学模式的转变以及新的健康观念的出现，对护理人员的知识、能力和素质提出了更高的要求。将终身教育理念融入护理教育中，构建符合护理岗位需求的护理教育体系是提高护理人员综合能力、保证护理质量、适应我国护理事业可持续发展需要的重要举措，也是护理教育改革与发展的重要任务和奋斗目标。

老年护理人才“职前培养—职后培训”体系由两个相互衔接的系统组成，共同为护理人才职业发展发挥重要作用。“职前培养”完成人才培养规格，具备就业需要的岗位知识和技能。老年护理人才职前培养泛指护士就业前接受的专业教育的总和，包括学历教育、证书教育等，根本目的是培养学生具备老年护理岗位所需的基本知识、技能和素质，形成基本职业能力，为就业做好职前准备，因此老年护理人才“职前培养”的出发点应是满足老年护理岗位对护士的基本需求。“职后培训”提升老年护理人员的综合服务能力,强化“再塑”。“职后培训”是人才能力提升的阶段,是为了满足老年护理服务需求多样化、专科化和个人发展需要的必然选择,其目的是使老年护理人员在保持高尚职业情操的同时树立新型服务观念,更新专业知识,提高综合能力,从而促进护理服务质量的提高和个人职业生涯的发展。

总之,在老年护理人才“职前培养—职后培训”体系中,在政府的协调下,多方联动,学校、医院和养老机构可以建立广泛的合作关系,充分利用各自的优质资源,搭建老年护理人才培养培训平台,如护士订单培养、培训项目开发、师资队伍培训等,努力实现“校中院、院中校”的局面,共同为培养培训高素质老年护理人员,提高护理服务质量,从而保障健康老龄化而发挥作用。

综上所述,我国老年护理教育体系的缺失严重制约了社会养老事业的发展。因此,应该根据社会老龄化的养老需求,建立完善的老年护理教育体系,保障老年护理服务质量。

(本节作者:王若维,山东协和学院护理学院)

第六节　“自主养老、互助服务”理论及实践探索

“自主养老、互助服务”模式是指在一定地区范围内的老人自愿参与、互相帮助,互相提供所需的养老服务的一种创新模式。与其他养老服务模式相比,它一方面颠覆了传统的“被动式”养老服务,使老人们在积极的互动、互助中实现更直接、更有效的主动服务;另一方面,它能够节约大量公共资源,让老人们在快乐的互助活动中解决日常生活中的难题。笔者在的不断深入社区、养老机构及老年家庭调研的基础上,探索出了“自主养老、互助服务”的居家养老服务模式,而且在实践中产生了良好的社会反响。

一、"自主养老、互助服务"理念的提出

(一)我国养老服务面临的问题

为应对人口老龄化,我国确定了"以社区居家养老为基础、机构养老为补充、医养结合"的服务体系。这个服务体系符合国情、民情,深受广大老人欢迎。然而,在实践中还存在落实不到位等问题,主要表现在以下几个方面:

第一,从服务安排来看,现实中需要居家养老服务的老人占了90%,需要机构养老的仅占10%。因此,居家养老服务应当面向90%的广大老人。然而在运行中,很多地方服务的关注点、落脚点投放在10%的机构养老中,养老公寓等机构建设不断翻新,设施不断提升,管理不断规范,但不能满足绝大多数老人的服务需求。

第二,从服务群体看,在城市,由于受计划生育政策以及改革开放等多重因素的影响,当前城市中出现了很多空巢老人和独居老人。这些老人随着年龄的增长,自理能力逐渐下降,虽然他们大多数有退休金,但是所需的居家养老服务却不能得到满足。在农村,当前政府依然把"三无"老人作为扶持重点,有些幸福院成为乡村的风景线,也成为一些基层干部的政绩标签。然而,能入住幸福院的仅是少数,广大居家的留守老人却在孤独无助中度日。

第三,从服务理念看,无论机构养老还是居家养老,都是沿袭千百年来的"被动式"养老。老人是被家庭、社会供养的对象,且天经地义,越养越尊。受这种"奉养"理念影响,老人缺乏自立、自强精神。一些年轻老人或者尚未进入老龄的50来岁的人一旦退休回家,就坐享退休金,坐等国家的养老政策。有的老人虽然有经济能力,却心甘情愿地为子女付出一切,不再参与社会活动,也忽视了晚年生活质量。

第四,从服务方式看,由于受"被动奉养"的理念支撑,服务方式也都是"他助式"。不仅机构服务如此,而且在社区的能自理老人也是如此。虽然民政部门投入了大量资金,社区建立了规范的日间照料中心,竞聘社团或企业运作,但由于被动的"他助式"养老,许多老人不愿意到暮气沉沉的照料中心。于是,一些老年日间照料中心的床位空闲,形同虚设。

第五，从服务队伍看，在居家养老服务中，基本由家政企业、社工及志愿者构成。承接日间照料中心的家政企业虽然举着公益事业的旗子，但是盈利是企业的生命线，企业的落脚点还是赚钱。于是，在公益性与功利心之间的博弈中，一些日间照料中心难以持续运作。而政府购买服务的社工虽然避免了上述弊端，但年轻的社工与老人之间有代沟，缺乏对老人的理解，服务难以精细到位。

(二)问题的分析

对上述问题深入分析，主要原因可归纳为以下几个方面：

1. 对主体认识错位，老人成为被动接受服务的客体

从人的生命全程看，如果以 60 岁进入老年阶段，80～90 岁生命结束，那么，老年时期基本为 20～30 年，几乎占了人生的 1/3。没有进入该生命阶段的中青年人难以理解老人生命逐渐衰老所带来的痛苦。故此，在互助中，养老服务的提供者是老年人，他们能深刻感知自身群体的需求，才能规划好服务蓝图，做好养老服务。

我们把主体误解为客体，从养老服务政策的制定到服务的管理以及具体的事物，基本都是在岗位的中青年人在谋划、作为，老年人只是被动接受。由于没有发挥老年人的主观能动性，不仅导致一些老年人坐等国家养老，而且养老服务难以到位。

2. 对老人生命活力潜能认识的错位，导致“被动”养老观念的根深蒂固

古往今来，人们普遍认为人老了就得休养，只有被保养好才能健康长寿，于是被动“供养”成了根深蒂固的观念。人的晚年生命真谛果真如此吗？老人是否还有焕发生命活力的潜能呢？笔者通过深入研究，颠覆了这一源远流长的世俗观念。

从数以万计的实例分析，那些健康长寿的老人都是终生活动者，要么是常年劳作，体力劳动练就了强健的体魄；要么是脑力劳动者，心主神明，耄耋之年还思维敏捷；有的甚至患了绝症，却通过科学的运动找回了健康。

从生命理论分析，无论现代医学还是博大精深的中医，都认为生命在于运动，活着就要动。然而遗憾的是，沿袭至今的“被动养老”理念却与之背道而驰。肌体零件不断衰退的老年人，在被动的“供养”中，只能

是越养越僵化、越养越老化。

3. 对当代老人群体认识错位，老人成为“贫困的弱势群体”

改革开放以来，社会发生了巨大变化，不仅国民收入翻番，而且退休老人连续十几年增加退休金，老人早已摆脱贫困的弱势群体地位。尤其是“50后”的老人，他们有思想、有文化、有活力，也有经济支配能力。然而，我们有些人不能与时俱进，对老年群体的认识还停留在改革开放以前的老印象中，或者以偏概全，把少数偏远困难地区的老人生活状况误解为全局。加之“被动养老”观念的主导，于是，老人成为“贫困的弱势群体”，是社会救助的对象，把养老服务与扶贫工作混同一起。

4. 对老人需求了解错位，在养老服务中“重物质供养，轻精神文化”

在建设全面小康社会的过程中，国民消费的恩格尔系数不断降低。大部分老人对健康、文化、旅游等方面的支出不断增加。尤其是“50后”这代人，他们生在新中国，长在红旗下，更经历了改革开放的锻炼，自主意识强，报效国家情怀大，不仅精神文化生活占了重要位置，而且许多人要求实现自我价值，老有所为。但是，在“被动养老”理念的主导下，有些人不仅对老人群体认识错位，而且对其需求也错了位。于是，在养老服务中注重物质性的给予，忽视老人内心的精神文化需求。即使关注，也是高高在上地把老人作为病态者去给予心理慰藉、心理关爱。

综合上述原因分析，归根结底是“被动养老”陈旧观念的束缚。

（三）观念创新：“主动式自主养老”

作为先导的理念，必须与时俱进，不断创新。如果固守陈规，那么理念就失去了价值，不仅不能先导，而且还成了滞后的思想枷锁。上述问题的症结就在于此，就在于养老理念的陈旧。

党的十九大开启了中国特色社会主义建设新时代。在全面小康社会建设的决胜阶段，各项工作必须有新时代的新理念、新路子、新方法。社会化养老服务也必须创新。笔者综合多年调研的积累，推陈出新，将沿袭数千年的“被动式”养老转为“主动式”养老，这是在科技迅猛发展的当代，人们对老年生命活力、潜力认识的需要；是在中国特色社会主义新时代建设中，老年人自主意识不断增强的需要；是在民生不断改善中，老年生活质量不断提高的需要。

养老理念创新，也就引发了养老服务内容和方式的一系列转变。

首先，老人由客体转为主体。主体意识归了位，养老服务指导思想也就鲜明了："上为国家分忧，下为子女减压"。"上为国家分忧"表达了当代老人的情怀，不坐等国家养老，要发挥余热；"下为子女减压"是指，作为独生子女父母的这代老人，摒弃靠儿供养的陈旧观念，自立自强，为忙碌的子女减轻压力。

其次，服务方式转变，由被动的"他助式"扩展为自助、互助的自我服务。

再次，充分调动老人主观能动性，激发了生命活力。大家既是服务者又是受益者，为"老有所乐、老有所为"搭建了接地气的互动平台。

最后，老人们从被物质"供养"的老牌位中走下来，加强社会化学习，实现自我价值，展示了新时代老人的精气神。

诚然，养老服务是多元化的，对于不能自理、半自理老人需要专业化的他助式服务，但对于自理老人，则需要主动式服务。只有主动式与被动式有机结合，才能做好新时代的养老服务。

二、"自主养老、互助服务"模式设计

(一)组织形式

(1)以比较宽松的俱乐部形式，将社区老人组织起来。俱乐部设置若干个释放正能量的活动组织。

(2)没有门槛的会员制。会员老人根据自己的爱好、身体状况，选定活动组织。

(二)组织原则

(1)面向社区自理或者轻度的半自理老人。

(2)"平等互爱、互帮互学"。年轻老人关照高龄老人，身体好的老人关照身体差的老人，大家在快乐互助中安度晚年。

(3)从活动策划到俱乐部的管理，全部由社区老人推选出有爱心、有活力、有特长的老人担当。

(三)服务内容

从老人需求出发，设计以下九个服务"板块"：

1.安全生活的港湾

设计理念:安全是人生的第一需求,尤其是老年人,安全需求更为首选。为此,从维护自身权益到防止各种诈骗,全方位打造老人安全生活的港湾。

服务范畴:

(1)学习宣传《老年权益保护法》,提高老人的自我维权意识。

(2)协助老人维护其在家庭、社会的权益,帮助老人调解、处理好家庭矛盾、邻里纠纷。

(3)组织老人学习基本理财知识及保护技能,防止金融等各种诈骗。

(4)帮助老人掌握交通法规,熟悉周边环境,维护老人的交通安全。

2.健康长寿的驿站

设计理念:"医养结合"是养老服务的重点,一是"医与养"要相辅相成,互为支撑,即将医疗保健服务寓于老人的日常生活中,肩负起健康管理和慢性病干预的重任;同时老年人生活要在医疗保健的指导下科学进行,建立健康的生活方式。二是建立介护队伍,面向半自理、不能自理老人。三是通过搭建健康教育、科学养生等活动平台,帮助老人掌握健康的金钥匙。本模式的"健康长寿的驿站"就是因此而设计。

服务范畴:

(1)组织老人开展规范的健康教育,提高自我保健意识和能力。

(2)依托社区卫生服务中心,定期组织老人查体,建立健康档案,把老人健康监管起来。

(3)开展陪同就医服务,在社区卫生服务双向转诊中开辟老人"快、近"的绿色就医通道。

(4)发挥中医特长,为老人进行保健调理。

3.生活互助的时间银行

设计理念:借鉴瑞士的"时间银行",把服务时间用货币的形式展现出来,储存起来,开展居家老人互助服务。

服务设计:

(1)以社区为平台。人们之间比较熟悉,有利于交流和服务,加之友邻里之间互帮互助的优良民族传统,容易良性循环。

(2)“时间银行”不仅局限于老年人,也吸纳中年人参与。“今天的服务是为了明天的需求”。

(3)服务账户可以随着本人流动,服务时间的货币值随着市场浮动,不能贬值。

(4)为保障服务水平,可开展服务技能培训。

4.生命活力的充电站

设计理念:生命在于运动。运动是生命活力的充电站,尤其是身体机能逐渐衰退的老年人,有规律的运动则是激发活力、保持活力的“充电站”。

服务范围:

(1)树立“生命在于运动”的理念,组织老人开展各种体育活动。

(2)体育活动要接地气,因地制宜、因人制宜,持之以恒。

(3)开展多种形式的老人运动展示,诸如太极拳、太极剑、太极刀的表演,乒乓球、羽毛球等球类比赛,老年快走、慢走等田径运动赛事。

5.才艺展示的天地

设计理念:每个老人的阅历都是一部书,他们有各自的爱好和特长。对于暮年的他们,渴望余热发光,渴望展示自己的才艺。为此,设计了这个服务板块。

服务范畴:

(1)根据老人的爱好和特长,成立社区老人书法、绘画、摄影、编织、剪纸、手工艺等活动小组,通过组织发挥老人特长。

(2)根据活动小组情况,开展社区老人才艺展示。

(3)与文化、外贸及老龄委互动,把优秀的作品作为文化产品推出。

6.品味提升的殿堂

设计理念:音乐陶冶情操,诗词提升修养。为使老年人生活得有文化品位,构建了“歌咏诗词”的殿堂。

服务范畴:

(1)组建社区老人合唱团、乐队、诗词学社等。通过组织,把老人特长发挥出来、爱好表达出来。通过活动,提升老年人的文化生活品位。

(2)与社区文化活动结合,引领社区文化健康发展。

(3)适时组织参加公益性的演出,尤其是在社会主义精神文明建设中发挥正能量。

7. 优雅修炼的舞台

设计理念:“健康地生活,优雅地老去”是新时代老人的选择。为此,设计了“优雅修炼的舞台”。

服务范畴:

(1)组建社区老年舞蹈队、模特队,通过组织把老人的积极性调动起来。

(2)与老年大学或者艺术院校联动,请专业老师指导,不断提升艺术水平。

(3)与社区文化建设紧密相连,作为社区文化活动的重要内容。

8. 乐游天下的航船

设计理念:走出家门、走出国门,乐游天下,是当代老人的心愿。为此,设计了“天下航船”这个版块。

服务内容:

(1)以平安、健康为准则,旅游路线设计必须适应老年人。

(2)根据老年人体力差、反应较慢的生理特点,旅游节奏要缓慢、轻松。

(3)精细组织,不仅与旅行社商定适合老年人的旅程,而且还要签好协定,并且与老人子女签订好协议。

(4)组织老人畅谈旅游感想,鼓励老人写游记,通过从感性到理性的认识,不断陶冶情操。

9. 终生学习的课堂

设计理念:社会化学习伴随人的一生,尤其是步入晚年的老人,社会化学习更为重要,否则就会被社会边缘化。为此,从新时代老人的需求出发,设计了社区大课堂。

服务范畴:

(1)建立社区老年国学班,发挥传统文化作用,实现老有所德、老有所尊。

(2)开设老人互联网知识学习班,帮助老人掌握通用技术,做“新潮老人”。

(3)开设人生角色转变学习班,帮助老人处理好夫妻关系、家庭关系、邻里关系、社会关系。

(4)开设老人英语学习班。“一带一路”的发展,加速了中国走向世界的步伐。为使老人不落伍,我们从实际出发,开设了老人英语课堂。

三、“自主养老、互助服务”模式的实践效应

2017 年 6 月,笔者通过“常青树”社区老人自助服务俱乐部(已注册社会组织),选择了济南市长清区大学科技园的常春藤社区,对“自主养老、互助服务”模式实施效果进行了实地调研。

济南市长清区大学科技园的常春藤社区位于城郊结合带,常住人口1 万多,老年人约有 900 多人,他们之中有失地拆迁农民,有长清区本地的居民,有济南老城区退休的知识分子、公务员,还有 1/3 多的是前来给子女带孩子的老人。老人群体来自全国各地,退休前职业多元化,很有代表性。通过实地调研发现,虽然目前“自主养老、互助服务”模式规划的项目因多种原因还没有全面展开,但就目前已经展开的项目来看,已经展现出了其独特的优势。

(一)老人有了归属感,重新找回了自我

常青树俱乐部一启动就轰动了社区,短短 20 多天,就有 400 多位老人参与,吸纳会员近 300 人。根据服务板块设计,成立了老年合唱团、老年民族舞蹈队、老年广场舞蹈队、老年模特队、老年太极拳队等组织。每支队伍不仅有固定负责的老人,而且还有从老人中推选出的教练。在俱乐部里,来自不同层次、不同地域的老人们相互熟悉起来,人人有了归属感。在适合自己又满足爱好且循序渐进的活动中,老人们激发了生命活力,重新找回了自我。

(二)老人提升了快乐指数,释放了精神压力

俱乐部以“乐游天下”为切入点,让那些退休金很低甚至没有收入的老人们也能走出家门。俱乐部与旅行社联系,选择价位低且行程安全的线路,开展了三次有规模的旅游。三次旅游没用一个社工,没请一人带队,全部是俱乐部老人自我组织、自我管理、自我服务。人数最多的聊城

游览有118位老人参加，其中不仅有80多岁的老人，而且还有坐着轮椅的老人。由于服务到位，没有一个老人身体不适。在充满欢声笑语的游玩中，老人们释放了精神压力。

（三）老人提升了健康指数，激活了生命潜能

俱乐部通过晓之以理的科学养生讲座、动之有序的健身运动，让老人们注重养生，坚持锻炼，规律生活，仅3个月就产生了可喜的效应。一些七八十岁的高龄老人，其衰老的肢体在运动中逐步变得灵活；60多岁的低龄老人则更活跃，放下太极剑就去跳民族舞，扮靓自己走上旗袍秀。老人们的生命的潜能逐步被激活，极大地促进了身体健康。

（四）搭建了老有所为的平台，实现老年人的自我价值

俱乐部八大服务板块的启动，不仅需要一批老年管理人员，而且还需要专业艺术人员。这些被推选出的老人有的是国家一级演员，也有退休的公务员；有大学教授，也有普通退休工人。他们有激情、有爱心、有组织能力，在为老年人服务的同时实现了自我价值。老人们认为"俱乐部搭建了最接地气的平台，工作在家门口，服务于左邻右舍，八九十岁也能老有所为"。

（五）引领社区文化建设，促进家庭和睦

俱乐部的文体活动通过释放正能量引领社区文化健康发展。在"人人都是演员、个个都讲健康"的一系列活动中，老人们的形象、气质也发生着变化；尤其是来自农村带孩子的老人变化显著。他们不仅在穿着服饰上与过去相比有显著变化，而且生活方式也发生了巨大变化。老人们的变化引起了子女的关注、赞赏，子女们非常支持老人参加活动。老人重新在家庭中找到了位置，家风顺了，家庭和睦了。

（六）且行且善，促进社会主义核心价值观深入落实

俱乐部与社区党委联手，开展募捐活动、举办了"友善天下、大爱无疆"的接恩会等活动，将"爱国、敬业、诚信、友善"的公民社会主义核心价值观烙印在老人及社区居民的脑海里。过去，常春藤这个社区是出了名的"问题社区"，不仅业主与物业公司矛盾激化，导致上访、堵大门，乃至给业委会主任送花圈等诸多事件；而且居民间争吵不断。但是，"自主养老、互助服务"开展后，通过各种活动，促进了社会主义核心价值观在社

区的深入落实，这个大社区再没有发生一起上访闹事的事件。

（七）老人满意度提高，降低了养老服务成本

因本模式是“老人自我策划、自我管理、自我服务”，且都是生活在同一个社区的老人群体，因此非常接地气。可以说，每个活动都能办到老人心坎上，老人满意度非常高，形成了“我参与、我服务”的良好氛围。“常青树”俱乐部成立3个多月，服务老人大约300人，俱乐部没有收取老人1分钱，也没有向政府要钱，全靠俱乐部老人自我谋划、自我组织、自我服务、自我付出。

任何新生事物的成长都要经过不断探索、不断补充、不断完善的发展过程，且这个过程是曲折艰难的，“自主养老、互助服务”也是如此。但愿这个颠覆数千年陈旧养老理念的新生事物，能在新时代的春风下健康发展。

（本节作者：吕荣斌，济南社会科学院）

第三章

老龄健康教育

人口老龄化已成为全球性的普遍现象,联合国世界卫生组织在2002年提出了"积极老龄化"政策框架,以应对当前的人口转变问题。参考发达国家,老龄人口的健康与社会地位成为衡量一个国家或地区社会文明程度的重要标志之一。老龄健康教育是实现"积极老龄化"的重要手段和纽带,是长寿时代的客观要求,是解决现代社会人口老龄化问题的有效手段之一,更是促进老龄人口身心健康、引导老龄人口积极有效参与社会的重要途径之一。在人口新常态下,老龄健康教育不再局限于满足老龄人口"学"的需求,更为重要的是构筑一个"积极老龄化"的和谐社会,逐步形成老年福利的"新常态",从而推进人类社会整体性的可持续发展和不同年龄段群体生活福祉的协同提升。[①]

新时代老龄健康教育要有新作为,就要更新观念,转换方式,适应形势发展的需要,深刻理解与把握当代中国倡导的老龄健康教育价值理念,提高健康教育实践的自觉性和可行性。实现"老有所依、老有所养、老有所教、老有所学、老有所为、老有所乐",实现整个社会主义大家庭的和谐、安定,是当前中国社会经济发展的必然要求,这也与"活到老,学到老"以及"老人安,天下安"等观念相吻合。随着"老年观"的成熟与完善,以"尊重、参与、共生、创新"为核心的老龄健康教育价值理念深入人心,

---

① 参见王英、王小波:《中国老年福利的"新常态":老年教育的社会政策化》,《宁夏社会科学》2015年第6期。

并深刻影响了中国老龄健康教育事业未来的发展走向。

第一节　老龄健康教育研究

老龄健康教育是老龄人口健康老龄化、积极老龄化的重要途径，也是终身教育的重要组成部分。老龄健康教育自20世纪70年代举办至今，在国内外建构了较为清晰和较具特色的老龄教育模式和发展框架体系，但仍有不足之处。

一、老龄健康教育的理论进展

老龄健康教育在发展过程中，概念和内涵都有所扩展，并形成了若干理论成果，建立了适合老龄人口的教学模式。

（一）老龄健康教育的概念与内涵

老龄健康教育也叫“第三年龄教育”“高龄教育”“长者教育”“银发族教育”等，是一项低投入高产出的民生工程，是“为老服务”系列建设的核心内容之一，是老龄健康教育理念和老年学习欲求相调和的产物之一，也是增进老龄人口身心健康的自觉性，增进广大老龄人口身体健康和满足老龄人口精神文化需求的重要途径之一，更是终身教育的重要组成部分之一，还是主动适应中国经济发展新常态和全面建成小康社会的重要任务之一。[①] 老年健康教育的过程就是老龄人口改善身体素质、获得精神关怀、促进心理健康的过程，就是通过各种手段，使老龄人口有计划、有组织、有系统地接受各种有益于身心健康的知识、行为和生活方式等[②]，其核心是以教育的方式帮助老龄人口建立起一种健康的意识，教育和指导老龄人口正确树立健康观，摒弃与健康相悖的行为和非健康的生活方式，形成一种有益身心健康的生活方式和行为习惯等。

老年健康教育不仅需要更新内涵，而且还要扩展外延，要由原来那种单纯以老龄人口为教育对象的模式，转变为“个体—家庭—群体（社区）—

① 参见马良生：《探索远程教育服务老年人群新模式——开放大学发展老年教育的实践》，《中国远程教育》2015年第9期。

② 参见白岩等：《老年健康教育的问题与对策》，《大家健康》（学术版）2015年第9期。

社会”的多元教育体系，成为“个体老年教育、家庭老年教育、群体老年教育、社会老年教育”的有机综合体。[①] 以身心健康教育为先导，综合开展老年保健是老龄健康教育的第一步。老年健康教育的重点主要包括保持健康心理，延缓身体衰老，做些力所能及的工作，不断发挥余热，保持良好的社交关系，建立宽松而适宜的饮食环境，合理的用药及给药方法等。

老年健康教育属于社会教育范畴，是成人教育的组成部分，是以提高老龄人口道德修养、科学文化素养和身体健康素质，满足老龄人口增长知识、丰富生活、陶冶情操、促进健康、服务社会等所实施的教育活动。老年健康教育的概念与内涵经历了一定的演变。最初的老年健康教育是为了“使大批干部、职工离退休后，老有所学、老有所为、老有所养、老有所乐等，能够在环境转变后，从心理、生理上增强适应能力，并获得所需要的知识技能，为社会主义物质文明和精神文明做适当的贡献”[②]。近10年来，在提高老龄人口思想道德和科学文化素质，以满足老龄人口求知、康乐、有为的需求的同时，老年健康教育开始强调老龄人口有目的、有计划、有组织的不断社会化的终身教育活动。

参照现有研究，总结老年健康教育，有以下六个方面的主要特征[③]：

1. 教育对象的特定性

老年健康教育的受众群体就是老龄人口，尤其是低龄老人。随着社会的发展，教育对象开始覆盖整个老龄群体。目前，老年健康教育的主要对象还是以城镇离退休职工、干部为主。

2. 教育目的的双重性

一方面，从“以人为本”出发，老年健康教育是为了实现老龄人口的终身发展；另一方面，老年健康教育从“代际公平”出发，是为了实现人类社会的和谐发展。

3. 教育活动的多样性

老年健康教育的组织形式多样化，既包括规范的学校教育，即老年大学，也包括随时、随机、随地的老龄社区健康教育。老年健康教育的组

---

① 参见汪丽萍：《健康老龄化与老年教育》，《北京成人教育》2001年第9期。

② 参见顾明远：《教育大辞典》（第三卷），上海教育出版社1992年版，第490页。

③ 叶忠海：《老年教育若干基本理论问题》，《现代远程教育研究》2013年第6期。

织主体也由原来的纯政府机构或公益性团体开始涵盖部分养老服务企业性单位。

4. 教育时限的灵活性

针对特定的教育对象，老年健康教育没有明确的课程达标要求，也没有严格的学习时间规定。教育时限的设置主要取决于受众群体的作息时间安排，并可随时调整。

5. 教育场地的随机性

老年健康教育不再局限于固定的教学场所，即老年大学，而是可以根据老龄人口的日常活动规律，进行教育场地的设置，更可以(不)定期地进行场地调整。

6. 教育性质的转变性

随着对人口老龄化看法的转变，老年健康教育的性质也从原来的国外针对贫困老龄人口的社会救济和国内离退休老干部的晚年安排，转变为针对全体老龄人口的普适性身心教育。

(二)老龄健康教育的主要理论成果

到目前为止，我国已经形成了若干关于老年健康教育的理论成果，概括起来有如下两个方面：

1. 相关学科的形成与发展

随着人口老龄化的全球化蔓延和学科交叉发展的要求，形成了诸如老年社会学、老龄化经济学、老年心理学、老年医学、老年教育学等诸多分支学科。在很大程度上，这些交叉学科的形成与发展为解决人口老龄化引发的一系列社会现象与问题提供了相应的理论框架，更反映了老年社会发展的集体诉求。[①]

2. 相关理论的形成与发展

应当前人口转变等社会实践的需求，受活动理论的影响，涌现出了大量以参与活动(个人或社会活动)为目标的相关理论。这些理论大致可分成三类：第一类是关注社会结构因素对老龄人口行为影响的宏观理论，如年龄分层理论、现代化理论、老龄政治经济学理论；第二类关注老

---

① 参见陈曙：《老年网络协作学习生态体系的构建：逻辑、关键与通路——基于关联主义的视角》，《远程教育杂志》2015 年第 2 期。

龄人口社会过程的中观理论，如生命进程理论、生命周期理论、活动理论、亚文化理论等；第三类关注老龄人口个体互动的微观理论，如社会建构主义理论、社会交换理论、超老化观感、选择—优化—补偿理论等。

（三）老龄健康教育的设计理念与模式

当前，基于思想性、科学性、针对性、艺术性、群众性、趣味性、实用性等原则，加强老年健康教育需要加强顶层设计，注重科学施教、科学服务管理，完善保障机制，构建多方支持的老年健康教育平台，建立适合老龄人口的健康教学模式。[①] 到目前为止，已经形成了若干关于老年健康教育的设计理念或模式，主要包括：

1. 老龄网络协作学习生态体系

凭借网络协作学习的组织技术优势，突破了旧式老龄健康教育的束缚，老年网络协作学习生态体系（见图 3-1）形成了个性张扬与集体协作相互交织的老龄健康教育格局，满足了老龄社会、消费社会以及学习型社会发展的集体诉求。[②] 老龄网络协作学习生态体系的局限性也非常明显，即需要老龄人口能够熟练掌握相关的网络技术，并运用相关的电子设备，没有考虑到成本问题，从而限制了其进一步的推广。作为新型健康教育模式之一的网络健康教育也存在这方面的问题。

2.“赋权增能”的老龄健康教育理论框架

老龄健康教育是应对人口老龄化问题的社会性行动[③]，是国家与老年人互动关系的具体体现。为了达成这一目的，需要考虑社会政策化的各个基本要素。依据“赋权增能”原则，构建了老龄健康教育理论框架（见图 3-2）来保障老龄人口与家庭、社区和社会的和谐发展。[④]

---

① 参见王正东、琚向红：《老年人参与社区教育影响因素的实证研究》，《中国远程教育》2016 年第 5 期。

② 参见陈曙：《老年网络协作学习生态体系的构建：逻辑、关键与通路——基于关联主义的视角》，《远程教育杂志》2015 年第 2 期。

③ 参见王英、王小波：《中国老年福利的“新常态”：老年教育的社会政策化》，《宁夏社会科学》2015 年第 6 期。

④ 参见王英、谭琳：《赋权增能：中国老年教育的发展与反思》，《人口学刊》2011 年第 1 期。

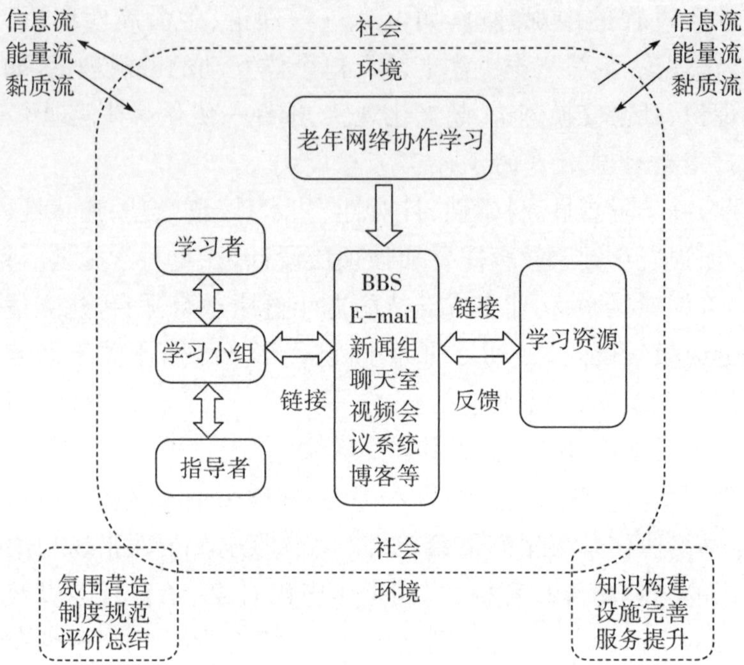

图 3-1　老龄网络协作学习生态系统结构①

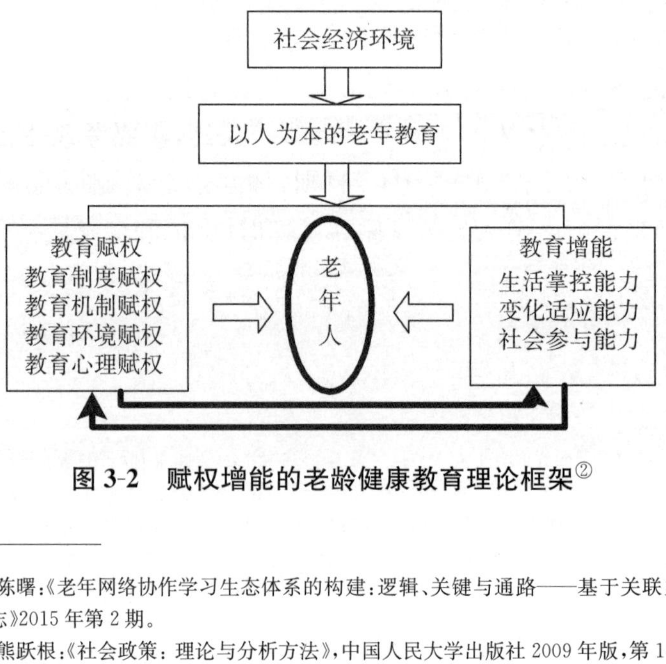

图 3-2　赋权增能的老龄健康教育理论框架②

① 参见陈曙:《老年网络协作学习生态体系的构建:逻辑、关键与通路——基于关联主义的视角》,《远程教育杂志》2015 年第 2 期。

② 参见熊跃根:《社会政策:理论与分析方法》,中国人民大学出版社 2009 年版,第 141 页。

3. 具体的老龄健康教育模式

目前，已形成的 3 种模式和 5 种基本教育形式共同构成了较全面的老龄健康教育体系(见图 3-3)，基本考虑到了老龄人口需求的各个方面。与此同时，“非正规”老龄健康教育适当补充，成了不可或缺的一部分。

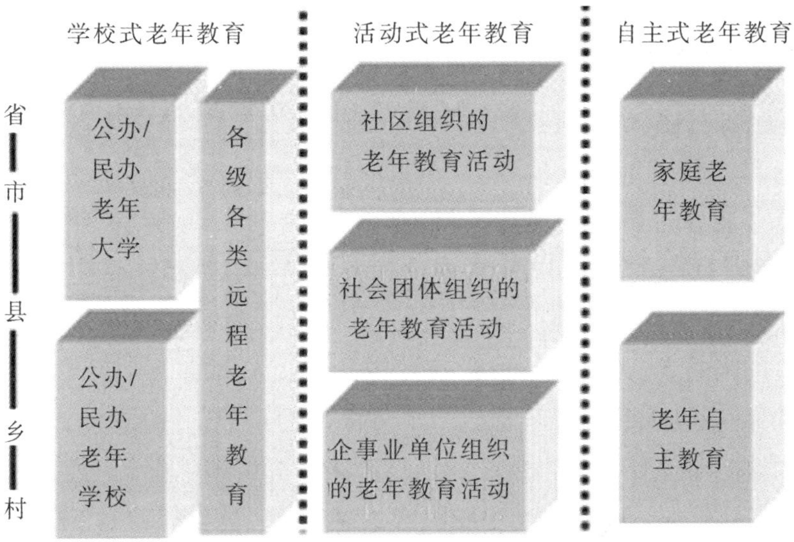

图 3-3　中国老年教育模式构成图[①]

(四)老龄健康教育质量的测度指标体系构建

到目前为止，关于老龄健康教育的测度指标体系主要集中于 20 世纪 80～90 年代，分成 4 项指标或 5 类指标[②]，都是针对躯体健康和精神健康概念[③]的理解。这些指标体系成了考核老龄人口健康状况的主要标准，但是忽略了老龄人口社会参与方面的问题。

二、老龄健康教育的实践发展

随着“积极老龄化”概念的广泛传播，高龄人群的学习需求也在发生转变。老龄健康教育在国内外迅速开展，并取得了很多成果。

① 参见伊继东、段从宇、宗佶:《协同创新发展老年教育的思考》,《云南社会科学》2015 年第 4 期。

② 参见叶波:《老年健康教育效果四项评价指标的研究》,《中国健康教育》1989 年第 5 期。

③ 参见李春梅、刘红梅等:《老年健康教育特点及健康评估方法》,《中国健康教育》2000 年第 11 期。

(一)国外老龄健康教育的发展简介

通过对国外老龄健康教育运作的分析,可见老龄人口对于交通、健康及安全等方面的学习需求很强,多对老龄人口开展生活适应方面的教育,增强其社交能力,改善其社会处境和地位,促进经济发展和社会进步。例如:新加坡积极推行"活跃乐龄"政策,其"快乐学堂"侧重于从社交、思想、心理、职业、情绪与心灵等六个方面促进老龄人口更好地融入社会;美、加等国依托社区组建自我管理模式的老龄健康教育[①];借助福祉教育政策和老年教育政策,日本采取委托的方式在都、道、府、县福利部门开办老龄健康教育等;个体状况对韩国老龄人口参与高级中心活动影响显著,而社会关系和参与方法直接影响到其参与职业活动的积极性。

总的来看,国外对老龄健康教育内涵的认识涉及了养老、休闲、潜能开发和参与适应四个方面,且后两个方面成为目前国际社会对老龄健康教育内涵的主流认识。当然,这种时序与次序转变的基础是前两个方面得到了基本满足,但这种转变仅限于发达国家,符合马斯洛的需求层次理论。

(二)国内老龄健康教育的发展简介

国内对老龄健康教育的需求大致分成人身安全、健康养生、休闲娱乐、竞技学习、社会参与等几个方面,以"健康自主"为主要目的。例如:台湾地区广设乐龄中心与乐龄大学,开设"基础生活""兴趣特色"及"贡献服务"课程等,其中,又以离退休老龄人口更看重"养生保健""家庭与人际关系"及实际应用等。社会发展背景的差异导致老龄人口在学习需求方面有所偏差,但多侧重于与自身生活需求相联系的方面。[②] 国内老龄健康教育不但重视老年大学教育,而且还关注老龄社区教育,基本模式主要包括老年大学、老年电视大学、网上老年大学和社区教育等。[③] 基

---

① BOUD D,KEOGH R,WALKER D. Promoting reflection in leaning: a model[M]. in BOUD D, KEAGH R,WALKER D (Eds). Reflection. London: Kogan Page,1985:18-40.

② 参见许竞、李雅慧:《我国老年教育供给与中高龄人群学习需求匹配状况调查——基于部分省市抽样数据》,《终身教育》2016 年第 6 期。

③ 参见蒋晓红:《浅谈我国老年教育发育不足的现象》,《企业家天地:理论版》2006 年第 12 期。

于杭州、承德等城市的实证分析，发现文化程度、年龄、性别等个人因素和社区组织活动的频次、家庭等社会因素对城镇老龄人口参与社区的意愿影响显著。总的来看，国内老龄健康教育应利用信息技术，走向社会化。

目前，国内老龄健康教育研究已由奠基兴起阶段、稳定增长阶段进入全面发展阶段，主要表现可概括为以下几个方面：

1. 相关法律法规的不断完善

经过 30 多年的发展，国内关于老龄健康教育的法律法规不断出台。截至 2018 年，将国内出台的主要法律法规及其主要内容总结成表 3-1，可见相关法律法规的覆盖面越来越大，涉及的老龄人口群体也越来越具体，但是具体的量化目标、定量规划与测度等还需要进一步细化。因此，需要进一步完善相关法律法规，整合各类教育资源，根据各地实际情况制定发展规划，并建立老龄健康教育委员会等机构来统筹各地的老龄健康教育发展。①

表 3-1　老龄健康教育的全国性相关法律法规

年份	法律法规	相关内容
1994 年	《中国老龄工作七年发展纲要(1994～2000 年)》	“实现老有所学，保障老年人受教育的权利，不断提高老年人的素质。要因地制宜，多渠道、多层次、多形式地开展颐养康乐和进取有为相结合的老年教育。”
1995 年	《中华人民共和国教育法》	“推进教育改革，促进各级各类教育协调发展，建立和完善终身教育体系。”“国家鼓励学校和其他教育机构、社会组织采取措施，为公民接受终身教育创造条件。”

① 参见林筱文、黄建、朱丽达:《中国老年教育发展、管理与政策》,《集美大学学报》(哲学社会科学版)2012 年第 3 期。

续表

年份	法律法规	相关内容
1996 年	《中华人民共和国老年人权益保障法》	“老年人有继续受教育的权利。”“国家发展老龄教育，鼓励社会办好各类老年学校。各级人民政府对老龄教育应当加强领导，统一规划。”
1998 年	《面向 21 世纪教育振兴行动计划》	“开展社区教育的实验工作，逐步建立和完善终身教育体系，努力提高全民素质。”
2000 年	《关于加强老龄工作的决定》	进一步强调了老龄健康教育的重要意义
2001 年	《中国老龄事业发展“十五”计划纲要》	“要大力发展老龄教育”“加强老龄教育的规范化管理”
2001 年	“全国社区老年福利服务星光计划”	建设“星光老年之家”
2006 年	《中国老龄事业发展“十一五”规划》	到 2010 年，全国的老年大学和老年学校将在现有的基础上增加 1 万所，以适应社会发展和老龄化的需要
2007 年	《国家教育事业发展“十一五”规划纲要》	“积极推进学习型社会建设”“办好老年大学，扩大覆盖面”
2010 年	《国家中长期教育改革和发展规划纲要(2010～2020 年)》	把“发展老年教育”列入纲要，从国家制度层面明确了老龄健康教育的发展目标和方向
2011 年	《中国老龄事业发展“十二五”规划》	“加快老龄事业‘六个体系建设’，突出了环境、家庭和老年健康支持体系以及老年社会管理等方面的内容”“广泛开展老年健康教育”

续表

年份	法律法规	相关内容
2011 年	《社会养老服务体系建设规划(2011～2015 年)》	“到 2015 年,基本形成制度完善、组织健全、规模适度、运营良好、服务优良、监管到位、可持续发展的社会养老服务体系。”
2012 年	《关于进一步加强老年文化建设的意见》	“监督检查老年教育的评估、人才队伍建设。”
2013 年	《中华人民共和国老年人权益保障法》	“老年人有继续受教育的权利。”“国家发展老年教育,把老年教育纳入终身教育体系,鼓励社会办好各类老年学校。”“国家和社会采取措施,开展各种形式的健康教育,普及老年保健知识,增强老年人自我保健意识。”“老年人可以通过老年人组织,开展有益身心健康的活动。”
2013 年	《民政部办公厅、发展改革委办公厅关于开展养老服务业综合改革试点工作的通知》	“试点地区应着力推动服务观念、方式、技术创新,重点推动医养融合发展,促进养老与家政、保险、教育、健身、旅游等相关领域互动发展;运用互联网、物联网等技术手段,提高管理和服务信息化水平;鼓励老年人参与社会,拓展文化娱乐服务;引导公益慈善组织支持养老服务等。”
2014 年	《关于培育和践行社会主义核心价值观加强老龄宣传教育工作的通知》	“要教育广大老年人树立积极老龄化、健康老龄化的理念,倡导自尊、自爱、自立、自强,以积极的态度和行动面对老年生活。引导老年人参与社区组织的各类教育活动,用长期积累的丰富知识和经验参与社会发展,以实际行动践行社会主义核心价值观。”

续表

年份	法律法规	相关内容
2015 年	《中华人民共和国老年人权益保障法》	"国家和社会采取措施,开展各种形式的健康教育,普及老年保健知识,增强老年人自我保健意识。""老年人有继续受教育的权利。国家发展老年教育,把老年教育纳入终身教育体系,鼓励社会办好各类老年学校。各级人民政府对老年教育应当加强领导,统一规划,加大投入。"
2015 年	《关于鼓励民间资本参与养老服务业发展的实施意见》	"编制实施《全国老年教育发展规划(2015～2020 年)》。充分发挥开放大学作用,开展继续教育和远程教育,进一步提升养老服务从业人员整体素质。"
2016 年	《关于推进老年宜居环境建设的指导意见》	"在适老生活服务环境中,突出老年人对生活服务环境的便利性要求,提出了加快配套设施规划建设、健全社区生活服务网络、加强老年用品供给、发展老年教育、构建适老信息交流环境等建设任务。"
2016 年	《全国老年教育发展规划(2016～2020 年)》	"以扩大老年教育供给为重点,以创新老年教育体制机制为关键,以提高老年人的生命和生活质量为目的,整合社会资源、激发社会活力,提升老年教育现代化水平,让老年人共享改革发展成果,进一步实现老有所教、老有所学、老有所为、老有所乐,努力形成具有中国特色的老年教育发展新格局。"

续表

年份	法律法规	相关内容
2017 年	《“十三五”国家老龄事业发展和养老体系建设规划》	“到 2020 年，基本形成覆盖广泛、灵活多样、特色鲜明、规范有序的老年教育新格局。全国县级以上城市至少应有一所老年大学。”“改善现有老年大学(学校)办学条件。建设一批在本区域发挥示范作用的乡镇(街道)老年人学习场所。改善基层社区老年教育机构设施设备，建设好村、社区老年学习点。探索‘养、医、体、文’等场所与老年人学习场所的结合。开展养教结合试点。编辑出版有时代特色、科学内涵、文化品位，适应社会需要的老年教育系列教材。”

资料来源：全国老龄委网站 http://www.cncaprc.gov.cn/.

2. 实践方法和模式的不断更新

目前，国内老龄健康教育的主要方法包括开办老年健康大学讲座等，可划分成普及性教育、及时性教育、互动式教育、实用性教育、书面式教育等主要形式。[①] 老龄健康教育的主要组织形式包括老年大学、企事业单位办学、部队办学、农村办学、社区办学、家庭教育、项目组织教育等，具体的组织形式包括科普读物、口头宣传、形象教育等。国内老龄健康教育的方法、模式多样化发展，但主要依赖于政府机构组织，还没有很好地调动全社会力量。

3. 研究内容的与时俱进

中国老龄健康教育已经从离退休干部的保健娱乐发展为全社会老龄人口的健康教育。整体来看，国内相关研究内容虽然反映了国内老龄

① 参见孟亚丰、汤哲、李跃敏等：《大型综合医院开展老年健康教育的实践》，《中国医院》2009 年第 3 期。

健康教育的发展形势，研究的针对性强，但明显滞后于国际前沿，多依赖政府支持的相关基础应用研究，重视社会关系的处理；虽然关注老龄健康教育研究的期刊数量较多，但核心期刊关注相当少。在肯定成绩的同时，还需要注意到如下几个方面的问题：

(1)老龄健康教育的体系建设方面需要注重健康教育服务总量的持续性供给和地区均衡配给。

(2)老龄健康教育需要企事业结合，在强调福利性老年健康教育发展的同时，还应加强其企业化发展，构建两个体系的老龄健康教育发展脉络。

(3)根据人口年龄结构的转变，实时调整老龄健康教育发展的重点。考虑到社会经济发展背景，应适时调整老龄健康教育的手段、策略及内容。

(三)中外对比小结

国内外现有研究成果都偏向于老龄群体学习需求的调查研究，都是“以人为本”的体现，都重视社会的整体和谐发展，但国外研究起步较早，运行机制和实践成效也较好。国内外的主要差异体现为老龄健康教育的理论取向不同和社会实践基础差异①，主要原因在于：中国老龄健康教育的主要对象由原来的离退休干部职工拓展到城镇老龄人口，而国外老龄健康教育的受众群体基本没有变动。

三、现有研究不足

自 20 世纪 70 年代举办老龄健康教育至今，我国建构了较为清晰和较具特色的老龄教育模式和发展框架体系，但还存在着一些问题，主要有以下几个：

(一)不能完全满足时代要求

随着社会经济的快速发展和科技手段的日新月异，传统的老龄健康教育方法和模式逐渐不能满足社会需求。因此，今后的相关研究与实践

---

① 参见伊继东、段从宇、宗佶：《协同创新发展老年教育的思考》，《云南社会科学》2015 年第 4 期。

需要转向智慧化发展，更多地借助网络化手段，如手机、电脑等，但又不能过多地依赖现代化的技术手段。因此，需要考虑到老龄人口的接受能力及其地区差异；一定不能搞“一刀切”式地大肆推广高新技术，需要考虑普通老龄人口，尤其是低收入老龄群体的生活成本等问题。

（二）老龄健康产业发展不足

21 世纪的人口转变主要标志之一就是人口老龄化。随着老龄人口规模的不断扩大，老龄健康教育成本将会明显增加。因此，传统的单纯依赖政府财政支出将不能满足庞大的老龄群体的现实需要，需要通过接纳有眼光的企业家来共同发展老龄事业与老龄产业，以满足老龄人口的消费市场。在此过程中，需要政府的引导，合理构建老龄健康教育的“双轨制”发展，并需要根据各地区的人口老龄化进程适时调整理论研究与社会实践的方向。

（三）学界理论研究支撑偏少

目前，学界对于老龄健康教育的重视程度远远不如其他社会问题，研究领域还受到学科内外的研究领域限制，自身学科（老年学）发展起步较晚，还没有自己的顶级期刊，国内最好的学术期刊就是《老龄科学研究》（中文核心/CSCD），其他期刊主要偏于老年医学类期刊，如《中华老年心脑血管病杂志》《老年医学与保健》等 23 个期刊，其中多为休闲杂志。因此，需要从国家层面来推出若干公认的高等专业学术期刊，为相关学者提供成果展示平台。

第二节　老年大学研究

老年大学又被称为“第三年龄大学”，作为老龄健康教育的主要实现形式之一，是伴随老龄健康教育的发展而产生的，以达到保持老龄人口身心健康的目的。自 20 世纪 70 年代建设以来，老年大学在国内外都建立了较完备的教学模式和教学体系。

一、老年大学的概念与内涵

自 20 世纪 70 年代建设以来，老年大学的概念和内涵均有所扩展，为终身教育的重要组成部分。

(一)老年大学概念的演变

作为老龄健康教育的主要实现形式之一,老年大学是伴随老龄健康教育的发展而产生的。1973 年,皮埃尔·维拉斯(Pierre Vellas)在法国图卢兹大学创办了全球第一所第三年龄大学(University of the Third Age,简称“U3A”)。根据 2013 年 5 月联合国世界卫生组织重新确定的年龄分段,“第三年龄”人群应为 60～75 岁的年轻退休老龄人口,这也是第三年龄教育的主要对象。在这一年龄阶段,人们一方面具有丰富的知识和阅历,另一方面拥有足够的空闲时间,可以按照自己愿望,发挥自身潜力,实现人生价值。①

第一所第三年龄大学成立之初的目的是通过利用暑假期间的大学教室,对老龄人口进行简单培训,帮助其适应退休后的生活,并为老龄人口提供一个学习之前从未接触过的知识的平台,使他们在退休后可以继续有事情做。伴随着发达国家医疗水平的不断提高,老龄人口寿命不断延长,加之生育观念的转变,出生率迅速下降,老龄化现象开始显现,人口老龄化程度以极快的速度向前推进。发达国家为减少人口老龄化带来的负面影响,开始关注第三年龄大学的教育功能,第三年龄大学开始由最初打发时间的休闲娱乐场所转变为向老龄人口传授知识,开发老龄人力资源的主阵地。

1. 服务功能演变至提升参与能力

在第三年龄大学发展过程中,其概念也在不断扩展和演变。老龄健康教育(或学习)不能被视为简单的商品,开设的课程不应仅是为了消遣娱乐,而应以实用主义理论为基础,开展转型学习项目,帮助老龄人口享有生命权利,使老龄人口清楚认识自己晚年的价值。② 第三年龄大学从开设学员感兴趣的语言、计算机、文学、历史等课程入手,逐渐引入了开发人力资源的内容。由于老龄人口身体素质提高,退休后身体条件也相

① 参见孟蕾:《英国第三部门与政府合作伙伴关系对我国的启示》,西北大学 2006 年硕士学位论文。

② FORMOSA M. Education and older adults at the university of the third age[J]. Educational gerontology,2012,38(2):114-126.

对较好，认为自身仍有为社会做贡献的可能，渴望重新参与社会。与其让老龄人口退休后在家里赋闲，不如让他们发挥余热，利用自身在经验方面的优势，重新参与到社会中。第三年龄大学为帮助老龄人口正确认识晚年价值，充分开发老龄人力资源，帮助老龄人口重新参与社会，开设了退休指导课、死亡教育课、职业技能课等一系列帮助老龄人口适应社会变化、追求晚年美好生活的课程。职业技能的培训课程使得老龄人口重新接触一门之前从未接触过的手艺或技能，通过学习和练习，逐渐发展为学员的一技之长，而学员通过这项技能可以重新实现再就业或者从事志愿活动，为社会奉献余热。学员可以根据在学校里学习的知识，结合自身之前的经历与经验，成为第三年龄大学的教师，打破传统的教与学的界限，在为第三年龄大学节约办学成本的同时提升学员学习的满意度。成功地迈入老龄生活取决于对待生活的乐观程度、参与社会生活的能力以及清晰头脑的保持[①]，而第三年龄大学正是老龄人口成功融入社会的有效载体，可不断提高老龄人口参与社会的能力。

2. 服务对象演变至全体老龄人口

中国的第三年龄大学（即老年大学）在成立之初，是针对退休干部制度改革应运而生的。一大批离退休老龄人口由于不适应退休后的生活，迫切渴望通过从事某种活动丰富退休生活，接受先进知识教育。老年大学最初是为了充实离退休老干部的生活，而随着《老年人权益保护法》等系列法律对全体老龄人口继续受教育权的强调，老年大学不再只是以离退休干部为主要服务对象，而是将全体老龄人口纳入到老龄健康教育的体系之下，老年大学的服务对象正在不断扩展。

3. 服务范围演变至城乡全部地区

中国早期老年大学均是建立在城市中，乡村地区几乎没有老年大学，城乡老龄健康教育发展差异较大。在《中国老年教育发展规划纲要（2016～2020）》中，进一步强调了普及基层，尤其是乡村地区老龄健康教育的重要性，努力打造成省、市、区（县）、街道（镇）、社区（村居）的五级办

---

① PATTERSON R. Exploring social inclusivity within the university of the third age（U3A）: a model of collaborative research[J]. Ageing and society，2016(36)：1580-1603.

学网络,将老年大学的服务范围扩大到整个中国。

4. 追求目标演变至实现积极老龄化

积极老龄化指的不仅是老龄人口身体健康、没有疾病,而且还应包括心理健康、精神健康、道德健康以及社会适应能力良好,通过再就业或参加志愿服务,积极参与到社会中。最初老年大学开设了养身保健、体育健身、舞蹈等课程,目的均是通过日常保健和体育锻炼来强身健体,使老龄群体保持良好的生理健康状态,对其余方面的健康程度关注较少。《"十三五"国家老龄事业发展和养老体系建设规划》中强调了心理健康以及满足老龄人口精神文化需求的重要性,要求健全老龄人口精神关爱、心理辅导、伦理道德教育服务网络。[①] 积极老龄化中强调,通过充分发掘老龄人力资源来提高老龄人口的社会参与能力,这方面发达国家的第三年龄大学进行得相对较好,通过成立学员志愿团队或者进行再就业培训,帮助老龄人口重新融入社会、发挥余热。老龄人口参与社会的程度与健康状况密不可分,较好的社会参与有利于提高老龄人口的归属感和自尊心,保持心理与精神健康,是影响躯体健康的重要因素。

(二)老年大学内涵的扩展

1. 老年大学成为终身教育理念的践行者

终身教育意味的并不是一个实在的具象,而是指思想和原则,或者指某种关系与研究方法,总体上是指人一生的教育与个人及社会生活全体教育的总和。[②] 这一理念伴随着世界各地老年大学的建立,得到了广泛的传播。老龄健康教育作为终身教育的最终环节,在增长老龄人口知识与技能,提高老龄人口融入社会的能力,使老龄人口安度晚年等方面起到了关键作用。伴随着时代的发展,"活到老,学到老"的理念已经普遍被人们接受,成为每一个人终生自觉追求的目标,贯穿于生命全过程。[③]

---

① 参见邬沧萍:《积极应对人口老龄化理论诠释》,《老龄科学研究》2013 年第 1 期。

② LASLETT P A. Fresh map of life: the emergence of the third age[M]. London: Macmillan Press, 1989: 32-54.

③ 参见连名伟:《终身教育体系中的老年教育问题探讨》,《教育评论》2008 年第 5 期。

2. 老年大学成为实现积极老龄化的重要途径

在人口老龄化不断加深的过程中，各种社会问题严重制约了社会的进步与发展。同时，伴随着时代发展，老龄人口不再仅仅满足于优越的物质生活条件，更多开始关注自身的精神文化需求。为了丰富老龄人口的精神世界，世界各国正在积极探索如何实现“健康老龄化、积极老龄化”。“积极”意味着老龄人口在身体健康之余，还要参加社会、经济、文化、精神和公益事务。[①] “积极老龄化”既涵盖了健康老龄化，还蕴含了“参与”“保障”等含义。老年大学为保证学员的“健康”，关注学员全方位的健康状态，通过开展丰富多彩的活动，使老龄人口保持良好的精神状态，在学习中获取知识，增进晚年生活幸福感。积极老龄化中，“参与”并不等同于“老有所为”[②]，要实现积极老龄化，老年大学应根据学员的能力和兴趣爱好，选择适合学员参与社会的方式，培养锻炼老龄人口的社会适应能力，使全体老龄人口都能参与其中，为社会发展做出贡献。

3. 老年大学成为建设学习型社会的中间力量

学习型社会是指有相应的机制和手段，促进和保障全民学习和终身学习，全民学习和终身学习是其核心理念。终身学习的侧重点与终身教育不一样，终身学习更侧重于人这一主体要处于不断学习的状态，通过学习来不断丰富自身、发展自身。终身教育更强调提供充足的教育资源，更好地保障公民可以接受良好的教育。老年大学的建设更好地满足了老龄人口的学习需求，使得老龄人口可以保持一个不断获取知识的过程，而且随着近些年老年大学的不断扩展，覆盖范围越来越广，“空中老年大学”和远程教育的发展使得越来越多的老龄人口进入了老龄健康教育体系之下[③]，这就与学习型社会所要求的“全民学习”的理念不谋而合。与此同时，学习型社会的构建也为老年大学的发展提供了契机，扩充了老年大学的教学内容，改善了教育条件，使得老年大学建设和学习型社会的构建互为表里，共同促进社会更快更好地发展。

---

① 参见潘磊:《积极老龄化策略研究》，山东师范大学 2006 年硕士学位论文。

② 参见宋全成、崔瑞宁:《人口高速老龄化的理论应对——从健康老龄化到积极老龄化》，《山东社会科学》2013 年第 4 期。

③ 参见刘明永:《学习型社会背景下社区老年教育探索》，《中国成人教育》2013 年第 9 期。

二、老年大学建设的必要性和目的

老年大学的建设满足了人口老龄化对老龄教育提出的要求，有利于老龄人口身心健康的保持。

（一）老年大学建设的必要性

随着医疗卫生条件和社会环境的普遍改善，老龄人口的寿命不断延长，人口老龄化现象普遍存在于世界各个国家中，大部分发达国家于20世纪50年代前后进入了老龄化社会，部分发展中国家也于20世纪末、21世纪初进入老龄化社会。中国2000年第五次人口普查数据显示，中国60岁及以上老龄人口约为1.24亿，占总人口的10.33%，其中65岁及以上人口占6.96%①，中国也于2000年前后迈进了老龄化社会。老龄人口作为社会的弱势群体，随着年龄的不断增长，老龄群体自身身体机能开始退化，加之社会角色的改变，常容易产生抑郁、孤独、焦虑和畏惧死亡等一系列不良心理和情绪，而如今的家庭结构模式越来越趋于小型化，子女忙于工作，无心照料在家的老龄人口，空巢老人、独居老人甚至失独老人近年来比重不断攀升，这无法满足老人精神交流上的需求。因此，很多老龄人口精神状态较差，他们需要社会的关心和理解。同时，社会上屡屡出现老龄人口为老不尊、倚老卖老的“道德失范”现象，由于老龄人口年轻时期没有接受过良好的教育，缺乏社会规范和社会伦理上的指导，往往导致其过分看重自身利益，做出有损他人或社会的事。由于人口基数大等问题的存在，我国老龄化水平不断提高，人口老龄化带来的负面影响也逐渐显现出来。老龄健康教育作为帮助老龄人口实现积极老龄化的重要途径，在缓解人口老龄化负面影响方面的作用越来越为人们所认可，老年大学成了实现健康老龄化的重要一环。

（二）老年大学建设的主要目的

老年大学作为终身教育体系的最后环节，承担着丰富老龄人口退休生活、改善老龄人口生活质量、引导老龄人口保持身心健康的重要任务。

---

① 参见国家统计局：《中国统计年鉴（2000年）》[EB/OL]，(2001-07-01)[2019-08-15]，http://www.stats.gov.cn/tjsj/ndsj/renkoupucha/2000pucha/html/t0301.htm.

为了更好地为老龄人口服务，实现积极老龄化，老年大学坚持“以人为本”的理念，通过开设丰富多彩的课程，满足老龄人口的多样化需求。老年大学的建设不仅是为了满足老龄人口的需求，而且还是为了使老龄人口通过在老年大学学到的课程与知识，充分发掘自身人力资源，发挥余热，重新融入社会、参与社会。通过开设退休生活指导、死亡教育等方面的课程，使老龄人口正确认识自己的晚年价值，适应生活的变化，帮助他们合理规划晚年生活。老年大学开设的再就业技能培训和志愿服务有助于发掘老龄人力资源，继续为社会做贡献，在增加老龄人口经济来源的同时减轻社会压力。老年大学作为公益性质的机构，与社会福利紧密相关；老年大学作为国家层面给予老龄人口的福利，可以帮助老龄人口增强社会归属感和认同感，自觉纠正思想上的错误认知，自觉遵守社会规范和道德。老年大学在实现积极老龄化和健康老龄化过程中的作用越来越突出，已逐渐成为构建学习型社会的中坚力量。

三、国内外老年大学的发展现状

老年大学在不同国家因地制宜，形成了不同模式，中国老年大学的建设仍有不足，以此为鉴可以促进发展。

（一）国外老年大学发展现状

伴随着人口老龄化的加剧，部分发达国家进入了老龄化社会。面对“银发浪潮”来袭，为避免造成各种社会压力，为使老龄人口能顺利完成从工作者向退休人员角色的转变，老龄健康教育逐渐进入了人们的视野，试图通过教育来改善老龄人口生活水平的想法越来越受到人们的关注。与此同时，“终身教育”理念的产生也对第三年龄运动的发展起到了促进作用。[①] 由于医疗卫生水平和生活质量的提高，人的生命健康有了更高的保障，老龄人口迅速增多。人的寿命普遍延长跟健康状况的改善使得更多的老龄人口希望能够重新参与到社会当中。在这种情况下，全球第一所第三年龄大学在法国诞生。起初其仅是一座暑假大学，学员仅

① SWINDELL R. An international perspective on the university of the third age [J]. Educational gerontology, 1995(5):429-447.

有50名，由于老龄化现象加剧，老龄人口的需求不断变化，办学规模和数量也随之迅速扩展，第三年龄大学开始被社会各界广泛认可。人权运动的兴起呼吁老龄人口的权益应该得到更好的保障，第三年龄大学迅速在欧洲、北美洲的发达国家和人口老龄化严重的地区发展开来。由于老年大学既可以为老龄学员提供休闲娱乐和互相交流的场所，又能够帮助老龄人口学习到新的职业技能，帮助他们重新参与社会、融入社会，因此受到了国外老龄人口的大力追捧。近些年来，随着第三年龄大学的发展以及世界各国基本国情的不同，各国也形成了自己的办展特色和办学模式。

1.“政府主导型”的办学模式——以法国为例

“政府主导型”的老龄健康教育发展模式也被称作“自上而下型”的发展模式。世界上许多国家认可并采用这一模式发展老龄健康教育，如法国、德国、西班牙、瑞典。作为老龄健康教育的发源地，法国的第三年龄大学发展为其他各国起到了良好的示范作用。在这一模式中，政府作为投资的主体，承担了大部分的经费，并将第三年龄大学的各项开支预算纳入当地政府的财政预算，但企业等民间团体对第三年龄大学发展的参与度不高。法国第三年龄大学的学员大多为退休官员、医务人员、教师等。第三年龄大学依托高校发展，与其共享各种资源，如管理人员、财政、校舍等资源，这是法国第三年龄大学最突出的特色。[①] 第三年龄大学采用与高校相同的管理体制，老龄人口可以通过在学校上课获得学分来获得大学学历，弥补了部分老龄人口年轻时错过上大学的遗憾。在这种发展模式下，老龄人口可以跟青年人同堂上课，也可以满足老龄人口渴望跟新生代年轻人积极交流的愿望。同时，第三年龄大学利用大学优秀的师资力量，加强开设短期培训，保障了教师的专业水平。“政府主导型”的发展模式既能依托大学快速发展，又能获得政府的资金支持，得到了老龄学员们的一致认可，但这种模式会导致过分依赖政府，缺乏自主性，容易受到政府政策的干扰。

① 参见王梦云、翟洁:《英、法、美老年教育模式比较研究》,《中国成人教育》2017年第7期。

2."自治自助型"发展模式——以英国为例

"自治自助型"的发展模式也被称为"自下而上型"的发展模式。这一发展模式与"政府主导型"截然不同,采用这种模式的国家主要有英国。彼德·拉斯莱特(Peter Laslett)和尼克·康尼(Nick Coni)于1981年在剑桥地区创立了英国第一所第三年龄大学,不依靠政府跟其他教育机构,而是一种志愿者自发组织的新型"自助"发展模式。在英国自治自助的模式下,第三年龄大学会提供许多学习兴趣社团,根据学员的兴趣爱好,每学期会组建不同的学习小组,彼此之间相互交流经验。[①] 第三年龄大学的学员大多为退休的公务人员、医生、律师等,由于学员来自于不同的岗位,拥有不同的人生阅历,因此可以结合自身专业知识,承担起第三年龄大学的教学任务。除教学外,学校的行政等也是由志愿者义工无偿负责的,节省了聘请教师和管理人员的费用,极大地缩减了第三年龄大学的办学成本。英国第三年龄大学发展的经费来源渠道比较广泛,主要包括学员们缴纳的会员费以及慈善机构和社会各界捐赠的善款。与法国政府主导的模式不同,英国第三年龄大学没有当地大学的支持,学员们独立自主地进行教学活动,在使用资金时,会尽力减少开支。因为不依赖政府的投资,在国民经济困难时,其仍可以正常组织各种教学活动,确保第三年龄大学拥有稳定的资金来源。[②]

3."社区型"发展模式——以美国为例

依托当地社区建立社区老年大学是"社区型"发展模式最显著的特点,采用这种模式的主要有美国和加拿大两国。美国联邦政府与地方政府高度重视老龄健康教育,制定了许多专项法律来强力确保老龄健康教育的进行,并加大财政扶持力度,为老年大学建设提供必要的建设资金。同时,学员缴纳的学费和慈善组织的善款也是老年大学的重要经费来源。美国社区型的老年大学主要有正规、非正规、非正式三种教育形

---

① 参见宋其辉:《英国老年教育研究》,《比较教育研究》2008年第5期。

② 参见欧阳忠明、葛晓彤、杨亚玉等:《澳大利亚第三年龄大学发展研究》,《河北师范大学学报》2018年第4期。

式。[①] 正规的教育形式是指老龄人口在正规大学里跟班上课或为老龄人口单独开设课程。非正规教育形式是指利用假期时间，在高等院校周围建立寄宿村，为老龄人口提供寄宿教育服务。非正式的教育形式是指社区老龄健康教育机构开设的短期学习培训班。这些机构都以本地社区作为基础，方便将各个老年大学连成网络，开展各种各样的老龄健康教育活动。美国的老年大学格外重视对老龄人力资源的开发，并将老龄健康教育作为促进老龄人力资源开发利用来应对老龄化现象加剧的重要手段。美国老年大学的教育中开设了许多职业技能培训课程，帮助老龄人口掌握一门新的技能，鼓励老龄人口再就业，使其更好地重新融入社会。在美国，约有 25％的老龄人口退休后仍在进行有偿或无偿社会工作，这与老龄健康教育中对人力资本的发掘有着紧密的联系。[②]

4. 其他新兴国家的老年大学发展模式——以日、韩、澳为例

除了上述三种发展模式外，日本、韩国、澳大利亚的老龄健康教育模式也存在很多值得中国借鉴的地方。

日本老龄健康教育体系是由政府主导建立的。1959 年，日本创办了第一所老年大学，所开课程涉及保健、音律、文学等领域，利用学校不上课的空余时间招收 60 岁以上的老龄学员。1965 年以来，日本文教部要求全国有条件的城市和乡村陆续开办“老人学校”。日本在《为了促进高龄者的生存意义的就业支援事业》《高龄者能力开发情报中心运营事业》等文件中强调了开发老龄人口的就业潜力、促进再就业的重要性，进一步明确老龄人口作为重要的受教育主体，拥有与其他年龄的人一样的受教育权。教育不仅是年轻人的事，而且还是贯穿人一生的长久的、持续的过程。日本较好地贯彻了终身教育的理念，使得老龄人口进入晚年仍可以接受良好的教育，保持较高的文化素养，更好地融入参与社会。

1972 年，首尔终身教育院首次开设针对老龄人口的教育课程，标志着韩国老龄健康教育的正式起步。1978 年，韩国政府出台了《老年教室

① 参见韩树杰:《美国老年教育的成功经验及其启示》,《湖北大学成人教育学院学报》2006 年第 1 期。

② 参见王旭:《美国 OLLI 老年大学课程设置及启示》,《成人教育》2013 年第 6 期。

设置纲领》,对老龄健康教育的布局建设作了整体的规划,老龄教室由成人教育协会管理。1981年,"大韩老人会"将韩国成人协会合并,一并接管了老龄教室。与此同时,韩国社会力量也逐渐参与到办学体系之中。在之后主管政府部门的不断调整下,建立了教育部与保健福祉部共同负责的双重老龄健康教育管理体制。① 韩国老龄健康教育十分重视老龄人口的再就业教育,开展了一些职业技能培训和心理咨询,以解决老龄人口再就业的困难,为老龄人口实现重新融入社会做好铺垫,促进实现老龄人力资源化。同时,韩国对专业人才队伍的培养十分重视,包括专职教师、工作人员和志愿者。通过在高校开设老龄健康教育专业来确保教师的专业性,韩国老龄健康教育团队整体的素质不断提高。

澳大利亚第三年龄大学发展初期,政府支持较少,其沿袭英国"自下而上"的发展模式,借鉴法、美等国的特色,结合国情,形成了自主办学模式。澳大利亚并没有与其他国家一样寻求其他高校或教育机构的帮助,也不依赖于政府的拨款投资,而是充分发挥志愿者的作用,任课教师、管理工作人员由志愿者或学员本身担任,既能调动学员重新参与社会的积极性,又节约了大量的办学成本。澳大利亚老龄健康教育中最突出的一点是利用网络平台进行授课教学。② 1998年,为促进各个第三年龄大学之间的信息交流以及资源共享,世界上第一座虚拟第三年龄大学——澳大利亚第三年龄网络大学,即在线第三年龄大学(第三年龄大学 Online)诞生了,这一举动扩展了老龄健康教育的时间和空间界限,扩大了老龄健康教育的传播范围,使老龄人口可以随时随地进行学习。

国外老龄健康教育主包括补偿教育、继续教育和闲暇教育三类。补偿教育是针对年轻时没有机会进入大学学习,老年进行"补偿式"满足上大学心愿的教育。老年大学中,为了实现再就业或参与志愿服务等事业而进行学习的属于继续教育。闲暇教育是指休闲性质的,不以升学就业为目的,只为使自身生活更加丰富多彩的教育。从这几种老龄健康教育

① 刘静:《韩国老年教育的特点及其对中国的启示》,《成人教育》2015年第1期。

② SWINDELL R. Successful ageing and international approaches to later-life learning[M]. New York: Springer, 2012:25-65.

的发展模式中可以发现，国外发达国家老龄健康教育发展的趋势为办学数量和规模不断扩大，法制化体系逐渐完善，办学主体和经费渠道日趋多元，教学的内容与技术与时俱进，教学手段与方法多样化。

（二）对中国的借鉴和启示

国外老年大学的发展建设比中国起步早，发展相对完善。无论是哪一种老龄健康教育模式，均有其优点和可借鉴之处。在中国今后建设老年大学的过程中，应该结合中国的国情，取其精华、去其糟粕，不断学习发达国家老年大学的优点，为中国老龄健康教育的发展打好基础，为构建学习型社会做好铺垫。具体来说有以下几点：

1. 健全完善相关法律，提供法制保障

政府的重视程度以及法律体系的建立是老龄健康教育得以顺利发展必不可少的因素。英国作为世界上法制相对完善的国家，具有地方立法的传统。因此，英联邦政府并没有直接参与立法，而是地方以《老年教育宪章》《老年人教育工作手册》等法令确定第三年龄大学的发展方向，根据各地区的实际情况实行。[①] 美国颁布的《美国老人法》保障了老龄人口的各项权益，受教育权也是其中之一。美国出台的《终身教育法》对终身教育的目的和要求作了规定。各种与老龄健康教育息息相关的法律的制定与出台，强调了不同社会角色在老龄健康教育中应该扮演怎样的角色。美国政府特别重视老龄健康教育，在白宫定期召开老龄人口会议，对老龄健康教育的发展极其关切，设置了专门的组织机构负责引导老龄人口积极参与老龄健康教育活动，并且鼓励开展老龄民间教育活动。[②] 目前，中国正处于全面建设法治国家的关键时期，法律体系日趋完善，但在老龄健康教育方面仍然存在较大缺口。在中国，提到与老龄健康教育有关内容的法律仅有《宪法》《教育法》《老年人权益保护法》的部分条款。老龄健康教育的实施主体、经费保障、目标定位等方面都没有涉及，而且没有针对老龄健康教育和终身教育的专项法，使得中国老龄

---

① BUNYAN K, JORDAN A. Too late for the learning: lessons from older learners[J]. Research in post-compulsory education, 2005(10):267-281.

② 参见娄峥嵘:《国外老年教育的政策的分析与启示》,《继续教育研究》2012 年第 8 期。

健康教育在具体实施过程中存在很多无法可依、模棱两可的问题。加之老龄化速度加快，容易造成法制化与老龄化脱节的问题。目前指导中国老龄健康教育的往往是“纲要”“意见”类的政策，但在执行过程中远不如具体法律有效力。因此中国应加快制定出台相关法律法规，用以指导老龄健康教育工作和保障老龄人口的受教育权益。

2. 推动多元办学，拓宽经费来源渠道

中国的老龄健康教育主要是以老年大学的形式开展的，相比发达国家多种办学力量共同办好老龄健康教育，中国的办学主体单一，发展经费主要来源于政府的投资，经费来源渠道也不如国外广泛。法国形成了以政府投资为主体，非政府组织参与办学的体系；英国办学主体包括正规大学、地方政府和学员团体。传统大学等高等教育机构对老龄人口开放，老龄学员可以与青年人一起上课；政府在老龄社区也开设了面向老龄人口的课程，学员志愿团体也建立了自主共享式的第三年龄大学。[①]在中国，老龄人口基数大的国情与老龄化进程的加快使得中国老龄人口的文化需求与教育机构的供给之间的矛盾尤其突出，中国的老年大学的数量并不能够很好地容纳这些有学习需求的老龄人口，便会出现“一票难求”的现象，同时数量较少的老年大学往往布局在城市中心，使得偏远地区的老龄人口上课需在路程上消耗大量时间。由于资源和投入的有限性，中国做不到建设过多的老年大学，相比之下国外鼓励非政府组织和民间组织建设、组织各种老龄健康教育活动，这一点十分值得借鉴。老年大学可以尝试与地方高等院校合作，借助高校的场地、师资等优势，开设通识课程或老龄健康教育课程等适合老龄人口的活动，来弥补供需的矛盾。可以利用图书馆、博物馆等公共资源开设老龄健康教育活动，来增加办学的主体，扩展范围。在经费来源方面，老年大学不能仅依靠政府拨款这条唯一的途径，应尝试与当地企业和社会团体或民间组织合作，广泛吸纳资金，在获取投资的过程中也可为投资方提升知名度，实现两者的合作共赢。[②]

---

① 参见王梦云、翟洁：《英、法、美老年教育模式比较研究》，《中国成人教育》2017 年第 7 期。

② 参见朱金山：《美国老年教育发展的经验及启示》，《现代教育》2013 年第 23 期。

3.增加供给,完善老年大学教育体系

目前,中国的老年大学仍存在教育供给不足的问题,与数量庞大的老龄学习者相比,实体教育机构提供的教育资源相对有限。中国老年大学的选址往往定在市中心区域,且市区分校数目多为1～2所,有时并不能很好地满足众多老龄人口的学习需求,往往会让部分老龄人口无学可上。部分老龄人口由于居住在农村或偏远地区,上学行程不方便,也导致了有需求却不能就近上学的后果。《老年教育发展规划(2016～2020年)》中提到:“到2020年,能够以各种形式经常性参与教育活动的老年人占老年总人口的比例达到20%。”然而,当前中国的老年大学的覆盖面相对有限,尤其是城乡基层地区老龄健康教育覆盖面狭小,完成这一目标还存在较大困难。为了增加实体机构的教育有效供给,使更多的学习者进入终身学习体系,中国的老年大学还需要进一步发展完善。因此,应大力开展社区老龄健康教育和农村老龄健康教育,完善城乡老龄健康教育体系。许多老龄人口退休以后,每天的活动可能就仅仅局限于自己生活的社区,如果将老年大学开设到社区中,就可以打造“十分钟学习圈”。[①] 每个社区都应当建立老年大学(学习),政府和社区应在政策和资金上给予支持,通过积极开展多种形式的学习活动,帮助老龄人口学到丰富的知识,同时又可以从事志愿服务活动,重新融入社会。农村老龄健康教育的开展应遵循因地制宜的原则,农村可能存在农忙与农闲的时间差异,可以根据农活安排合理设置课程。农村老龄人口的素质可能普遍较低,在开设课程时,应注意开设更多实用性、生活型课程,帮助农村老龄人口更好地参与社会。随着网络信息时代的来临,在增设校区和教育点的同时,可以大力推广线上网络老年大学,线上网络平台的搭建为老龄健康教育的扩展提供了极大的便利。老龄人口可以随时随地在线上接受各类课程,平时由于家庭原因、身体原因或者交通不便无法入校的学员可以利用线上网络教学,在自己空闲的时间进行学习,满足老龄人口的文化学习需求。同时,线上平台的搭建也可以让更多的老龄人口

① 参见叶忠海:《中国老年教育发展的若干基本问题》,《河北师范大学学报》(教育科学版)2017年第5期。

同时学习，缓解线下实体教育结构数量不足、老龄人口无学可上的矛盾，也改善了教师和管理人员资源不足的现状，减轻了教师和管理人员的压力。

4. 完善教师团队，建立教师资源基地

目前，中国的老年大学教师资源极度匮乏，高校中也没有专门的老龄健康教育专业，无法为老年大学输送高素质的专业化人才。教师结构以兼职为主，基本无专职人员，兼职人员也是以退休人员为主，整体教师年龄结构偏老龄化，教师的工资水平（课时费）较低。相比之下，国外部分国家老龄健康教育教师是由老龄学员自身担当，结合自身经验讲授某一专业知识或技能，这种做法也有效地补充了教师资源的后备力量，而且授课是义务的、自愿的，不存在索取报酬的问题，老龄人口乐于分享并重新参与到社会当中。韩国等国家更是大力培养老龄健康教育人才，为打造高素质的老龄健康教育教师团队而不遗余力，鼓励高校毕业生自愿投身于老龄健康教育事业。与此同时，国外不少老年大学依托地方高校，由高校的教职工充当老龄健康教育的教师，也可以有效缓解教师资源的短缺。中国开展老龄健康教育的高校寥寥无几，很少介入老龄健康教育领域。多年来，老干部局大包大揽的做法在一定程度上制约了高等院校的参与和老龄健康教育的专业化发展。因此，这应该作为今后中国老龄健康教育发展的一个重点进行开发。对于中国来说，省、市地区的老龄教师资源相对充足，但基层和农村地区的老龄教师资源极度匮乏，针对这一问题，可以借鉴国外经验，让经过一定培训的学员成为教师，实现教与学的有机结合。同时可以聘请退休的老教授作为任课教师，既保证了教师的高素质，又补充了教师资源，帮助退休人员重新参与社会。应当建立老年大学教师资源库，那些经验丰富的、受学生欢迎的教师可以到基层和农村地区进行调研，为其授课或开设讲座来弥补教师资源的不足。

5. 丰富教学内容，发掘老年人力资源

目前，中国老年大学开设的课程和组织的活动以老龄人口休闲娱乐类为主，受到传统“颐养天年”的观点影响，老龄人口重新参与社会的理念基本不存在。相比之下，国外老龄健康教育开设的课程种类丰富，文学、金融、语言等多元化的课程体系使得老龄人口可以重新接触与自身经历不同的知识；死亡教育作为国外老年教育的通识课，也为帮助老年人正确认识自身的晚年价值做了铺垫。[①] 国外老龄健康教育格外重视老龄人力资源的开发，通过老龄健康教育对老龄人口进行再就业培训，使他们获得重新就业的技能，更好地重新融入社会，为社会服务。在中国今后老龄健康教育的发展过程中，应该转变社会刻板认知，重视老龄人力资本的开发，通过一些再就业的课程和培训，使其重新参与社会中发挥余热、创造价值。与此同时，许多老龄人口更愿意参与志愿者活动，可以充分发挥他们的智力优势和经验优势，建立一支基于专业多样化、以老龄人口为主体的志愿教师队伍[②]，在发挥余热的同时促进自身健康并提升人生价值，实现老龄人力资本的效益最大化。

（三）中国老年大学发展现状

1. 中国老年大学的发展历程

1982 年，山东省创办了中国第一所老年大学，这标志着中国老龄健康教育的正式兴起。20 世纪 80 年代以来，中国社会出现了老龄化的趋势，加之由于中国离退休体制改革，干部终身制废除，一大批离退休老龄人口迫切渴望丰富退休生活，接受先进知识教育，渴求一个共同的场所去发挥余热。伴随着改革开放的浪潮，国外老龄健康教育的思想和终身教育、社会参与等理念传入中国，中国的老年大学应运而生。

中华人民共和国成立后，老年大学一直由政府直接办学，这种情况到 20 世纪 80 年代受到了严峻的挑战，由政府大包大揽的教育越来越不适应社会发展的需要。实践证明，广泛依靠社会力量，多种形式、多种渠道的社会办学和政府办学相结合的模式更符合教育的发展规律。[③] 1982 年，山东省济南市创办了中国第一所老年大学——山东省红十字老年大学，由中国红十字会山东分会倡议和协助创办，这标志着中国老龄健康

---

① 参见韩树杰：《美国老年教育的成功经验及其启示》，《湖北大学成人教育学院学报》2006 年第 1 期。

② 参见欧阳忠明、葛晓彤、杨亚玉：《中国与澳大利亚老年大学的个案比较研究——以 NC 老年大学与 BC 第三年龄大学为例》，《现代远距离教育》2018 年第 1 期。

③ 参见张君俊：《中英两国老年大学比较研究》，中央民族大学 2010 年硕士学位论文。

教育事业正式兴起。1983年,中国第一所民办老年大学——广东领海老年大学开始招生。起初,老年大学仅面向政府离退休干部进行招生,自此之后,伴随着社会上大批人员的离退休,老龄健康教育开始面向全社会进行招生,老龄健康教育规模逐渐扩大。1988年,中国老年大学协会成立,鼓励各地兴办老年大学,标志着中国老年大学步入了全面发展阶段,并逐步向市县级及乡镇扩展。到1990年,中国已有老年学校2300多所,学员约22万人,全国老龄健康教育网络已初步形成。①

20世纪90年代以后,中国的老龄健康教育逐渐开始加快发展。为使中国老年大学和老龄健康教育的发展步入正轨,党和政府在先后出台的《教育法》《老年人权益保护法》中明确了老龄人口的继续受教育权和老龄健康教育的发展方向,中国老年大学在实践中逐渐确立了“增长知识、丰富生活、陶冶情操、促进健康、服务社会”的宗旨和多元化的办学形式。21世纪以来,伴随着中国进入老龄化社会,中国的老龄健康教育取得了转折性的发展。2000年,上海老年大学建立了上海网上老年大学,现代传媒手段与信息网络技术被运用到老年大学中。2005年,西藏建立了老年大学,标志着中国各个省、自治区、直辖市均建立了老年大学。政府的大力支持也使得老年大学如雨后春笋般出现,迎来了遍地开花似的发展,教学范围不断扩展,教学规模不断扩大,各种教学方式手段的创新及老年教育普及率的大大提高,使中国老龄健康教育迈上了新的台阶。截至2017年年底,中国共有4.9万所老龄健康教育机构,注册学员740.0万人,上千万人通过社区教育、远程教育等形式参与老龄健康教育。② 老龄健康教育成了终身学习的重要组成部分,也成了丰富老龄人口生活的主要方式。我国出台的《中国老年教育发展规划纲要(2016～2020)》是中国有史以来第一部为老龄健康教育颁布的专项规划,对中国老龄健康教育的发展起到了不可估量的促进作用。伴随着老龄化趋势加快,中国老龄健康教育的发展稳定,老龄健康教育覆盖面已达全国范

---

① 参见林筱文、黄建、朱丽达:《中国老年教育发展、管理与政策》,《集美大学学报》(哲学社会科学版)2012年第3期。

② 参见《2017年社会服务发展统计公报》,民政部,2017年。

围，各地市老年大学建设初具规模，不断向基层延伸，形成了省、市、区（县）、街道（乡镇）、社区（村居）的五级办学网络。与此同时，越来越多的企业、事业单位、社会组织等参与到了创办老年大学的行列中来，老年大学的多元办学格局日渐明晰，中国的老龄健康教育事业正蒸蒸日上。

2. 中国老年大学的办学理念

中国老年大学起步较晚，与国外老年大学为实现老龄人口重新融入社会的理念相比，中国老年大学的办学理念以康复理论为主要理论依托，逐渐将西方权利理论、终身教育、福利社会等思想融入了老年大学的办学理念中。

康复理论在中国老龄健康教育中发挥了重要的作用，中国老年大学办学之初的目的是丰富离退休老干部的生活，因此各地老年大学便在康复理论的指导下开展了一系列丰富老龄人口文化生活的活动。康复理论认为，老龄人口已经操劳忙碌了大半辈子，步入晚年后继续参加的教育活动应该以“康乐、休闲”为核心[①]，教学内容应以组织开展轻松愉悦的休闲娱乐活动为主。中国老龄健康教育大多遵循这一理论办学，致使老龄人口在接受教育时，大多会产生“人老了，没什么用了，就该好好休息”“老年人了还需要学什么知识，每天吃喝玩乐就好了”之类的想法。长期在这种思想的影响下，不利于老龄人口重新参与社会，逐渐导致其与社会脱节。西方国家由于受到人权运动的影响，格外重视老龄人口的权利，尤其是受教育权，并通过各国的法律来强制保证老龄人口合法的受教育权。中国近些年来也在维护老龄人口的权益方面积极地进行实践。中国的老龄健康教育应以“赋权增能”作为目标，在赋权增能的思想下通过对制度、机制、环境和心理的赋权[②]，保障老龄人口受教育的权利，通过提升老龄人口的生活适应能力、变化适应能力和社会参与能力，促进“老有所养”“老有所学”，实现“老有所为”“老有所乐”，并最终保障老龄人口与家庭、社区和社会的和谐发展。

① 参见王英、谭琳：《“非正规”老年教育与老年人社会参与》，《人口学刊》2009 年第 4 期。

② 参见王英、谭琳：《赋权增能：中国老年教育的发展与反思》，《人口学刊》2011 年第 1 期。

3. 中国老年大学的办学主体与经费来源

目前，中国老年大学的发展正处于上升期，大部分老年大学还是由政府牵头办学，而且“谁办学，谁管理”的理念在中国教育体系中深入人心。中国大部分地区没有专门管理老年大学的机构，部分地区将其挂在组织部或老干部局名下，部分地区将其挂在教育局或民政局名下，复杂混乱的管理体制职能界限不明确，各部门各行其是，不能形成整齐划一的布置，老年大学在各个部门的推诿下发展缓慢。除政府办学以外，还存在地方高校自主办学，企业为退休员工建立的老年大学，部队干休所为离退休干部建立的老年大学，私人自主办学等形式，形成了政府办学为主，其他办学方式为补充的多元主体办学。多元主体办学具有许多优势：一是能充分调动各种社会力量，利用各种现有资源优势，“八仙过海，各显神通”，迅速创办各类老年大学和老年学校[①]；二是突出了政府主导的强制力，以行政手段强制确保老龄健康教育活动的开展；三是充分利用公共服务设施，开展各种形式的老龄健康教育；四是鼓励多种形式办学，多渠道投入易解决场地、校舍、资金、教师和教材等问题。如果可以建立一个专门的机构或确定某一主管部门直接负责老龄健康教育的各项事宜，老年大学的发展会更加统一有序。

由于政府办学的特点，老年大学办学经费的主要来源还是依靠政府的拨款，不少地区未将老年大学的建设经费预算列入地方财政预算，政府的拨款较少，这种单一的经费来源和较少的经费使得老年大学在各项基础设施的建设上发展缓慢。老年大学在购置教具或整修校舍等活动时需要向上级单位单独申请专项经费预算，这在很大程度上限制了中国老年大学的建设与发展。虽然老年大学会向学员收取部分课时费，但本就较少的课时费中绝大部分还要用来支付老师上课的费用，能够用在改善办学环境和基础设施建设上的更是几乎没有。因此，中国在拓宽经费来源渠道、节约办学成本上仍有很长的路要走。可以借助当地企业与高校等社会资源进行资源共享，或者通过自身的公益性吸引各种慈善机构

① 参见张昊：《我国老年大学教育的成就、问题及对策》，《中国成人教育》2016 年第 14 期。

的帮扶与投资，令其借助老年大学这一平台提升知名度，实现共赢。

4. 中国老年大学的教育教学过程

老年大学课程的设置、教学的方式方法以及师资力量都是决定教学质量的重要因素。中国老年大学的课程设置、课程开发模式不同于普通高等院校学科型的课程模式，也不同于成人高等职业技术教育的“职业型”课程模式。课程模式应按照老龄事业和老龄人口自身需求表现出多样化的特点。中国老年大学的课程设置大多可以分成以下三类：

(1)养生保健类课程。由于受到康复理论的影响，中国老年大学往往会开设此类课程以满足老龄人口的保健需求。老龄人口会格外关注自己的精神状态与身体机能的变化。科学的健身、合理的饮食、良好的护理、健康的心态等都是促进老龄人口身心健康和提高生活品质的保障。老年大学学员也喜欢选择此类课程。老龄健康教育本来就是尊重生命、关爱人生的教育，老年大学设置此类课程也满足了这样的需求。①

(2)休闲运动类。从古至今，中国人对“强身健体”的说法深信不疑，为此，老年大学通常会开设太极拳、广场舞、瑜伽、柔力球等休闲运动课程。老龄人口既可以通过运动舒展筋骨，又可以在交往中互相交谈，帮助构建老龄人口之间的友谊。

(3)艺术类课程。绘画、书法、器乐、舞蹈等课程的学习可使老龄人口拥有一技之长，同时还可以陶冶情操，丰富精神生活。定期举办老年学员的书法和绘画展览，既可以肯定老年学员的学习成果，也可以帮助老龄人口在展览中互相交流，切磋技艺，提升技能。器乐、舞蹈类的课程可以安排举行社区文艺汇演，让老龄学员向更多的人展示他们的夕阳风采，吸引更多的老龄人口参与。中国老年大学通常会开设思想政治教育课程，既可以在思想上起到指引作用，帮助老龄人口树立正确的价值观，避免老龄人口思想误入歧途，又可以帮助老龄人口了解与自己息息相关的政务，切实感受到党和国家的方针政策，丰富退休老干部的政治生活。近些年来，随着网络技术的普及和信息时代的到来，老年大学课程的设

① 参见陈文沛：《老年大学课程设置初探》，《北京宣武红旗业余大学学报》2015 年第 2 期。

置也体现出了与时俱进的特点，一大批数码摄影、网购、智能手机应用、电脑应用等课程被开发出来。老龄人口渴望与时俱进，不甘心落后于社会发展，这一类新兴课程也被老龄人口极力追捧。在课程的层次设置上，往往会开设初、中、高或者入门、基础、提高等不同层次的课程，方便不同层次水平的老龄人口选择，也方便其学完一期课程之后可以继续学习，避免出现每学期的课程千篇一律的问题，有助于老龄人口退休后长久兴趣爱好的养成。

目前，师资力量薄弱、教师资源短缺已经成为制约中国老年大学发展的重要因素。中国的高等教育中尚未开设老龄健康教育专业，这就导致老龄健康教育这一领域极度缺乏专业人才。而且，中国老年大学的教师队伍构成中，多数是以兼职为主，几乎没有专职教师；教师的职业构成中多数是以退休人员为主，也有部分在职人员；年龄结构中任课教师普遍年龄较高。因此，这就限制了中国老龄健康教育教师团队的素质提升，从而间接影响了老年大学教育教学质量的提高。在培养专业的老龄健康教育人才上，中国还要下很大工夫。

中国老年大学的教学形式和手段较为单一，通常是以室内课堂传授为主，这种单一的教学模式虽然可以满足许多学员同时上课的需求，但课堂效果不佳，不利于老龄人口实践能力的发展。教学的形式应该更多样化，不仅通过课堂传授知识，而且还可以开设许多室外实践活动，如参观考察、旅游学习等，既调动了老龄人口的学习兴趣，又可以丰富教学形式，使老龄人口获得不一样的体验，从而加深对知识的理解。当前，中国正积极探索网上授课这一教学形式，通过开设网上老年大学和空中老年大学，实现“足不出户”就可以通过网上授课来学习知识。这种教学方式既可以丰富课程内容，开设更多的课程，满足老龄学员更多的文化需求，也可以解决当前部分地区校舍、教师、教室等资源匮乏的问题，扩大老龄健康教育的供给，使更多的老龄人口能够接受老龄健康教育。

5. 中国老年大学的发展趋势

截至 2017 年年底，中国 60 周岁及以上老龄人口达 2.41 亿，占总人口的 17.3%，其中 65 周岁及以上老龄人口 1.58 亿，占总人口的 11.4%；

老年学校有4.9万个,在校学习人员704.0万人。[①] 经过30多年的发展,中国老年大学的发展呈现平稳上升的态势,正处于老龄健康教育体系改革的关键时期,党和国家高度重视,社会各界人士也对老年大学的发展寄予了厚望。总体上看,中国老年大学未来的发展应该着眼于改善外部办学环境与增强自身办学条件两方面。改善外部办学环境,首先要做的就是贯彻落实现有的与老龄健康教育相关的各项法令,尽早制定出台老龄健康教育的专项法,切实保障老年大学各项办学发展需求,维护好老龄人口的各项权益,尤其是受教育权。其次,各级政府应加强对老年大学的领导,统一计划,增加投入,建立健全继续教育体制机制。[②] 通过增加校区和办学点来完善老龄健康教育网络,改善教育资源分布的不均衡性。在中西部地区多增设办学点,在农村地区多增设办学点,提高老龄健康教育的普及率;通过培养老年教育专业人才,完善老年教育教师团队,整合社会人才,鼓励高校毕业生投身老龄健康教育事业的同时鼓励志愿者进驻老年大学,打造一支集专职、兼职、志愿者于一体的高素质教师团队;通过丰富课程内容和改进老龄健康教育的方式方法来完善老龄健康教育的学科体系建设。坚持以人为本的理念,完善终身教育体系,大力推进学习型社会的建设,促进中国老龄健康教育事业发展,争取开创具有中国特色的老龄健康教育新格局。

第三节　济南市老年大学发展现状及建议

自1982年建立中国第一所老年大学以来,济南市老年大学的办学规模不断扩大,办学条件不断完善,积累了丰富的办学经验,在打造系列精品课程、整理编纂教材等方面取得了许多成绩,但仍存在许多问题亟待解决。在今后的发展中,应立足实际,不断完善自身建设,为建设终身教育体系贡献力量。

---

① 参见《2017年社会服务发展统计公报》,民政部,2017年。

② 参见岳瑛:《中国老年教育发展的背景和历史回顾》,《天津市教科院学报》2016年第2期。

一、济南市老年大学的基本概况

济南市老年大学经过30多年的发展，办学主体不断增多，办学经费主要依靠政府财政拨款，学员学习成本远低于办学成本，自我造血功能较差。在课程设置上，以满足老龄人口的多样化需求为依托，注重课程的本地化与世界化相结合，注重与时俱进。通过多途径引进人才，打造了一支专兼结合的教师团队。

（一）办学主体公办居多，规模不断扩大

从办学管理体制层面来看，济南市老年大学坚持以政府主导办学为主，注重调动和发挥社会各方面的力量，引导支持多种形式办学，形成了互帮互助、互为补充的多元化办学体制。1982年，济南市创办了中国的第一所老年大学。目前，国家层面并未指定老龄健康教育的行政管理部门和主管负责单位，济南老年大学归口中共济南市委组织部，隶属市委老干部局管理，系全额拨款的公益类正局级事业单位。[①] 济南市下辖的10个县区中的老年大学都是挂靠在县区委老干部局下，由老干部局主管，大多数有正规编制[②]，在老干部局的具体指导下开展老年教育工作。截至2017年年底，济南市共建有地市级老年大学1所，区县级老年大学10所（见表3-2），全市共建有41所乡镇街道级老年大学（学校）和109个社区村居老年大学或教学点。[③] 但是，街道、社区层面的老龄健康教育没有专门的组织机构管理，往往由街道上或社区中负责老龄工作或老干部工作的人员暂管。运用SPSS 24.0分析软件，笔者研究了济南市各老年大学校舍面积和注册学员数的相关性，二者相关系数为0.96，具有较高的相关性。校舍面积越大，能够容纳的学员越多，参与老年大学学习的老龄人口也越多。

---

① 参见济南市老年人大学：《济南老年人大学工作手册》，2017年。

② 济阳、商河由于历史原因，虽然没有编制，但有老年教育的职能。

③ 参见《济南市贯彻落实〈老年教育发展规划（2016～2020年）〉中期评估工作报告》。

表 3-2　　济南市地市级、县区级老年大学基本概况

学校	级别	成立时间	校舍面积（平方米）	2017 年注册学员（人次）
济南老年大学	地市级	1984 年	8000	12000
平阴县老年大学	县区级	1988 年	2260	3000
济阳区老年大学	县区级	1988 年	3000	2000
商河县老年大学	县区级	1995 年	2000	2000
历下区老年大学	县区级	1989 年	2300	2000
市中区老年大学	县区级	1989 年	800	2000
槐荫区老年大学	县区级	1993 年	1100	1500
天桥区老年大学	县区级	1990 年	300	500
历城区老年大学	县区级	1990 年	300	800
长清区老年大学	县区级	1986 年	600	500
章丘区老年大学	县区级	1989 年	800	1300

资料来源：《济南市老年教育理论研讨会论文集及会员校风采录》。

除政府办学外，济南市还吸引社会力量办学，各行业企业先后兴办了多所老年大学，与济南炼油厂、济南第二机床厂等大企业进行联合办学，不仅面向企业退休职工，而且还面向社会招生，较好地补充了老年大学的办学力量，填补了部分地区老龄健康教育的空白与缺失。目前，济南市形成了以市校为龙头，以县区为骨干，以乡镇（街道）、村居（社区）为基础的“四级政府办学网络”和社会力量办学为补充的办学体制。

伴随着老龄化的发展，中共济南市委、市政府领导和各有关部门高度重视并大力支持老年大学发展。济南市老年大学经历了 30 多年的发展，老龄健康教育事业不断得到发展。无论是市级还是各县、市、区老年大学，办学规模都在逐渐扩大。2017 年 3 月，济南老年人大学从教学面积 2000 平方米的老校区整体搬迁到千佛山南路 11 号院，先期所用的教学面积增加到 8000 余平方米，是原来的四倍。[①] 从招生情况来看，济南

① 参见《济南市贯彻落实〈老年教育发展规划（2016～2020 年）〉中期评估工作报告》。

老年大学常年招生人数除个别年份外，一直保持逐年增多的趋势，2016～2017学年学员数量急剧增多，由原有的8400名学员增添至12185名，增加了49%(见图3-4)。由于搬迁校舍，校舍面积增大，可容纳人数增多，办学规模不断扩大. 截至2017年年底，在政府主办的各级学校中注册的学员数就已达近9万人。[①]

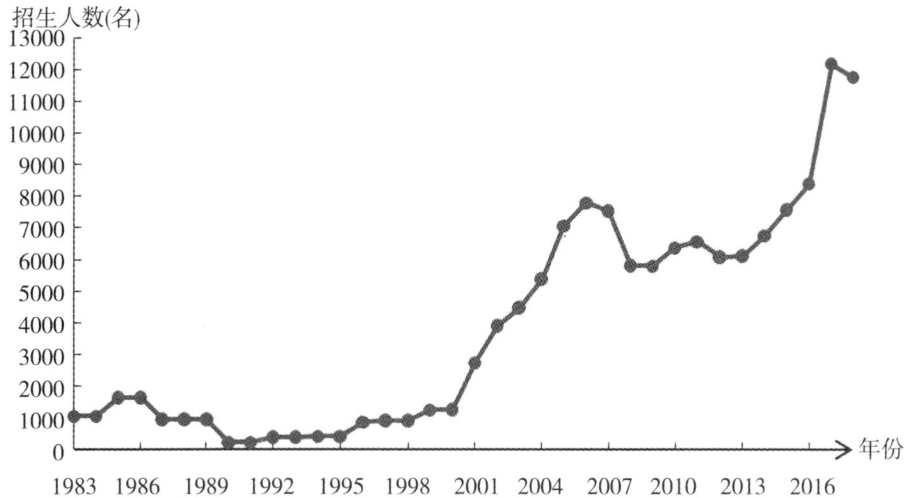

图3-4　济南老年大学1983～2018年招生人数[②]

(二)经费来源渠道单一：依赖政府拨款

不同的办学模式会影响经费投入的方式。在政府主导的办学体系之下，济南市各级老年大学的办学经费主要来源于各级政府的财政拨款和老年大学的事业收入[③](见图3-5)。以济南老年大学2017年的收支情况为例，老年大学的总收入中，政府直接拨款约占30.50%，老年大学事业收入占69.50%，老年大学的事业收入占总收入的绝大部分。济南老年大学2018年秋季学期招生达11782人次，但学费收入仅为94620元。这是由于老年大学属于公益性质的机构，开展工作基本属于无偿或低偿

① 参见济南市老年人大学：《1983～2018济南老年大学招生情况一览表》。

② 参见济南市老年人大学：《1983～2018济南老年大学招生情况一览表》。

③ 事业收入指济南老年人大学开展专业业务活动及其辅助活动取得的收入。

服务阶段，学员的学费成本往往偏低。[①] 由于搬迁新校区和更新基础设施建设，老年大学存在多项大额开支，将收入与支出进行对比，老年大学的事业收入仅为总支出的63.65%，存在近150万元的资金缺口，需要由老干部局来资助。需要老干部局出资的150万元包括上级政府的财政拨款114万元，剩余30余万元需要通过其他途径筹措，以此保证老年大学的正常教学活动和基础设施以及教学教具的及时更新。因此，政府需要正确认识到老年大学不能实现费用自理，收支平衡，需要引起政府的重视，并加大财政支持力度，促进老年大学更好地发展。

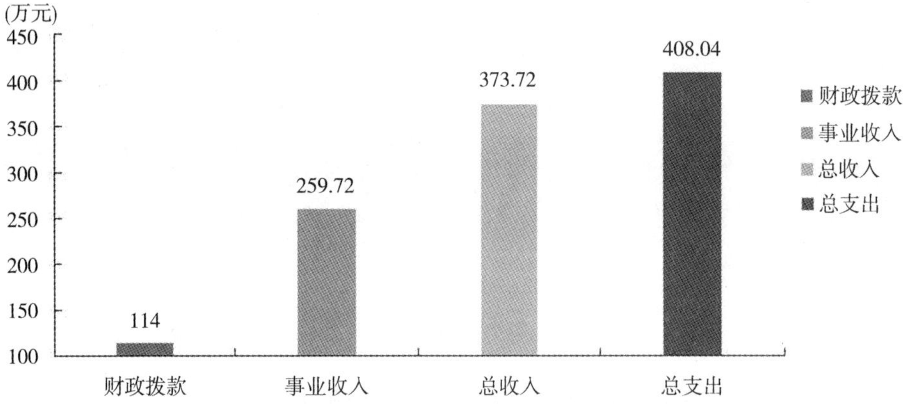

图3-5　济南老年大学2017年经费来源渠道与收入支出状况[②]

(三)学员学习成本偏低，远低办学成本

济南市物价局颁布的相关文件[③]中指出：保健、外语、文学、书法、绘画、摄影、声乐、戏曲、舞蹈、器乐(二胡、京胡、葫芦丝、口琴、吉他、笛子)专业以及生活类专业每生每学期不超过150元/人次；计算机专业(含图像制作)每生每学期不超过240元/人次；器乐专业(电子琴、古筝、手风琴、古琴)每生每学期不超过260元/人次；钢琴、电钢琴等特殊性专业每生每学期不超过500元/人次。老年大学的学员每年通过缴纳数额并不算太高的学习费用，便可以在老年大学进行学习。老年大学的收费标准

① 参见李东锋：《人口老龄化背景下的老年大学建设发展机制》，《山西建筑》2008年第32期。
② 资料来源：2017年度中共济南市委老干部局部门决算。
③ 参见济南市发改委：《济发改物价[2017]642号文件》，2017年。

和学员的经济条件往往是制约老龄群体参与老年大学和老年大学教育水平提高的重要因素。[①] 如果参加老年大学教育的成本过高，会扼杀老龄人口参与学习的积极性，严重限制老龄人口的参与和老龄健康教育水平的提高，不利于老年大学的发展。济南老年大学的收费适中，一大批中低等收入的老龄人口也可以进入老年大学学习，满足了更多老龄群体的学习需求，同时促进了济南老年大学的发展与建设。

（四）班级设置：满足老龄人口的多样化需求

济南老年大学现有声乐、器乐、舞蹈、戏曲、美术、保健、体育健身7个系、70多个专业，近400个教学班（不包括分校）。[②] 济南老年大学开设的课程丰富多彩，每大类的教学体系下都有十多种具体分类的科目，如舞蹈课程中开办了民族舞、拉丁舞、时尚舞、交谊舞、芭蕾形体、时装形体、广场舞、踢踏舞、肚皮舞等多个不同舞种专业的80多个教学班。除了多元化的课程选择，在济南老年大学课程的纵深发展中，还设置了同一门课程不同水平的教学班，如声乐班1.1、声乐班2.1、声乐班3.1。在课程设置上，根据老龄学员的现有水平进行了分类，使教学层次划分更加细腻合理，便于教师教授知识时大家的理解接受程度相近，同时也有利于老龄学员对本门课程的长久学习，帮助老龄学员形成稳定的兴趣爱好。

1. 多样化的课程设置：以休闲娱乐类课程为主

多样化的课程设置可以满足更多老龄人口的学习需求，保健、运动健身类的课程可以有效地对老龄人口的日常运动进行正确而有效的指导，在日常活动中提高老龄人口对自己身体健康和心理健康的关注；书法绘画类的课程可以帮助老龄人口陶冶情操，提高审美能力，形成稳定的心性；声乐、器乐类课程的学习可以让老龄人口在音乐的世界里放松心情，舒缓压力；图像制作、计算机、智能手机应用等新兴课程也有助于老龄人口紧跟时代发展，享受社会的进步和科技的发展结果，掌握科学的知识结构，提高老龄人口适应社会的意识和参与社会的能力。

---

① 参见欧阳忠明、杨亚玉、葛晓彤等：《全球成人学习与教育经费投入：发展趋势、问题与思考——基于〈GRALE〉分析》，《终身教育研究》2017年第3期。

② 参见济南老年人大学：《济南老年人大学工作手册》，2017年。

2.课程设置注重本土化与世界性的结合

济南老年大学在开设传统的休闲类课程的同时，注重世界性与本土性的结合。地方特色课程能够增强学员对本土文化的热爱与归属感，同时也是向外界宣传的重要途径。济南老年大学开设了吕剧戏曲、龙山黑陶制作、中医针灸等具有本土化色彩的课程，既有利于中国传统文化的传承发展，也可以激发老龄人口的学习兴趣，帮助老龄人口掌握一门手艺或一项技能[①]，深受老龄人口的喜爱与欢迎。同时，济南老年大学也开办了英语口语等课程，锻炼老龄人口的思维能力与语言运用能力，帮助老龄人口认识世界其他国家的状况，开阔老龄人口的视野，增强老龄人口的全球意识，了解世界当前发展的趋势。

3.课程设置注重与时俱进

伴随着信息化时代的到来，智能手机得到普及，但智能手机并不简便的设计却使老龄人口拿着儿女买来的智能手机无所适从。老年大学针对老龄人口的这一需求，开设了智能手机应用课，课上有专业的老师对手机的主要功能和基本操作给学员们讲解与演示，提升了老龄人口对通信科技的了解与应用能力，让老龄人口也能切实感受到科技的飞速发展。老年大学还开设了当下在青年人中流行的时装形体、肚皮舞等热门课程，让老龄人口忘记了自己与年轻人的年龄差距，重新焕发追赶时尚潮流的热情与激情，将自己的美展现给大家，通过老龄夕阳风采展示，使老龄人口感受社会参与的乐趣，保持一份对学习的新鲜感，有利于老龄人口的身心健康发展。

4.课程设置更多地关注老龄人口的个性需求与社会需求

在课程设置中，济南老年大学根据学员需求和社会需求的变化，适时对课程进行调整，对效果不理想、学员流失率高的课程及时整改，使课程设置更符合社会与个人需求。[②] 老年大学的学员年龄跨度相对较大，文化程度和工作职业也有所差异，老龄人口的学习需求也有所区别。部分老龄人口需要帮儿女照看第三代，而济南老年大学开设的婴幼儿护理

① 参见济南市老年大学协会：《济南市老年教育理论研讨会论文集及会员校风采录》，2017年。

② 参见陈文沛：《老年大学课程设置初探》，《北京宣武红旗业余大学学报》2015年第2期。

课程恰恰符合这一部分老龄群体的需要，通过系统地学习知识，改变了老龄人口一些传统的错误认知。在保健类课程中，为学员量体裁衣，根据每位学员自身的身体素质和健康状况，选择科学的保健养生方法，促进老龄人口拥有健康的生活方式。同时，积极开设老龄心理学课程，针对老龄人口可能出现的心理问题进行预防，化解老龄学员的心结，舒缓他们的情绪，平衡他们的心态，为他们的身体健康发展打下的良好的基础。[①]

（五）师资力量：专兼结合，专业性不足

“教育大计，教师为本”，教师质量的高低决定着老年大学的教育质量。济南老年大学在编工作人员 17 名，另聘管理人员 40 名，共有任课专兼职教师共计 117 名（见图 3-6）。济南老年大学各教学系聘用的任课教师大多以兼职为主，专职教师较少，部分课程的教授由离退休的老龄教师或知识分子担任，同时聘用高校在职教师担任部分学科的教学任务。戏曲系聘用了 4 位国家一级演员来为老龄学员讲授京剧、吕剧等课程；保健系聘请省、市级专家医师为老龄人口讲授保健养生知识，为老龄人口的健康保驾护航；体育健身系聘请太极拳传人、国家级裁判员等专业教师任教，使学员能够获得科学健身的方法，养成文明健康的运动方式。在长期以来的教学实践中，逐渐形成了专兼结合、互为补充的教师队伍。[②]

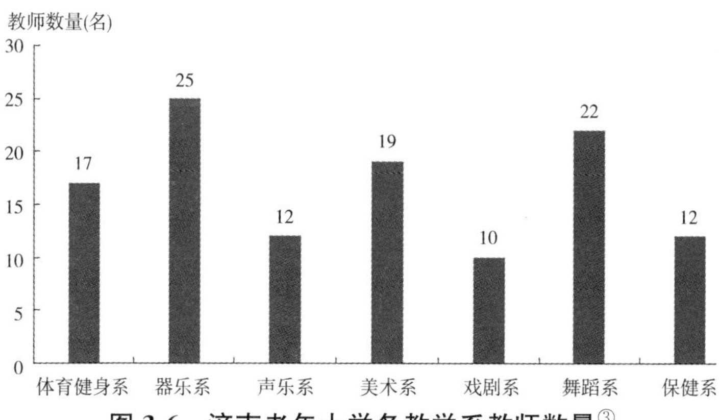

图 3-6　济南老年大学各教学系教师数量[③]

① 参见济南市老年大学协会：《济南市老年教育理论研讨会论文集及会员校风采录》，2017 年。

② 参见济南市老年大学协会：《济南市老年教育理论研讨会论文集及会员校风采录》，2017 年。

③ 资料来源：《济南老年人大学工作手册》。

（六）学员群体特征分析

2018年，济南老年大学秋季招生人员共计11782人次，共计8212名[①]，通过学员自身以及学习情况，分析当前济南老年大学的现状如下：

1. 性别比例失衡：女多男少

在8212名老年大学学员中，有1843名男性学员，占学员总数的22.44%；有6369名女性学员，占学员总数的77.56%（见图3-7），女性学员数量约为男性学员的三倍。女性参与老年大学的比例远高于男性的原因可能在于女性参与学习的意愿更高，一是女性年轻时接受学习的机会少，晚年想要进行补偿式教育；二是女性退休年龄早于男性，有充足的时间参与到老年大学的学习中[②]；三是女性与男性的性格差异导致男性往往将重心放在工作与事业上，而女性在生活中则对社区、家庭、邻里等方面更加关注[③]，这就使得男性在退休后大多不能很好地适应生活，没有较高的学习兴趣，而女性对学习和生活呈现出积极向上的态度。同时，女性老龄人口平均寿命比男性老龄人口更长，健康状况优于男性，从而为女性老龄人口进入老年大学学习提供了前提。

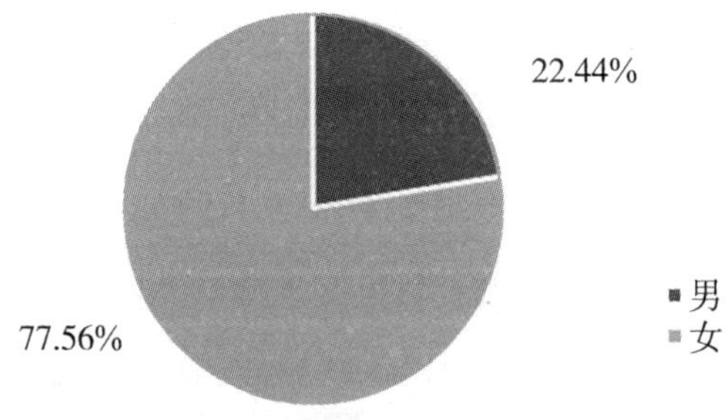

图3-7 济南老年大学学员性别比[④]

2. 年龄结构：以低龄老人为主

在8212名学员之中，80岁以上的学员有52名，占学员总数的

---

① 参见济南市老年人大学：《2018年济南老年大学招生情况一览表》，2018年。

② 参见孟杰、林琳、张长利等：《老年大学实施现状调查研究——以南京市鼓楼区为例》，《成人教育》2016年第8期。

③ 参见陈超仪：《老年人学习需求特征及其影响因素分析——以广州市老年大学为例》，暨南大学2017年硕士学位论文。

④ 资料来源：2018年济南老年大学招生情况一览表。

0.64%；70～79岁的学员有796名，占学员总数的9.69%；60～69岁的学员有3952名，占学员总数的48.12%；50～59岁的学员有3160名，占学员总数的38.48%；50岁以下的学员有252名，占学员总数的3.07%（见表3-3）。从学员的年龄分布情况来看，60～69岁的学员占据了学员人数的将近一半。联合国在对老龄人口年龄的具体阶段的划分中，将60～74岁的老龄人口划分为年轻老龄人口，这就意味着年轻老龄人口成了老年大学学员的主力军。年轻老龄人口由于刚刚离开工作岗位，往往存在着不适应的情况，继续进入老年大学学习可以缓解退休后无所事事的生活，同时年轻老龄人口的身体状况也相对较好，有足够的精力与时间来参与学习。就老年大学学员的年龄结构而言，60岁以下的学员占到了学员总数的41.55%，仅次于低龄老人。这一现象不是个例，在各地的老年大学中均有存在。由于非老龄人口进入老年大学学习加剧了老年大学供需不足的矛盾，使得老年大学出现了"一座难求"的现象。老年大学中高龄老人占比不足10%，由于高龄老人的身体原因，参与老年大学学习的人数较少。

表3-3　济南老年大学学员年龄结构

年龄段	人数（人次）	百分比（%）
80岁以上	52	0.64
70～79岁	796	9.69
60～69岁	3952	48.12
50～59岁	3160	38.48
50岁以下	252	3.07

注：资料来源：2018年济南老年大学招生情况一览表。

3.学员受教育程度以中等文化程度居多，有一定文化基础

据不完全统计，济南老年大学学员中不存在文盲学员，文化程度为小学教育的占0.38%，初中教育的占10.20%，中专教育的占6.39%，高中教育的占33.97%，大专教育的占30.42%，本科教育的占19.35%，硕士教育的占0.04%（见表3-4）。就学员的文化程度而言，学员中文盲、小

学学历的以及硕士、博士学历的几乎没有，学员的文化程度主要集中于高中教育、大专教育和本科教育。80%以上的老龄学员接受过高中及高中以上的教育，说明老年大学的学员有比较好的基础知识水平；学历越高，接受老龄健康教育的意愿也就越强，更倾向于终身学习。同时，部分学员由于年轻时没有接受到很好的教育，在晚年更倾向于获取更好的教育以弥补缺失。[①]

表 3-4　　　　济南老年大学学员受教育程度

文化程度	人数(人次)	百分比(%)
文盲	0	0.00
小学	9	0.38
初中	226	9.45
中专	153	6.39
高中	813	33.97
大专	728	30.42
本科	463	19.35
硕士	1	0.04
博士	0	0.00

注：资料来源：2018 年济南老年大学招生情况一览表。

4. 学员有较强的持续学习的观念

在 8212 名学员中，有 7979 名属于已经在老年大学接受过一段时间教育的老学员，只有 233 名新学员，老学员占总数的 97.16%(见图 3-8)，占有绝对优势。这间接说明了学员对老年大学教育的认可以及绝大多数学员都具有持续学习的意识，学习的积极性很高。新学员数仅占学员总数的 2.84%，反映出老年大学吸引新学员参与的能力较弱和老年大学容量不足。在对升班情况的调查中，有 7858 名学员进行了升班，占总人

① 参见曹杨、王记文：《中国城市退休老人参与老年大学的影响因素研究》，《人口与发展》2016 年第 5 期。

数的 95.69%,体现出学员对所选课程的继续学习有强烈意愿,这也有利于老龄人口兴趣爱好的长久培养,陶冶老龄人口的性情,丰富其老龄生活。

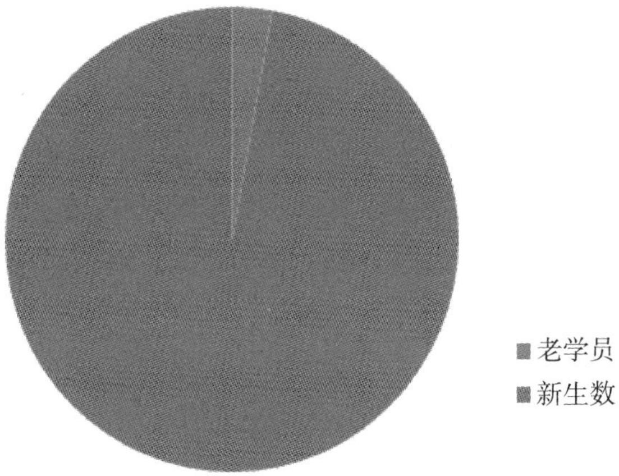

图 3-8　2018 年济南老年大学新老学员情况[①]

5. 学员选报课程以 1～2 门居多

通过济南老年大学学员选报科目情况来看,在 8212 名学员中,有 5735 名学员报读 1 门课程,占总人数的 69.84%;有 1182 名学员报读 2 门课程,占总人数的 14.39%;报读 3 门课程的学员有 549 名,占总人数的 6.69%;报读 4 门课程的学员有 34 名,占总人数的 0.41%;报读 5 门课程的学员有 6 名,占总人数的 0.07%;报读 6 门课程及以上的学员有 2 名,占总人数的 0.02%(见图 3-9)。根据学员选报课程门数的情况,选报 1 门的最多,2 门的次之,3 门及 3 门以上的较少。这一是由于老龄人口精力有限导致的,二是由于老年大学提供的课程资源有限,无法满足老龄人口的众多学习需求。

① 资料来源:2018 年济南老年大学招生情况一览表

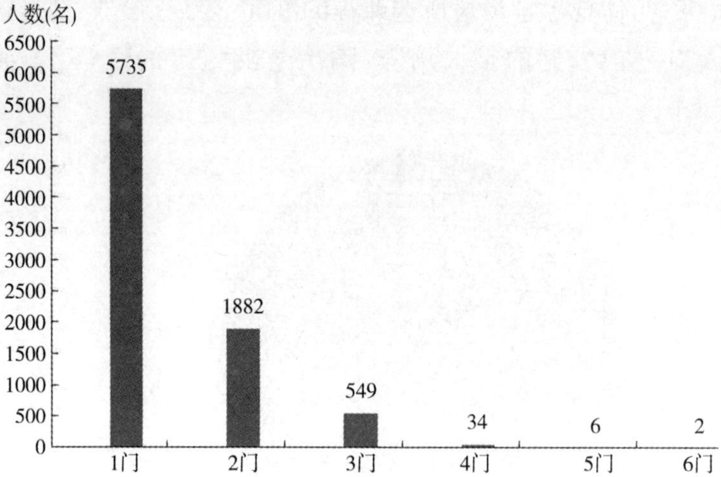

图 3-9 济南老年大学学员报读科目数量[①]

6.学员选报课程类别相对均衡

通过学员的学习内容来看，在报名的11782人次中，报名体育健身系课程的有1119人次，占总人次的9.50%；报名声乐系的有1871人次，占总人次的15.88%；报名器乐系（包含管弦乐）的共有1927人次，占总人次的16.36%；报名美术系的有1746次人次，占总人次的14.82%；报名戏剧系的有891人次；占总人次的7.56%，报名舞蹈系的有2278人次，占总人次的19.33%；报名综合系的有1950人次，占总人次的16.55%（见表3-5）。在开设的众多课程中，老龄学员选择器乐系课程的最多，选择舞蹈系课程的次之，学员报读课程主要集中于艺术修养类课程，这与学员中女性学员占大多数有密切关系。老龄学员对各类别课程的选择相对较均衡，这与老龄人口退休后渴望丰富多彩的晚年生活有重要关系，反映了老龄人口开放的学习观念和积极接纳新事物的心态[②]。老龄人口的学习需求日趋多样化，而课程设置的多元化也恰好满足了老龄人口的学习需求，使得越来越多的老龄人口都能在老年大学找到自己喜

① 资料来源：2018年济南老年大学招生情况一览表。

② 参见许竞、李雅慧：《我国老年教育供给与中高龄人群学习需求匹配状况调查——基于部分省市抽样数据》，《现代远程教育研究》2016年第6期。

欢、适合自己的课程，发展成为兴趣爱好，同时，老龄学员对实用和操作技能类课程的追捧也反映出老龄人口的学习存在针对性，渴望跟上时代的潮流和科技的进步，寻找一切机会重新融入社会，参与社会。

表 3-5　　　　济南老年大学学员课程报读情况

课程类别	人次(人数)	百分比(%)
体育健身系	1119	9.50
器乐系(管弦乐)	775	6.58
器乐系	1152	9.78
声乐系	1871	15.88
美术系	1746	14.82
戏剧系	891	7.56
舞蹈系	2278	19.33
综合系	1950	16.55

注:资料来源于2018年济南老年大学招生情况一览表。

7. 学员政治面貌以群众为主，党员带动作用强

在8212名学员当中，有752名中共党员，民进党员4人，民盟盟员2人，九三学社社员2人，无党派人士2名。就学员的政治面貌而言，群众数量占学员总数的90.84%，共产党员的数量占老年大学学员总数的9.15%，共产党员在各党派中拥有绝对优势。数据表明，老年大学的学员中不少人在退休前都是单位的党员干部、骨干力量，政治觉悟较高，思想进步。这部分人在离休或退休后，仍然渴望为社会奉献自己的力量，因此他们积极参加老年大学，有着较高的学习需求，希望通过老年大学的学习来完善自身发展，重新融入社会。可以有效利用老龄党员渴望为社会奉献的需求，凝聚合力，发挥老党员们的先锋模范作用，让他们对老年大学的教学、管理等方面积极建言献策，改善老年大学的工作。[①] 同时，学员中还有部分民盟、九三学社或者无党派人士等为社会工作做出了积极贡献的人员，他们一般知识水平较高，对社会发展有着独特的认

① 参见济南市老年大学协会:《济南市老年教育理论研讨会论文集及会员校风采录》，2017年。

知,在老年大学的工作中,也应该充分调动他们的积极性和参与性,共同促进老年大学的发展。

二、济南市老年大学的分布与服务范围

济南市老年大学经过 30 多年的发展,逐渐形成了地市一县(区)一乡镇(街道)一村居(社区)四级办学网络,服务范围不断扩大,影响力不断增强。但是,各县区老年大学分布存在差异,办学条件好的老年大学大多分布于历下、天桥、槐荫、市中四区,这四区老年大学基本可覆盖区域全部老龄人口,但其余县区存在着数量少、服务范围小的问题。

(一)济南市老年大学的分布

济南市目前共建有公办老年大学 161 所,其中包括地市级老年大学 1 所 、县区级老年大学 10 所、乡镇街道级老年大学 41 所、村居社区级老年大学 109 所,形成了地市一县(区)一乡镇(街道)一村居(社区)四级办学网络(见表 3-6)。目前,济南市民营老年大学较少,且分布相对集中,主要分布在历下区、天桥区、市中区、槐荫区。其中,企业参与办学的老年大学有 5 所,系统部门和行业企业参与办学的有 4 所,且大多分布于企业员工宿舍区附近。企业办学的老年大学学员主要以企业职工为主,虽面向社会招生,但影响范围不大,社会上的老龄人口较少参与其中。

表 3-6　济南市各级公办老龄健康教育机构和办学情况

指标	地市	县(区)	乡镇(街道)	村居(社区)
老年大学(机构)数(所)	1	10	41	109
从业人员数(人)	20	64	130	142
在校学员数(人)	12000	7790	4322	8573

资料来源:《济南市老龄健康教育发展状况统计表》。

(二)济南市老年大学的服务范围

济南市的地市级老年大学除本校外,还建有玉函路校区和东风校区两所分校,同时准备不断增加教学点来确保可以容纳更多的老龄人口参与到老年大学的学习中,服务范围将不断扩大,影响力也不断

增强。相比之下,济南市各区县内老年大学的分布差异较大,济南市目前规模较大、办学条件较好的老年大学大多分布在历下、天桥、槐荫、市中四区,四区各老年大学的总服务范围能包含区内大部分老龄人口。除县区级老年大学外,其余各区县甚至没有其他能够容纳老龄人口集中学习的学校或机构,老年大学分布与区县面积不成正比。各区县的县区级老年大学多分布于内部区域的中心地区,由于各老年大学自身建设落后,基础设施不完善,服务范围较小,位于区域边界或偏远农村地区,交通或供给不便等原因,不能让多数老人参加老年大学,无法满足区域内大多数老龄人口的学习需求。各基层学校也存在着由于设施不齐全或者有学员无教师、有教师无学员等各种原因而被老年大学拒之门外。

三、济南市老年大学的特色与主要成就

作为老龄教育的先驱,济南市老年大学在"政治立校、文化育校、质量强校、服务兴校"的办学理念指导下,开设了一批深受老龄人口喜爱的课程,组织了许多丰富老龄人口退休生活、鼓励老龄人口重新参与社会的活动,逐渐形成了具有泉城特色的老龄健康教育体系。

(一)济南市老年大学的特色办学理念

济南市老年大学始终坚持"政治立校、文化育校、质量强校、服务兴校"的办学理念,争取把老年大学建设成为政府满意,学员放心的老年教育机构。"政治立校"强调坚持党和国家的方针政策,认真贯彻执行《老年教育发展规划》中的各项决定,充分调动学员中党员群体的积极性,发挥先锋模范作用,把老年大学建设成旗帜鲜明的思想政治教育主阵地。"文化育校"要求了解老龄人口的文化需求,通过扩大宣传的方式,加大宣传力度,打造良好的校园文化,增进学员的认同感与归属感。"质量强校"强调不断提高学校的教学水平和教学质量,打造一系列精品课程,发挥各级老年大学的引领示范和辐射带动作用,将老年大学集聚的教育资

源向基层和社区辐射。[①]“服务兴校”要求建设以人为本的老年大学,不断强化以老年学员为中心的办学思想,以亲情服务为抓手做好各项工作。

(二)济南市老年大学的特色教学活动

济南市老年大学经过30多年的发展,在教育教学活动中积累了许多经验,形成了具有泉城特色的老年教育体系。济南市老年大学开设了一批深受老龄人口喜爱的特色课程。例如,作为吕剧的发源地,济南市老年大学聘请专业戏曲演员和国家一级演员来为吕剧课程授课,在保证了教学质量的同时,具有本地特色的课程更能够吸引学员的参与。龙山黑陶和蛋壳雕等传统手艺作为济南的一种传统乡土文化,聘请当地老手艺人开设课程既有利于调动老年人的学习兴趣,更重要的是有利于传统文化的传承。养生保健课一直是老年大学中比较火热的课程,济南市老年大学统一组织由资深老中医牵头编纂了《老年自我保健家庭食养、食疗和药膳简介》,作为老年大学的保健教材长期使用,非常贴合济南市老龄人口的情况。济南市老年大学与济南广播电台“夕阳红”栏目联合开办了“我的老年大学生活”栏目,让学员现身说法,畅聊学习生活,引起了热烈的反响。学校长期与六里山小学等学校保持合作关系,由学员担任小学生红色教育讲座的讲师,平时在学校周边路口维持交通秩序,义务对学生进行课余辅导,发挥学员余热,积极为社会做贡献。2017年,济南市老年大学与山东师范大学建立了合作共建关系,设立优秀毕业生教学实践基地,引进优秀师资力量充实老年教育师资资源,最大限度地发挥高校与老年大学的合作作用,为济南市老年大学的发展注入了活力。

(三)济南市老年大学取得的成就

作为中国首所老年大学的诞生地,济南市一直领跑老龄健康教育的发展,已经建立了多学科、多层次、示范性的综合老龄健康教育体系。自2005年以来,济南老年大学连续10年荣获省、市级“文明单位”称号,被

① 参见济南市老年大学协会:《济南市老年教育理论研讨会论文集及会员校风采录》,2017年。

省委老干部局、省老年大学协会授予“省级老年大学先进示范校”称号，2016年还被评为“全国示范老年大学”；学校则被济南市教育局授予了“市民终身教育实验基地”的称号。[①] 济南市各级老年大学均走在了山东省乃至全中国的前列。济南市老年大学下辖的长清区老年大学作为省内第一所县区级老年大学（全国第二所），为济南市其他区县起到了良好的带动作用。截至1995年，济南市全部区县都建立了老年大学，为济南市老龄人口提供了接受教育学习的场所。伴随着老龄健康教育范围的不断扩大，全国第一所社区级老年大学于1999年在历下区千佛山社区成立，越来越多的社区级老年大学（学校）的建立不断完善了济南市老年教育体系。到目前为止，济南市已经建立了市一区（县）一乡镇（街道）一社区（村）四级办学网络，老年教育覆盖范围逐渐扩展。为丰富老龄人口生活，济南市老年大学积极组建艺术团、同学会、书画研究院、晚情联谊会、摄影学会以及老年营养专委会等社团组织，通过开展第二、第三课堂以及交流展示活动，不断深化学员的学习成果，丰富学员的校园文化生活。这些社团不仅帮助老龄人口培养了稳定的兴趣爱好，而且还活跃在全省、全国甚至世界舞台上，向社会各界展示了泉城老龄人口的良好精神风貌。

四、济南市老年大学建设中存在的主要问题

济南市老年大学在取得了一定成就的同时，还存在外界对老年大学的认知欠缺，老龄教育体制不顺畅，经费来源和人员编制得不到保障，供需矛盾突出，老年大学校舍紧张，基础设施不完善，师资力量薄弱，教学内容与方式单一，校园文化建设发展缓慢等许多问题。

（一）政府和社会层面

1. 社会各界对老年大学认识不足

作为老龄健康教育的主阵地，老年大学在丰富老龄人口的退休生活，提升老龄人口参与社会、融入社会的能力，实现积极老龄化等方面有

---

① 参见济南市老年大学协会：《济南市老年教育理论研讨会论文集及会员校风采录》，2017年。

着重要的地位。① 老年大学为老龄人口提供了一个平台,使他们在退休后可以继续有事情做,继续参与到社会之中,并帮助他们有效应对晚年的身体、心理和社会变化。② 而目前社会对老年大学的认识不够,认可度不高。具体来说,首先表现在多年来社会各界对老年教育的发展,对建设学习型社会,构建终身教育发展体系,综合解决人口老龄化问题所具有的重要意义认识不足③,多认为老年大学传授知识只是为了帮助老龄人口打发时间,消遣休闲,没有很好地认识到老年大学带来的社会价值。其次,政府对老年大学的重视程度也不高。虽然政府在已经出台的老年教育相关的纲要和意见当中,强调了要重视老年教育,但在教育的发展中还是更加关注基础教育和高等教育,老年教育仍处于边缘地位,没有投入足够的人力、物力、财力。上级政府强调就落实,不抓就放松,做事只为应付上级检查,完成各项硬性指标。有资金就发放,没有资金就不发放的做法,严重制约了老年大学的规模和基础设施建设。最后,部分老龄人口对老年教育的认识相对片面,觉得退休后在家做做家务,带带孩子,安享晚年就可以了,认为"老龄人口已经是行将就木、风烛残年,学不学习无所谓",从而在很大程度上影响和阻碍了老龄人口享受高雅的养老生活。因此,真正参与老年大学学习的老龄人口只占社会老龄人口的极少数,在校学员也以离退休老干部和系统内退休人员为主,在社会上的影响力有限。

2.体制不顺畅,经费来源无保障

济南市地市级和县区级老年大学都是挂靠在老干部局下,是老干部局主管的公益性事业单位。面对庞大的老年群体,由老干部局一个部门负责,显然有些力不从心。相比其他阶段的教育,我国老年教育起步晚,问题多,还相对薄弱,亟须教育行政部门的参与来进行办学业务的指导

① Chin Shan, Huang. The university of the third age in the UK: an interpretive and critical study [J]. Educational gerontology, 2006, 32(10): 825-842.

② GLENDENNING F. Education for older adults in britain: a developing movement[J]. Ageing International, 1986, 13(3): 12.

③ 参见济南市老年大学协会:《济南市老年教育理论研讨会论文集及会员校风采录》,2017 年。

与规范。在全国范围内,已有不少省市老年大学将编制转为“参公事业单位”[①],而济南市还尚未转变编制。济南市下辖的济阳区和商河县的老年大学人员还没有编制,都是由老干部局的工作人员兼任。由于没有编制,老年大学在开展工作的过程中会有很多限制因素,如机构的级别、配备人员、划拨经费等问题都不明确。其他县区老年大学人员虽有编制,但各老年大学人员的编制较少,市级老年大学的编制仅有 17 人,县区级老年大学人员编制为 3~10 人不等。由于“编制少,事情多”等矛盾,不得不另外聘请大量工作人员。由于没有编制工作人员的流动性较大,无法建立完整的工作团队,因此不利于老年大学工作的开展。基层的老龄健康教育的管理体制更加不完善,没有明确的主管单位,一般由街道上或社区中负责老龄工作或老干部工作的人员暂管,有时可能出现各部门多头管理,职责不清的现象,管理呈现无序状态。[②] 济阳区和商河县由于没有编制,办学经费的具体划拨受到限制,无法列入政府财政预算,只能由老干部局单独列支。其余县区虽列入了政府的财政预算,但每年办学经费的投入仅为 10 万元左右。虽然在不断增加财政投入的力度,但由于教师课时费用增加,改善教学环境等费用也增加,导致老年大学可支配的经费寥寥无几,甚至连购置教学设备都需要申请专项资金,严重限制了教学质量的提升。社区基层老年教育的经费更是没有保障,县区级老年大学已自顾不暇,更没有能力支持社区老年学校的发展。随着老年教育的不断发展,大部分老龄人口认可交纳学费上课,但公益性质决定了学费的低廉,限制了老年大学的自我造血功能,平时仅能做到维持日常,长久的发展动力不足。

3. 供需不足,社会资源利用率低

截至 2017 年年底,济南市老龄人口(60 岁及以上)已达 134 万,占户籍人口的 20.72%,济南市已正式进入中度老龄化社会。据预测,到 2020 年,济南市老龄人口总量将达到 160 万,占总人口的 25%。[③] 老年群体数量虽如此庞大,但 60 岁及以上老龄人口的入学率仅为 3%左右。这一

① 参见济南市老年大学协会:《济南市老年教育理论研讨会论文集及会员校风采录》,2017 年。

② 参见丁哲学:《老年大学发展现状、问题及对策——以黑龙江省为例》,《现代远距离教育》2017 年第 4 期。

③ 参见济南市老年人大学:《济南市老年教育发展状况统计表》,2017 年。

现象主要是由老年大学供给不足导致的，在开学前夕经常会看到老龄人口凌晨就开始在老年大学门前排队报名，各市级、县区级老年大学报名异常火爆，许多老年大学老学员想留下，新学员络绎不绝却进不来，呈现出一些地方老年大学“人满为患”“一座难求”的景象。但相比之下社区级老年大学的情况则较为冷清，由于办学条件和办学质量不如市区老年大学，部分老龄人口宁可舍近求远去上条件优越的市区老年大学。[①] 截至 2017 年年底，驻济高校共有 39 所(其中本科高校 20 所，专科院校 19 所)，但仅有 5 所高校参与了老年大学的办学。当前，高等院校办学场地充足，师资力量雄厚，却没有为老龄健康教育所充分发挥，高校的资源共享率低。济南市大型企业参与老年大学建设的仅有 5 家，但与政府办学的老年大学相比存在规模小、不独立、层次低等特点，难以形成规模。[②]

4. 社区和乡村老年教育普及率低

老年大学的发展是由城市兴起，并逐步扩建到乡镇和农村地区。济南市老年大学建设的思想是建立健全“地市一县(区)一乡镇(街道)一村居(社区)”四级老年教育网络，方便老龄人口就近学习。地市级和县区级老年大学已得到了初步的发展，但乡镇和村级老年学校的建设工程严重滞后，不利于老年教育影响范围的扩大。部分建成的老年大学由于硬件设施缺乏、师资缺乏、生源缺乏而形同虚设。部分农村老龄人口文化素质偏低，对老年大学的认识不足，学习欲望不强。对老龄人口退休、在业、再就业状况调查显示，城镇老龄人口中有 0.5％的人在工作和再就业(含返聘的约占 7.2％)，而农村中约有 44.3％的老龄人口仍在干农活，在城市务工或从事经营活动的也占到了 8.6％。[③] 相比于城市老龄人口退休后的无所事事，农村老龄人口晚年仍需要从事农活劳作，参与家务，没有时间参与老年大学；老龄人口的参与度不高也限制了农村老年大学的发展与建设。

---

① 参见张昊：《我国老年大学教育的成就、问题及对策》，《中国成人教育》2016 年第 14 期。

② 参见济南市老年大学协会：《济南市老年教育理论研讨会论文集及会员校风采录》，2017 年。

③ 参见中国老龄科学研究中心：《农村养老现状调研报告》[EB/OL]，(2019-08-18)[2019-08-30]，http://www.crca.cn.

（二）自身建设方面

1. 建设资金短缺，校舍用地紧张

济南市各区县老年大学办学条件参差不齐，校舍多为20世纪80～90年代成立学校时的老房子，且校舍位置相对固定，基本没有扩建的可能。济南近半数的老年大学教学场地面积不足1000平方米（见表3-7），且校舍面积地区差异大。县区级老年大学中，济阳区老年大学校舍面积最大，其次是历城区、平阴县，天桥区老年大学校舍面积最小。长清、天桥、历城区老年大学教学面积均在600平方米以下，教学空间的狭小直接导致老年大学学员容纳量小，没有足够的空间满足区内老龄人口的学习需求；章丘、市中区老年大学教学面积在1000平方米左右，但区内有数量较多的学员，人均教学面积不足1平方米，数十个班级在仅有的两三间教室里轮流上课，严重影响了老年教育的质量。为探究济南市各级老年大学发展之间的均衡性，在此引入“首位度”的概念。[①] 通过分别计算济南市校舍面积最大的老年大学与排第二位老年大学校舍面积之比，注册学员最多的学校学员数与第二位学校学员数之间的比值，探究老年大学要素的集中程度。为进一步探究济南市各县区老年大学规模之间的对比，借助位序规模法则中的“四城市指数”（S_4）与“十一城市指数”（S_{11}）概念，计算济南市老年大学的规模特点，其计算公式如下：

$$S_2=P_1/P_2$$

$$S_4=P_1/(P_2+P_3+P_4)$$

$$S_{11}=P_1/(P_2+P_3+P_4+\cdots+P_{11})$$

式中，$P_1,P_2,\cdots,P_{11}$ 是指按规模从大到小排序后，某位序学校的人口规模或校区规模。

通过计算济南市老年大学的校舍面积首位度，可得 S_2 指数为2.67，S_4 和 S_{11} 指数分别为1.06和1.19，均超过正常水平（见表3-7），可见济南市老年大学的规模分布属于首位分布，集聚度较高。市级老年大学发

---

① 首位度在一定程度上代表了区域发展要素在最大区域的集中程度，反映了区域城镇规模序列中的顶头优势性，也表明了区域中各种资源的集中程度。

展较好，有一家独大的趋势，而部分老年大学却只有一块牌子和几间教室，或与老干部活动中心共用场地，地区间发展极不平衡。

表 3-7　济南市老年大学学员数量、校舍面积首位度(区县)

首位度	济南市老年大学学员数量(区县)	济南市老年大学校舍面积(区县)
S_2	4.00	2.67
S_4	1.71	1.06
S_{11}	1.54	1.19

伴随着老龄人口的不断增加和学员学习积极性的不断增强，济南老年大学现有教学场地根本无法容纳全部有学习意愿的老龄人口，很多专业的设置，如烹饪、钢琴等专业受到场地的限制不能开课。通过上课收取学员少量的学费和依靠政府的单一财政拨款，不足以支持老年大学的规模扩展和教学设备更新。济南市老年大学吸纳社会资金的能力较弱，也没有制定相应的鼓励社会力量参与办学的激励机制，慈善机构等组织参与老年大学办学的情况较少。① 办学主体与经费来源的相对单一化，限制了老年大学多途径获取建设资金，长足的发展没有保障。

2. 课程偏休闲化，教育功能欠缺

科学的课程设置是包括老年大学在内的一切办学机构提高教学质量、增强办学吸引力的基础。目前，济南市大部分老年大学的课程设置以休闲娱乐为主，没有考虑老年大学的文化教育功能，没有认识到通过老龄健康教育提升老龄人口的自信和自我满足，帮助老龄人口继续实现人生价值的作用。② 课程设置中，没有针对准老龄人口的退休生活指导课程，以帮助离开工作岗位后的学员适应退休后闲适的生活；健康教育课程也相对不完善，多为养生健康讲座和对日常保健和疾病治疗的宣传，没有站在老年群体的出发点上，针对性不强；也没有针对高龄学员的死亡教育，帮助学员克服对死亡的恐惧，找到自己的晚年人生价值。过

① 参见济南市老年大学协会：《济南市老年教育理论研讨会论文集及会员校风采录》，2017 年。

② FORMOSA M. Education and older adults at the university of the third age[J]. Educational gerontology，2012，38(2)：114-126.

于关注老年大学的康乐功能，而忽视对老龄人口的技能培训是国内老年大学的通病。大多数老龄人口在退休后仍渴望着能重返社会，发挥余热。通过教育，可以提高老年人重新参与社会的可能性，积极为他们参与社会赋权增能。① 学员中以低龄老龄人口和准老龄人口为主，重新参与社会的可能性大，而在现有课程安排中，关于老年职业技能培训和人力资源开发的课程仍是一片空白。

3. 师资力量薄弱，专业水平不足

首先表现为热衷于老龄健康教育的教师较少。随着入学学员数量的激增，学员的精神文化需求也呈现出多元化的特点，而教师资源极度缺乏，部分有需求无教师的课程只能取消。济南市老年大学的教师基本都是外聘的兼职教师，专职教师数量较少，教师资源严重短缺。济南市老年大学的师生比约为 1∶110，这一比例还在逐年下降。教师教学负担重，一位教师往往要担任多个班级的教师，一旦有事或生病，无人能够代课，严重制约了老年大学的发展。

其次表现为教师应有的待遇低。老年大学教师课时费相对较低（每课时 100～150 元/人次）②，且不按照教师职称进行付费，部分县区位置偏远，交通不便，教师微薄的课时费与劳动量不成正比。

再次表现为教师素质参差不齐。由于部分教师没有接受过良好的职前培训，教师的专业素质和教学水平无法保证，教学质量较差。

最后表现为开展老龄健康教育教研活动少。老年大学的教师年龄结构偏大，部分老教师教授的内容多年不变，无法满足老龄人口进一步学习的需求，而老龄人口往往更渴望与年轻人沟通交流，与不同行业的教师进行知识分享。③ 济南市老年大学在开展教研活动、更新教学内容、提升教学水平等方面还有所欠缺。

4. 教学方式单一，教学质量不高

首先，在老年大学向学员传授知识的过程中，“三个课堂”发展不均

---

① 参见王英、谭琳：《赋权增能：中国老年教育的发展与反思》，《人口学刊》2011 年第 1 期。

② 参见济南老年人大学：《济南老年大学办学情况调研表》，2017 年。

③ ELLIS BJ. University and seniors working together: engagement in a regional community[J]. Australasian journal of university-community engagement，2009(4)：2，6-19.

衡，过分关注于第一课堂即老龄人口对知识的理解与掌握方面，而忽视第二、第三课堂的开展，对于“老有所乐”的关注度超过了“老有所为”。在老年大学的教学中，部分内容的应用性不高，无法激起老龄人口的学习兴趣，也不利于老龄人口课后将在老年大学里学到的知识寓于生活之中。受到传统老年教育观满足老龄人口兴趣爱好的影响，对老年人力资源挖掘不够，对老龄人口晚年价值的实现关注不够。

其次，老龄健康教育的信息化平台还没建立，缺乏“空中课堂”、网络教学等现代化教学手段和方式，不利于教学水平的提升和让老龄人口接受与时俱进的知识。部分老年大学的教学过程不合理、不规范，属于没有教学大纲、没有教学计划、没有教材的“三无”大学。教材是老师授课和老龄人口学习的主要依据，教材的短缺严重影响着老年教育的发展。部分有教材的大学也是任课教师自主选择教材，不一定适合老龄人口的学习需要，教学内容不够系统和连贯，容易导致学习内容杂乱无章，与社会生活脱节，浮于表面，随意性较大，不利于推动老年大学的发展。[①]

5. 宣传力度不足，文化建设落后

虽然经过了 30 多年的发展，老年大学在社会中有了一定的影响力，但是宣传力度不够，还有很多老龄人口对老年大学不了解，不认可老年大学的发展内涵，不愿意或者子女不愿意父母参加老年大学。济南市老年大学利用社交宣传媒介的程度较低，没有形成一个上下联系的有效途径和系统的联系体系，导致学校举办的文化活动不能及时有效地宣传出去，没有形成较大的影响力。没有文化的大学不能称之为“大学”，相比于硬件设施，济南市老年大学的校园文化建设相对滞后。首先表现在对校园文化的认识不足，校园文化不是简单举办几场摄影展、书画展就能彰显的。校园文化作为老年大学的灵魂，包括学校整体的办学理念和宗旨，校风和学风等精神文化，既能直接影响老龄人口的精神状态和参与老年大学的热情，又对学校的招生和教学工作有着重要的指导意义。其次表现在老年大学校园内宣传力度也较小，校园文化墙、教室、走廊的利

① 参见济南市老年大学协会：《济南市老年教育理论研讨会论文集及会员校风采录》，2017 年。

用率不高，没有及时向学员展示学校风采与成果，老龄人口对学校文化不了解，无法形成较强的校园归属感。目前，济南市老年大学中成立编辑部，创刊发行内部杂志和校刊的仅有市级老年大学和3所县区级老年大学，书报宣传的方式没有普及，在很大程度上限制了校园文化的发展，遑论形成校园文化体系的长效机制与知名的文化品牌。

（三）精神、文化养老层面

精神、文化养老层面较少关注物质生活的富足，而更多关注的是老龄人口的心理需求。很多老龄人口上老年大学的目的是丰富自身，完善自身，通过与同学、老师的交流来缓解无聊，渴望通过学习重新参与社会。① 随着时代的发展，人们对精神文化的追求提高，有着强烈的学习和自我展示的愿望，因而在老年大学的教学中应该更多关注老龄人口的精神生活，而不是一味地传授知识。济南市老年大学中大多没有专职的心理辅导员，心理咨询课也是一带而过，对老龄人口的心理健康明显关注不够，老龄人口的精神需求不能得到很好地满足；开展的活动多以书画展、联欢会等为主，往往活动主题不够明确或流于形式，老龄人口的精神文化需求得不到较好地满足。

近些年来，假摔碰瓷、公交车抢座等老龄人口道德失范行为已经屡见不鲜，老龄人口的道德健康问题被推上了社会的风口浪尖。传统的社会刻板理念认为，老龄人口属于弱势群体，而事实并非如此，老龄人口由于公共意识淡薄和社会责任感不强，年轻时期没有接受过良好的教育，过分看重自身利益，经常会出现“为老不尊”“倚老卖老”等道德绑架现象。目前，老年大学中对老龄人口的道德教育明显失位，对老龄人口的思想道德教育关注不够，缺乏社会伦理规范的指导。作为人生阶段的最后时期，老龄人口思想意识薄弱，容易受到不良思想和行为的感染。

五、济南市老年大学建设的政策建议

针对上述问题，济南市老年大学在今后的发展中，应积极争取政府

① 参见许占鲁：《老年大学的现状分析与对策探讨——基于杭州市的实证研究》，《成人教育》2015年第4期。

的重视与支持,建立社会力量办学的激励机制,上下联动,吸引社会力量办学;不断优化老年大学布局,加快完善基层学校办学环境,加强课程体系和教师团队建设,积极拓展发展路径,创新教学方式,加大宣传力度,营造良好的校园文化氛围,促进济南市老年大学更好更快地发展。

（一）争取政府的重视与大力支持

老龄健康教育工作是一项事关社会民生的重要工作,政府要高度重视老龄健康教育工作,深刻认识老年大学的积极作用,把为老龄人口做好服务保障工作摆上重要议事日程,切实把老龄人口的"老有所乐、老有所学、老有所为"问题落到实处,并把老年大学建设发展纳入经济社会发展规划[①],把老年大学的经费列入当地政府的财政预算,确保老年大学的办学经费随着经济发展和办学规模的扩大而相应增加,实现老年大学的发展与济南的社会经济发展水平相适应,通过实际行动来为老年大学的发展保驾护航,为老龄人口搭建终身学习的桥梁。在《老年教育发展规划(2016～2020 年)》中提到:"到 2020 年,能够以各种形式,经常性参与教育活动的老年人占老年总人口的比例达到 20%。"距离这一目标的实现,济南市还有较大的发展空间。政府应尽快落实规划,积极争取引导省政府出台地方政策法规,对老年大学的编制、主管部门、经费来源等问题作出明文规定。加大对老年教育的财政拨款力度,设立老年教育专项资金,重点扶持老龄人口多、设施不完善的老年大学,使老年大学的发展与经济发展水平相适应。[②] 切实做好老年大学总体布局规划,帮助老年大学完善基础设施建设,提高老年大学的容纳量,为更多老龄人口创造入学机会。应充分借鉴其他省市的先进做法,积极向主管部门汇报工作中的困难与问题,建立老龄健康教育指导委员会和老龄健康教育管理办公室,将老年大学转变为"事业参公单位",争取形成自上而下的全市老年教育管理指导体系。

（二）上下联动,吸引社会力量办学

相比于中国政府主导的办学模式,国外发达国家的老年教育更关注

① 参见谢广生、王永福:《关于地市级老年大学与地方高校共建研究初探》,《赣南师范学院学报》2012 年第 2 期。

② 参见济南市老年大学协会:《济南市老年教育理论研讨会论文集及会员校风采录》,2017 年。

其余阶段教育力量办学。例如,法国等国家依托当地高等院校等正规教育机构,与高校共用共享各种资源(行政管理、财政、办学场地等);芬兰等国将老年大学直接开在大学之内,共享雄厚的师资、研究生等教育资源。在今后的发展中,济南市老年大学应积极尝试与驻济高等院校合作,借助高校的场地、师资等优势,开设通识课程或老龄健康教育课程等适合老龄人口的课程,来弥补供需矛盾。尤其是长清区与章丘区,区内有大学城分布,老年大学应积极与高校开展多方面的合作,确保最大限度地使高校参与老年大学办学。除高等教育外,老年大学也可以与当地中小学合作,在寒暑假期间利用其空闲教室开办短期老年培训班,适当缓解供需不足的问题。各级老年大学应发挥统筹的作用,整合区域内一切可以利用的资源,上下联动,与相关政府部门联合办学,如与园林局合作开展花卉种植课程;与社会公共机构建立合作关系,如图书馆、博物馆、医院等向老龄人口免费开放;通过开展预防疾病讲座、历史文化讲座等形式,丰富老龄人口的课程内容,让更多的社会团体参与老龄健康教育。[①] 政府可以适当建立社会力量办学的激励机制,适当给予发展和税收等优惠办学政策,促进企业等社会团体主动与济南市老年大学联合办学,共享资源。

(三)优化布局,加快基层学校建设

在《"十三五"济南市老龄事业发展和养老体系规划》中提到:"到2020年,全市县级以上城市至少应有一所老年大学,50%的乡镇(街道)建有老年学校,30%的行政村(居委会)建有老年学习点。"由于老年大学偏向于市区集中分布,因此济南市应将老龄健康教育的增量重点放在偏远但老龄人口较多的地区,通过开设分校,方便老龄人口就近学习,打造"15分钟学习圈"。针对基层老龄健康教育,尤其是村级老年学校发展缓慢的现象,济南市应加大扶持力度,加大财政拨款的数额,完善基础设施建设,改善基层办学条件。根据农村老龄人口的喜好开设课程,针对老龄人口要进行劳作的特点,可以根据农业时令合理安排教学时间,农忙

① 参见李晶、罗晓晖、张秋霞等:《中国老年教育研究》,《老龄科学研究》2015年第10期。

时少上课,农闲时再补回来,确保农村老年学员的学习时间。把老龄健康教育与老龄人口脱贫致富、破除迷信、移风易俗相结合,加快建设社会主义新农村。应适时把握老龄健康教育事业的集团化、联盟化发展,市、县发展较好的老年大学支援偏远地区办学条件差、师资力量薄弱的老年大学,通过选送教师、配送学习资源、提供人员培训等方式促进各级老年大学的共同发展。

(四)引进资金,努力改善办学环境

“打铁还需自身硬”,想要改变目前供需不足、办学质量不高的问题,最重要的是通过加强老年大学自身的建设,改善办学环境,吸引和容纳更多老龄人口参与老年教育。要不断加强老龄健康大学的科学化、规范化和现代化建设,充分利用一切可以利用的房屋教室和教学设施设备,为老龄人口创造良好的学习氛围,打造具有泉城特色的老年大学。所有举措都离不开资金的保障,济南市老年大学应在政策允许的范围内,在政府购买服务的基础上,积极向政府申请老年大学发展专项资金,多渠道广泛进行社会融资,吸纳更多的社会资金发展老龄健康教育,确保教学活动的正常进行和教学设施的及时更新换代。作为公益性质的事业单位,老年大学应与慈善机构建立密切的合作关系,通过公益慈善组织接收社会各界的捐助;老年大学作为老年教育的主阵地,应属于社会保障的范畴,通过接受体彩、福彩公益金的资金支持来扩展经费来源的渠道。还要健全以政府投资为主、多渠道筹集的老年教育经费体制,大幅度增加老龄健康教育经费的投入,为济南市老龄健康教育的发展奠定坚实的物质基础。

老年大学在发展中应注重教学设备的及时跟新,对于老年大学中有需求无器材的课程,如古筝、钢琴、计算机等课程,应在资金充裕的前提下购置器材,满足老龄人口的需求和方便教学活动的开展。随着信息化时代的到来,老年大学应在教学中注重信息化教学,为每间教室购置电视、计算机、投影仪等必备教具,促进教学方式的转变和教学水平的提升。在老年大学增开电子阅览室,保障老龄人口的计算机学习和方便学员随时了解社会发展形式与动态,在现有条件的基础上实现最大的集约化发展,争取早日实现教学的现代化、信息化和网络化。

（五）加强课程体系和教师队伍建设

课程体系的构建是多方面进行的。首先，要坚持“以人为本”的课程设置理念，深入调查研究，掌握老龄人口的多样化学习需求，科学地选择和开设课程，使课程符合老龄人口的身心特点、兴趣爱好和社会需求。其次还要丰富现有的课程体系。具体来说要做到以下几点：

第一，必须开设思想政治教育和时政课，老龄人口思想意识薄弱，容易误入歧途，需要有正确的思想指引。

第二，应针对学员中的低龄老人开设退休生活指导课程，帮助学员在晚年正确认识自己的价值，同时可开设职业技能培训课程，发掘老年人力资源，帮助老龄人口重新融入社会。

第三，应开设科学保健课程，满足学员的健康需要。不仅要注重老龄人口的身体健康，而且还应多关注老龄人口的心理和精神健康，由于学员中不乏空巢老人，因此应对他们进行积极的心理辅导，使他们保持健康状态。

第四，应适当开设死亡教育的课程，帮助老龄人口以积极的态度面对死亡，缓解死亡带来的恐惧，促进老龄人口人生价值的实现。

第五，课程的设置应具有品牌特色，避免出现课程的同质化。济南作为泉城，老年大学应该深挖泉文化的内涵，打造一批具有济南特色的课程。可以采取“上挂下联”的策略①，“上挂”是指依托各校所在地的高等院校和各行业企业，开设特色课程，如与市园林局合作开设园艺种植课程，与护校联合开设护理保健课程；“下联”主要是指充分利用乡土元素，开设乡土课程，如龙山黑陶、蛋壳雕等。

第六，一定要做好课程的及时调整与反思。在教学过程中要做好跟踪教学，认真听取老师与学员的建议，及时进行反馈调整，在每学期学习结束后，对上一学期教学效果不好的课程及时调整与撤换，切实保障学员的满意程度和教学的有序进行。

高素质的师资队伍是体现老年大学办学条件的重要标志。针对目

---

① 参见王旭：《美国 OLLI 老年大学课程设置及启示》，《成人教育》2013 年第 6 期。

前教师资源极度匮乏和教师素质和专业水平参差不齐的现象，应多渠道、多途径引进高素质教师，切实保障教师的权益，建立一支稳定的、高质量的、专兼结合的教师团队，切实提高老年大学的办学水平。首先，要明确教师的编制问题，按照老年大学的规模，确定各校编制人数；要努力提高教师待遇，建立合理的工资制度，确保教师的各项正当权益，从而保证老年大学教师团队的稳定性。其次，要鼓励支持教师进行教学研究，各校定期召开研讨会议，交流老年教育发展过程中遇到的问题与经验，提升老年大学的办学水平，支持鼓励教师参加外出培训教学，充分吸收其他地市老年大学的办学经验，取其精华，灵活运用到自身建设中。最后，应充分发挥市级老年大学的龙头作用，建设教师人才资源库，为有需要的下级老年大学配备较好的师资力量，促进各级老年大学的共同发展。依托驻济高校，合作建立教学基地，既可以为学生实习提供场所，又可以使老年大学拥有丰富的教师资源，实现双方的互惠共赢。

（六）创新教学方式，开展第二、第三课堂

在老龄健康教育的过程中，应制定科学的教学计划与教学大纲，确保教学的有序进行。针对教材不符合学员的情况，可以由市级学校牵头，综合全市每个学科的精英教师，通过搜集资料，将贴近实际的、符合老龄人口身心特点的内容加以整理编辑，印成教材，方便学员与教师的使用；在之后的学习中也可以针对不同学员的情况进行添加或删减。可以针对不同学校、不同学员因地制宜，因人而异，在教学中不断积累整理，为老年大学的长远发展奠定基础。由于部分学员的身体健康或交通等因素限制了其入学学习，故搭建"空中老年大学"和"线上老年大学"可以很好地解决这些问题，云平台、大数据的迅猛发展，为老年人随时随地学习提供了便利。济南市要着力加快建立和完善远程老年教育系统，开发适合老龄人口的远程学习数字化资源，通过线上平台让更多的老龄人口同时学习，有助于缓解线下老年大学的供需矛盾，为更多的老龄人口提供学习的机会。

老年大学的教学方式不应局限于传统的课堂教学，除向老龄人口传授知识外，还应积极开设第二、第三课堂的建设。在教学活动中，要引导开展汇报展示、旅游、社会实践等多种形式的老年教育活动。鼓励老龄人口自主学习，支持老人建立不同类型的学习团队和兴趣小组，如书画协会、夕阳红艺术团、文学社等平台，定期开展书画交流会、文艺汇演等活动，加强学员之间的沟通和心得交流，开阔学员的视野。通过“课堂进社区”“课堂进农村”等活动，举办大型文艺汇演，免费为市民演出，把老年大学的第二课堂建设成为既是学员展示自我的载体，又是建设和谐济南的宣传阵地。第三课堂的搭建是帮助老年学员重新参与社会的重要渠道。因此，济南市各级老年大学应格外关注对老年人力资源的开发。部分老龄人口退休后，渴望能够继续参与社会工作，他们在经验方面更有优势，许多老龄人口希望通过参加志愿活动等方式来发挥余热，继续为社会贡献力量，如走进中小学校引导青少年继承优良传统，培育科学精神；走进社区、企业开展法制教育、政策教育等；在学校周围组织义务疏导交通的志愿团队，让老龄人口老有所为，通过重新融入社会、回报社会，将潜在的创造力贡献于社会，实现自身的价值。通过第二、第三课堂的开展，让老龄人口以全新的面貌出现在社会各界人士的面前，改变社会对老龄健康教育的传统认知，吸引更多的老龄人口参与老年大学的学习。

（七）扩大宣传，营造良好的文化氛围

文化建设作为老年大学建设的精神基础，应在日常工作中利用现有宣传载体加大宣传力度，扩大宣传范围，同时创新宣传方式，搭建宣传平台，让越来越多的人了解老年大学，改变老年大学是传统的休闲娱乐场所的认知，正确认识老年大学在贯彻终身教育理念，建设学习型社会中的重要作用。要充分利用电视、广播、报纸等传统宣传媒介，积极向外界展示老年大学的办学成果和老年大学的招生政策，吸引老龄人口参与老年大学。要发掘网络社交、微信公众号等平台的作用，推送老年大学学员风采展和校园宣传片，让老龄人口及其子女看到参加老年大学前后老龄人口精神状态的对比，从心底认可老年大学，为老年大学的发展营造良好的舆论环境。济南市老年大学应积极组织各种社会活动，通过活动进社区、进农村等形式，将老年学员良好的精神风貌展现给社会，提高老年大学在社会上的知名度，争取社会各界对老年大学的关心和支持。

打造良好的校园文化，首先要有正确的指导思想。要坚持把“政治立校”放在工作的首位，用社会主义核心价值观的理念引领老年大学发展，设计形式多样的教育活动项目，将社会主义核心价值观融入老龄人口的学习和活动之中。老年大学的学员中退休、离休党员干部较多，要充分发挥老年党员的先锋模范作用，弘扬时代新风。在正确的指导思想下，各级学校应明确自身办学的理念，树立正能量的校风学风，以实际行动践行增长知识、陶冶情操、丰富生活、促进健康、服务社会的办学宗旨。各校应积极组建学习社团，开展摄影、书画展、社区晚会等形式多样的活动，丰富校园文化内涵，帮助老龄人口在活动中交流心得体会，结交朋友，丰富内心世界，引导形成全员参与、自觉学习、服务奉献社会的校园文化氛围。要充分利用校园内的展示橱窗、文化墙、走廊宣传栏等，宣传优秀学员事迹，及时通报学校近期的发展概况，帮助老龄人口了解校园文化，形成校园归属感，让老龄人口回到家庭或社区中，自觉主动向周围人宣传老年大学，不断提高老年大学的影响力和号召力。[①]

第四节　老龄社区健康教育

老龄社区健康教育是指从生理、心理、精神、道德等多方面对老龄人口进行教育，以丰富老龄人口的退休生活，并充分发掘老年人力资源，提升老龄人口融入社会、参与社会的能力为目的的社会活动。老龄社区健康教育的研究随着人口老龄化的发展取得了一定的进展，但仍存在一些问题亟待解决。

一、老龄社区健康教育的概念与内涵

中国老龄社区的健康教育起初是以保持老龄人口的生理健康为目的。随着老龄人口精神文化需求的多样化发展，老龄社区健康教育的目光逐渐转向老龄人口的心理健康。伴随着网络时代的到来，对老龄群体进行信息安全教育成了必不可少的内容，也丰富了老龄社区健康教育的

① 参见刘景安：《浅论老年教育与健康老龄化的关系》，《太原城市职业技术学院学报》2005 年第 1 期。

形式。因此，老龄社区健康教育正逐渐演变为以生理、心理健康为主，提高老龄群体的素质和生活质量，促进老龄人口的社会化，包括社会角色的转换和适应。

(一)老龄社区健康教育概念的演变

在人口老龄化急剧加快的当下，老龄健康教育已成为积极老龄化的重要推进方式。社区是老龄人口的重要活动场所，老龄社区健康教育工作则是老龄健康教育的重要组成部分。中国的社区服务工作起步较晚，社区服务中的老龄社区健康教育发展时间更为短暂。早期的老龄社区健康教育工作是以老龄人口卫生保健工作的形式进行的，注重60岁及以上老龄人口的身体健康情况，并定期向其提供健康咨询。随着时代的发展，护理人员从医院走向社会，针对社区中的老龄人口开展了系统化的健康教育，健康教育的内容逐渐丰富，包括老龄人口的生活卫生健康、家庭护理健康、饮食及锻炼健康、常见急病症应对以及老龄人口用药健康。[①] 目前，社区中针对老龄人口的健康教育发展到了专业化的水平，对老龄人口易患的众多慢性病，如高血压、高血脂等问题进行了专业的知识普及，帮助老龄群体提高了生理健康水平，并对其亲属的健康起到了一定的积极作用。

随着老龄人口规模的增大以及其生活需求的增加，老龄社区健康教育逐渐转向了老龄人口的心理健康。此时，应运而生的社区活动类型主要有健康保健类和文娱活动类。最开始增强老龄人口生活健康的方式是建立社区老龄活动中心，以唱歌、跳舞、象棋等休闲方式丰富老龄人口的精神生活。之后，在终身教育、积极老龄化等理论的影响下，老龄人口的社区健康教育转变为在社区资源的基础上进行的，以提高老龄群体整体素质和生活质量，促进老龄人口的社会化为目的的集体活动。老龄社区健康教育的目标是要塑造一个健康的老龄社会，老龄人口的身心健康是其中重要的一环，这有助于代际间的互动、融合和理解，有助于社会的公平和公正。在此期间，老龄社区健康教育可帮助老龄人口适应角色的

① 参见孙连香:《社区老年系统化健康教育初探》,《护士进修杂志》1999年第3期。

转变和正确看待自己的老龄身份，塑造老龄道德和老龄文化。要让整个社会意识到，老龄人口不是“包袱”，而是“财富”。同时，社会也必须发挥保障功能，承担起保障老龄群体生活质量的责任。[①]

随着社会经济的进一步发展，信息化、“互联网＋”与大数据时代的到来，新技术赋予了老龄社区健康教育新的内涵。信息化丰富了老龄社区健康教育的方式，可以利用多媒体等技术实现老龄社区健康教育的进一步发展。与网络接轨也成了老龄社区健康教育的内容。由于接触网络时间较短以及多种因素的影响，老龄群体具有脆弱性和易骗性。因此，对老龄群体进行信息安全教育是必不可少的，可避免老龄人口晚年生活受到影响。

综上所述，老龄社区健康教育是指在社区范围内，利用社区资源对老龄人口进行教育影响的计划和措施，其目的是提高老龄群体的素质和生活质量，促进老龄人口的社会化，包括社会角色的转换和适应，社会关系的调试，正确生死观的确立。[②]

（二）老龄社区健康教育内涵的扩展

1.老龄社区健康教育既是教育活动，又是社会活动

老龄社区健康教育是对老龄人口身心发展施加影响的教育活动和过程，目的是提高老龄人口的道德素质和生活质量。[③] 社区教育也是一项社会活动，有助于老龄群体人际关系的建立与精神生活的丰富，缓解诸如“恐老”、代际沟通障碍、老龄人口“倚老卖老”“为老不尊”等社会问题。

2.老龄社区健康服务的内容逐渐丰富完善

最开始对老龄人口进行社区服务的主要内容是卫生保健知识的普及，注重生理健康。之后，增设了社区老龄活动中心，设置了众多休闲娱乐方式，丰富了老龄群体的日常生活。随着“积极老龄化”等理论的兴

① 参见汪丽萍：《健康老龄化与老年教育》，《北京成人教育》2001 年第 9 期。

② 参见黄淑萍：《论社区老年教育与老年社会化》，《成人教育》2008 年第 9 期。

③ 参见刘尧：《我国社区教育发展现状、问题及对策》，《华中师范大学学报》（人文社会科学版）2010 年第 4 期。

起，老龄社区健康教育工作增加了对老龄人口素质、道德以及法制的教育，帮助其正确看待自己，平稳进行社会化。[①] 随着信息化的发展，对老人进行信息化教育也被增设为老龄社区健康教育的内容。

3.老龄社区健康教育以促进老龄人口社会化为根本宗旨

随着社会经济的发展，老龄社区健康教育由之前的关注老龄人口生理健康、心理健康，发展为关注老龄人口的社会化。老龄社区健康教育将带动社区中的老龄群体参加社团活动、社区之外的集体活动、回馈社会的活动等，帮助老龄人口和社会意识到其不是社会负担，而是一笔宝贵的财富。

二、老龄社区健康教育研究进展

国内外老龄社区健康教育发展的侧重点有所差异，国外主要在尊重老龄人口需求的同时，注重维护老龄人口的私人空间；国内老龄社区健康教育强调社区空间的临近性，以丰富老龄人口的退休生活为目的。伴随着人口老龄化的快速推进，老龄社区健康教育越来越受到人们的重视。

（一）国外老龄社区健康教育研究现状

国外对老龄社区健康教育的研究起步较早，让老龄人口的需求在得到满足的同时，老龄人口的私人空间和独立性也得到了尊重。老龄服务应该有两个空间：寻求社会交往、社会认同和社会参与感的公共空间，可自己自由支配的私人养老空间。与此同时，国外还论证了社区教育氛围和信息通信技术对老龄人口生活质量的积极影响。除此之外，对于老龄人口的受教育态度、年轻群体对于老龄教育的态度等也作了论述。

日本是人口老龄化进程最快、老龄人口比重最高的发达国家。经过多年的实践，日本的社区老龄服务法律体系较为完善，分别有《老人福利法》《老人保健法》《国民年金法》等来维护老龄人口的合法权益，更有“介护保险制度”来保障老龄人口的护理水平；老龄社区服务组织形式多样，

① 参见潘澜：《我国老年教育社区推动的理论与实践研究》，上海师范大学2010年硕士学位论文。

存在由政府、民间组织、志愿者或企业建立的老龄社区服务组织;养老设施也有良好的分类整合标准,分为医疗系、保健系和福利系;社区老龄服务也较丰富。

(二)国内老龄社区健康教育研究现状

1.关于老龄社区健康教育模式的研究

老龄社区健康教育最初为"老有所养、老有所医、老有所为、老有所乐、老有所学"的有机结合教育模式。随着信息技术的发展,以"做中学、学中做"为任务导向的社区信息技术普及教育模式被提出。[①] 之后,出现了机构化老龄社区教育、老龄团队自主性学习、老龄群体数字化学习、社区养教结合与社区志愿服务时间学习等"五位一体"的教育模式。[②] 现在多采用以老龄学习者为中心,以数字化和体验式的教育空间为载体,采取线上线下学习服务融合、养教结合的教学组织形式,利用数字化学习资源库、信息化公共服务平台等开展老龄社区健康教育。

2.关于老龄社区健康教育特点的研究

老龄社区健康教育的灵活性表现为不同老龄人口对于学习内容、学习方式、学习时间有不同的想法,社区教育强大的灵活性能够在教育过程中鼓励老龄人口按照自己的兴趣爱好安排自己的教育过程,满足各种需求。老龄社区健康教育的邻近性表现在可以让更多的老龄人口就近学习,省时省力、安全方便,具有广大的老龄群体基础。这样的特点也使得社区的老龄教育具有较高的参与率,能够更好地促进老龄人口晚年生活的健康发展。[③] 老龄社区健康教育的社会性表现在为老龄人口提供了社会参与平台和人际交往场所。老龄社区健康教育先是将老龄人口凝聚为一个互助团体,老龄人口互相为对方提供生活、情感上的帮助,促进人际关系的交往;老龄人口在团体学习文化的同时,也可以参与社区管

---

① 参见王新春、杨承惠:《应用型高校服务社区老年 IT 普及教育模式探索》,《中国成人教育》2016年第24期。

② 参见陈乃林:《我国社区老年教育基于本土实践的理性反思与发展前瞻》,《江苏开放大学学报》2016年第1期。

③ 参见岑雪军:《老年教育:根基在社区 活力在社团》,《新农村》2013年第11期。

理和服务，增强老龄群体的社会参与性，帮助老龄人口转换社会身份。老龄社区健康教育的平民性表现在老龄社区健康教育是在各方的支持下，为贯彻“终身学习”理念而建立的老龄教育场所，旨在让社区的老龄人口能够公平地享有受教育机会和教育资源，同时也降低了其参加教育活动的成本，有利于使老龄社区健康教育在老龄人口间普及开来。[①]

3. 关于老龄社区健康教育功能的研究

老龄社区健康教育有利于保证和提高老龄群体的生命健康水平。“健康老龄化”和“积极老龄化”的核心就是老龄人口的生命健康，而这个健康不仅仅是指没有疾病，更是指一种在身体上、精神上和社会适应能力上的完好状态，包括生理健康和心理健康。随着年龄增长，老龄群体进入了一个“脆弱期”，更加需要对健康的学习和护理。老龄社区健康教育有利于保障老龄群体的社会参与，促进老龄人口社会化。积极老龄化的意义就在于肯定老龄群体之前为祖国和社会所做出的贡献，并促进其在之后也能够保持良好的状态，按照自己的需要、愿望和能力来参与社会。[②] 很多老龄人口退休后一时难以接受社会角色的转变，导致情绪低落、郁郁寡欢，严重影响了身心健康。老龄社区健康教育有助于让老龄人口尽快适应角色转换，调节老龄人口与中青年的代际关系，帮助老龄人口树立正确的生死观。

4. 关于老龄社区健康教育存在问题的研究

首先是老龄社区健康教育的资源短缺，地区分布不均衡。老龄社区健康教育主要集中在城市社区，在农村社区发展水平较低；而且总体来看，老龄社区健康教育的资源短缺，师资、资金、医护人员等都严重不足。其次是社会对于老龄社区健康教育的认识不到位，简单地将其理解为唱歌、跳舞等休闲娱乐活动，没有认识到老龄社区健康教育给老龄群体、给社区、给社会带来的诸多便利。除此之外，大部分老龄社区健康教育内

① 参见钟育炎：《社区教育的基本内涵、特点与功能探讨》，《黑河学院学报》2017 年第 5 期。

② 参见陈乃林：《我国社区老年教育基于本土实践的理性反思与发展前瞻》，《江苏开放大学学报》2016 年第 1 期。

容比较单一，教学方式比较简单。目前来看，大部分的老龄社区健康教育内容依旧停留在养生保健、休闲娱乐等方面，没有发展到对老龄人口进行老龄素质、老龄道德、老龄心理健康教育等，在老龄人口的社会角色转变方面做的贡献较少。[①] 老龄社区健康教育的机制也不健全。到目前为止，没有准确的标准和行为规范来量化和指导老龄社区健康教育，这导致了老龄社区健康教育的发展水平参差不齐、内容设置稍显失衡等问题。各级社区应该在大的实行方向上有较为统一的准则，才有利于老龄社区健康教育的推广。

5.关于老龄社区健康教育发展建议的研究

首先，在“因材施教”的基础上，综合考虑社区老龄人口的年龄结构、经济水平、健康状态、已有资源和不同需求等因素，丰富老龄社区健康教育的内容和方式，提高老龄社区健康教育的水平。其次，要充分重视老龄人口的社区健康教育，加大宣传力度，让老龄人口以及整个社会认识到老龄社区健康教育的重要性，为普及老龄社区健康教育打下坚实的基础。最后，要加大对老龄健康教育资源投入和整合的力度，推动社区老龄健康教育均衡发展。政府在向社区提供财政支持的同时，也应鼓励和引导企业和社会对老龄社区健康教育的关注和投入，促进老龄人口有效利用社区资源并有效整合外部资源。[②]

（三）现有研究的不足

随着人口老龄化的快速推进，国家和社会各界对于老龄社区健康教育的重视程度也越来越高，老龄社区健康教育的研究取得了一定的进展，但研究过程中仍存在一些问题有待解决，主要有以下几点：

首先，老龄社区健康教育的研究方法比较单一，基本采用文献分析法和问卷调查法两种方法，研究过程中未考虑老龄社区健康教育系统的内在规律。

---

① 参见王林艳、王强：《近二十年我国社区老年教育研究的回顾与展望》，《中国成人教育》2018 年第 12 期。

② 参见赵蓓：《“积极老龄化”视野下的社区老年教育发展现状及推进策略研究——以南通开放大学开展社区老年教育为例》，《传播力研究》2017 年第 8 期。

其次，研究基本分模块进行，综合性不强。到目前为止，老龄社区健康教育的研究集中于内涵、特点、功能或者是进行问题和对策的研究方面，而对于整体的分析较少，综合性和系统性不强。[①]

再次，研究结果没有突出各地的地方特色。尽管历年来的文献研究了不同地区的案例，但是并没有突出研究区域的实际情况与地区特色。实际上，各省市区的经济状况、老龄人口比重、人民生活水平、历史文化传统以及当地社区老龄居民的身体状况、受教育程度、年龄结构、家庭状况等都会影响各地老龄社区健康教育的形成。针对不同社区进行特色化教育，研究也应该突出各地的地方特色。

最后，农村老龄社区健康教育的研究较少。现有研究主要集中在城区老龄社区健康教育，而对于农村老龄社区健康教育的研究较少。与城镇老龄人口相比，农村社区的老龄人口受教育程度普遍较低，经济水平较低，教育观念滞后，农村老龄社区健康教育的发展也备受限制。[②] 党的十九大报告中明确指出，要加快实施“农村振兴战略”，农村老龄人口这一庞大群体更应受到关注。研究者们也应关注农村，促进老龄社区健康教育的城乡均衡发展。

三、老龄社区健康教育的测度与评价

社区是老龄人口退休后的主要活动场所，老龄社区健康教育的重要性不言而喻。为了评估老龄社区健康教育的水平，可对教育点的硬件设施、收费水平、学习距离、教学内容、组织社区外活动等方面进行测度与评价，以促进老龄社区健康教育的发展。

（一）老龄社区健康教育的必要性与可行性分析

1. 社区健康教育是老龄化社会的必然要求

老龄化社会对老龄社区健康教育提出了迫切要求。自进入老龄化社会以来，中国老龄人口的规模之大、增长速度之快，在世界人口发展史

① 参见汪娟、许丽英：《不同类型社区老年教育课程建设研究》，《当代继续教育》2017 年第 3 期。

② 参见王林艳、王强：《近二十年我国社区老年教育研究的回顾与展望》，《中国成人教育》2018 年第 12 期。

上都是前所未有的。如何帮助老龄群体提高身心健康水平，正确地融入社会，对老龄社区健康教育提出了需求。老龄社区健康教育具有强大的功能。如上文中所提，针对老龄化社会对老龄社区健康教育的要求，老龄社区健康教育在近年来发挥了越来越多的功能：不仅在身体和心理上对老龄人口进行教育和护理，还在素质、道德以及老龄人口意识等方面进行正确的宣传，帮助老龄人口平稳融入社会。

2. 老龄群体对社区健康教育存在大量需求

社区是老龄人口的主要活动场所。一般而言，老龄人口退休以后，由“单位人”转为“社区人”，社区不仅是老龄群体生活的地方，而且还是其社交场所，他们对于自己生活的社区具有“认同感”和“归属感”。① 社区老龄人口对健康教育有需求，许多老龄人口渴望通过社区教育学习，结交朋友，构建新的人际关系。这就要从老龄人口的需求出发，逐步建设老龄社区健康教育。

（二）老龄社区健康教育的理论基础

终身教育理论是指人从出生到死亡这一生中所受到的教育，包括人的各个发展阶段中涉及的各个方面的教育活动，纵向包括一个人从婴儿到老年的不同发展阶段所受到的各级各类的教育，横向包括一个人从学校、家庭、社会等不同领域和层面受到的教育。② 联合国教科文组织在1976年通过的《关于成人教育发展的报告》中，明确把终身教育作为社区发展的教育理念。

学习型社会亦称“学习化社会”，在这样的社会体系中，学习不再受年龄、时间和空间的限制，人们可以利用一切学习资源，自主学习。社会给予全体成员公平享受学习、自由选择学习模式的权利，这又使得社会成员学习无障碍，可努力践行“学到老、活到老”的理念。③ 党的十九大报

---

① 参见潘澜：《我国老年教育社区推动的理论与实践研究》，上海师范大学2010年硕士学位论文。

② 参见李响：《基于老年人群的公园绿地非空间可达性研究——以北京双秀公园和社区绿地为例》，《规划60年：成就与挑战——2016中国城市规划年会论文集（11风景环境规划）》，2016年，第13页。

③ 参见游骞：《学习型社会理念下的开放大学建设策略探究》，《江西广播电视大学学报》2018年第2期。

告也提出，要加快建设学习型社会。社区是社会的细化，社区教育是建设学习型社会重要的一环。

健康老龄化要求为老龄人口提供良好的社会环境、健康和社会服务，使老龄人口的身体、心理机能健康。这里的健康不仅指老龄人口的生理、心理健康，更把健康的概念延伸到了社会、经济、文化等方面，要更全面地认识老龄健康。

积极老龄化是指充分发挥老龄群体的体力、精神等方面的潜能，保证所有人在老龄化的过程中能够充分享有自己的权利，按照自己的需求、爱好、能力参与社会活动，并能得到充分的保护、安全和照护。[①] 其最重要的改变就是肯定了老龄人口之前为社会做出的贡献，不再将老龄人口视为社会的"包袱"，反而认为老龄人口拥有巨大的潜能，是社会的"福利"。

（三）老龄社区健康教育质量的测度指标体系构建

建立指标体系的目的是评估老龄社区健康教育的水平，整个指标体系分为一级指标和二级指标。

首先，在一级指标的选取上，主要是选择老龄社区健康教育的参与度、社区教育点的服务态度、硬件设施、收费水平、学习距离、组织社区外活动的频率和教学质量。一级指标的选取主要是基于以下考虑：

老龄人口的社区健康教育参与度是评价社区教育活动最基本的指标。整个社区中参加社区教育活动的老龄人口所占的比重能够反映出此社区老龄健康教育的服务范围，进而评价社区老龄教育水平的优劣。社区教育点的服务态度反映了社区教育点工作人员是否真正认识到了老龄健康教育的重要作用，并愿意投身于老龄社区健康教育事业，积极努力地提高社区教育水平，为社区中的老龄人口建设另一个"家"。社区教育点的硬件设施是社区教育点发展的基础，齐全的设备和优质的配套设施有利于为老龄群体提供更全面、更优质的服务，全面提高社区老龄教育水平，吸引更多的老龄人口参与社区健康教育活动。社区教育点收

① 参见同春芬、刘嘉桐：《积极老龄化研究进展与展望》，《老龄科学研究》2017年第9期。

费水平的高低标志着社区教育建设是真的以便民为准则，而不是以盈利为目的。只有让老龄人口不因收费因素而拒绝参加教育活动，老龄社区健康教育才能算是真的便民。社区教育点的学习距离是老龄人口参与社区教育活动的限制条件，反映了老龄社区健康教育的建设是否真正为老龄人口考虑。过远的学习距离将在一定程度上限制老龄人口教育活动的参与，所以社区教育点的布点位置极其关键。社区教育点组织社区外活动的频率是老龄人口走出社区、接触社会的反映。老龄社区健康教育肩负着推动老龄人口融入社会的责任，参加社区外的活动、多与整个社会接触是推动老龄人口融入社会的重要方式。

其次，社区教育点的教学质量是老龄社区健康教育水平的重要体现，需要从多个方面评价，故在此一级指标下划分出了多个二级指标，如教育内容、教育方式、师资力量。

教育内容的设置是老龄社区健康教育内涵的反映，主要从生理健康教育、心理健康教育和安全意识教育三个方面进行测度。生理健康教育从保健设施提供、保健知识教育两方面进行测度，心理健康教育从知识技能教育、社团活动建设两方面进行测度。教育方式的选择反映了社区健康教育是否从老龄人口的角度出发，考虑老龄群体的学习特点，因材施教，选择合适的教学方式以及教育方式是否与时俱进，顺应互联网时代的要求，采用多媒体技术等。师资力量的安排反映了老龄社区健康教育水平的高低，专门的、充足的师资力量有利于课程的设置与开展，灵活、充分地为老龄人口提供教育服务，拉动老龄社区健康教育的发展。

（四）老龄社区健康教育质量的评价标准

对是否参加社区教育采用二元分析，其余指标采用五级评分法。以问卷调查的形式，对社区中的老龄人口进行访问，并以最终的社区教育参与度和得分评价老龄社区健康教育的质量，具体评价标准如表 3-8 所示。

表 3-8　　社区老龄健康教育评价标准表

<table>
<tr><th>项目</th><th colspan="4">评价内容</th></tr>
<tr><td>是否参与社区教育</td><td colspan="4">是　否</td></tr>
<tr><td>教育点服务态度</td><td colspan="4">非常差＝2，差＝4，一般＝6，好＝8，非常好＝10</td></tr>
<tr><td>教育点硬件设施</td><td colspan="4">设备非常欠缺＝2，设备不足且现有设备质量差＝4，设备基本齐全但质量差＝6，设备齐全但质量欠佳＝8，设备齐全质量好＝10</td></tr>
<tr><td>教育点收费水平</td><td colspan="4">收费过高＝2，勉强接受＝4，与收入相符＝6，
比较便民＝8，免费＝10</td></tr>
<tr><td>教育点学习距离</td><td colspan="4">较远＝2，勉强接受＝4，正常＝6，
比较方便＝8，十分方便＝10</td></tr>
<tr><td>组织社区外活动</td><td colspan="4">从来没有＝2，有过一两次＝4，偶尔有＝6，
每月至少一次＝8，经常有＝10</td></tr>
<tr><td rowspan="7">教育点教学质量</td><td rowspan="5">教育内容</td><td rowspan="2">生理健康教育</td><td>保健设施提供</td><td>非常差＝1，比较差＝2，一般＝3，
比较好＝4，非常好＝5</td></tr>
<tr><td>保健知识教育</td><td>非常差＝1，比较差＝2，一般＝3，
比较好＝4，非常好＝5</td></tr>
<tr><td rowspan="2">心理健康教育</td><td>知识技能教育</td><td>非常差＝1，比较差＝2，一般＝3，
比较好＝4，非常好＝5</td></tr>
<tr><td>社团活动建设</td><td>非常差＝1，比较差＝2，一般＝3，
比较好＝4，非常好＝5</td></tr>
<tr><td>安全意识教育</td><td>安全知识教育</td><td>非常差＝1，比较差＝2，一般＝3，
比较好＝4，非常好＝5</td></tr>
<tr><td>教育方式</td><td colspan="3">非常不适合老人＝2，不适合老人＝4，一般＝6，
比较适合老人＝8，充分因材施教、十分适合老人＝10</td></tr>
<tr><td>师资力量</td><td colspan="3">非常欠缺＝2，偶有欠缺＝4，一般＝6，
师资力量充足＝8，师资力量充足且专业＝10</td></tr>
</table>

第五节　济南市老龄社区健康教育发展现状及建议

济南市作为老龄社区教育的先行者，政府对老龄社区教育的重视程度不断提高，拥有了稳定的专业师资力量，同时课程设置注重与时俱进，逐渐形成了"上下联动，资源共享"的办学网络体系。但是，由于教学点分布不均、相关法律政策缺失等问题，严重制约着老龄社区健康教育的发展，需要我们在实践中不断完善，加快老龄社区健康教育的发展。

一、济南市老龄社区健康教育的基本概况

发展老龄社区健康教育是促进老龄人口实现积极老龄化的重要契机。近年来，济南市逐渐形成了政府主导、社会参与的社区教育模式，但由于各县区办学历史、办学条件、当地特色文化的不同，老龄社区的健康教育也存在一定差异。

（一）济南市老龄社区健康教育的整体状况

近年来，济南市逐渐看重对老龄社区健康教育的建设，坚持让老龄群体"走出来、动起来、学起来、乐起来"的教育方针，秉持着"学、乐、为"有机结合的办学理念，形成了政府主导、社会参与的社区教育模式，发展了自身独具特色的"老有所学、丰富学养、永葆青春、服务社会"的办学特点。[①] 济南市老龄社区健康教育点近年来的主要进步有：软硬件设施逐渐发展完善，配备了专业教师以提高教学水平，教学内容分别从老龄人口的生理健康、心理健康和安全意识三个方面出发以及有了固定的志愿者团队等。济南市老龄社区健康教育以丰富的教育内容、恰当的教育方法、独特的地方特色活动以及与社会各界的交流，为济南市老龄群体的老龄生活挥洒了浓墨重彩的一笔。

济南市现有 190 余所社区教育学校，分布在济南市的各个区县，在一定程度上保障了对各个区县老龄人口的服务。由于各个区县间的发展

① 参见济南市老年大学协会：《济南市老年教育理论研讨会论文集及会员校风采录》，2017 年。

历史、社会经济基础、地方特色文化等各有不同，导致各地的老龄社区教育发展水平也表现出了较大差异。

(二)济南市各区县老龄社区健康教育状况

近年来，济南市各区县的老龄社区健康教育建设都取得了较大的进步(见表 3-9)。从教育质量方面看，各个区县基本都为老龄人口打造了所需课程，部分区县如槐荫区和历下区还通过与老年大学合作的方式提高了教育教学水平。从教育功能方面看，历下区、市中区、天桥区、槐荫区、历城区五个区已经开始带领社区老龄人口参与社会性质的活动，长清区、章丘区、济阳区、平阴县、商河县也开始认识到推动老龄人口融入社会的重要作用，但落实到行动上稍有欠缺。

表 3-9　济南市各区县老龄社区教育现状

区县	老龄社区健康教育建设现状
历下区	历下区老龄社区健康教育，在不断探索、总结老龄教育规律的基础上，形成了自身独具特色的“老有所学、丰富学养、永葆青春、服务社会”的办学特点，现建有老龄社区健康教育学校 15 所，教育内容和体制机制也在不断完善过程中
市中区	市中区依托较好的社会基础，现建有老龄社区健康教育学校 41 所。在老龄社区健康教育的建设过程中，坚持让老龄群体“走出来、动起来、学起来、乐起来”的教育方针，帮助老龄人口找到了自我存在的价值
槐荫区	槐荫区在近年来对老龄教育的重视程度不断加强，先后建有老龄社区健康教育学校 39 所，并且在财政投入、师资支持、服务建设等方面都有着不同程度的提高和改善，并依托老年大学，形成了“上下联动，资源共享”的老龄教育网络
天桥区	天桥区在老龄社区健康教育的建设过程中，将老龄人口的需求放到首位，针对老龄人口的不同需求开设了不同课程，比如开设了老龄群体看重的养生、国学等课程。天桥区现有老龄社区健康教育学校 33 所，侧重“学、乐、为”的有机结合，发扬不断求新、求变的创新思维，不断吸引更多老龄人口入学

续表

区县	老龄社区健康教育建设现状
历城区	历城区现有老龄社区健康教育学校 11 所，并在教育过程中积极扩大老龄群体走向社会、奉献人民的活动空间，坚持“学、乐、为”结合，将社区的艺术团建设成了社区、乡村文体生活的主力军，取得了良好的社会效益
长清区	长清区现有老龄社区健康教育学校 11 所，逐渐走上了规范化的发展渠道，越来越成为老龄群体丰富文化生活、健康养生、康乐保健的开心乐园。在此基础上，长清区将社区老龄群体建设为了一支好学习、讲文明、促和谐、保稳定的社会活跃力量
章丘区	章丘区在老龄教育的建设过程中，积极以老年大学为引领，坚持政治性、知识性、趣味性、实用性的“四性办学”方向，形成了“区—镇(街)—村(居)”的三级办学网络，设立了社区老龄健康教育学校 9 所，并不断改进教学内容和方法，使老龄社区健康教育在这个体系的基础上能够积极、健康地发展
济阳区	济阳区现建有老龄社区健康教育学校 1 所，但是近年来加大了对老龄教育的宣传力度，并不断完善服务设施和内容，增强老龄教育的渗透力。在此过程中，健康教育学校成了帮助老龄群体展现自我、服务社会、发挥余热的重要平台
平阴县	平阴县秉持着要将老龄社区健康教育建设成老龄人口的“思想教育阵地、更新知识课堂、文化娱乐场所、延年益寿乐园”的想法，不断在教育路途上奋力前行。平阴县现建有老龄社区健康教育学校 11 所，并在不断发展壮大
商河县	商河县现有老龄社区健康教育学校 8 所，教育服务在主动满足老人兴趣、爱好的需求下，积极推动社区教育向示范引领、服务社会等方面延伸。商河县坚持“文化养老”的方向，引领老年教育不断前行

资料来源：《济南市老年教育理论研讨会论文集及会员校风采录》。

二、济南市老龄社区健康教育的布点与服务范围

目前，济南市约存在190处老龄社区健康教育点，但布点严重失衡，其中市中区、槐荫区、天桥区三个区域的布点数量超过全市布点数量的一半，且教育点教学质量存在差异，天桥区、槐荫区、历下区、市中区四区教育点多为高档教育点，其余县区老龄社区健康教育点往往是办学条件不完善的低档教育点。

（一）济南市老龄社区健康教育布点的基本情况

2016年，济南市190处左右的老龄社区健康教育点分布在各个区县，其中市中区、天桥区、槐荫区约有40处老龄社区健康教育点，历下区约有20处老龄社区健康教育点，长清区、章丘区、平阴县、商河县约有10处老龄社区健康教育点，济阳区老龄社区健康教育点数量较少，只有1处。各区县的老龄社区健康教育点在一定程度上保障了各个区县对老龄人口的服务水平。

借助ArcGIS 10.3空间分析工具，笔者对济南市老龄社区健康教育点的分布作了最邻近距离分析，衡量了研究对象分布的离散程度。研究结果（见表3-10）表明，济南市老龄社区健康教育布点的实际最邻近平均距离小于预期最邻近平均距离，且Z分值为负，表明济南市老龄社区健康教育布点存在集聚现象。

表3-10　济南市老龄社区健康教育布点最邻近距离分析结果

类型	值
实际观测平均距离	2390.202米
预期分布平均距离	5201.422米
最邻近比率	0.460
Z分值	14.290
p值	0.000

历下区、市中区、天桥区和槐荫区作为济南市发展较早、社会经济水平较高的区域，老龄社区健康教育布点最为集中。从图3-10中可以看

出,仅市中区、槐荫区、天桥区三个区域的布点数量就超过了全市布点数量的一半,表明整个济南市老龄社区的健康教育布点严重失衡。除此之外,历城区、长清区、章丘区、平阴县、商河县的老龄社区健康教育点各有10处左右,发展水平位于第二梯队;济阳区仅有1处老龄社区健康教育点,在数量上略处下游。

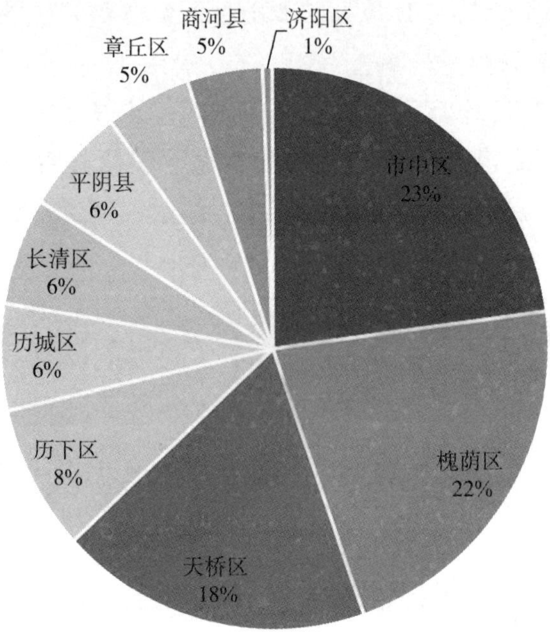

图3-10　2016年济南市各区县老龄社区健康教育布点数量占比

借助ArcGIS 10.3空间工具,笔者对济南市老龄社区健康教育点的分布进行了标准差椭圆分析,衡量了济南市老龄社区健康教育布点在方向分布上的离散程度。分析结果表明:济南市老龄社区健康教育布点的整体走向受北部黄河和南部山区的影响,呈现以中心四区为基本点,大体呈"东北—西南"走向的趋势。中心四区作为发展中心,老龄社区健康教育服务布点密集,历城区和长清区的社区健康教育布点明显表现出区内北部多于南部的趋势,其余区县因所处地理位置受黄河和山地的影响较小,故分布较为均衡。

(二)济南市各区县老龄社区健康教育服务范围

依据济南市教育局给出的《2016年度济南社区教育学校考核情况通

报表》、济南行政区划实际情况及中心地理论，现将190多个济南市社区老龄健康教育学校分为六类，具体分类过程为：首先，按照中心地理论和实际区划情况，将济南市所辖的区县分为三类，第一类为位于济南社会经济发展条件较好的天桥区、槐荫区、历下区、市中区，第二类为位于济南发展中心外围的长清区、历城区、章丘区、济阳区，第三类为位于济南边缘的平阴县和商河县。其次，在《2016年度济南社区教育学校考核情况通报表》的基础上，依据得分情况，考虑分类的可行性，将每一类社区教育学校细分为两档，共六小类。最后，通过分析社区的范围、社区教育点服务水平以及老龄人口的可达性，划定每类教育点的服务范围（见表3-11）。从各类区县的布点数量来看，天桥区、槐荫区、历下区、市中区这类区县的老龄社区健康教育布点数量最多，其中高档教育点占大多数，其余类型区县的社区教育布点均是以低档教育点为主。从整个济南市社区教育布局情况来看，高档社区教育点绝大多数集中在天桥区、槐荫区、历下区、市中区四个区，低档教育点在每类区县的数量相对平均。

表3-11　　济南市老龄社区健康教育点分类

分类	内容	数量(个)
Ⅰ类	天桥区、槐荫区、历下区、市中区 高档教育点	107
Ⅱ类	天桥区、槐荫区、历下区、市中区 低档教育点	20
Ⅲ类	长清区、历城区、章丘区、济阳区 高档教育点	12
Ⅳ类	长清区、历城区、章丘区、济阳区 低档教育点	30
Ⅴ类	平阴县、商河县 高档教育点	6
Ⅵ类	平阴县、商河县 低档教育点	15

概括济南市老龄社区健康教育空间服务范围的总体特征，即以市中区、槐荫区、天桥区、历下区为中心区，服务范围广泛且紧密相连，中心区外围区县服务范围较小且布局稀松。济南市老龄社区健康教育空间服务范围与教育点档次的关系表现为高档教育点服务范围广且连绵成片，

低档教育点服务范围小且疏散。例如,中心四区多为高档教育点,社区健康教育服务范围大、面积重合,并且基本覆盖四个区。以此四区为中心,越往外的区县教育点的档次越低,服务范围越小且相隔越远,造成除本社区及部分邻近社区的老龄人口之外,区域内的其他老龄人口无法享受到社区健康教育服务的结果,排他性明显。

在不考虑区位条件和社会经济条件的情况下,笔者对济南市进行了老龄社区健康教育点的理想均衡分布,与济南市现有的老龄社区健康教育服务范围进行对比,可以看出济南市的老龄社区健康教育布点在市中区、历下区、槐荫区、天桥区比较符合理想状态,其余区县在已有老龄社区健康教育服务范围之外仍有大量的理想均匀布点,表明这些区县在老龄社区教育布点数量方面十分欠缺。历城区北部区域和长清区北部区域的老龄社区健康教育服务比较符合理想状态,但历城区南部和长清区的中南部仍需添设老龄社区健康教育点;章丘区、平阴县、商河县老龄社区健康教育服务范围比较分散,整体区域需要添设老龄社区健康教育点;济阳区现有的老龄社区健康教育服务范围比重最小,需要添设大量老龄社区健康教育点。

三、济南市老龄社区健康教育的特色与主要成就

济南市老龄社区的健康教育注重与地方特色结合,形成了一批有代表性的乡土文化课程,如龙山黑陶制作。同时注重上下协调发展,市级、县区级、社区三级联动,资源共享,不断提升发掘老年人力资源的潜力,促进老龄社区健康教育又快又好地发展。

(一)济南市老龄社区健康教育的地方特色

1. 老龄社区健康教育内容与地方特色相结合

在济南市的老龄社区健康教育过程中,教育内容与地方特色紧密结合。例如,有的社区针对山东的传统戏剧吕剧开展了吕剧表演等活动,在丰富老龄人口生活的同时弘扬了地方传统文化。再如,针对不同的区县,也分别开设了适合当地特色的内容:市中区基于百年老商埠林立的特点,开展了“商埠银龄大讲堂”活动;市中区的老龄群体开展了游览小清河等活动;章丘区开展了龙山黑陶制作等课程等。

2.形成了“上下联动、资源共享”的教育网络

在济南市的老龄教育工作中，建立了县区级、街办级、社区级三级管理网络，为参加教育活动的老龄人口搭建了就近学习和活动的平台。这种“上下联动，资源共享”的网络有利于为广大老龄人口提供不受时间、空间限制的交流平台。

(二)济南市老龄社区健康教育的主要成就

1.重视程度逐渐增强

近年来，老龄教育工作已经引起了各级领导的高度重视，社区教育作为老龄教育中重要的一环，也受到了越来越多的关注。各区县对老龄社区健康教育的投入普遍在逐步增加，逐步完善的教学设施和现代化的教学设备为老龄人口的学习生活提供了物质基础和强有力的保障。

2.有了固定的、专业的师资力量

为了进一步推广老龄社区健康教育，政府也选派了优秀的专业教师为社区老龄群体上课，并且督促教师写好教学计划、上课进度表等，科学、规范地进行社区授课。通过优化教师队伍来形成一支结构合理、经验丰富、业务精良、责任心强的教师梯队，济南市老龄社区健康教育建立起了完善的授课体制，以此提高社区服务质量。

3.教育过程让老龄活动与社会衔接，让老龄人口发挥余热

济南市在开展老龄社区健康教育的过程中，将社区教育打造成了老龄群体融入社会的重要场所。例如，天桥区南村街道“义工奶奶团”10年来坚持在济南师范附属小学周边疏导交通、维护治安，这种活动使得老龄群体也成了发挥余热、奉献社会的一面旗帜，让老龄人口能正确认识到自己的价值，社会也能看到老龄群体身上的健康活力。

四、济南市老龄社区健康教育发展中存在的主要问题

济南市老龄社区健康教育在取得一定成就的同时，仍存在教学点布局失衡、等级差异明显，服务内容、方式及队伍建设不足，经费来源渠道单一、支持力度小，教育法律体系、教育管理体制不健全以及宣传力度小等方面的问题。

(一)济南市老龄社区健康教育资源的区域分布失衡,等级差异明显

济南市天桥区、槐荫区、历下区、市中区四个社会经济条件比较好的区所分布的老龄社区健康教育点占济南市所有社区教育点的71%,可见济南市老龄社区健康教育资源的地域分布严重失衡,许多地区的老龄群体由于硬件条件简陋、师资力量匮乏、经济水平较低等原因,不能享受到老龄社区健康服务。根据《2016年度济南社区教育学校考核情况通报表》计算出济南市各区县的老龄社区教育得分平均值,市中区的平均得分为济阳县平均得分的两倍,这表明济南市各区县老龄社区健康教育水平的差异也较大,使得各区县老龄人口所受到的社区健康教育服务也差距较大。

(二)济南市老龄社区健康教育内容、方式及队伍建设不足

截至2016年,济南市共有社区卫生服务中心(站)286个,床位2946张,大多分布在济南市的各个区中,平阴县和商河县分别有12个和7个社区卫生服务中心(站)。[①] 社区卫生服务中心(站)数量上的欠缺表明,有些社区在老龄人口健康教育的初始阶段,即生理健康教育阶段还有所欠缺,老龄服务建设不足。在老龄社区心理教育的内容和形式方面,随着互联网时代的到来,老龄人口有了新的需求,但社区教育点基本没有统一实行标准、经济能力不足、师资力量薄弱等原因不能满足老龄人口的新需求。而且,济南市的老龄社区健康教育点的教师多为兼职教师,缺乏专职教师进行灵活的教学安排。

(三)济南市老龄社区健康教育所获支持的渠道单一,力度不足

济南市老龄人口基数大,增长速度快,各个区县社会经济水平增长迅速,使得济南市整个老龄群体对社区健康教育的数量和质量都提出了进一步的需求。老龄社区健康教育现仅有政府作为财政支持来源,整体的来源渠道单一,支持力度匮乏,老龄人口日益增长的社区健康教育需求得不到满足。济南市现有的老龄服务市场多以政府投资为主,企业、慈善组织、金融机构等方面合作、投入匮乏。养老服务单一使得整个社

① 参见济南市统计局:《济南市统计年鉴(2017年)》。

会的养老服务水平不高，相应的老龄教育水平也有待提高。

（四）济南市老龄社区健康教育法律体系、教育管理体制的不健全

济南市老龄社区健康教育之所以现在还没有全面覆盖各个区县的各个社区，一方面是因为现有的老龄社区健康教育法律体系不健全，山东省现有的《山东省老年人权益保障条例》在老龄教育的建设方面没有提出有关硬性指标要求，这就放松了在社区建设过程中对配套设施的要求，导致老龄社区健康教育设施建设不完善；另一方面，因为济南市没有通行的老龄社区教育建设准则，没有明确的标准来规范老龄社区健康教育的内容选择、形式选择、时间安排和活动安排，缺乏建设样本，使得老龄社区健康教育在建设过程中出现了管理和实行不到位的问题。

（五）济南市政府宣传不到位，社会及部分老龄群体对社区健康教育的认识不足

政府对老龄教育的投入正逐年增加，但对于整个老龄教育重要性的宣传却较少，使得社会对养老的认识仅停留在“老有所养、老有所医”的水平[①]，部分没有参与社区健康教育的老龄人口以及大部分因不能适应退休生活而参与社区健康教育的老龄人口同样没有意识到社区健康教育对老龄人口起到的积极作用。济南市老龄办已分别与《济南日报》、《生活报》、济南电视台开设了老龄人口专栏，设立了“泉城老龄网站”等网上宣传点，但受众多为老龄群体，整个社会中老龄教育的宣传不到位，使得社会和老龄人口对其认识不够充分。

五、其他地区成功案例的经验

某些国家和地区的老龄社区健康教育在许多方面优于济南市，对于指导济南市的老龄社区健康教育有着一定的借鉴意义。在此，分别对美国太阳城、日本港北新城、北京市朝阳区的案例进行剖析，以期从中找到适合济南市老龄社区健康教育的措施，在今后的发展中学以致用，促进济南市老龄社区健康教育的发展。

① 参见潘美玲：《适应新时代要求 发展好老年教育》，《理论学习与探索》2018年第5期。

(一)美国太阳城:为各类老龄群体配备相应服务设施

美国“太阳城”是持续照料退休社区(continuing care retirement community,CCRC)的代表,是闻名世界的最为成熟的养老社区之一,也是全世界大型养老社区的鼻祖,是专门为老龄群体建造的社区。

1.社区对老龄群体进行分类,并提供相应的配套服务

社区将老龄人口按其健康活跃或需要照料的程度,分为完全可以自理的健康活跃老龄人口、需要半护理的老龄人口和需要全护理的老龄人口三类,并针对不同类型的老龄群体提供相应的社区服务,满足老龄群体在不同生理年龄阶段的不同养老需求。在建设之初,社区就规划了不同的房屋结构类型,如两户、多户、独栋、双拼等,为老龄人口提供了多重选择。

2.老龄群体基本生活和健身娱乐生活的保障

“太阳城”内的日常生活所需场所如邮局、超市、银行、教堂等建设完善,并且社区内建设有高尔夫球场、网球场、游泳馆、俱乐部、老年大学等为老龄人口提供健身娱乐的场所,比如亚利桑那州的“太阳城”有 7 个娱乐中心、2 个图书馆、2 个保龄球馆、8 个高尔夫球场和 3 个乡村俱乐部。“太阳城”内所有的建设和管理都是以老龄群体为中心进行的,保障了老龄群体养老生活的质量水平。

(二)日本港北新城:建设老龄群体与后代同居的社区

日本的养老服务历来是亚洲养老服务的典范之一,现在日本施行的是小规模、多技能的社区养老。日本港北新城是日本最为典型的养老社区,打造了一种符合家庭亲情理念的二代居住养老模式。

1.社区中有专门为老龄群体建设的住宅

日本港北新城建有专门为老龄群体设计的老少二户宅(二代居)、老人专用住宅、养老公寓等住宅。老少户住宅是指相邻或相近的两套住宅,一套为老人居住,另一套为子女家庭居住。老人专用住宅是指在建设工程中进行适老化设计的住宅。养老公寓是针对需要护理服务的老龄群体开设的,考虑到救护车等车辆出入以及单独管理方面,布局在小区出入口或小区沿边的楼栋。总体来看,在社区建设过程中,港北新城专门为老龄群体建设的住宅便利了老龄群体的生活。

2. 社区提供完善的无障碍设施以及看护服务

日本港北新城养老社区的建设过程中,针对老龄群体进行了适当的设计,考虑到老龄人口需要扶手、轮椅通行需求、护理人员陪住等,特意在住宅方面为老龄群体提供了人性化服务。港北新城养老社区还增添了针对老龄人口的配套设施,如护理之家、康复指导部等生活服务机构。社区还会为老龄群体提供全天候的入住照护服务、白天的日托服务及居家上门服务等,以全方位地保障老龄群体的健康生活。

(三)北京市朝阳区:积极与各方合作,并加强普法宣传

2013 年,全国教育研究中心落户北京朝阳区。2018 年,中国国际教育年会第五届国际教育论坛在朝阳社区学院举办。“十二五”时期,朝阳区成为北京市养老服务社会化示范区及全国养老服务业综合改革试点地区,以其优秀的老龄教育结果为全国的老龄教育事业立起了一道标杆。

1. 老龄社区健康教育工作积极与各方合作,提升教育水平

北京市朝阳区的社区教育学院积极与北京东方妇女老年大学合作,采取对接网络教育活动、面授培训活动、科研展示活动、融合教育师资的方式,弥补了老龄社区教育资源的不足,提高了社区教育水平。自 2011 年开始至今,在全区范围内已经建立了 203 个基层社区老龄教育基地。同时,朝阳区政府每年投资 50 万元进行老龄教育基地建设,购买了“幸福养老大课堂”3000 多课时的网络课程资源,供社区教育点成员免费使用,提高了全区老龄社区健康教育的水平。社区通过“种子计划”在老年大学中培养优秀骨干学员,优秀学员将成为社区老龄团体的骨干,带动更多的人参与社区活动。

2. 老龄社区健康教育将法律法规纳入了普法的重要内容

北京市朝阳区利用各级各类媒体开展老年人权益保障与维护宣传教育,将法律法规纳入了普法的重要内容。朝阳区建立了“区—街(乡)—社区(村)”的三级维护信任权益服务网络,切实维护了老龄群体的合法权益。同时,依托各级资源开展法律宣传工作,如普法讲座、志愿者法律咨询等活动,全区累计开展各类法律援助宣传 100 余次,解答老龄人口法律咨询 1500 余人次,累计发放各类宣传材料 5000 余份,在一定程

度上提高了老龄群体的法律意识,受到了社区老人的高度评价。

六、发展济南市老龄社区健康教育的政策建议

针对上述问题,济南市老龄社区健康教育在今后的发展中,应不断优化老龄社区健康教育点布局,均衡各县区发展水平,加大政府财政支持力度,出台老龄社区健康教育相关政策,完善老龄社区健康教育运行机制,加大宣传力度,促进社会及群体对老龄教育的正确认识,创新教育内容和方式,打造互联网老龄健康教育时代。

(一)调整老龄社区健康教育布局,均衡各县区发展水平

针对区域内老龄社区健康教育布局严重失衡的问题,济南市政府应发挥区域协调的作用。通过协调发展较好的教育点帮扶发展较差的教育点,一是可以帮助老龄人口认识到自己仍对社会有用处,融入社会;二是可以宣传老龄社区健康教育建设对社会的作用。也可以通过加大对老龄社区健康教育发展水平较低社区的扶持力度,直接协调各区县间的发展水平。

(二)政府应增加相关投入,社区应积极扩展合作渠道

济南市人民政府作为推动老龄社区健康教育的主力军,应加强对老龄社区健康教育建设的重视,增加相关投入,如资金、场地、设备、师资等,发挥政府在保障老龄人口福利方面的重要作用。在建设老龄社区健康教育点的过程中,除了接受政府的资金支持,也可以积极扩展与企业、学校、社会团体的合作渠道,寻求资金、设备、师资的支持。

(三)出台老龄社区健康教育相关政策,完善老龄社区健康教育运行机制

在推动老龄社区健康教育建设的过程中,政府要在相关政策和通行标准方面双管齐下。一方面,要出台社区建设过程中与教育点建设有关的政策,从法律角度保障老龄人口享受教育服务的权利;另一方面,要在充分考察的基础上,设定老龄社区健康教育点建设的基本通行标准,并允许各地加入地方特色元素。完善的教育管理体制有利于老龄社区健康教育在各个县区间推行开来。

(四)加大宣传力度,促进社会及群体对老龄教育的正确认识

一方面,政府应通过公益宣传片、公益活动等方式,加大对老龄社区健康教育的宣传力度,促进整个社会和老龄群体认识到老龄社区健康教育在实现健康老龄化、消除代际沟通障碍中的巨大作用;另一方面,社区也应通过组织社区团体活动,展现社区健康教育点老龄群体的风采,讲解参加社区健康教育的积极作用,吸引更多的老龄群体加入。

(五)教育内容和方式要与时俱进,打造互联网时代新格局

老龄人口对于社区健康教育的需求是变化的,老龄社区健康教育的内容和方式也应与时俱进。在互联网时代,社区健康教育内容也应顺从潮流,添加互联网使用和安全防范教育,要让老龄人口在能够熟练使用互联网的同时,保护自身的信息和财产安全。互联网也可以融入社区健康教育模式中,让老龄人口足不出户就能获得社区健康教育的有关消息和通知,增加社区健康教育的便利性。

(六)鼓励老龄群体成立基层自治组织,发挥"承上启下"的作用

鼓励社区老龄群体成立自治组织,推选热心于老龄教育事业、德高望重的老龄人口作为代表,一方面可以向社区反映老龄群体对社区健康教育建设的要求和意见建议;另一方面,老龄代表可以起到模范带头作用,有利于老龄社区健康教育的推广。基层老龄自治组织也可以作为社区健康教育建设的监督者,甚至是社区建设的监督者。

(本章作者:王志宝、赵娜娜、亓广志,山东师范大学地理与环境学院)

第四章

老年健康生活与长寿

健康长寿是古今中外人类的共同追求，是广大老年人的共同愿望和热切期盼，是社会文明进步的重要标志。我国是人口老龄化程度较高的国家，并且正处在快速发展阶段，60 岁以上老年人口达 2.49 亿，占比 17.9%。因此，关怀老年人的生活，关注老年人的健康长寿将成为一个不可或缺的话题。

近年来，我国积极推进健康老龄化工作，全面改善老年民生，健全完善社会保障和救助体系，成就了广大老年人健康长寿、安享晚年的愿景和梦想。本章从不同领域、不同学科、不同层次、不同视角探讨了老年人健康长寿的规律和影响因素，并以山东省诸城市、山东省临朐县和滨州市沾化区为例，针对老年人健康长寿的社会环境因素、精神心理因素、自然生态环境因素等进行了分析研究，提出要提高经济发展水平，加大社会支持力度，弘扬孝道文化和培养良好的生活习惯；建立和完善各项社会保障，特别是养老保障制度，大力发展医疗卫生公共服务，构建和谐的家庭环境，科学运动，健康饮食；加强宣传、教育、建设、投入和创新，努力构建老年人积极、向上、充满活力的精神家园等，旨在为推动老龄事业发展提供基础数据和理论支持，提高各地区对影响老年人健康长寿公共因素的关注，实现促进老年人健康长寿的目的。

第一节　长寿现象的社会环境因素分析与对长寿对策的探讨

随着中国人口数量的逐渐增加及人口结构老龄化的加剧，导致中国老人数量不断增加。2010 年，中国老人（60 岁以上）已达到 1.76 亿，占全国总人口的 13.3%，这已经高过老龄化社会的国际标准 10%的比例；有资料预计，中国老年人口比例将在 2050 年达到 25%，我国老龄化程度将达到新高度。与此同时，中国持续的工业化发展、大规模的城市化和家庭结构的简单化等因素已引起社会环境的急剧变化，进而导致我国老年人面临着一系列的健康问题，积极地应对人口老龄化是我国老龄事业顺利开展的重要任务。党的十九大报告中指出："积极应对人口老龄化，构建养老、孝老、敬老政策体系和社会环境，推进医养结合，加快老龄事业和产业发展。"而长寿区的健康老龄化现象更值得我们去研究，以探索出适合我国的健康老龄化道路，构建和谐的社会环境，这对实现健康老龄化具有一定的借鉴意义。

一、长寿现象的社会环境因素

随着社会的不断进步及医疗卫生条件的改善，人均期望寿命在逐渐增加，这与社会环境是分不开的。人们生活在不同的自然生态环境中，依此衍生出了不同的文化与社会形态，影响着人们的组织方式和行为活动，所形成的地区的社会环境的经济、社会支持、文化风俗和生活习惯更是各具特色。健康和谐的社会环境为当地人群的健康长寿提供了有力的物质和精神生活基础。在我国老龄化加剧的趋势下，探讨长寿现象的社会环境因素，摸索出长寿的秘诀，可为在更大范围内实现健康老龄化奠定基础。

（一）经济发展

长寿区的长寿现象不仅与优美的自然生态环境有关，而且还离不开良好的社会经济基础。随着新农村发展战略、取消农业税等国家惠民政策的实施，中国大多数农民能够自给自足，年收入水平在不断增长，生活水平也逐步提高，少数没有经济来源的老人也能拥有良好的社会保障。

良好的经济发展水平改善了老年群体的物质和精神环境，为长寿现象的形成提供了有力的支撑。对长寿区调查发现，所有长寿区均具有稳定的经济发展水平，人均年收入也在不断增加。

有资料显示，山东省乳山市长寿区主要以第二产业和第三产业为主，初步形成了金属冶炼、安全食品、装备制造、生物科技、新能源、新材料六大优势主导产业，拥有省级企业技术中心 12 家，省级以上名牌产品和著名商标 44 个；以旅游业为龙头的现代服务业发展迅速，有 2 个 4A 级和 4 个 3A 级景区，其中大乳山滨海旅游度假区被评为“全省十大齐鲁文化新地标”，跻身山东省文化产业示范基地，塔岛湾为国家级海洋特别保护区。

湖北省钟祥市长寿区以农业为主，农作物以水稻、大豆、小麦、棉花、花生和油料等为主，是我国重要的优质棉、商品粮、商品油料和瘦肉型猪生产基地，全市粮、棉、油产量和农业增加值均进入全省 10 强和全国 50 强，农村小康综合评价位居全省第一，是全省小康达标县市。

对全国农民家庭的抽样调查发现，居民在衣、食、住、用方面的消费水平都有显著提高，特别是医疗和文化教育、娱乐方面的支出增大，促进了居民的健康长寿，故长寿区的经济发展是长寿现象的物质基础。

（二）社会支持

社会支持是指个体通过社会互动关系所获得的，能缓解精神紧张状态、减轻心理应激反应、提高社会适应能力的支持和帮助。它主要包括两方面的支持形式：一是各级政府、机构、社区、企业等组织提供的诸如医疗保障制度、社会保障制度、敬老助老政策等的支持；二是家庭成员、朋友、邻里、同龄群等提供的信息、情感和行为等的支持。这两方面的社会支持为长寿现象的形成与发展提供了有力的精神保障。

1. 社会政策环境

调查发现，长寿区百岁老人的数量较其他地区明显增多，这显然与国家的社会政策环境是分不开的。与健康相关的医疗保障制度、社会保障制度、敬老助老等的社会政策支持为长寿现象的形成和发展提供了坚实的政策保障。改革开放以来，我国逐渐加强了基本医疗及公共卫生建设，社区医疗卫生服务点不断增多，居民就医越来越方便。目前，中国

80%以上的乡村享有合格的医疗卫生保健。卫生服务的覆盖逐步改善了乡村的卫生环境,也改变了很多居民的不良卫生习惯,降低了疾病的发生率,期望寿命也随之升高。如青岛市城阳区在发展经济的同时大力推进民生工程,逐步实现了基本医疗卫生制度的全区覆盖,在健全社会基本养老保险体制的同时,对 85 岁以上老人每月每人发放 100 元,“五保”老人全部由财政供养,经济有困难的独居老人由政府出资养老等;还长效化开展了社会敬老四大行动,即“行为养成、好人评选、优化环境、志愿服务”。

2.社会关系

随着社会经济形态的变化,居民的生活、生产和交往空间也日益扩大,形成了复杂的社会关系网络,此网络也是影响老人健康长寿的重要因素之一。该网络主要包括三个方面的社会关系:一是与朋友、邻里、同事等的社会交往关系,在很多长寿村主要体现在生产活动中发生的社会交往;二是与社会组织的关系,与之关系最为密切的就是村委会或居委会,其发挥着村民自我管理、自我服务和自我监督功能;三是婚姻家庭关系,家庭是社会组织的基本细胞,关系到整个社会的健康和稳定。这三种关系的和谐与否,均会影响老人的身心健康,进而影响老人的寿命,这也是很多长寿村老人长寿的重要原因之一。

在山东省费县,许多 80 岁以上的老年人坚持做一些力所能及的家务劳动,他们均心胸开阔,为人平和,故此地的“寿星”很多。除了风景优美的自然生态环境的滋养外,良好的社会关系也为长寿提供了良好的条件。

(三)历史文化

大多数长寿地区不但拥有深厚的文化底蕴,而且还具有优秀的敬老传统,邻里和睦,代际和谐,尤以家中长寿老人为荣,这就是孝道文化,其在乡村长寿现象的形成与发展过程中发挥了重要的作用。孝道文化就是关爱父母长辈、尊老敬老的一种文化传统。据文献记载,湖北省钟祥市是楚文化的发祥地,文化底蕴丰厚,尊老敬老的优秀传统尤为突出。据《钟祥县志》记载,钟祥老人过寿时,都要被尊称为“寿星”,前往祝寿的人要送钱或礼物;晚上装香发蜡,凡是晚辈都要行跪拜礼,给寿星上寿,这一习俗一直保持至今。现在,只要是高寿老人过寿,全村人都要前去祝寿。尊老敬老的关键在于子孙对长辈的孝敬,这是老年人健康长寿的最重要原因。在山东省乳山市,常以“孝亲敬老”为主题,开展“十大孝星”“好媳妇”等评选活动,使孝道文化这一传统美德不断发扬光大。山东省东明县是著名思想家庄周的故里,流淌着灿烂的文化血脉,民风淳朴,敬老氛围浓郁,尊老敬贤、关爱老人早已成为社会风尚。孝道文化的沉淀积累促进了区域长寿的形成和发展。

(四)生活习惯

不同的社会环境形成了不同的生活习惯,主要体现在起居习惯、饮食习惯、劳动锻炼频率和业余爱好等方面。研究发现,长寿区的百岁老人大都有良好和规律的生活习惯。

1. 起居习惯

良好的睡眠和规律的作息时间可使老年人快速消除疲劳,重新恢复体力,使身体达到最佳状态,利于身体健康。研究发现,江苏如皋长寿区百岁老人的睡眠有一共性,那就是作息规律,日出而作,日落而息,睡眠质量较好,其中53%的老人睡眠时间稳定在8小时上下。闫志晖等人对102位山东省济南市的百岁老人睡眠质量进行了调查,数据显示74.3%的百岁老人作息规律,睡眠质量较好。① 因此,良好的起居习惯是机体的免疫系统工作平稳的重要前提。

2. 饮食习惯

维持人体组织细胞的正常生理功能,离不开合理的营养。良好的饮食习惯是保证营养平衡的最根本路径,因此饮食习惯也就与个体的健康长寿水平息息相关。有资料显示,新疆和田地区被誉为“世界著名长寿之乡”,有来自世界各地的专家对此地的饮食习惯和饮食结构进行过大量的分析研究,发现主要包括五个特点:以粗粮为主的面食作为主食;低盐饮食;三餐规律,饭不过饱,少食多餐;常食用应季且新鲜的果蔬;常饮用当地的和田茶,茶叶中含有的茶多酚赋予了机体抗癌、抗衰老的功能。

① 参见闫志晖、赵子彦、付越榕等:《102名百岁老人血压与生活质量的关系》,《中华高血压杂志》2009年第4期。

除了和田，很多长寿地区的老人饮食习惯大都相似。良好的饮食习惯为营养物质的摄取和吸收提供了必要的条件，也是长寿的直接影响因素。

3. 劳动锻炼

俗话说“生命在于运动”，适当的体育锻炼和劳作能强身健体，改善心肺功能，提高机体的免疫力，使机体更灵活，精力充沛，这是健康长寿的关键。有统计数据显示，75%～80%的长寿老人保持着长期坚持体育锻炼或体力劳动的习惯，如劳动、散步、打太极拳、爬山等。有研究发现，巴马长寿区百岁老人中，97%的人是下地劳作的农民；江海①对山东省即墨市 28 位高龄百岁老人、刘烈刚等②对湖北省钟祥市长寿区 102 位百岁老人进行过调查，发现大部分百岁老人出身农民，下地劳作的方式改善了老人的身体机能，也使其体会到愉悦的心情带来的快乐。这种身心快乐的劳动锻炼方式是长寿必不可少的条件。

4. 业余爱好

从心理学的角度来讲，业余爱好有助于提高人们的生活质量，填补农耕生活外的空闲时间，休闲娱乐活动给老人带来了快乐，对老人们的心理健康非常有益。研究发现，很多高龄老人都有至少一两项兴趣爱好，如钟祥市长寿区很多老年人保有乐观向上的心态，由于年轻时劳作繁忙，无暇培养业余爱好，晚年无法田间劳作后便培养起业余兴趣，如下棋、打牌、看书、拉胡琴等。

二、长寿现象与社会环境的内在联系

社会环境是区域发展的文化基础和物质支撑，社会环境的优劣不仅决定了人居环境的宜居性和舒适度，而且还对人类的健康长寿也有重要的影响。本章从中国很多长寿区的经济发展、社会支持、历史文化和生活习惯四个方面探讨了社会环境与长寿现象之间的内在联系，归纳总结出了促进长寿现象形成的“211”社会环境因素法则，即“两个基础、一个

① 参见江海：《长寿的两大因素——即墨市百岁老人调查记》，《山西老年》2005 年第 5 期。

② 参见刘烈刚、朱清华：《湖北省钟祥市长寿镇 102 例高龄老人综合因素的调查分析》，《中国老年学杂志》1995 年第 5 期。

保障和一个条件”。

第一,经济发展是长寿现象产生和发展的物质基础。经济发展改善了人们的就业环境,增加了年收入,提高了人们生活的整体水平。同时,产业结构优化也对长寿现象产生了积极影响,卫生、社会福利业和社会保障的快速发展,为人们寿命的延长奠定了物质基础。

第二,历史文化是长寿现象产生和发展的文化基础。传统的长寿文化、尊老爱幼的孝道文化在长寿区得到了充分的继承和发扬。

第三,社会支持是长寿现象形成的精神保障。和谐的社会关系促进了长寿现象的形成。居民的生产、生活和交往空间逐渐扩大,丰富的文化娱乐活动减轻了生活带来的心理压力,有助于身心健康的保持。村委会或居委会不仅促进了人居环境的稳定发展,而且还对居民的道德行为进行监督,这也是长寿现象产生的重要精神保障。儿女孝顺、家庭和睦是保证老人良好心态,诱发幸福感,促进长寿的重要因素。

第四,生活习惯是长寿现象形成的关键条件。许多学者认为,长寿的秘诀多数都与生活习惯息息相关。如此多的百岁老人,大多养成了健康的生活习惯,如规律起居、勤劳好动、健康饮食、爱好广泛,这些都是长寿老人的长寿之道。综上所述,促进长寿现象形成的“211”社会环境因素法则为构建和谐的社会环境,为更大范围的健康老龄化的实现提供了具有借鉴意义的路径选择。

三、健康长寿的对策与建议

随着我国人口老龄化的加剧,社会环境的优劣决定了人居环境的宜居性和舒适度,对人类的健康长寿也有重要的影响。为实现健康老龄化,依据形成长寿现象的“211”社会环境因素法则,本章从提高经济发展水平、加大社会支持力度、弘扬孝道文化和驱动良好的生活习惯四个方面提出了对策和建议。

(一)提高经济发展水平

经济发展是保障健康长寿的物质基础,它对人群的健康水平的影响可以通过多渠道综合发挥作用,主要有以下几点:

第一,稳步推进第一产业,加强生产食材的安全。农业是国民经济的重要部分,农产品的质量和安全会直接影响人们对营养物质的有效吸收和利用,进而影响健康水平。

第二,加快发展第二产业,提高老人的物质生活水平,如发展老年生活用品、医疗器械、汽车和老年建筑等。随着产业的发展,老年人的居住条件、卫生保健的质量和出行体验等方面都会改善,从而间接影响老人的健康状况。

第三,大力发展第三产业,推进新旧动能转换,如发展教育文化、家政、餐饮、旅游交通、医疗保健、心理咨询等服务业。教育和文化方面的投入增加,居民的文化水平也会随之增加,进而影响人群接受卫生保健知识的能力,从而影响整个人群的健康;家政餐饮等服务业的适老化发展将会改善老年人对养老服务的体验;夕阳旅游和心理咨询等服务业的快速发展将会对老年人精神生活水平的提高起到推动作用。

(二)加大社会支持的力度

除了经济基础外,健康长寿的形成和发展还离不开社会政策环境和社会关系两个方面的支持。

1. 健全社会养老和医疗卫生保障体系,推动医养结合一体化建设

第一,健全城乡居民社会养老保险制度,进一步提高基础养老金待遇。随着经济的发展,应统筹规划养老保障制度的内容和标准,缩小城乡和地区待遇差异,加快养老保险制度一体化建设,适度提高养老保险金的待遇水平;降低最低生活保障制度门槛,合理界定低保群体,保证低收入高龄老人的基本生活,完善社会救助体系;扩大高龄津贴覆盖面,在国家政策的驱动下,根据各地经济发展水平调节补贴的标准,健全养老福利制度。

第二,完善医疗卫生制度体系,优化配置医疗资源。首先,根据医疗保险种类的不同,适度扩大医疗保险报销的范围和提高报销比例,将高龄老人常见慢性病的药品纳入药品报销目录,降低大病保险报销的起付线,提高大病报销的范围和上线,进一步扩大异地医保结算范围,完善医疗报销体系。其次,优化配置城乡医疗资源,探索医养结合一体化的发展模式,加大医疗设施资金投入,提高医护人员的数量配比,提升医护人员的专业水平,整合医疗和养老机构,为老人提供更便捷、专业和合理的

医疗服务及丰富的医疗资源。

2.促进社会关系的和谐,夯实社会支持的基础

鼓励社区或社会组织积极开展惠民活动,提供给老人交流沟通的平台,满足老人获取信息、交友和交流等精神需求,帮助老人解决邻里、家庭和朋友之间的矛盾冲突,发挥好党和政府联系人民群众的桥梁和纽带作用,营造和谐的社会环境氛围,提升老人的精神健康水平。

(三)弘扬孝道文化,营造敬老爱老氛围

孝道是中国传统社会的基本道德规范,在新时代发展的今天,随着中国社会文明程度的发展,孝道观念有了更丰富的内涵和外延,已渗透到生活中的方方面面,在构建和谐的社会环境、促进精神健康中具有重要的现实意义。对此应做到以下几点:

首先,在全社会广泛开展对孝道文化的宣传教育活动,使敬老、爱老、养老的观念由家庭推广到社会,并通过社会教化与社会教育的结合,有效地营造一种尊老敬老的社会风尚。可以利用广播、电影、电视、广告、教科书、教育平台、讲座、通信平台等途径宣传新形势下的孝道文化,营造浓厚的尊老、敬老、爱老的氛围。

其次,从法律层面进一步完善《老年人权益保障法》等相关的法律法规制度,健全保障老年人权益的各项制度,逐步改善老年人的生活、健康、安全以及社会发展条件,实现老有所养、老有所医、老有所为、老有所乐、老有所学。

最后,鼓励社会组织、慈善机构、志愿者等开展敬老助老活动,各级人民政府和有关部门应在财政、税费、土地、融资等方面给予扶持,将尊老敬老文化真正渗透到老人的生活中。

(四)养成良好的生活习惯

大部分高龄老人的长寿秘诀都离不开良好的生活习惯。对此,应鼓励养老机构的医护人员、社区的社工、志愿者或家庭成员等参与护理干预过程,帮助老人改善不良的睡眠和饮食习惯,协助老人选择适宜的运动项目。另外,要倡导家庭、社区或社会组织开展敬老惠老活动,鼓励老人参与家庭和社会活动,培养广泛的兴趣爱好,拓展丰富多彩的生活空间,促进老人的角色功能和社会功能的恢复,提升老人的心理健康水平,

如练书法、学绘画、种花草、养鸟、摄影等。

综上所述，为了积极应对人口老龄化，本章从中国很多长寿区的经济发展、社会支持、历史文化和生活习惯四个方面探讨了社会环境与长寿现象之间的内在联系，归纳总结出了促进长寿现象形成的“211”社会环境因素法则，即“两个基础、一个保障和一个条件”。经济发展和历史文化分别是长寿现象形成和发展的物质基础和文化基础，社会支持和生活习惯分别是长寿现象形成和发展的精神保障和关键条件。依据该法则，本章从提高经济发展水平、加大社会支持力度、弘扬孝道文化和驱动良好的生活习惯四个方面提出了对策和建议，从社会环境因素方面探索出了适合我国的健康老龄化道路。

（本节作者：邬春艳，山东英才学院）

第二节　社会因素在“长寿之乡”形成中的作用研究

社会因素是人类的社会、文化和生产活动的地域组合，包括人口、民族、聚落、政治、社团、经济、交通、军事、医疗卫生、伦理道德、风俗习惯和社会行为等许多成分。人文环境既是人们进行社会、文化和生产活动的结果，也是人们开展物质和文化生活的依赖条件。和中华人民共和国成立初期相比，山东省现在的自然环境虽然有所恶化，但全省人口的平均寿命却由中华人民共和国成立初期的35岁上升至2016年的78岁，提高了一倍多。这就足以说明社会因素对人们健康长寿的影响之巨大。社会因素对人类健康长寿、长寿之乡形成以及长寿区可持续发展的影响主要体现在以下三个方面：

一、社会经济因素的影响

经济发展的结果可以改善医疗、教育、生活质量，为人们创造有利于健康长寿的社会环境。长寿之乡大都高度重视科学发展、和谐发展。首先是发展速度快。据对全国50个长寿之乡的抽样调查统计，2015年、2016年全国长寿之乡的人均GDP普遍高于所在省区平均值的4.3%～

5.5%，其中有26个长寿之乡的人均可支配收入高于全省平均水平。而山东省的莱州、文登、乳山、城阳等市(区)更是走在全省前列：2016年，莱州市、乳山市分别位列全国经济综合实力百强县第14位和第49位。其次是注重发展的平衡性、稳定性和可持续性，没有单纯地追求经济高增长率。到2015年，山东省超过50%的长寿之乡被命名为“全国武术之乡”“全国特色体育之乡”“全国教育、卫生、文化普及、精神文明建设先进单位”，比例高于全国平均值的41.2%。这些地区(县、乡)在经济发展的基础上充分做好了发展与环境保护相结合的文章，强化生态功能修复，居民生活环境不断改善。这充分说明，科学的发展理念、以人为本的建设目标和让人民群众安居乐业为国民健康长寿奠定了坚实的物质基础。

二、社会政策因素的影响

(一)建立和完善各项社会保障，特别是养老保障制度

要给老年人提供老有所养、老有所学、老有所乐、病有所医的条件，让他们衣食无忧，生活有保障，精神有寄托，娱乐有设施，学习有环境，才能使更多的人健康长寿。例如，山东省金乡县、东明县等长寿之乡普遍将养老服务业纳入当地国民经济和社会发展整体规划的“大盘子”，根据人口总量、消费水平、经济发展程度等因素，统筹规划养老服务设施的类别、规模、规格，通过科学规划，逐步推进以家庭养老为基础、社区养老为依托、机构养老为补充的大格局的形成。再如，山东省单县和山亭区普遍建立了老年活动站，常年组织身体比较健康的老人开展文化体育活动，让老年人的晚年生活丰富多彩；山东省乳山市大力开展健身舞、腰鼓、太极拳、太极剑、书法等活动，参与活动的老人均超过老人总数的35%，通过政府购买服务，使能够享受到政府社区养老服务的老人超过41%。政府各职能部门也努力做好为老服务工作，如工商部门为老年人提供场所，减免税费，鼓励老年人兴办小茶馆、小商店、小饮食店、小加工坊等“四小服务业”，以“老有所为”促进“老有所养”。山东省文登市对城镇未进福利院的孤寡老人由政府提供水费、电费和租房补贴，加大维护老年人合法权益的力度，对老年人实行法律援助，对各种赡养纠纷、侵犯老人权益的事件认真调查处理，以维护老年人的政治权利、经济权利和

婚姻自主权利等，这为老年人的健康长寿提供了放心的制度保障。

（二）大力发展医疗卫生公共服务

疾病是影响寿命诸因素中最重要的因素，各种疾病，特别是传染病是否能得到及时的治疗与控制，是影响人的寿命的直接因素。改革开放以来，伴随着全国医疗卫生体制改革步伐的加快，山东省陆续出台了各类医疗制度改革政策和措施，医疗保险政策不断完善，医疗服务水平、医疗服务覆盖面不断扩大，为老年人的健康长寿提供了坚实的保障，具体有以下几点：

一是医疗卫生投入助力健康长寿。截至2015年年底，全省共有医疗卫生机构77435家，其中医院1926家，基层医疗卫生机构73164家，专业公共卫生机构2140家，其他医疗卫生机构205家；全省共有卫生人员85.64万人，其中卫生技术人员61.86万人，执业（助理）医师23.71万人，注册护士25.42万人；床位51.93万张，全省每千人拥有医疗床位达5.27张，长寿之乡莱州、乳山、山亭等市（区）则达到6.5张，高于全省平均值的16.7%。2010～2015年，全省医疗卫生机构总诊疗人次由4.80亿人次增加到6.16亿人次，年均增长5.11%，而长寿之乡则增长了7.18%。

二是疾病防控作用明显。长寿之乡对传染病实现了有效控制，法定传染病报告发病率、病死率处于全国、全省较低水平，主要健康指标居全国前列。长寿之乡针对老龄人口的疾防工作深入扎实，老年人跌倒、中毒、溺水、交通事故以及因火、电受伤等意外事故发生率明显低于全省平均水平。患病少且有病能得到及时治疗是长寿的因素之一，以山东省乳山市、山亭区和四川省彭山县为例，当地老人近些年患病的非常少，被访的老人中，“未曾患过重病”的比例高达87.34%，“患病15次”的比例为12.03%，“长年卧床不起”的比例仅为0.63%。山东省荣成市还探索建立了长寿老人家庭门诊和长寿档案，定期上门巡诊。长寿之乡的另一个共性特点就是中医的推广普及，山东省所有的长寿之乡均有较大规模的中医医疗机构和人才队伍，中、西医就诊人数之比达到1∶8.8，高出全国平均值66.5%。

三是注重老人的心理健康。健康的心理是延年的营养剂，养心是健康少疾、抵御衰老的首要条件。强烈的社会意识、自信的生活方向让人过得快乐而充实，最终能达到健康和长寿的目的。山东省疾控中心调查发现，长寿之乡的老人，特别是百岁以上的高龄老人大多数都精神乐观，他们不怨天尤人，与家人邻里相处和睦，其中89%的老人遇事能够“想得开”和“很想得开”，远远高于全国的平均水平的70.8%。在山东省文登市、蒙阴县、费县，“自己的事情总是自己说了算”的老年人占67.5%，也要高于全国平均水平的30.9%。这些老人的心态也比较平和，很少有孤独和寂寞的感觉，“从不感到孤独”的老年人占64%，比全国的比例高31.1%。

（三）完善社会兜底保障

近年来，山东省高度重视民生事业，着力构建多层次、广覆盖、保基本、立体式的社会救助体系，有效地维护了城乡困难群众，特别是高龄、困难老年群众的基本生活权益。除认真落实高龄补贴外，在办理和落实城乡低保、医疗救助、慈善救助、临时救助等方面，长寿之乡均对老年人口予以倾斜。山东省民政厅公布的数据显示，2016年，全省各类社会救助领域，受益老年人口占比达到52%，受益资金超过82.7亿元。在乳山市、山亭区、城阳区、平邑县等长寿之乡，高龄老人受益率达到75%以上，困难老年人家庭覆盖率达到100%。

三、社会文化因素的影响

人类一直在探索研究影响寿命的因素，虽然众说纷纭，但是多数学者重视遗传、性别、性格以及疾病、生活环境、生活方式等诸多方面。通过对山东省长寿之乡和百岁老人的调查分析，不难发现对长寿影响最大的社会文化因素主要有以下几点：

（一）和谐的家庭环境

“家”对人的生活与寿命至关重要，是老人健康长寿最关键的润滑剂。人的一生中大部分时间在家庭中度过，一个和谐、友好、愉快的家庭群体关系是长寿的原因之一。长寿之乡全部推出了由政府主导的居家养老模式，推行家庭赡养，重视家庭孝德，既有利于老人获得经济帮助和生活照料，也有利于他们获得精神慰藉，消除孤独感，使老人们尽享晚年幸福，延年益寿。山东师范大学和山东省社科院抽取了200多位百岁老人、4000多位90岁以上老人、4万多位80岁以上老人进行了调查统计，他们选择居家养老的比例分别达到 96.3%、91.7%和 82.6%。在良好的家庭氛围中，老人们尽享天伦之乐。以山东省文登市为例，该市深受儒家传统思想影响，以“孝”为核心的养老文化尤其受到推崇。文登人重视孝道，在日常生活中亦身体力行，每天根据老人口味和喜好安排餐饮。无论是下地干活还是在家打扫，都要求老人只做力所能及、不脏不累的体力活。买菜购物、乘车出行、取款就医等都是老人优先，时时事事处处都对老人礼让谦和。特别是近几年来，坚持举办评选“好媳妇”“五好家庭”“十大孝子”等活动，在电视、广播、报纸以及远程教育等媒体上都开辟专栏，介绍尊老敬老的事迹，介绍养老爱老的护理方式，介绍长寿保健的“秘诀”。东明县积极开展“寻找最美老人”“寻找最美孝星”“寻找最美家庭”等评选活动，在全县上下形成了共同关注、关心、参与敬老爱老的浓厚氛围，近年来又不断加大尽孝基础设施建设力度，大力兴建文化大院，修葺重建敬老院，提供健身娱乐设备，并组织开展大规模的送“孝文化”下乡活动，通过群众喜闻乐见的形式宣传孝文化，使群众在潜移默化中受到教育和影响，这为老年人的健康长寿提供了和谐的社会环境。

（二）科学的运动

“生命在于运动”，科学的运动方式包括肢体运动和脑运动。经过对各地百岁老人的大量分析研究，发现绝大多数老人是经常活动的体力劳动者，而且很多人从小就从事体力劳动，直至老年还坚持力所能及的体力劳动，在长寿区看到百岁老人在田间地头劳作是不足为怪的。脑运动可促进思维活动，从山东省乳山市、文登市以及江西省铜鼓县、浙江省丽水市等被访长寿老人的情况看，在自我协调能力、反应能力、方向定位能力等调查项目中，比例分别为 85%、77%、85%，均高于全国同类比例。认知健全的被访老年人占到了 82%，高于全国 65.76%的水平。在百岁组老人当中，认知健全的比例为 57%，而全国平均水平仅为 23.72%。其中，莱州金城镇后坡三村活到 107 岁的女寿星刘安德能背诵 550 字的童谣，能讲述三国演义、西厢记以及不少的童话、神话故事；山亭区一位年龄高达 103 周岁的老人还能和晚辈一起做简单的算术。

（三）健康的饮食习惯

一个人寿命的长短与多种因素有关，其中饮食习惯与长寿的关系特别密切。据山东省卫计委、老龄委和山东省中医药大学专家组调查统计，长寿区百岁老人的饮食结构大都为低热量、低脂肪、低动物蛋白、多蔬菜类型，且大都主张吃素。“经常吃”和“每天吃”新鲜水果的比例为50.3％，“很少吃或不吃”的仅为17.9％；食用新鲜蔬菜的比例更高，“每天吃”的比例高达77.8％，“很少或从不吃”的比例仅为1.2％。较低的肉类摄入量也是长寿之乡形成的一个主要因素，山东省长寿之乡人均肉类摄入量为全国平均值的53.6％，百岁老人的人均摄入量更低，仅为全国平均值的11.2％。

（四）良好的生活习惯

起居有常、生活有序是延年益寿的重要因素。具有良好的生活习惯，主要体现在饮食有节、起居有常、健身有方上。山东省莱州市、文登市、乳山市和江苏省如东县、广东省蕉岭县等十多地的长寿老人多有一套符合生理要求的作息制度，定时起床、定时用餐、定时锻炼、定时睡眠。对长寿之乡的调查表明，百岁老人中经常吸烟的比例不足10％，从不吸烟的占77.6％；不失眠的占90％，偶尔失眠的占7.5％；53％的人每天睡觉超过7小时，有65％的人经常或天天参加运动与锻炼。山东省长寿之乡金乡县、蒙阴县不少地方一直盛行气功术、太极拳、膳食调养术等养生术，是“高寿者众，百岁者多”的长寿地区，20世纪90年代百岁老人就达130多人。

（五）长寿基因的遗传

遗传对寿命的影响在长寿者身上体现得比较突出。父母寿命高的，其子女寿命也长。1992年世界卫生组织宣布的影响每个人的健康与寿命的诸多因素中，15％取决于遗传。有关部门和学者对我国长寿之乡的调查证明，百岁老人中带有家族色彩的比例高达33.2％，其中女性明显多于男性。文登市、乳山市有600多个高龄老人家庭“五世同堂”。世界各国的平均预期寿命资料也都说明，遗传、性别和寿命有十分密切的关系。1998年北京大学教授曾毅主持的全国高龄老人追踪调查研究和2014年国际自然医学会、世界长寿乡科学认证委员会的评估也都得出了大致相同的结论。基因遗传学研究为人类探索长寿奥秘、促进长寿区域可持续发展提供了重要参考。

（本节作者：步昭瑞，滕州市民政局）

第三节　影响老年人长寿的精神心理因素及其社会原因探析——以山东省诸城市为例

我国是人口老龄化程度比较高的国家之一，人口寿命正在不断提高。其中，经济社会发展、老年人的物质生活保障水平不断提高是长寿的重要原因，但精神心理质量提高的贡献不容小视，良好的精神心理健康水平使得长寿老人的数量不断增多。习近平同志指出，老龄工作要“由单纯关注老年人物质保障转变为同时注重老年人物质文化需求，全方位提升老年人生活质量”。但目前来看，仍存在不利于老年人健康长寿的诸多精神心理因素，有些还比较突出，需要我们深入剖析其社会原因，寻找有效的对策和创新形式，为老年人创造“老有所乐”的精神家园。

一、长寿老人的共性精神心理特点

诸城是个长寿之乡，据统计，2016 年全市共有老龄人口 238412 人，占人口总数的 21.5%，与 2015 年年底人口数据相比，2016 年全市总人口增加了 7859 人，而 60 岁及以上的老年人则增加了 12223 人，说明长寿人口数量大。2017 年上半年享受 90 岁老龄补贴的长寿老人达 3109 人，享受百岁老龄补贴的长寿老人达 74 人。笔者通过对 90 岁以上长寿人群的走访、分析，发现长寿的原因有以下几点：

一是经济和环境因素。长寿老年人从分布状况看是农村高于城区，环境优良的山区高于平原地区，低收入农村地区高于高收入地区，退休干部高于工人和农民。

二是社会政策因素。近年来，国家不断出台和落实老龄工作政策，满足老年人生活、就医、教育、休闲娱乐等方面需求的工作水平得到了全面提升，成为老年人长寿的重要因素。

三是老年人的精神心理因素。在当前老年人物质生活已经基本得到保障的时期，精神心理因素对老年人寿命的影响更加突出。

在调查中，对全市各镇街各发放，100 份调查问卷，共对 1600 名老年人进行了问卷调查，同时走访了部分高龄老人，对老年人的精神心理状况进行了总体问询，结果发现总体精神心理状况较好的有 1137 人，占 71.1%；较差的有 332 人，占 20.8%；差的有 131 人，占 8.1%。在受访的高龄老人中，子女孝顺、经常陪伴的占 91%，家教有方、正直实在的占 93%，一生知足常乐、随遇而安的占 97%，坦然面对疾病和生死的占 94%。因此，我们认为老年人有一个良好的精神心理状况对延年益寿有极大的帮助。具体来说，是一生走正道，正直诚实；家教有方，对子女要求严格；知足常乐，随遇而安，不计较个人得失；性格沉稳而不浮躁，与家人相处融洽，社会人缘好；能正确对待疾病，不怕生病，坦然对待生死等精神心理状况，这些是老年人能够长寿的秘籍。从长寿老人的性别分布上看，老龄人群随着年龄的增长，女性占比越来越高，可以判定精神心理因素发挥了重要作用，因为女性承受的社会压力低于男性，老年女性参与社会交流的心态积极，没有过多顾虑，如广场舞人群多为女性，老年女性与他人的交流通畅，容易积极转化不良精神心理因素的负面影响。

曾经有人对古今中外 200 名 70～135 岁老人的资料进行了统计分析，发现其中心理健康者占 87.5%，居 21 项长寿因素之首。古人认为：凡欲身无病，必先正其心。《黄帝内经》指出："恬淡虚无，真气从之；精神内守，病安从来。"现代医学研究证明，人体所有脏腑组织都受大脑神经的调节支配，这种支配在心理健康的情况下，能使机体免疫力和抗病能力提高，从而让人延年益寿。有利于老人长寿的精神心理特征主要有以下几个具体表现：

一是心胸开阔，与人为善。长寿老人大都胸襟开阔，心态平和，为人处世热情，乐于工作，善于助人，遇事不怒。他们生活得自由自在，轻松大方，没有压力。事实证明："心胸窄，忧患多；心胸宽，人快活；人快活，疾病躲。"

二是兴趣广泛、热爱生活。古今中外，许多杰出人物都有明确的生活目的与奋斗目标，到了八九十岁仍能勤奋做事，热衷于发挥余热。大多数长寿老人都有业余爱好，兴趣比较广泛，还有着科学的生活方式及愉快的情绪，如种花养鱼、吹拉弹唱、书法绘画、集邮写作、河边垂钓等。生活充实，才能“乐以忘忧”，并且使大脑和全身各器官得到锻炼，延缓衰老。

三是知足常乐，乐观豁达。长寿老人都是心地和善，不发怒，不奢华，勤俭朴素，敬老爱幼，能与家人和他人和睦相处，多具备知足而乐的心态。心理学家认为，能使老年人达到健康长寿的因素很多，而豁达开朗是其中重要的一条。中国十大寿星平均年龄为117.1岁，他们长寿的共同秘诀是心态平和，顺其自然，不苛求，不攀比，不埋怨。山东现有2500多名百岁寿星，共同的长寿之道就是心胸开阔，待人宽厚，性情温和，知足常乐。马克思说：“一种美好的心情，比十服良药更能解除生理上的疲惫和痛楚。”和善、平静、豁达、知足的心理，能够使老年人的身心与环境长期处于平衡而有规律的状态，为健康长寿铺平道路。

四是节哀制怒、平静淡泊。人生会遇到各种各样的坎坷、挫折，甚至灾难等，面对逆境，长寿老人能尽量做到顺其自然，想得通、看得远，自强自立，努力走出困境。人到老年，可能会遇到身边的老伴、亲人离自己而去的情况，甚至会出现“白发人送黑发人”，长寿老人能看得开，不郁郁寡欢，更不会陷于悲痛不能自拔，保持正常的生活秩序。

五是正直诚实，宽以待人。长寿老人多是严于律己，宽以待人，一生走正道，年轻时治家和持家有方，对子女要求严格但不苛求子女，受子女尊重，与家庭成员的关系融洽；性格沉稳不浮躁，坦率直爽，公正无私，看待事物比较客观，不计较个人得失，不过分纠结事物对错，凡事能换位思考，拿得起放得下，使精神心理有一个良性的状态，有利于长寿。

二、影响老年人精神心理状况的社会因素

长寿的反面就是不长寿，不长寿老人往往伴随着比较突出的精神心理问题，如忧虑焦躁、孤独空虚、悲观厌世、抱怨社会、自我封闭、角色失落等，其中一些问题是由自身心理病变等原因引起的，还有许多问题则是由社会原因导致的。

(一)孝德建设不够有力,精神赡养的社会重视程度普遍较低

老年人养老分两个层面,即物质层面和精神层面。孝德不是单纯的物质问题,更重要的是精神问题。由老年人精神赡养缺位导致的精神心理问题是老年人群比较普遍的精神心理问题。目前来看,全社会(特别是农村)的精神赡养问题没有得到足够重视。在对社区养老状况的调研中,社区干部普遍认为农村养老不存在问题,老年人都吃穿住不愁。但是,有种种表现说明精神赡养存在问题,但在很多社区干部的眼里精神赡养不是养老问题。精神赡养缺位主要有两种表现,一是子女在外地;二是子女同住,或住在同一区域,但子女不与老人交流,不关心老人的精神需求。造成老年人精神赡养缺失的原因很多,如人口流动性、市场化发展导致的农村空巢化问题,导致老人精神赡养甚至物质赡养难度加大;独生子女政策的负面作用,一个孩子时间和精力有限,不能像多个孩子那样轮流关照老人;西方思想、思潮的影响,社会思想道德滑坡,年轻人感恩观念差,孝德观念淡化,特别是农村中部分高龄老人仅得温饱,有的被子女像皮球一样踢来踢去,甚至被虐待、打骂、遗弃;再是青少年的孝德教育还没有抓牢抓实,社会全体向"分"看,青少年德育说起来重要,做起来次要,临近升学考试干脆不要,社会主义核心价值观建设还没有抓实抓牢。

当前,"空巢"现象普遍存在,老年人孤独心理严重。诸城有老年人的家庭数为 89331 户,纯老年人家庭 27692 户,空巢老人户占老年户的 31.0%。农村子女外出打工较多,农村空巢老人比例远高于城镇。通过对各地农村走访发现,大量的民房处于无人居住的状态,老年人是农村留守队伍的主力。在诸城,只有特种动物养殖业等产业集中的村青壮劳力在家较多,但养殖户一般与老人分开居住,也很难照顾到老人的精神需求。

(二)老年人精神文化生活比较单调,社会投入水平较低

目前,老年人的基本物质生活保障在面上已经不存在问题,但精神文化层面的需求越来越突出。老年人对文化娱乐设施、丰富多样的活动形式、广泛的社会参与、对老年人兴趣爱好的专业培训等有了越来越高且越来越明确的要求。目前,就诸城来看,城区活动场所越来越多,健身

娱乐设施不断完善，文化活动越来越丰富，基本能够满足老年人自娱自乐的需要。随着社区文化建设的发展，农村文化设施从无到有，逐步完善，文化活动也趋于多样化，社区都设有文化广场、图书馆和电子阅览室，部分条件好的社区设有各种室内活动场所，像健身室、棋牌室、戏曲学校、文化礼堂等，为老年人提供了很好的去处。特别是文化广场建设，吸引了不少老年人参与健身娱乐活动，在很大程度上活跃了农村的文化氛围。但是，城乡精神文化生活仍然存在诸多问题。比如，除文化广场之外，方便老年人活动的文化场所不多；文化设施老化，比如图书馆图书资料更新不多，许多设施实际是摆摆样子，并不实用；老年人欢迎的文化娱乐活动不够经常，比如文化下乡，同需求相比只是杯水车薪；本地的文化团体发展不起来，资金支持难以落实；看电视、闲聊、健身、打扑克等仍然是城乡老年人精神文化生活的主旋律。特别是农村老年人对社区文化活动场所和设施的要求非常迫切，纷纷建议“扩建文化娱乐活动场所”“丰富图书室和活动室的实用功能”“健身室内增加功能性活动场所”，希望“文化下乡”活动经常化，喜欢“外地或城里的文艺团体送戏下乡”。

（三）老年人的社会参与不足，价值实现缺乏有效渠道

由于可为老人提供的社会参与方式不多，故老年人的价值实现缺乏有效渠道。大部分老年人都希望自己在老年能够发光发热，体现自己的人生价值，获得社会和家人的尊重，对自身的健康长寿产生积极的影响。农村老年人在社区民主管理、年轻人的传帮带、矛盾纠纷调解等方面有比较丰富的社会经验，对村民议事组织、文化社团组织、经济合作组织等参与的积极性很高。尤其是老年党员，有较高的党性觉悟，希望在社区事务中有发言权，希望参与民主决策。城区的老年人日常精神文化活动相对丰富，也希望社会参与的内容和范围能更加广泛和深入。这些社会参与，能给老年人的生活增添不少色彩，给老年生活以精神激励。但目前来看，在各级“积极老龄化”意识还没有很好树立的情况下，老年人的社会参与得不到足够重视，老龄工作的重点还在老年人的基本生活保障方面，能提供给老年人的社会活动空间不大，参与的人数有限，学会、协会等社会组织不多，老年人主动积极争取的意识不强。随着老年人逐渐失能，有些老年人在家庭中也失去了发言权，逐渐产生自卑、封闭、抑郁、

烦躁等精神心理问题,不利于健康长寿。

(四)社会对老年人的接纳度不高,老年人与社会和谐文明有时出现冲突

在素质、知识、观念、经验等方面,老年人与年轻人、与时代存在较大的代沟问题,有时表现为不融洽甚至冲突。例如,一些老年人比较自私和自我,在公交车上年轻人不让座时与年轻人对骂,或者向年轻人吐口水等;一些老年人与年轻人争夺活动场所,或因广场舞噪音与周围的住户发生冲突;个别老年人摔倒了,反而诬陷救助他们的人是肇事者,导致社会产生了"老人变坏了还是坏人变老了"的疑问。少数老年人对社会不满意,不是嫌政策太偏,就是怨老年待遇太差;不是嫌公交车太挤,就是嫌年轻人太吵;不是嫌环境太坏,就是嫌绿化太少,没有顺心的时候,缺乏一种阳光心态,久而久之,对自身的心理和身体造成不良影响,同样对健康长寿是重大威胁。

(五)老年人退休后社会角色反差大,社会服务跟进不及时、不到位

老年人退休后,首先是社会关系的变化,由退休前的单位为主转变成家庭为主,产生了与其他家庭成员的关系问题,代沟引发的矛盾问题,以及夫妻之间的再磨合问题。退休虽然是一种正常的角色变化,但不同职业群体的人对离退休的心理感受却有明显的差别,普通职工因为退休后脱离了繁复的体力和脑力劳动,反而有更多时间从事自己喜欢的活动,跟家人相处和结交自己喜欢的朋友,心理比较容易满足,情绪比较稳定,社会适应良好。相反,干部,特别是领导干部,退休之前有较高的社会地位,有广泛的社会活动,有各种人群因为自己的权力而主动接近,退休以后权力地位逐渐消失,由公务繁忙、活动频繁逐渐转变为无所事事,落差较大,会产生强烈的失落感,出现抑郁、烦躁甚至自卑等精神心理问题,对健康长寿是一个潜在的威胁。部分老年人会经常回忆过去而大发脾气,这种情况下,需要家人的宽慰,同时需要社会服务组织和机构跟进,为退休人员提供心理咨询、文化活动、社会参与等,及时排解老年人的精神心理问题。但目前这方面的服务还比较困乏,导致部分退休人员迟迟走不出心理阴影,影响生活和健康。

（六）对老年人的精神心理问题社会关爱度不够，关爱和服务机制不健全

老年人出现精神心理问题后，除家人关爱和就医外，社会应该建立相应的精神关爱和服务机制，让老年人享受到心理疏导、精神陪伴、社会交流等服务。当前，社会重视老年人精神关爱的氛围还没有形成，主要表现在针对老年人组织的心理疏导和讲座等少之又少，对老年人的培训教育缺乏，所属单位对老年人一般仅仅进行有限的物质关照，组织活动怕花时间、花精力；偏重精神照料的养老形式不多，政府投入不能满足需求。例如，有的社区老年人服务机构和社会组织不健全，甚至有组织无活动，有形式无内容；社区对精神赡养的宣传教育不到位，对孝老敬老的主旋律缺乏实践引导，由此使老年人的精神心理问题得不到有效的社会帮助。一些老年人，尤其是孤寡、失能老人长期处于孤独、抑郁、苦悲等精神状态之下，会严重影响健康和寿命。

（七）老年人权益保障还有差距，侵害事件对老年人精神打击严重

出现侵害案件时，无论胜诉与否，对老年人的影响一般都是负面的。如老人诉子女不尽赡养义务，胜诉后，老人的心情是沉重的，得到的主要是物质上的基本保障，精神状况可能比胜诉前的情况还要糟。2015 年诸城市共接待来访老年人 203 人，立案侵害老年人权益案件 39 起，获得司法援助老年人 47 人。诸城老龄工作机构已领行政执法证人数仅 33 人，老年法律援助中心、站、室仅 15 处，远远不能满足为老年人主动服务的需求。诸城为全国百强县市，可见经济欠发达县市的状况更不尽如人意。维护老年人的权益，提高老年人的精神质量，还需要各方面共同努力。

三、思路对策及形式创新

习近平同志在中共中央政治局第 32 次集体学习时强调，要着力增强全社会积极应对人口老龄化的思想观念，要积极看待老龄社会，积极看待老年人和老年生活。面对老年人的精神需求和不利于老年人长寿的精神心理问题，我们应当调动全社会的力量，加强宣传、教育、建设、投入和创新，努力构建老年人积极向上、充满活力的精神家园。

(一)加强孝德建设

习近平同志指出,要把弘扬孝亲敬老纳入社会主义核心价值观宣传教育,建设具有民族特色、时代特征的孝亲敬老文化。而精神赡养就是我们最鲜明的民族特色之一。具体来说要做到以下几点:

一是部门和社区要大张旗鼓地宣传教育,把“孝亲敬老”作为社会主义核心价值观的重要内容,通过大喇叭、宣传标语、文化墙、电影、戏曲和各种文化活动占领群众思想文化阵地,大张旗鼓地弘扬正能量、抵制负能量,让不尊重老人、不孝敬父母的现象无处遁形。

二是开展形式灵活的创建活动,如开展“敬老月”活动,全面开展敬老宣传,实施敬老活动;开展“晒被子”等主题活动,树立孝老敬老的标杆。

三是开展传统孝德文化的常态化教育,如诸城十里社区多年来坚持开展全体居民诵读、践行“弟子规”的教育活动,把传统文化中的“孝”“顺”思想发扬光大。

四是建设多种模式的精神养老家园,如日间照料模式,形成与居家养老模式在精神生活上的互补;医养结合养老模式,提供包括精神心理服务在内的全面养老服务;虚拟(智慧)养老模式,可以根据老年人的精神需求提供相应“菜单式”服务。

五是发挥政策对孝老敬老的引导作用,创新政策措施。如新加坡组屋制度,离父母越近,房价越优惠。我们应当对孝老敬老的模范典型在解决家庭困难、子女上学、就业等方面给予政策优惠。

(二)丰富老年人的精神文化生活

必须尊重和适应老年人文化需求的新变化,进一步发展文化事业、健全文化市场,满足老年人多层次、多样化的文化需求。具体应做到以下几点:

一是坚持和完善“文化下乡”,多选择一些适合老年人需要的内容和形式,同时在优化运行机制上下工夫,逐步实现演出内容和演出团体由部门选送向农民自主选择转变。

二是建立政府公共文化产品采购机制,设立“文化下乡专项资金”,并对下乡放映的影片、演出的节目逐步实行政府采购,公开招标。

三是积极探索"种文化",让富有特色的民间文化、传统艺术以及老百姓喜闻乐见的各种活动开花结果,特别是文化氛围较浓的社区,应积极引导他们在文艺形式上进行创新,满足各种人群自演自赏、自娱自乐、自我发展的精神文化追求。

四是加强"文化养老"建设,把精神上的富足作为养老的一种新境界、新目标,按照党委领导、政府主导、社会参与、市场运作的方式,将日间照料中心和老年人文化活动中心建设纳入公共文化服务体系建设和城乡规划,制定优惠政策,鼓励支持民间组织、企业和个人参与,建设老年人文化设施,培育老年文化活动组织。

(三)扩大老年人社会参与

习近平同志指出,要着力发挥老年人的积极作用。要发挥老年人优良品行在家庭教育中的潜移默化作用和对社会成员的言传身教作用,发挥老年人在化解社会矛盾、维护社会稳定中的经验优势和威望优势,发挥老年人对年轻人的传帮带作用。要为老年人发挥作用创造条件,引导老年人保持老骥伏枥、老当益壮的健康心态和进取精神,发挥正能量,做出新贡献。老年人参与社会,主要指老年人参与经济社会发展和管理活动。老年人的社会参与主要依托原工作单位、协会和学会、社会服务部门、亲朋好友、用人企业,参与和自身技能、体能及爱好有关的工作和活动,如民主管理,矛盾纠纷调解,交通安全宣传,保安保洁,社会志愿服务,青少年关爱活动等。

(四)构建老年人精神心理健康关爱机制

把老年人关爱服务体系建设纳入全市经济社会发展总体规划和政府工作目标考核体系,充分激发各级落实老年关爱工作的责任感和积极性,具体包括以下几点:

一是建设由精神心理医生、社区志愿者、心理咨询师等组成的有爱心、懂技术、会管理的关爱队伍,满足老年人对心理咨询、精神陪护、交流互动等方面的需要。

二是创新社会关爱形式,如设立社区咨询谈心室,举办老年人与其他年龄段人群的互动活动,举办老年人心理健康讲座,开展老年人兴趣爱好培训等,使老年人感受爱与接纳,保持老年人的年轻心态。

三是积极开展老年人精神心理课题研究，研究老年人的精神需求特点和心理变化规律等，通过大量调查研究，寻求提升老年人精神生活水平的路径措施。

四是发挥党的领导的强大优势，实施党员包户制度，重点关照老年人，经常与老年人谈心问需，特别是对空巢老人，在关照物质生活的同时，更要关照他们的精神需求。

（五）加强对老年人的培训教育

要采取灵活的培训形式，如专家讲座、网络讲堂、志愿者辅导、发放辅导材料等，通过送学进社区、进养老院等，增强培训实效。具体来说，一是让老人学习文化知识，提高素质，增强对现代社会的认知，保持心理与社会发展同步；二是培养老人的兴趣爱好，培养老人的良好情操；三是塑造老人的阳光心态，做到三个“正确”，即正确对待自己，正确对待他人，正确对待社会。要做到心中常有爱心，关爱他人，知道感谢社会，爱祖国、爱社会、爱集体。

（六）加大投入，加强硬件建设，加大城乡社区设施建设投入

一是建立以政府投入为主的投资保障机制，每年从财政预算中安排专项资金用于社区文化基础设施建设和活动经费支出，确保公共财政对农村公共文化事业的投入。

二是将文化阵地建设列入政府实事工程，加大对社区文化设施的投入，每年有计划地办一些农民真正得实惠的文化项目；根据地方文化特点，坚持“按需索取”的原则，合理配置文化基础资源，特别是对有文化队伍的社区，在演出道具、演出舞台等方面给予一定的经费补助；引导和鼓励企事业单位、社会团体和个人投资兴办农村文化事业或捐助公益性文化事业，逐渐建立起多渠道的农村文化建设投资新体制。

三是把老年服务设施建设纳入城乡建设规划，按照“社区资源共享”的原则，整合社区内医疗、生活、救助、文娱等服务资源，采取新建、整合、改造等方式，大力推进农村幸福院、社区日间照料中心和老年人居家养老互助点建设。

（七）加强老年人权益保障，推进老年人权益保障法制化进程

认真贯彻落实《老年人权益保障法》的规定，增强全社会的老龄法制

意识。积极做好普法宣传和贯彻落实工作,做好老年人法律服务工作,重点在涉及老年人的医疗、保险、救助、赡养、住房、婚姻等方面,为老年人提供及时、便利、高效、优质的法律服务。加大对侵害老年人权益案件的处理力度,切实保障老年人的合法权益。加强老年人维权法律援助,建立健全维护老年人合法权益的社会监督机制。进一步健全老年人法律援助维权网络,拓展老年人申请和获得法律援助的渠道,扩大老年人法律援助覆盖面。在维护老年人物质权益的同时,注重维护老年人的精神权益。

(本节作者:丁坤元,中共诸城市委党校;张辉,诸城市老龄办)

第四节　自然生态环境对健康长寿的作用研究——以山东省临朐县为例

临朐县地处山东半岛中部,潍坊市西南部,总面积 1835 平方千米。临朐县境内自然生态环境优越,山川钟灵毓秀,人文历史悠久,乡土风俗淳厚,是全国闻名的"绿化模范县""国家级生态示范区""文化旅游县""生态宜居县"。悠久的历史,山清水秀的居住环境,经济的稳步健康发展和社会的和谐稳定,让临朐成了名副其实的"福寿之乡"。据统计,2016 年全县共有 60 周岁以上老人 17.3 万人,占总人口的 19.44%;其中 80～99 岁老人 20994 名,占总人口的 2.36%;百岁以上老人 37 位,年龄最大的 107 岁,其中男性 12 名,女性 25 名。在临朐这块古朴而美丽的土地上,健康长寿已经成为这方灵秀山水孕育出的一道独特人文景观。

自然生态环境是影响人们健康长寿的一个重要因素。《黄帝内经》认为,在自然生态环境中,不同地区的气候差异、物产分布、地质地貌等因素均能影响人的生活及健康状态。《佛说养生经》认为,自然界的土、水、气等元素也都甘淳美味,其所形成的食物涵养人体。大量的理论研究表明,环境和人的健康息息相关,区域内人生存的自然环境是决定人健康长寿的重要因素。临朐之所以多寿星,其中一个最重要的方面就是拥有在地理环境、地质地貌、气候环境、森林环境、水环境、物产分布等方面适合人们健康长寿的自然生态环境。

一、独特的地质地貌为临朐人长寿造就了“地利”条件

临朐地处鲁西台背斜东部沂山隆起区，东接郯庐深大断裂带，北连昌乐凹陷，西跨五井断裂，具有隆起、凹陷、深大断裂三个Ⅳ级构造单元和断裂、褶皱等构造形态。临朐县地势南高北低，南、西、东为低山、丘陵，中、北为平原，恰似一个硕大的簸箕。境内共有大小山头2000余座，仅海拔500米以上的山峰就有84座。临朐这种特殊的大地地质断裂层以及独特的簸箕状地貌轮廓强化了地球自身的磁场作用，形成了一个天然的“地磁场”。这种地磁场时刻对生活在这一环境里的人们发生着作用：通过强烈的地磁波震动，地质中许多人体所必需的微量元素溶进水中，人们在饮用地下水之后，一些疾病便不治而愈，从而健康长寿。

临朐岩层构造复杂，土层深厚，无石灰反应，其pH值在6.5左右，含有机质1.37%，含氮0.08%，含磷0.12%，含钾2.19%，并富含铜、锌、铁、锰、硼、硒、碘、锶、铬等微量元素。这些微量元素不仅是人体必需的，而且还对人体健康十分有益。例如，锰能刺激免疫器官的细胞增殖，大大提高具有吞噬、杀菌、抑癌、溶瘤作用的巨噬细胞的生存率；硒有抗氧化作用，同时还具有保护视力、保护心脏和血管的作用，是免疫系统里抗癌的主要元素。临朐人长期生活在富含对人体有益的微量元素的自然环境中，通过各种方式吸收、摄取这些人体必需的微量元素，使体内各种微量元素达到所需要的足够状态，从而促进了人体的健康长寿。

二、优越的气候环境为临朐人长寿培育了“先天”之本

不同的气候环境对人的健康和寿命有不同的影响。《黄帝内经》认为：高则气寒，下则气热，寒则阳气内固、精气秘藏，而身体健强，故“高者气寿”；热则阳气妄泄，阴精内耗，则机体易患病，故“下者气夭”。现代气候与保健学研究也表明，适宜的气候对促进人体健康和寿命有相当大的积极作用。

临朐属温带亚湿润区，气候温和，四季分明，光照充足，年降水量700

毫米左右。特别是由于沂山、嵩山等山脉横亘，与邻县形成了一道天然屏障，产生了独有的多样性小气候。临朐历年平均气温 12.4 摄氏度，相对湿度平均为 64%，年平均日照 2578.6 小时，夏秋日照多，春冬日照少，无霜期平均 191 天。由于大多为林区、山区，故气温的季节变化舒缓，冷暖差距不大；植被较好，空气清新，给人们提供了大量的氧；平均气压为 1.0043×10^5 帕，气压较低，可以增强人的呼吸功能；尤其是山区多瀑布、喷泉、塘坝、雷雨和闪电，所以空气中含有数量很多的负离子。负离子被医学界认为具有促进新陈代谢、强健神经系统、提高免疫力的功效，是一种“长寿素”。长期生活在这种环境中的人因吸收了数量众多的负离子，促进了新陈代谢，强健了神经系统，提高了免疫力，加之宜人舒适的气候条件，故更加健康长寿。

三、优质的水资源为临朐人长寿滋润了“生命”之根

水是生命之源、健康之本，是人类及动植物赖以生存的基础。水与人的衰老、免疫、寿命都有直接的联系，特别是水质的好坏决定着人们是否健康和长寿。临朐不仅水资源丰富，而且水质也很好，境内共有大小河流 230 条，分弥河、汶河两大水系。全县多年平均水资源总量 75374.8 万立方米，其中地表水资源总量年均 48052.3 万立方米，地下水资源总量年均 27322.5 万立方米。

临朐地表水水温 12～18 摄氏度，pH 值在 7 左右，呈弱碱性，总硬度小于 25，饮用、灌溉、工业用水均可。地下水分为东西两个水文地质区，水位相差 50 米左右。奇特的水文地质形成了大大小小的优质矿泉，如位于临朐县城南 12.5 千米处的省级风景名胜区老龙湾，系地下泉水涌出地表汇集而成，水面面积约 2.7 万平方米，水深盈丈，涌泉数不胜数，皆源出于山石中，泉水清澈见底，四季恒温 18 摄氏度，盛夏酷暑时清凉甘洌，数九隆冬时云雾蒸腾，烟霞缭绕，极为壮观。

俗话说：“高山出好水。”临朐境内三面环山，其中沂山海拔高度达 1032 米，嵩山等几座大山也是高大雄壮，与平原相对高度较大，中间夹主流弥河、汶河，水流清澈透明，含有大量以离子状态存在的铜、锌、铁、硒、碘、铬等矿物质和微量元素。人们在饮用了这种优质水之后，能促进新

陈代谢,活跃人体细胞,增强人体免疫力,延缓人体衰老。

临朐丰富而优质的水资源非常适宜各种果树和农作物的生长,水中的各类有益成分通过吸收,转化为对人体有益的物质。人在饮用优质水和食用优质水资源培育出的果品、蔬菜和粮食后,能够健康长寿。

四、良好的森林环境为临朐人长寿起到了"保健"作用

森林是巨大的绿色宝库,是维持生态平衡的主体和人类赖以生存的重要自然资源,是空气的清洁剂,是大自然的调节器,对调解生物圈、岩石圈和大气圈平衡具有重要的、不可替代的作用。科学家研究发现,森林和原野里有一种对人体健康极为有益的物质——负离子,它能促进人体新陈代谢,使呼吸平稳、血压下降、精神旺盛,提高人体的免疫力。

正因为如此,拥有良好的森林资源环境也是造就临朐人健康长寿的重要原因。一直以来,临朐人都十分注重保护森林资源,提高森林覆盖率。目前,全县已建起了以沂山、嵩山、九山、丹凿四处国有林场和十三个镇(街、园、区)为主的水土保持林区,全县平均森林覆盖率达到45.7%,形成了多林种、多树种、多种植树绿化方式的林业结构体系,森林的生态、社会、经济效益得到了较好的发挥。临朐境内沂山峰峦叠嶂,绿树成荫,有"林海万顷""天然氧吧"的美誉,被人们称为"北方的西双版纳",森林覆盖率达到了98.6%,为山东省之最。嵩山生态旅游区总面积89平方千米,森林面积5万亩,森林覆盖率达98%,全域群山起伏,满山拥翠,区内崔木林场有江北最大的水杉林,成为北方一道独特靓丽的林业风景线。在这些森林植物中,杉、松等植物能分泌出带有芳香味的单萜烯、倍半萜烯和双萜类气体"杀菌素",能杀死空气中的白喉、伤寒、结核、痢疾、霍乱等病菌,从而减少这些有害病菌对人体健康的危害。而且,浓郁的森林环境产生了大量对人体健康有益的负氧离子。由此可见,在森林的调节下,临朐的空气环境质量非常好,对人体起到了天然保健作用。

五、充盈丰富的物产为临朐人长寿提供了"营养"大餐

临朐物产丰富,自古以来,临朐的名优特产便远销全国各地,如临朐

的全羊、手工煎饼、活蝎等。临朐黑山羊肉质纤维细长，质地柔软，脂肪含量低，营养丰富，并含有人体所需的多种微量元素，具有温脾和中、养肝益肾之效，更有养胃驱寒、强阴壮阳的滋补功能。临朐手工煎饼历史悠久，做煎饼的原料都带皮壳，含粗纤维多，具有降血脂，健脾养胃，清除体内垃圾，排毒养颜的功效。临朐蝎子以肢体完整，虫体僵硬、挺直，颜色青绿著称，既舒筋活血、通络止痛、解毒强身，又是山珍佳肴，令中外食客赞不绝口。

俗话说"民以食为天"，临朐人非常注重食品质量，一般以食用自产的粮食和蔬菜为主。临朐的小麦、玉米、小米等含有丰富的以游离状态存在的钾、锌、镁、铁、锰等多种微量元素和丰富的维生素，能有效降低胆固醇和血脂，具有抗氧化作用，可延缓人体的衰老。上林黄小米和淹子岭黑小米中所含的维生素 B 和维生素 E 是普通小米的 3 倍，能大幅提高人体的免疫力。临朐人大多食用自家种的蔬菜，没有化肥、农药污染，属于真正的绿色食品，有利于身体健康，延年益寿。

临朐独特的自然禀赋让这方沃土成了干鲜果、中草药等的极佳生长地。临朐依靠有利的地域和资源环境，发展了大樱桃、蜜桃、苹果、核桃、板栗、富硒葡萄、无公害西瓜等一大批名优农产品，这些农产品含有大量人体必需的微量元素，人在食用后能促进身体健康。临朐大樱桃以富含维生素 C 而闻名于世；临朐核桃富含锌、硒等多种微量元素，具有健脑补肾、强身壮体之功效。临朐是山东省中药材的重点产区，全国重点普查的 363 种中药材中，临朐就有 230 余种，现在全县每年中药材收购量都在 200 吨以上，是国内全蝎、丹参、山楂、天虫等药材的主要产地之一。这些有机天然绿色食品和保健药材养育、呵护了临朐一代又一代的寿星。

六、人与自然的和谐关系为临朐人长寿构筑了"温馨"家园

《黄帝内经》提出"人与天地相参也，与日月相应也"。可以说，"天人合一"的思想已全方位地渗透到了人们的生产生活中。生态环境是大自然的基本要素，又是人与自然和谐相处的枢纽。

近年来，临朐县坚持"生态活县"发展战略，以科技创新推动产业升级，以生态农业构建绿色格局，以乡村旅游培育新兴业态，走出了一条低

碳发展、生态高效、城乡宜居的新道路，具体来说有以下几点：

一是以国家主体功能区建设试点示范县为载体，用制度护航生态。对自然生态空间进行确权登记，同时辅以生态产业支撑体系，构筑了“一带四区七廊多点”的网络化县域生态大格局。2016 年上半年，临朐县持续深化“三八六”环保行动，积极推进工业点源深度治理等“十大环保工程”，巩固提升弥河、汶河“两河”保护开发，以荒山、水系、填村、园区为重点，新增造林 1.1 万亩（1 亩等于 666.67 平方米），森林抚育 2.3 万亩。

二是依托林业产业，发展林下经济，拓宽精准脱贫门路。目前，临朐林下经济涉及林地面积达到 3.7 万亩，建成了宋香园、华唐慈母山、九山林场等林下种养殖基地 12 个，发展了梅花鹿、藏香猪等特色养殖项目及油用牡丹、熏衣草、文冠果等高附加值种植项目，产值达 7.6 亿元。

三是加快开展“美丽乡村”建设，完善乡村基础设施，优化美化乡村环境，因地制宜打造特色城镇、特色乡村，推进乡村旅游快速发展。以生态治理打造优美环境，以乡村建设带动经济发展。目前，全县已拥有国家级特色景观旅游名镇 1 个，省级旅游强镇 4 个，省级旅游特色村 6 个。全县建成了 109 处休闲农业与乡村旅游示范点，23 处乡村旅游发展点、300 多家农家乐，每年可为村民带来收入 4 亿元。

正是出于寻求人与自然的高度和谐，临朐人热情倡导热爱自然、尊重自然、保护自然，通过积极主动的生态建设来推进人与自然的共同发展，美化了家园，愉悦了身心，延长了寿命。

综上所述，临朐的这种特殊地质、地貌、气候、水、森林、物产及崇尚自然的理念等，正是造就临朐人健康长寿的重要因素。

（本节作者：孟慧）

第五节　健康长寿因素浅析
——以山东省滨州市沾化区为例

健康长寿因素离不开家族的遗传基因，绿色清新的自然环境，稳定、祥和的社会环境以及良好的医疗条件等。滨州市下辖7个县区,通过几年来对老年人口数据的跟踪分析发现,沾化区(原沾化县,2014年9月撤县设区)的高龄人口、百岁人口多、比例高,远远高于其他县区及全市平均水平。

沾化区作为滨州市辖区,位于滨州东北部,区行政中心距离滨州市区约30千米,是全国闻名的“中国冬枣之乡”,位于渤海湾南岸,是山东海上的“北大门”,版图面积2215平方千米,辖12个乡镇、办事处,438个行政村,总人口39万。海岸线长170.5千米,滩涂面积5.64万公顷(1公顷等于0.01平方千米),深度15米以下浅海面积18.97万公顷。滩涂及浅海底平坦,均系泥质。沾化区以传统农耕种植为主,兼以渔业。随着黄三角、半岛经济战略的实施,沾化区的区位优势日趋明显,地处黄河三角洲高效生态经济区、山东半岛蓝色经济区两个国家战略区域和济南省会城市群经济圈、环渤海经济圈“两区两圈”的叠加地带。

通过对沾化域情、传统习俗、生活习惯等的分析,我们认为其高龄人口多、比例高应该与以下几个因素有关。

一、良好的自然环境为安居乐业提供了先天条件

(一)丰富的土地资源

部分滩涂易于耕作,境域属于鲁西北冲积平原,地势西南高、东北低,滩涂以上海拔1.6～8.4米(黄海高程),坡降约为1/7000。在外力作用下,形成了6种微型地貌:缓岗、浅平洼地、微斜平地、河滩高地、海滩地、滩涂。河滩高地系古河道漫滩发育而成;滩涂系泥质,河流密布,由海湾伸向内陆。沾化地形以平原为主,且为冲积平原,土质相对肥沃,且滩涂多,自古以来,沾化在滨州就以“地广人稀”著称,人均占有土地多,传统种植方式在以农耕为主的社会可以养活更多的人口,人口存活率比较高。

(二)丰富的水资源

沾化境内主要的河流有徒骇河、钩盘河-秦口河、潮河3条干流河道,贯穿境内而入渤海。徒骇河系沾化境内最主要的自然河道,境内河段长约48.5千米(至与秦口河汇流处),由流钟入境,向东北经富国迤北接套

儿河入渤海，流域面积 533.5 平方千米。钩盘河-秦口河境内河段长约 57.65 千米，由阳信崔家寨北入境，经赵山村向北至下洼、冯家，迤东北与徒骇河汇入套儿河入渤海，流域面积 598.2 平方千米。潮河系独流入海河道，境内河段长约 67.47 千米，由滨城区西沙河入境，流向东北，经泊头、富国、河贵、徒骇河农场，由洼拉沟入海，流域面积 354.3 平方千米。尤其是徒骇河属于海河流域，位于黄河下游北岸，流经河南、河北、山东三省，从西南向北呈窄长带状。其干流在沾化与秦口河汇流后，经东风港于暴风站入海，总流域面积 13902 平方千米，干流总长度 436.35 千米。徒骇河河面宽阔，河水清澈碧绿，鱼虾游弋其中。徒骇河滨州流域名胜古迹众多，自然景观秀美，沿河曾出土远古时期的麋鹿化石，相继发现和发掘出了商周时期的兰家遗迹、高家遗迹、东周古窑址以及明清两代的诸多墓葬等。河道过去四通八达，不仅带来了交通的便利，而且人们沿河而居，两岸风景秀丽，商贾云集，信息通达，带来了经济的繁盛和富足。

（三）丰富的海洋资源

沾化是滨州的两个沿海县区之一，境内的冯家等乡镇主要是以渔业为主，出海捕捞，大量的沿海滩涂为海水养殖提供了得天独厚的条件，提供了大量海产品。各种鱼、虾、蟹等海产丰富了民众的食物种类构成，平衡了膳食，改善了营养结构。

（四）良好宜居的自然环境

沾化植被分为滨海平原栽培植被和滨海平原草甸植被。滨海平原栽培植被包括境内大部区域，是粮棉作物主产区，木本植物主要有沾化冬枣树、金丝小枣树、苹果树等经济林木和杨树、榆树、刺槐、柳树等用材林木；滨海平原草甸植被分布在沿海地带，以草甸为主，兼有栽培植被。沾化境内枣园密布，光冬枣树种植面积就达 50 万亩，仿佛一道道绿色的屏障覆盖大地。丰富茂密的植被带来了优质的空气、优美的环境和良好的生态。

二、丰饶的特产提供了良好而又多样的食物供给

（一）以沾化冬枣为代表的果品

沾化、无棣与乐陵自古以来就是山东金丝小枣的主产区，枣产品供

应丰富，民众历来种枣食枣，民间流传有"日食一枣，健康不老"的说法。同时，沾化还是我国冬枣的主产区，已获国家原产地及地理商标认证，1995年被国家命名为"中国冬枣之乡"。冬枣是果中珍品，被誉为"中华奇果"，皮薄肉脆，细嫩多汁，甘甜清香，可食率达93.81%，富含人体所需的多种氨基酸和维生素，其维生素C的含量是苹果的70倍，梨的100倍，金丝小枣的20倍，还含有钾、钠、铁、铜等多种微量元素。同时，枣花的繁盛创造了上等的中华名蜜枣花蜂蜜，其补气益血，食疗俱佳。现在的沾化冬枣种植面积超过50万亩，产量超过30万吨，销售收入超过21亿元，枣农人均冬枣纯收入连续五年超过8000元，属于"全国人均林果收入第一县"，实至名归。

（二）以渤海毛虾、梭子蟹为代表的丰富海产品

靠海吃海，沾化区民众生活中一直就有喜食海味的习惯。首先是量大价低营养丰富的虾皮、虾酱，其丰富了沾化民众的日常餐桌，可以说餐餐离不了。渤海毛虾（虾皮）是一种生长迅速、生命周期短、繁殖力强的小型虾类，在生态习性上属于浮游动物类群。毛虾喜栖息于近岸泥沙底质浅海区，食物链短，生长成熟快，一年能繁殖两代，年产量在4万吨左右，沾化出产的毛虾品质最好，营养价值高，适于加工成虾皮或虾酱，是虾皮、虾酱的主要加工原料。市场上的虾皮即为毛虾加工而成。虾皮的营养价值很高，在水产品中属价格比较低廉的大众化海味品。经化验，每100克虾皮中含蛋白质39.3克，脂肪3克，糖类8.6克，钙2000毫克，磷1005毫克，铁5.5毫克，硫胺素0.03毫克，核黄素0.07毫克，尼克酸2.5毫克。虾皮中钙和磷的含量在水产品中相当可观，这对于老年人健康尤其重要，且虾皮经济实惠，物美价廉，适合大众消费。其次是渤海文蛤。文蛤俗称"花蛤"，为半咸水贝类，喜栖于近河口浅海细沙表层，常随潮流涨落作短距离移动。蛤肉洁白鲜嫩，清香爽口，素有"天下第一鲜"之称，氽、烩、蒸、炝或作馅均宜。文蛤又是名贵的保健药材，具有调阴阳、益气血、补精髓、抗衰老之功效。沾化是中国三大文蛤产地之一，浅海域分布面积43万亩，蕴藏量7.56万吨，宜捕量6000吨左右，均居山东省第一位。沾化文蛤远销日本、韩国等10多个国家和地区。再次是海蜇。海蜇又名"水母"，其营养丰富，每100克海蜇含蛋白质12.3克，糖类

4 克，钙 182 毫克，碘 132 微克以及多种维生素。海蜇是天然保健食品，具有清热解毒、化痰、降血压、祛风、除湿、清积、润胆功能。加工后的产品称伞部为“海蜇皮”，腕部为“海蜇头”。沾化县年均海蜇产量 1.5 万吨，其中冯家镇王尔庄海蜇批发市场是全国规模最大的海蜇专业批发市场，年市场交易额可达 20 亿元。最后是梭鱼。梭鱼体呈纺锤形，细长，喜栖息于江河口和海湾内，适宜的盐度为 0～40%，最佳为 38%，而徒骇河从沾化入海，使得这一区域非常适合梭鱼的生长。梭鱼在逆流中常成群溯游，吃水底泥土中的有机物，为渤海湾沾化海域常见的经济食用鱼类，肉质细嫩鲜美，营养丰富，深得沾化等渤海湾沿海民众的喜爱。

三、自然纯朴淡泊的民风，成就了良好的生活心态

沾化古风犹存，自然纯朴，民众大多以农耕为生，以粮棉种植、渔业捕捞为主；近些年来，青壮年多有外出务工、经商。传统的生产方式自给自足，生存环境单纯，较少受外界及商品经济的影响和干扰，也让民众逐步形成了淡泊的心态和随遇而安的心境。不攀比，不虚荣，不彪悍，不焦躁，良好的心态有助于情绪的稳定和健康。

四、尊老爱幼，崇尚孝道，创造了良好的颐养条件

历代沾化居民长期固守田园，安分守己，向来以“半耕半读”为荣，以“敬老爱幼、守望相助”为道德规范，清乾隆《山东通志》赞其“与邹鲁同风”。古风犹存的沾化，孝道是其中重要的一个方面。旧志记载，以乡统里，以里统村庄，县内原设四乡四十八里，四乡分别为丰乐乡、孝悌乡、仁寿乡、忠信乡，由此可以证明沾化对孝悌仁寿的推崇。改革开放后，市场经济、生活节奏的变化等使得很多地方的孝道文化受到了影响和冲击，但是在沾化却一直保持得比较好。当地婆媳相处融洽，尊老习俗传承好，滨州年纪最大的百岁老人，114 岁的王风兰老人就生活在沾化，2014 年曾被评为“山东省十大寿星”。王风兰老人勤快善良，心态平和，为人和善。老伴早年去世，只有三个女儿，考虑到两个姐姐年纪大，小女婿小女儿便主动承担起了赡养老人的重任，老人已经跟随他们生活了 20 多年，得到了很好的照顾。

五、为各项惠老民生政策的实施提供了坚实的保障

随着经济社会条件的发展，各项惠老民生政策的实施和生活及医疗条件的改善也是老人们健康长寿的重要保障。基础养老金的发放为老年人提供了最起码的生活保证，沾化区自2009年起就开始实施80岁以上高龄老人补贴政策，2013年实现了全覆盖，位居全省前列，其中百岁老人补贴每人每月达到400元；医疗条件的改善也是一个重要因素，基本医疗保险为老人们就医提供了保障，80岁以上老人基本医疗保险参缴费全部由财政承担，县区级医疗机构就医个人只负担30%，大大减轻了老年人及其家庭的负担。从2008年起，60岁以上老年人乘坐市内公交车全部免费，为老人们出行提供了便利条件。公园景点的免费也使老人们有了更多外出游玩休闲的机会。

综上所述，沾化老年人口的健康长寿有它独特的自然、人文条件，但健康长寿的因素从来都不是单一的，尤其是在现代经济社会，良好的自然环境、必要的经济基础、家人的照顾、社会的关爱，将是老人们健康长寿必不可少的保障。

（本节作者：寇崇佩、宫会亮、赵军，滨州市老龄办）

第五章

老年健康智慧化

科技可以改变一个人的生活方式,可以改变一个社会的面貌,可以改变一个国家的实力。在目前的中国,科技正切实改变着老年人的晚年生活。随着独居、空巢、高龄老人的增多,让他们能够在依靠传统的子女赡养、入住机构等养老模式之外,选择更有自由度且更便捷高效的居家养老服务,既能有效减轻照料者的压力,也能提高养老服务提供方的工作准度,对此,科技的力量无疑是最佳选择之一。从 20 世纪 90 年代开始,我国政府通过购买服务等方式大力发展紧急援助、科技扶老等项目。进入 21 世纪以来,我国进一步加强顶层安排,将老年健康智慧化工作作为重要工作目标进行突破。

本章不但从大视角层面探析了"互联网+"背景下智慧养老发展的现状和问题,而且从青岛市智慧养老平台建设、寿康智慧居家社区为老服务模式、中小城市开展养老服务智慧化建设等微观层面探求了城市智慧养老的发展路径、工作成效和应对方法等方面,提出了以老年人需求为导向,充分激发市场活力,鼓励企业运用互联网、物联网等新技术发展智慧养老,形成各具特色的多元化、多模式发展格局;注重技术开发和应用,将信息化渗透到政府工作领域,提升公共服务和管理水平;广泛应用各类信息产品和服务,提升养老服务能力,为老年人造福等对策建议。同时,整理了大量的资料和案例介绍,希望能增强内容的可读性、事件的真实性以及工作的可操作性。

第一节 “互联网+”背景下智慧养老发展现状、问题及对策研究

当前,我国老龄化呈现人口基数大、老年人口增长速度快、养老服务需求与供给不平衡、人口老龄化与社会经济发展不相适应等特点。在老龄化加速的背景下,基于我国独特的国情,智慧养老是我国未来养老服务发展的必然趋势。当前我国智慧养老正处于试点阶段,自 2012 年开展试点工作以来,智慧养老在我国的发展取得了一定的成绩,但也暴露出了很多的问题,如智慧养老服务制度不完善;智慧养老服务提供商产品设计不够人性化,服务流于形式,服务不到位;银色数字鸿沟阻碍了老人对产品的认知;社区及社会对智慧养老的宣传少,老人对智慧养老的了解程度低等。为切实满足老年人日益增长的物质和精神需求,实现老有所乐、老有所养、老有所医的目标,需要政府、社会和我们每个人的努力,为智慧养老的发展献言献策,充分利用现代信息技术,整合社会资源,开拓创新,将智慧养老服务提高到一个崭新的水平。

一、智慧养老的概念与内容

(一)智慧养老的概念界定

“智慧养老”最早由英国生命信托基金提出,当时也称“智慧居家养老”,是指通过先进的现代信息技术,整合老人、社区、政府等资源,为老人提供智能化、物联化养老服务,打破时空限制,让老人在家中即可享受高质量生活。“智慧养老”主要包括四个层面:第一,从个人来说,老年人应该成为“智慧老人”,具备使用现代信息技术、智能设备的基本能力;第二,从家庭来说,家庭要成为“智能家庭”,即家里有各种辅助设备和适合老年人用的智能产品,以帮助老年人更智能、更健康地生活;第三,从社区来讲,社区要构建“智慧型社区”,以现代信息技术为支撑,构建社区信息网络,促进社区管理向智能化发展,老年人同时可以线上线下与社区保持联系,构建健康、生态的现代社区生活;第四,从养老机构来说,应将养老与医疗两种资源相结合,开展“医养结合”服务模式。笔者认为,智

慧养老是基于互联网、物联网、大数据等现代信息技术，整合各方资源，创新传统养老服务，以使传统养老模式更智慧化，打破时间和空间的限制，为老年人提供全天候、便捷高效、舒适的养老服务。

（二）智慧养老的内容

1.智能生活服务

智慧养老服务中心通过智能化的设备和系统，对老年人日常生活的饮食起居给予照护，为老人提供快捷、高效的上门服务。一方面，老年人可以通过一键呼叫或者其亲属通过智能手机远程下单，将所需要的服务信息传输到系统后台，与服务平台合作的第三方组织从养老服务平台取得订单信息，由他们为老年人提供服务，或将订单信息发送到社区社会组织，由社区社会组织自己组织团队为老年人提供助残、助医、便民维修、上门探访等养老服务，老年人足不出户便可享受优质的生活服务。另一方面，老年人将自己的真实体验反馈给服务平台，以便平台对服务供应商进行评估、考核，对供应商提出相应的整改意见。社区社会组织可以定期对老年人上门探访，倾听老年人的想法、感受，并根据反馈对工作进一步改进。

2.远程健康医疗

随着年龄的增长，老年人的生理机能也在下降，患各种疾病的概率增大，生活中发生各种意外事件的概率也增大，而且一点小的意外对生理机能下降的老人来说也可能造成严重的后果。因此，健康医疗服务是智慧养老不可或缺的内容。智慧养老利用各种传感器，能够实时、全面检测老年人的身体健康状况，将收集到的数据发送到医疗服务机构并保存到电子健康档案中，通过对数据的分析对比，可以清晰地了解老年人各时间段的身体变化，对异常情况进行预警，减少患病风险，并根据老年人的日常生活习惯为老人制定个性化的健康服务方案。通过与医疗机构协同合作，老年人的信息得以共享，可以更方便地为老年人提供远程医疗服务，身体不便的老年人可以省去医院排队挂号、检查的麻烦，医院可以根据收集到的老年人信息提供上门检查、送药等服务。

3.远程安全监控

远程安全监控是智慧养老服务平台保障老年人生活的一项重要服

务。随着年龄的增长,老年人的生理机能退化,腿脚不便,反应能力下降,容易发生各种意外,尤其是空巢、独居、孤寡、高龄老人。因此有必要对老年人的日常生活进行远程监控,在老年人家中安装智能安全防护报警系统,为老年人配备智能居家用品。例如,在厨房安装煤气感应器,当老人忘记关煤气时可以发出警报并进行智能化处理,降低安全隐患。对身体活动不便的老年人,可以在地面装入安全感应器,老人摔倒时可以及时将信号传给老人的监护人及服务人员,以便及时发现情况,保障老人的安全。远程安全监控是智慧养老中不可或缺的重要内容。

二、我国智慧养老的发展现状

(一)我国智慧养老试点情况

自2012年"全国智能化养老实验基地"投入试运行以来,在全国老龄办的统筹推进下,智慧养老项目在一些城市试点开来。在不断的探索实验中,逐渐出现了一些典型的智慧养老模式。当前我国的智慧养老主要有四种模式:智慧居家养老服务、智慧医疗养老服务、智慧机构养老服务、智慧城市养老服务。这四种模式是在智慧养老服务的实践探索中,基于我国独特的老龄化特点,不断探索、创新、融合而形成的,是四种较为适合我国国情的智慧养老模式。

1. 智慧居家养老服务

智慧居家养老服务旨在通过现代信息技术手段,结合物联网、互联网等为社区老人提供居家养老服务,老人足不出户即可享受到高质量的生活,例如以绍兴为代表的智慧居家养老服务模式。该模式以"三化"为原则,即顶层设计统一化,各项管理标准化,养老服务全面化。该模式以"96345"便民服务平台为核心,将居家养老服务公司、民政局与社区居民相连接,打造一个多级的网络化管理体系。老人通过安装在家中的"一键通"呼叫服务,便民服务平台收到信息后将信息传达给智慧养老服务公司,由智慧养老服务公司为老人提供相应的服务,真正实现了"三个一"的服务体系,即"一张网、一键通、一站式"。"虚拟养老院"则是苏州沧浪区智慧居家养老的一种典型模式,其通过政企合作研发的"居家乐"为老人提供上门服务、生活照料等多元化服务。同时,利用现代信息技术，通过安装在老人家中的传感器实时监测老人的日常生活情况，以保障老年人的健康。

2. 智慧医疗养老服务

智慧医疗养老服务是通过“医养结合”实现养老看护医疗康复一体化的智慧养老服务，该模式实现了提醒智能化、医疗康复专业化、养老服务个性化。以辽阳美林园社区养老站为例，养老服务站与社区卫生服务站或医院门诊部门协同合作，养老服务公司通过为老人配备各种智能设备，收集老人的日常生理指标，然后将指标发送给社区卫生服务站或者医院门诊，由专业的医生分析指标，判断老人的生理状况，并将相应的治疗方案、保健建议反馈给老人，老人可以根据自身情况选择相应的方案。针对失能、半失能老人群体，可由养老服务公司为老人提供看护医疗康复服务。社区应建立一个养老服务站，养老服务站的护士均接受专业的培训，每名护士负责几名老人；养老服务站还要配备血糖仪、血压计等相应的医疗设备，用以测量老人的生理指标，同时为看护老人配备触底感应器、尿湿感应器等，以随时掌握老人的状况，以确保老人得到舒适的养老服务。

3. 智慧机构养老服务

智慧机构可通过智能化设备、人性化服务，从衣食住行、看护、康复等方面为老人提供专业的、舒适的服务。以黑龙江乐活医养家园为例，乐活医养家园为中日合资开发，整体分为居家生活区、休闲养生区、医疗保健区、健康康复区、休闲购物区、文化娱乐区、老年用品体验区、医养结合区八大功能区。其中，居家生活区尽显人性化，为健康老人提供了酒店式服务；医疗保健区尽显专业化，该区设在一个三级综合性医院内，为老人提供专业化的医疗咨询、健康保健。同时，该机构的软硬件设施，如智能轮椅、TOTO适老化马桶升降机、松下坐式淋浴器等尽显智能化。

4. 智慧城市养老服务

智慧城市养老服务旨在利用现代信息技术建设一个面向全体居民的智能化服务平台，在医疗卫生、社会保障、公共服务等领域形成一个覆盖城乡的数字化社会服务体系，将城市打造成“智慧城市”，居民信息收集、医疗就诊、日常生活等方面尽显智能化、自动化。以天津为代表的

“四维模型”是智慧城市养老服务模式的典型。

总体来说，我国的智慧养老正处于发展初期，其在发展中难免会存在一些问题，但智慧养老是朝阳产业，在“互联网＋”浪潮的推动下，智慧养老发展前景十分广阔，我们应积极推动智慧养老的完善、创新。

（二）我国对智慧养老的扶持政策

我国人口老龄化正处于加速阶段，养老问题已成为社会各界共同关注的热点问题。如何更好地应对老龄化，缓解养老压力，创新养老服务模式也被作为一个重要问题被政府提上了改善民生的日程。2013 年出台的《关于加快发展养老服务业的若干意见》中指出，地方政府支持建立居家服务网络，鼓励创新居家养老服务新模式，积极发展基于互联网、物联网的养老服务。2015 年 7 月，国务院印发的《关于积极推进“互联网＋”行动的指导意见》中明确提出了“促进智慧健康养老产业发展”的目标任务，支持智慧养老健康产品的研发和推广，鼓励社会各方投入到智慧健康养老产业中，整合各方的力量，利用现代信息技术搭建养老信息服务平台，为老人提供优质的居家养老服务。同时，该目标的提出也意味着智慧养老已是解决我国养老问题的有效途径和发展趋势。2017 年 3 月份，国务院在发布的《“十三五”国家老龄事业发展和养老体系建设规划》中提出要实施“互联网＋”养老工程，支持社区、机构、社会组织和企业利用现代信息技术，开发智能系统，研发智能设备，打造智慧化社区和智慧化养老机构，为老人提供方便舒适的生活服务。

三、我国智慧养老发展中存在的问题

智慧养老在我国尚处于试点阶段，作为一种新型养老服务模式，其在发展中必然会面临种种问题。

（一）智慧养老服务制度不够完善

当前，智慧养老在我国尚处于试点阶段，涉及的相关政策法规、服务标准等不够健全，对智慧养老服务的落实指导有限。对此，一方面当前有关养老的政策文件难以上升到国家法律层面，其他行政规范等政策文件法律效力低。缺乏相应法律制度的约束容易导致养老服务市场的混乱，一部分企业以“推进智慧养老发展”的名义来申请政府补助或投标政府购买服务，但其落实情况却不尽如人意，也严重影响了各地区养老服务信息化推进的进程。另一方面，智慧养老服务行业缺乏统一的行业标准，行业准入门槛较低，由此导致在智慧养老的实践过程中，各服务提供者在提供服务时自成一派，服务质量参差不齐，在风险预防、评估评价等方面缺乏统一标准和规范，服务实践和后续评估不衔接，服务效果很难核实，从而严重影响了智慧养老服务的完善创新。智慧养老在我国的发展仍不成熟，行政规范、政策的出台更多是依据智慧养老在发展中遇到的问题而提出，对智慧养老的研究有待深入。

在东营市，智慧养老作为新兴产业，政府对其发展给予了一定的扶持，但缺乏相应的制度政策及服务标准，导致智慧养老在实践过程中存在很大的漏洞，如智慧养老的扶持资金有限，真正投入智慧养老且有心去做的社会组织由于缺乏关系，很难申请到资金扶持，扶持资金更多是通过关系申请，而申请到资金扶持的社会组织一部分并没有真正将其用到智慧养老的发展上，而是以一个名义上的社会组织套取政府的资金扶持，然而该社会组织并没有相应的服务方案及人员配备。制定相应的智慧养老服务标准及制度政策对智慧养老产业中企业良莠不齐的情况有很好的约束作用。制定相应的评估标准和评估体系，提高对相关社会组织智慧养老服务效果的评估，可有效保障智慧养老产业的健康发展。

（二）银色数字鸿沟阻碍了智慧养老产品的推广

“银色数字鸿沟”是指老年人由于年龄原因对信息技术缺乏了解，导致他们在数字认知方面存在障碍。克服“银色数字鸿沟”是智慧养老产品推广的关键，主要表现在三方面：第一，生理机能下降。老年人反应速度、认知能力、学习能力、记忆能力等均有较大幅度下降，进而导致老年人对信息的利用能力较低。第二，老年人对信息缺乏需求。老年人很少主动去利用互联网获取信息，对信息的获取更多是采用传统方式。第三，硬件设备缺乏。调查表明，我国大部分老年人不会去要求购置智能手机或电脑，即使使用也多为子女淘汰的产品，家庭也很少主动要求接入网络。同时，社区信息技术硬件设施同样缺乏，且很少对外开放，老人缺乏相应的学习设施和场地，对智能产品的使用能力低。社区没有提高老人对现代信息技术利用能力的相应课程培训，老人学习新技术、了解新设备的需求得不到满足。老年人对智慧产品的认知和接受在很大程度上受银色数字鸿沟的阻碍。

以东营市S社区为例,S社区共有23个小区,社区内的各个小区多为旧式小区,大部分小区为各个单位的家属楼。从社区居民口中我们了解到,社区党群服务中心为近几年刚建造的,党群服务中心的前身是某小区的娱乐活动中心,同时也是附近几个小区的娱乐活动中心。党群服务中心取代了之前的娱乐活动中心,但是现在的党群服务中心并没有为社区居民留下可以娱乐活动的场地,老人的文化娱乐需求得不到满足。同时,党群服务中心有阅览室及计算机室,但这些场地却很少对社区居民开放,不经常去党群服务中心的居民甚至不了解社区服务中心有什么部门、什么场地可供居民使用。社区内各小区严重缺乏老人的活动场地,缺乏有关现代信息技术的硬件设备。社区对居民的需求关注度较低,对现代信息技术利用度较低,对智慧养老等新事物的了解程度低,未能营造出良好的社会环境。在走访社区居民的过程中,我们了解到大部分老年人不用智能手机,甚至一部分老年人只用家中的座机而自身并没有配备手机;一部分配备了智能手机的老人中,很多人所用的手机是子女淘汰的,只有很少一部分老人主动要求购置手机。老人对智能手机功能使用单一,通话与视频是主要用途,少部分老人会使用手机的社交及信息获取等功能。因为距离的原因,老人很少到社区党群服务中心,社区的消息在社区内传递不畅。老人对社区党群服务中心的了解程度不足,在他们看来,党群服务中心只是办公的地方,和他们这些社区居民没有关系。事实却并非如此,如东营市某社区党群服务中心就与社区居民有较好的联系,该社区的党群服务中心有不同的娱乐室提供给社区居民,如乒乓球室、乐器室、书法室、阅览室等。党群服务中心亦是社区的娱乐活动中心,老人们能及时、方便地了解社区的一些通知。

(三)智慧养老产品设计不够人性化

当前我国智慧养老的发展过程中,对现代信息技术的开发水平较低,对智能设备的开发与应用仍处于较低级阶段,对信息数据的挖掘、处理和整合水平较低,无法实现对数据信息的采集、实时分析和共享;智能产品种类较为单一,一般仅为便携式智能手环、智能手表和智能手机,不能满足老年人群体多样化的需求。

此外，以老年人需求为本的理念在智慧养老产品设计中没有得到很好的体现，缺少对老人需求的人性化处理，老年人的实际使用情况在产品设计中没有被很好地考虑在内。例如，部分产品按键太过密集，学习和操作复杂，还有一些智能产品操作界面的字体太小，触摸屏反应太过灵敏，由此降低了老年人对智能产品的兴趣，甚至许多老年人最终会放弃使用智能终端。由于很多老人退休后普遍收入不高，智能产品价格却相对较高，因此即使老年人对智慧养老产品相对认可，但预期价格和实际价格仍有一定差距，购买智能产品会给老年人带来一定的经济负担，进而导致老人对智能产品的接受程度降低。

以东营市某社区为例，该社区通过社会组织为社区提供智慧养老服务，之前社区免费赠送给一部分老人智能产品用以检测老人心跳、血压等安全数据，但服务也就仅止于此，产品的昂贵极大地降低了老人的购买欲望。同时，该社会组织手机 APP 设计过于粗糙，字体过小，界面选项布局不合理，许多常用功能选项设计在界面的边角，很难引起注意；图片清晰度差，图片的拍摄上传过于随意；缺乏相应的反馈渠道，产品发放给老人后没有后续，缺乏对产品及服务体验后反馈信息的收集。产品设计缺乏人性化大大降低了老人对智慧产品的使用意愿。

（四）智慧养老流于形式，服务不到位

1. 服务内容单一，线上线下不匹配

“互联网＋”模式下，智慧养老服务的提供必然离不开多方的合作，各方资源的整合则离不开服务平台。服务平台起着链接作用，线上线下相结合能为老人在最短时间内匹配到符合其需求的服务。在智慧养老服务提供过程中，养老服务平台是中间的衔接，也是整个服务的关键。部分智慧养老服务企业只是一个空架子，空有一个服务平台或服务方案，但却缺乏实际的服务落实。部分落实服务的企业存在线上线下不匹配的问题，只有单向信息的收集，却没有服务提供。由于智慧养老产业设计的相关服务企业、社会组织较多，老年人的基本信息、家庭住址、家庭信息、联系方式等会在各企业和机构之间传递，如果信息管理不规范，容易导致信息泄漏，甚至可能带来安全隐患。如果隐私信息被不法分子

得到，老年人受欺诈的概率也会提高。

以前述东营市某社区为例，该社区智慧养老服务方案在设计上以医养结合为基础，为社区老人提供健康咨询、中医诊断、上门送餐等多项服务。但在其落实过程中却不尽如人意，老人健康数据收集之后没有后续处理，也没有将健康信息反馈给老人，没有做到医养结合。只有单向的数据收集，没有与服务提供者达成链接，不能满足老人的需求。同时，该服务平台缺乏专业人才的维护，信息更新慢，出现了“一人兼任多职”现象，且兼职人员的专业水平较低。送餐服务只有形式，没有与线下对接，服务只存在于方案中，老人知道有此服务却迟迟等不到服务开展。该社会组织在社区开设的诊点只存在于线下，与普通的社区诊所无异，缺乏智慧化。

2.缺乏各种专业人才支撑

智慧养老的发展必然离不开人员的支撑，拥有高素质的专业人才，智慧养老才能更快更好地发展。但是，当前养老服务人员在社会中受到了一定的偏见，人们对其缺乏足够的尊重，又加上服务人员的薪酬待遇不高，进而导致拥有专业素养的人（尤其是年轻人）更少，人员专业知识有限，稳定性差，服务质量较低。因此，缓解人力资源方面的不足，提高服务人员的专业素养是养老服务的重要环节。

东营市该社区智慧养老服务平台缺乏专业人才的维护，信息更新慢，当前服务平台后台的管理是社区医养结合一位诊点的一位医生在兼任，但是兼任人员的技术水平完全不足以维持平台的日常运行。

总的来说，智慧养老在当前我国的发展不可避免地会面临一些问题，但这并不能否认智慧养老广阔的发展前景。随着技术发展、政府扶持等举措的开展，智慧养老服务必然会被逐渐完善，得到更好的推广应用。

四、推进智慧养老发展的对策

（一）加大政策扶持力度，完善智慧养老服务制度

政府的扶持是智慧养老得以快速发展的保障。一方面，政府应加大对智慧养老的财政支持力度，对智慧养老的相关产业给予一定扶持，引

导民间资本进入智慧养老产业；另一方面，政府应对经济较为落后的地区加大财政支持力度，对在落后地区的智慧养老企业给予一定的优惠政策。政府可以通过政企合作、政社合作等方式，在开展智慧养老服务困难的地区进行试点，带动相关市场的发展。

政府应当做好顶层设计，完善智慧养老制度体系。一方面，政府应出台关于智慧养老的法律法规，明确各部门的责任和义务，同时制定完善统一的服务监督评估体系；另一方面，应统一行业标准，科学制定服务规划，让智慧养老发展中的各个环节都有科学指导，推动智慧养老科学、稳定、健康地发展。

（二）加大智慧养老宣传，克服“银色数字鸿沟”

政府应加大宣传，营造良好氛围，努力改变老人的传统养老观念，让老人体验并感受智慧养老提供的各种服务，切身感受到现代信息技术发展为生活带来的便利。政府可以借助电视、报纸、社区宣传、养老服务机构等途径播放智慧养老相关视频，宣传智慧养老服务，营造浓郁的“互联网＋”时代下的智慧养老氛围。

此外，还要改善老年人对智慧养老服务的体验，加强社区的信息基础设施建设，社区定期开设电脑、智能手机及其他智能设备培训班，提高老人使用智能设备的能力。最后，对于智能设备，商家可以推出免费试用的优惠，让试用过的老人对使用感受进行分享，进一步吸引更多的人参与到智能产品的试用或使用中，化解老年人因“银色数字鸿沟”带来的对智能产品的不适应现象。

（三）优化智慧养老产品设计，提高智慧养老服务质量

要真正倡导“以人为本”，以老年人的实际需求为根本，提供全面的服务和管理。首先，要做好前期需求调研，切实了解老人的需求，有针对性地提供多样化服务。其次，要充分了解老人们对新事物的了解程度、使用意愿，以帮助企业开发和提供切合老年人当前消费力的产品和服务。最后，要做好满意度调查，根据老人的回馈进行调整，使服务更具针对性，真正提供老年人需要的高质量服务。

使用是否方便是老人能否接受智慧养老的重要因素。必须不断完善和优化平台设计，充分了解老人的生理和心理习惯，并在此基础上研发真

正适合老人的产品，完善养老服务平台功能。智慧养老服务平台应注重实用性、稳定性，操作起来流畅、便捷，老人可以一学即会。同时，要加强对服务平台的日常运行维护，做好信息管理，避免因管理不当导致平台中老人的信息泄漏。要让老人切实感受到智慧养老的便捷、高效和可靠。

在工作中要注重老人的精神需求，提供精神慰藉、临终关怀等服务，积极地回应老人的多样化需求；积极开展医养结合，加强医养结合在智慧养老中的应用；养老平台与医院实现数据共享，可以快速、便捷地了解老人的基本信息，为老人提供健康咨询、远程就诊、上门送药等服务，为老人提供更为便捷的就医新方式。

（四）培养专业人才，加强养老服务人员队伍建设

服务的关键在人才，养老服务又是一项对专业性有要求的工作，尤其是在智慧养老中，更加强调人员的专业素质和知识技能。对此，首先政府应鼓励高校开设养老相关专业，进行系统的人才培养，注重心理、医学、护理、信息等方面综合知识的学习，为养老产业培养高素质人才。其次，对有意愿从事养老服务的社会人士进行专业化培训，培养其信息技术、医疗护理、心理健康等方面的基本能力。

五、结语

养老服务是人与人之间的互动，是科技所无法取代的，因此智慧养老服务必须有强大的服务人员队伍。要留住人才，对养老服务人员政府要引导社会树立正确的认知观，端正对养老服务人员的态度，提高社会对他们的认同感。同时，制定合理的薪酬制度和考核晋升制度，吸引更多优秀的年轻人才加入到智慧养老产业中。还要规范养老服务人员队伍建设，建立规范的志愿服务体系，通过志愿服务等登记制度，鼓励、引导更多的企业、社会组织和个人参与到志愿服务中来。此外，对低龄老人可给予一定的培训，鼓励低龄老人加入到志愿服务高龄老人的工作中，充分发挥他们的余热。要建立养老服务相关人员保密条例，与工作人员签订保密协议，明确自身的权利和义务。

（本节作者：郭建钊）

第二节 “互联网+”下的新型智慧化养老服务平台建设探索

我国的快速老龄化、严重少子化状况还将持续多年，整个社会面临着非常巨大的养老压力。截至2017年年底，我国60岁以上人口数高达2.41亿，占全国总人口的17.3%，预计2050年前后将达到峰值，占比翻番，提高到34.9%。另外，当前空巢和独居老年人接近1亿，其中失能、半失能老年人口约3500万，这进一步加剧了我国养老形势的严峻性。

智慧养老手段（“互联网+”养老）在老年人需求表达和社会养老资源整合方面具有显著的优势[①]，得到了市场的广泛认可和各级政府的高度重视。《关于积极推进“互联网+”行动的指导意见》（国发[2015]40号）要求，要依托现有互联网资源和社会力量，以社区为基础，搭建养老信息服务网络平台，提供护理看护、健康管理、康复照料等居家养老服务。山东省人民政府出台的《关于印发“十三五”山东省老龄事业发展和养老体系建设规划的通知》（鲁政发[2017]21号）指出：“省委、省政府把健康养老作为新旧动能转换和经济转型升级的十大产业之一，大力推进‘互联网+’养老，推动养老服务由生活照料向健康服务、精神关怀和心理慰藉扩展。”《青岛市人民政府关于加快推进养老服务业发展的实施意见》（青政发[2016]36号）也提出：着力推动养老服务业发展理念由重事业发展向事业与产业并重转变，服务手段由单一的实体服务向“互联网+”综合服务转变。在实际运作层面上，各地、各机构也进行了不同模式的尝试，对智慧养老平台的发展有着很强的借鉴意义。

作为一种养老新模式，智慧养老也是当前学术研究中的热点内容，现有文献中对智慧养老的内涵、功能、现状、发展趋势等各个方面都有所探讨。智慧养老是希望采用现代信息技术，从生理和心理层面为老年人提供更好的服务。[②] 作为技术支持水平分类中目前最高级的养老模式，

① 参见杜鹏、董亭月：《老龄化背景下失智老年人的长期照护现状与政策应对》，《河北学刊》2018年第3期。

② 参见左美云：《中国养老的内涵、模式与机遇》，《中国公共安全》2014年第10期。

智慧养老的确带给我们许多传统养老不可及的优势，这些优势体现在信息科技的集成、“以人为本”的思想、优质高效的服务、老年人精神生活的丰富等各个方面。我国的智慧养老产业才刚刚起步，仍普遍存在供需不匹配、精神关爱缺乏、就医资源紧张、养老专业人才紧缺等问题，而以上问题的解决需要从完善智慧养老理论体系、提升老年人的数字素养、培养专业人才、优化平台设计、注重智慧养老宣传等方面切入。

事实上，智慧养老领域尚处于初步探索期，至今尚未形成清晰而成熟的模式，针对不同研究对象得到的结果和结论可能差异很大。经过对不同模式的对比和数个机构的走访，笔者认为智慧养老平台普遍具有如下的共同点：

(1)从应用范围来看，覆盖人口范围较广(包括老年人及其家人)。大多数智慧养老平台往往针对部分社区或者是特定的客户群体，如宜宾市健康养老服务平台建成之后，已为政府购买养老服务项目提供了运营管理服务，服务对象近10万人。该平台在满足政府购买服务项目的基础上，可同时为全市的老人提供健康养老线上管理服务，服务对象数量多且全面覆盖。

(2)从参与主体来看，几乎囊括了所有的利益相关者，实现了多资源整合的优势条件，包括政府监管机构、养老机构、日间照料中心、各类社会服务组织及人员、老年人及其家人，还试图打通银行、殡葬、公安等各种信息接口，以更大的力度整合资源和提升共享能力。典型的例子有：2016年12月，武汉新洲区阳逻仁生老年公馆率先实施“互联网＋居家养老服务”改革试点，通过佩戴、安装智能监护设备，运用互联网、手机APP成功实现了“1＋5＋8”的智慧养老服务新模式，老人足不出户即可享受居家养老服务，子女远在外地即可查看老人的健康状况。“1＋5＋8”即“一个平台”(居家养老服务平台)、“五方联动”(老人、子女、平台、医院、社工)、“八项服务”(档案管理、健康监护、主动关怀、呼叫转接、居家安防、安全定位、紧急救援、社工服务)。截至2017年8月，该平台已覆盖新洲西半区6个街道80039名老人，实现了对各方面资源的充分整合。

(3)从运营模式来看，平台大多由当前的“政府投资建设，政府购买，公司化运营”，经过一段时间的培育期，逐步实现“平台信息服务盈利支撑运营”。如能成功，则是具有很高价值的实践。青岛市智慧养老平台于 2017 年 4 月开通上线，规划设计以“一级开发，多级使用”为指导，政府统一监管，公司具体运营，分为市民版、机构版、民政版、服务人员版四个板块，试图打造一个集养老服务人才培养、供给转化、资源展示、补贴审批、评估认证、大数据分析等于一体的养老服务平台。

智慧养老平台在应用范围、参与主体、运营模式方面都存在着共同之处，而在实际运营过程中，平台也存在着各种各样的不足之处，如平台本身信息真实性差，资源整合混乱无序，服务人员、专业人员缺乏且素质较低，机构服务链条断裂，缺乏平台评价功能，民政部门监管体制不完善，市民的平台实际使用能力亟待提升等。针对这些问题，我们也提出了一系列的应对措施。

一、新型智慧养老服务模式的运营情况

为了深入调查了解智慧养老服务模式的运营情况，笔者通过实地访谈、电话咨询、问卷调查的方式进行了调研，调查对象涵盖山东省智慧养老平台的各个端口，对负责人员以及服务人员和市民进行了访谈，对平台的用户数、使用频率、业务量、使用反馈、用户期待等方面进行了考察。除此之外，还走访或在网上收集了多家智慧养老平台公司的产品信息，主要有青岛融贯汇众软件有限公司（贴芯点云平台）、山东蓝创网络技术有限公司（所依智能养老项目）、广西金中软件有限公司（社村通智慧养老云平台）、北京华卫迪特健康科技有限公司（医家通智慧养老项目），充分了解了智慧养老平台的运营模式。

智慧养老平台借助互联网工具，运用大数据、云计算等物联网技术，实现了养老服务需求与供给的对接。作为新型智慧养老模式的代表，智慧养老平台在社会上已经受到了广泛的关注和实践的支撑，各省市、各机构踊跃进行智慧养老平台的构建并且积极将其投入使用，旨在探索适宜本地区特点的独特发展模式。

社村通品牌是金中公司为服务于社区及农村信息化而设立的。该公司在做一个省级的社区服务信息化项目的时候，发现当前留守老人、空巢老人问题突出，解决养老问题迫在眉睫，应实现运营管理系统、用户

自助系统、健康管理系统等多个系统共同运转，由政府机构、项目运营商、志愿者、服务商家、老年人以及亲属等多个角色共同参与，积极根据当前社会上存在的问题来解决相关的养老难题。

华卫迪特聚焦于智慧养老行业，打造了行业品牌"医家通"智慧机构养老信息管理平台，以居家养老的实际管理和服务需求为出发点，功能涵盖呼叫中心、会员管理、健康管理、服务商管理、工单管理、物联网管理等。平台支持会员一卡通设备、健康检测设备、睡眠监测设备、智能手表设备的数据对接，充分实现了多功能设置、多设备接入的服务理念。

山东蓝创的所依智能养老项目依赖英特尔公司的强大数据支持，在精心分析老年人群体特征以及需求的基础上，首创了基于电视机的智能交互模式，是一种集"免费电视、语音视频、健康管理、医疗救助、生活购物、场景互动、即时聊天"于一身的智能养老系统。多家智能服务软件公司都为智慧养老网络多角度、多触角的延伸提供了资源支持和经验借鉴。

值得一提的是，2017 年 12 月，青岛融贯汇众软件有限公司开发的"贴芯点智能呼叫中心"被授予"企业信息化建设创新成果奖"。作为国内领先的健康养老信息技术提供商，融贯汇众与腾讯、阿里、百度、海尔、浪潮等知名企业建立了合作伙伴关系，在大数据、云计算、智能移动端、互联网＋等领域进行了广泛合作，为我国的养老事业贡献了力量。

各地区都积极探索了适合自己的智慧养老服务发展模式，并且得到了一些有益的成果。通过我们对多个城市和社区的走访调查，对智慧养老平台的优势和不足进行了系统的归纳和分析，期望后期的平台运营能够继续发扬这些优点，在不足之处上摸索更完善的解决方案。

二、智慧养老平台具有无可比拟的优势之处

（一）应用数字智能，符合社会发展

养老机构的被调查人员表示，之前对于这种智慧养老平台了解甚少，缺乏应用的经验，但是，这种智慧养老平台的使用是大势所趋，数字智能发展迅速，如果不能紧跟社会发展趋势，就会给人们的生活造成不便。要使智慧养老平台更加贴近老人及其子女，就要对其需求和"痛点"

进行深入分析。经过调查,老人的"痛点"是患有慢病并且需要亲友的陪伴,而子女的"痛点"为对老人的牵挂和自己工作忙碌之间的矛盾,怎样使用现代的智慧养老平台体系去解决老人与子女之间存在的问题,是当前亟待我们解决的问题。除此之外,我们现在发展智慧养老可以采购和部署新的设备,因为我们没有那么多的遗留资产,这样就可以起到后发优势的作用。所以对我们国家来讲,一定、也应该去抓住这样一个机会,发展智慧养老。[①]

(二)简化机构工作步骤,提高工作效率

养老机构人员可使用智慧养老平台对80岁以上的老年人进行人数统计,并根据他们的信息发放体检补贴、高龄补贴。登记信息的工作人员表示,在录入老年人体检信息时,使用智慧养老平台极大地减少了工作量和工作时间,而且不受工作地点的限制,在家里就可以进行操作,给他们的工作带来了意想不到的便利,提高了工作效率,扫除了原来工作中的盲区;民政部门可以通过对每个日间照料中心和养老食堂等机构的签到签出以及活动人数进行统计,了解每个中心的运行情况和利用情况,实现对下属养老机构的有效监管和财政补贴,某区的日间照料中心更是配备了指纹打卡设备,对每天的活动人数进行统计。而且,通过这样的监控,有效地减少了谎报活动人数以获得补贴的政策套利情况。

(三)推广力度加大,机构应用广泛

在我们的调查过程中,几乎所有的养老机构都在使用智慧养老平台,说明平台在推广方面获得了良好的效果,这样的推广力度有益于提高智慧养老平台的知名度及未来的可持续使用,便于进行社区嵌入型养老,相关部门也将智慧养老平台建设视为当前的头等大事。智慧养老平台的使用首先需要宣传力量的扩大,但我们也不能一味追求平台应用范围的广度,更应拓宽应用的深度和准度,完善平台的整体配套设施。

(四)细分多个端口,考虑不同服务对象的需求

我们在调查中建议,应将一个智慧养老平台的各个分支端口都仔细

① 参见左美云、陈洁:《"SMART"智慧居家养老新模式》,《中国信息界》2014年第4期。

罗列出来，并且将定位和功能细分：机构版功能包括基础信息管理、老人档案管理、服务人员管理、补助补贴管理等，市民版包括网站、移动端、广播陪伴等，根据不同的使用对象，将平台的功能细化，多维度地考虑用户可能存在的方方面面的需求，打造全方位、多层次、严体系的智慧养老机制，不仅提供平台渠道服务，而且还通过广播、电话、电视多渠道地服务大众，实现平台的精细化、精准化服务，真正做到事事为老年人着想、处处为老年人谋划。

三、智慧养老平台的需要提升之处

智慧养老平台在我国的应用还处在初级阶段，距离建立一个完善的养老体系还需要一定的时间，平台也还有广阔的提升空间，具体来说有以下问题：

（一）平台本身信息整合较弱

（1）平台信息的真实性需要加强核对，反映在以下几个方面：一是网站显示的服务机构总数与分项加总数据不一致；二是服务组织的信息失真，通过网站的联系方式联系养老机构需要进行电话转接，并且往往转接之后也打不通或者不能提供应有的服务；三是平台的网站更新不及时，不能够将养老机构的有效信息尽快录入，导致一部分服务组织空有其名，并不能提供相应的养老服务，而且有一些养老组织已经注销，却仍然能够在平台上查找到相关信息，可能会对老年人获取信息起到混淆作用，影响老年人获取养老机构的信息，延误老年人服务的获得时间，使用户对平台体验产生不良评价。

（2）平台对资源的整合与牵引力度不足，如社区缺少对老人的护理服务，不能满足基本的养老需求，平台上显示提供的养老服务为助餐送餐、机构托养、助洁助浴、照料护理等几种服务项目，服务项目主要涉及老人最基本的养老需求，不考虑老年人的精神追求与娱乐活动，但最基本的养老服务在我们走访的社区中却很难提供。例如，大多数日间照料中心等养老机构一般只提供助餐送餐服务，社区中并没有配备相关的助洁助浴以及机构托养的服务设施与专职人员，很少涉及助洁助浴等上门服务的内容，线上线下的服务不能得到充分的匹配和利用，老年人的基本需求难以得到满足,配套设施问题的解决已是迫在眉睫。

(二)平台服务人员运用平台方面存在困难

一是平台使用能力较弱,运作效率有待改进,这主要是由于平台服务人员培训时间短,不能够熟练掌握平台的使用规范所致。民政部门安排的培训时间为半天,对此,有2/3的受访者表示经过培训之后对于自己机构录入的信息的具体用处表示茫然,并且也不能熟练掌握平台上的所有操作规程,对智慧养老平台的了解不透彻。平台服务人员表示,应加大对智慧养老平台使用的培训力度,并且配合使用过程中出现的问题进行讲解,寻找切实可行的解决办法,做到接地气、顺民心、抓实际,使平台的使用与每一个使用人员的生活都息息相关。

二是专业人员对接困难,主要是缺乏操作平台的专业人员,且对于负责平台人员的在岗要求高。在走访中,九成的养老机构只有一个人能够对智慧养老平台进行熟练操作,一人对平台进行全面负责难免会产生不足,出现管理人员消极怠工、操作专员素质参差不齐、一人离岗全员犯愁等种种情况,这些都是阻碍养老机构良性发展的桎梏。应培养足够的操作养老平台的专业人员,并且有选择地配备到每个需要的机构中,对机构人员进行充分辅导讲解,保证至少有两人以上知晓平台的具体用法以及运营机制,这将大大提升负责人员的在岗灵活度及工作自由度。

(三)机构服务功能难以实现

一是机构中缺乏实际应用。机构对于养老平台的利用率低,难以实现物尽其用。很多日间照料中心和养老机构都只运用智慧养老平台的签到签出功能,对每天的活动人数进行简单的统计,而不能很好地利用平台进行其他操作。养老机构人员表示,对于平台中的其余功能不了解,并且市民的使用率也较低。对智慧养老平台的功能进行大力宣传,通过政府部门和社区合作进行实际应用的推广,既能提高平台的使用率,也能给人们的生活带来便利。

二是服务循环链条断裂,缺少服务评价功能,没有实现服务网络的闭环。老人通过智慧养老平台预约并完成服务之后,应可以对所接受的服务进行评价,这样其他用户也可以借鉴他人的服务经验,在选择上更加理智和具有侧重,而且服务人员可以通过查看用户的反馈而不断提升服务水平，形成一个完整的服务网络；还有相关负责人表示，应在平台上增加老年人的意外伤害保险登记服务，完善老年人服务的链条。

（四）民政部门缺乏平台约束

由于相关监管体制匮乏，导致不能对末端服务进行有效的监管，缺乏严格的体制对服务人员进行约束。智慧养老平台是否为每一个养老机构所充分利用以服务人群，平台的运转是否按照规章制度有序进行，平台服务人员的服务质量能否得到有效保障，这些都是平台末端出现的监管漏洞。当老人在养老平台上下单时，他所期望的肯定是一份满意的服务，但是，当服务完成时，怎么样来评判服务人员的服务品质？没有一个固定的评判标准会使最末端的服务人员对自己的工作产生懈怠心理，工作做得好坏都不会得到相应的褒奖或者处罚，这样的现状会使一项服务最后出现“烂尾”的结果。

（五）市民信息接收消化缓慢

由于老年受众数字化素养低，老年人阶层的数字智能设备普及率不高，影响了智慧养老平台对受众的信息传递。智慧养老平台应整体设计规划完整，政府部门及机构都能够及时对平台加以使用，而现在面对的困境是，老年人群体不能大范围对平台进行使用，整个养老链条在受众部分断裂。虽然已经有很多养老机构都将智慧养老平台投入使用，但具体到老年人个体，智慧养老平台对于他们来说仍是一个新鲜事物，在生活中遇到困难或者需要助餐服务时，他们第一个想到的不是智慧养老平台，而是求助身边的亲人或者是所在的社区和街道，所以，要提升平台的使用率，应从老年人的习惯入手，一方面要加大对平台在每个社区中的宣传力度，另一方面可将社区中有能力进行学习的老年人召集起来进行平台使用培训，提升受众的信息接收能力和数字素养。

四、智慧养老平台的潜力开发

智慧养老平台投入使用的时间还较短，随着使用次数的增多和社会的发展，平台的一些问题正慢慢暴露出来，应根据平台的发展情况和用户的需求不断更新，不断接受新理念，处理新问题，这样才能发掘出平台的发展潜力，使平台更加符合社会发展、信息更新和用户的需求。笔者

认为,未来我们应该在以下方面对平台进行完善:

(一)健全平台多方面的功能

一是开设平台的电视端服务,打造全方位的服务体系。在调查中,大多数老人很少使用智能手机进行生活方面的应用,手机和电脑版的智慧养老平台对他们来说使用起来存在障碍,也导致老人通过平台预约服务的情况非常少见。根据老年人的行为方式,电视的使用还是非常频繁的,并且有些老年人还能够使用电视的一些新兴功能,比如说电视购物、电视回放等。针对老年人的群体特征去开发适合于他们的服务产品,才能够为他们所用,例如,在电视端的智慧养老平台上配备即时的网络通话,让老年人在看电视的同时就能够即时收到亲友的视频请求,很好地实现了亲友之间的信息互联互通;在电视端上入驻利群等大型超市,能够让老人足不出户便享受到与去超市一样的便宜产品,使他们真正体验到科技带来的便捷;在电视上配备孙子孙女年龄层的玩具及图书等资源的购买渠道,让那些想为孙子孙女购买产品的爷爷奶奶可以在电视上一键下单。

二是主动提供生活问候,增强人文关怀。主动关怀是指在服务体系中为老人提供人文关怀服务,以增加与老人之前的服务黏性,通过平台的短信、语音等功能对老人发送节日问候、生日祝福、文娱活动、养生资讯、天气提醒等,再通过走访老人、发布活动为老年人提供更多的精神慰藉,这可以让老年人养成每天关注平台的习惯,逐渐培养用户的忠诚度,使养老平台真正服务于老人生活。

(二)提升服务人员自身的素质

一是加大对机构服务人员的培训力度,提升对老年人的服务质量。机构服务人员是平台服务的具体实施者,若他们对于平台的使用一知半解,则会严重影响服务人员的服务质量以及老年人对服务的满意度。在未来,民政部门应该在社区中多组织一些关于智慧养老平台的讲解课程以及与平台使用者之间定期进行交流,对使用过程中出现的问题相互探讨,不断推进平台的优化升级,更加适合机构和市民使用。

二是完善对失能失智老年人的护理服务,满足老人的多样化需求。很多老年人的身体都存在一定的健康问题,他们往往需要更多的关爱和照顾，在养老平台上应体现出针对这类老年人的服务，为他们提供专属的医疗以及生活服务，在社区中建设必要的失能老年人照顾点，提供基本的上门照看和配餐服务，并且组织他们进行智力和能力的提升训练，定期上门进行照看，体现平台的人性化设计。

（三）提高养老机构服务的水平

要完善底层监管体系，形成严格的运营模式，对每一个社区的养老机构、服务人员都要有一定的评价机制，可在平台上开设一个新功能，专门对服务人员或服务活动进行评价，也可以配备专人对工作人员的工作以及社区的服务进行定期抽查，做到层层有监督、人人不松懈；智慧养老平台在每个机构或者服务人员方面的使用情况也要定时与上级沟通，形成一个良性的循环体系。

机构之间要加强信息交换，实现养老资源之间的互联互通。民政部门表示，负责人能够在平台上查看的信息较少，只能看到机构签到签出、人数统计信息，以及机构老人的入住数量，详细的入住时间等具体信息都不显示。可将机构的具体信息开放给民政部门，并将一些非保密的机构床位剩余量和价格以及服务提供状况发布在平台上，供各个养老机构之间相互查看，可了解机构之间的发展现状，实现养老资源互补。

要建设普惠性的智慧养老机构，惠及更多的老年人。有调查显示，山东养老机构的平均最低收费（包括床位费、伙食费和基本护理费）为1652 元/月。[①] 在调查中，养老机构表示，很多老年人没有充足的钱来入住养老院，很多老人因为缴不起费用而面临着回家的情况，但养老院为了能够保障老年人的生活和养老院的声誉，往往会选择帮助老人继续入住。养老机构不应该是为金钱充足的社会上层人士准备的，而应该能够为每一位有需求的老年人所使用。智慧养老平台应根据老年人的填报资料给予入住养老机构的费用减免，保证老有所养、老有所依。

（四）民政部门起到表率领头作用

平台可对接第三方接口，提升服务能力。智慧养老平台是技术与市

---

① 参见崔树义：《养老机构发展瓶颈及其破解》，《中国人口科学》2017 年第 2 期。

场的结合，它是信息传播汇聚的平台，也是技术支撑应用的平台；智慧养老平台不仅是服务产品的平台，而且还是服务产业的平台。要想使平台的技术与市场无缝融合，从而能够全方位地服务大众，只靠一个网站是远远不够的，民政部门应充分发挥其资源整合的长处，在服务内容上充分拓宽平台的宽度，与第三方的公安殡葬系统对接，使老年人的数据更新更加迅速，方便补贴的发放；与第三方的银行对接，使平台对于金钱的流转使用更加便捷和专业化；与第三方的联通、移动以及电信等通信运营商合作，使老人的呼叫信息能及时便捷地上传到养老平台，以便更高效地对老年人进行救助。在对接的过程中，要处理好两个服务站之间的相关信息交换问题，使每一个端口都能得到更快运转。

平台要加快对接医疗服务，保障老年人的就医安全。养老机构与医院的医疗服务对接之后，会大大保障老年人的生命安全。一方面，与知名医院的专家合作，可将老年人患病频率高的疾病罗列出来，并分别讲解各个疾病的预防方法以及治疗手段，提醒老年人在生活中注意饮食、运动等相关事项，实现老年人的居家医疗愿望；另一方面，平台与医院的医疗服务对接，建立“一键呼叫”就医服务，设置老年患者的居家护理服务，如设置智能药盒，药盒的数据与平台联网，当老人出现用药需求时，智能药盒能够根据老人的不同病情选择不同的药物，在对应的盒子出现灯光闪烁，对老人进行及时的提醒，可减少腿脚不便老年人的就医活动，使老人和家人能够足不出户就了解病情并进行治疗。

（五）重点提升市民的数字化素养

要提升老年人的数字素养，方便老年人的日常生活。老年人接受新事物比较困难，对手机、电脑等电子产品存在一定的使用障碍，但是，如果老年人要想获得更加充足的、方便的养老信息，通过手机电脑等途径是比较便利的。很多老年人希望能够熟练使用数字化产品，但是苦于没有途径进行学习，所以可以和社区进行对接，提供充足的志愿者队伍，为有学习意向的老年人提供智能设备学习课程，由此也可以更好地使用智慧养老平台。

五、总结

在人口老龄化的背景下，妥善、有效地解决老年人口的养老问题关系到社会的稳定与家庭幸福。[1] 养老产业不仅是一个简单的行业，而且还是我们每一个人都必须面对的未来。养老产业的发展正蒸蒸日上，而我们所做的还远远不够，让老年人享受到更加便捷、更加贴心的服务，真正做到颐养天年，实现“基于老人需求出发，吻合政府政策导向，满足儿女尽孝情结”的适老化智能养老平台，才是我们追求的终极目标。智慧养老平台是养老产业的一个很小的缩影，但是也反映了我国的养老产业正在逐渐兴起和完善，在这个过程中，政策指引、政府扶持、平台发展、民众受益，将使“银发产业”真正变为朝阳产业。

（本节作者：杨晴，青岛大学商学院）

第三节　寿康智慧居家社区为老服务模式探索

随着经济的发展及人民生活水平的不断提升，我国的老龄化程度也越来越高，整个社会趋于“衰老型”发展。目前，中国老年人口已达 2.2 亿，占总人口的 16.1％，远超联合国“10％即为老龄化社会”的标准。同时，未富先老、空巢化、少子化等养老问题也逐渐凸显。在这一背景下，如何利用各方力量让亿万老人老有所养备受关注。

关于养老问题的破局方向，各地方都在探索之中。近年来提出了“9073”养老模式，即 90％的老人居家养老，7％的老人社区养老，3％的老人机构养老。“居家养老”是以家庭为核心，以社区为依托，以专业化服务为依靠，为居住在家的老人提供以日常生活照料为主要内容的社会化养老服务。“社区养老”是以家庭为主，依托日间照料中心，在为老人提供托管服务的同时，也可以提供上门服务，与居家养老形成互补和联动，

---

① 参见王立剑、凤言、王程：《养老机构服务质量评价研究》，《人口与发展》2017 年第 6 期。

整合社会资源。目前看来，居家养老的供给还是明显不足的，与社会需求还有很大的差距，主要是因为社区设施缺乏，养老服务人才不足等。

信息化技术及物联网技术的发展，为智慧养老提供了技术保障，也为社区和居家养老提供了切实可行的技术支撑，为国家解决养老问题提供了新的思路和解决方向。

寿康智慧居家养老服务是在自主研发的智慧养老平台的支撑下，以照护师专业照护服务为核心，通过将社区日间照料与居家上门服务联动，实现智慧养老、社区养老、居家养老的一体化养老服务解决方案。其自运营以来，不仅为政府提供了数据，为居家养老提供了支撑，而且还为老人提供了舒心、智能、便捷的生活服务。

一、实施概述

关于智慧养老方面，2017 年年初，寿康公司与内蒙古自治区 12349 平台达成战略合作协议，成为全自治区唯一一家与 12349 平台合作的，能提供平台互通、数据共享、专业照护师团队的智慧居家养老服务企业，通过 12349 为老服务热线与寿康智慧养老服务平台的互联互通，为老人建立了全方位、全天候、标准化、专业化、亲情化的居家养老服务机制。寿康公司研发的智慧养老平台包括设备管理系统、服务管理系统、居家照料、社区照料、健康管理系统、信息管理系统、看板管理系统、呼叫中心系统、数据统计系统、系统配置管理十大功能模块，通过移动端 APP 连接不同的参与主体，有子女端 APP、照护师 APP，实现了照护师、老人、子女三方联动，从传统模式过渡到移动端模式，真正运用“互联网＋”的思维，发挥信息技术与传统养老领域的融合创新，实现了真正的智慧养老。

关于社区养老方面，寿康公司通过托管运营老年日间照料中心，由专业的照护师在社区为老人提供短期托管服务，并以社区为依托，为老人提供丰富的精神文化活动。社区养老与其他养老方式的区别在于：社区养老不是家庭养老，而是社区中的在家养老；社区养老不是社会养老，寿康将服务项目引入社区，实行社区的在家养老。寿康将居家养老优势和机构养老的优点与可操作性引入社区，把家庭养老和机构养老集中在社区，为空巢、高龄、失能等老人提供专业化养老服务。发展社区养老的最终目的就是将社区中的关系调动起来，实现互助互动，让老人不离开家庭，不脱离自己的关系网，继续与家人和社区各个年龄段的老人生活在一起。社区养老是一种公益性养老方式，以政府为老人购买服务为主，通过专业服务提供商的参与，为老人提供公共服务、文化活动、精神慰藉，同时解决失能、半失能老人日间托管的问题。

关于居家养老方面，寿康依托社区和自己的专业照护师团队，为老人提供上门服务。智慧养老平台为上门服务提供了从协同、监管到执行的有力支撑，寿康研发的智慧居家养老平台从老人的实际出发，结合各种适老化智能终端，通过预警、定位、呼叫等方式，让老人随时随地与照护师、子女连接，根据老人的需求，照护师为老人提供上门照护服务。

居家养老服务的特点是既不同于家庭保姆，也不同于家政服务。相比于家政服务，居家养老服务是一种公益性或准公益性的养老服务，而家政服务和一般养老机构服务的内容和方式都比较单调，无法满足老人的专业照护要求，同时两者的经济消费偏高。

当前，市场对居家养老还没有形成共识，完全的市场化运营很难生存，短期内需要依靠政府来推动，由政府购买服务，保障服务商的存活；服务商通过专业的照护服务逐步挖掘市场需求，用3～5年的时间逐渐由政府购买过渡到市场化运营。

寿康通过将专业的养老服务与智慧养老相结合，将社区日间照料与居家上门服务形成联动，为老人的养老提供了实时、便捷、高效、智能、专业的养老服务。

二、实施方案

（一）智慧养老平台建设

为了更好地服务于老人，提高社区居家养老的服务质量，寿康将积极推进智慧养老平台建设。智慧养老平台是以互联网技术为核心，在现有数字化办公设备的基础上，借助专业软件建立高效互动的养老服务管理系统，创新养老服务体系，以“数字化养老”来努力提升养老服务体系的建设及管理水平。

寿康智慧养老系统可对老人服务进行有效的运行管理，本着“在管理中提升服务，在服务中加强管理”的原则，达到对服务过程的管理规范化、决策科学化、业务流程化和数据标准化的目标。智慧养老系统充分运用先进的视频监控技术、全球定位系统（GPS）、物联网技术、移动技术、计算机技术、通信技术和多媒体技术等现代信息技术，以老人数据库、健康数据库、呼叫中心及智能终端设备为基础，构建了紧急救援、服务派遣、生活帮助、主动关怀、子女联动五大服务方式，真正实现了全面、无缝的养老产业链中各服务部门的信息共享和资源整合。

借助智慧养老平台，可以将居家养老平台、社区养老平台、机构养老服务平台紧密地结合在一起，既实现了养老服务的信息化、智能化，又为民政部门提供了专业、实用的业务监督管理手段。

1. 寿康智慧养老平台架构图

寿康智慧养老平台的架构如图 5-1 所示。

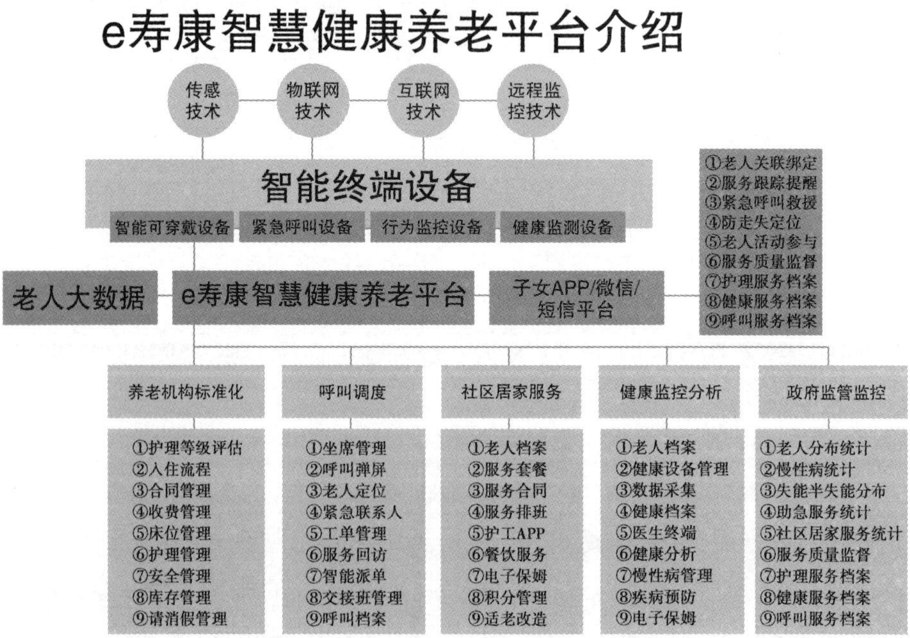

图 5-1　寿康智慧养老平台的架构

2. 寿康智慧养老平台子系统

寿康公司自主研发并实践的智慧养老平台为寿康智慧养老“1113”系统平台，该平台以 1 套老人大数据系统为基础，构建了 11 套与老人服务相关的应用子系统，用于服务老人从居家、社区到机构的3个阶段，让老人从60岁到晚年都能享受到寿康的专业照护服务，解决老人全周期的养老问题。

(1)寿康老人大数据系统。老人大数据系统是以老人的基本信息为基础，围绕老人健康数据、老人服务数据、老人行为数据、老人子女数据等建立的数据分析模型，通过数据分析，为老人提供智慧、便捷的照护服务，如图5-2所示。

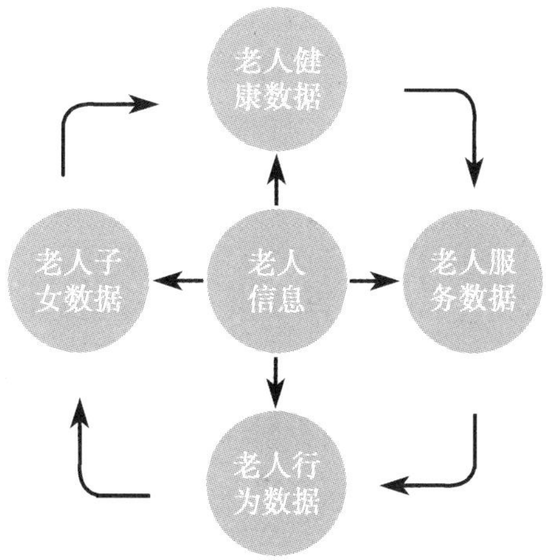

图5-2　寿康老人大数据系统的运行模式

(三)寿康智慧养老实施周期

寿康智慧养老是由智慧养老软件平台、平台所需硬件设备及指挥调度中心组成的，寿康智慧养老平台除包含自身一整套智慧养老功能外，已实现了与内蒙古自治区12349为老服务平台的无缝集成，并于2017年年初与内蒙古自治区“12349”平台达成战略合作，在内蒙古自治区的范围内，寿康系统可实现智慧养老、12349便民为老服务热线的一体化快速部署与应用。

三、社区养老服务运营

社区养老是家庭养老的重要补充，而日间照料中心则是社区养老的重要载体。寿康智慧居家养老系统在社区建立日间照料中心，中心内设有前台、健康小屋、老人餐厅、日间照料室、多功能活动室、助浴室等，主要为老人提供生活照料、短期托管、老人助餐、医疗保健、康复理疗、精神慰藉、文体娱乐等服务。寿康社区日间照料中心的建设标准包括：

(一)日间照料中心设计原则

考虑到老人的活动半径，日间照料中心结合社区活动空间和其他公共服务设施，布局在社区的中心，同时结合活动场地，设置了老人户外休息场所，与社区设施能自由共享，让老人能便捷和舒适地享用。日间照料中心的内部功能布局将较为喧闹的公共服务室设在靠近门户的位置，将日托休息室安置在较为清净的地方。同时，考虑到老年人行动迟缓、体力衰弱等特殊生理和心理变化，在硬件设计上遵循无障碍、安全性的原则，为老人进行了贴心的适老化设计。

1. 无障碍

硬件上要进行无障碍设计，包括出入口、公共走廊、楼梯、各功能空间的转换等，使用无高差的地面和缓坡过渡，老年人和轮椅使用者能够自由地通行，活动公共坡道、走廊等均设置了扶手。

2. 安全性

硬件应用了特殊的安全保护措施，包括卫生间、床头等附近安装了紧急报警装置和扶手；为防止老人摔倒和撞伤，地面采用了防滑材料，墙角和家具采用了圆角设计。

(二)社区养老运营团队配置及服务

社区居家养老服务中心配备主任1名，副主任1名，厨师2名，行政专员1名，并根据需求配置照护师，配置比例如表5-1所示。

表5-1　社区居家养老服务中心照护师的配置比例

照护师与一级老人比例	照护师与二级老人比例	照护师与三级老人比例
1∶3	1∶6	1∶15

注：一级老人为不能自理老人，二级老人为半自理老人，三级老人为可自理老人。

1. 服务对象

服务对象为具有当地户籍且在社区居住的60周岁以上老年人，尤其是失独、失能、空巢、重度残疾人、三无、五保人员和70周岁以上的重点优抚对象、低保、三民社救困难人员。

2.服务方式

日间照料中心服务的方式有两种，分别是短期托管和组织社区活动。

(1)短期托管：考虑到子女上班，没有时间照顾老人及给老人做饭，因此将老人送到日间照料中心即可以享受专业团队的服务，又有可口的饭菜吃，晚上再由子女把老人接回家，享受家庭的快乐。

(2)组织社区活动：为老人组织各种文体娱乐活动和健康检查，如按摩保健、健康体检、老年课堂、康复理疗、旅游、打牌、下棋、小游戏、跳舞等。

3.服务内容

(1)健康医疗服务：开展老人医疗咨询、健康检测、保健讲座和理疗康复服务。

(2)文化娱乐服务：组织老人开展书法绘画、唱歌、打牌、下棋等文体服务。

(3)餐饮休息服务：照料中心为老人提供营养套餐、午间休息，陪同老人外出散步等。

(4)生活照料服务：为老人提供理发、健康理疗按摩、助浴等服务。

4.各项服务工作制度

为保障中心规范化运营，制定了各项工作纪律和制度，包括日间照料中心工作人员纪律、日间照料中心安全制度、日间照料中心负责人职责、老人守则、服务队伍管理制度、服务中心职责等。

5.监督考核

日间照料中心的运营管理接受内部和外部的监督管理和考核，外部接受各级政府相关部门和内蒙古寿康养老产业集团公司的考核。

(1)部门监督：民政局负责对服务质量、安全生产的日常监督、行业监管，消防、食品药品监督管理局等行业监管部门依法检查服务机构的安全工作。如经营方在运营过程中违反法律法规，难以保证服务质量，造成重大财产损失和较大的安全事故，民政局有权提前终止合作并追究经营者的责任。

(2)对管理和照护师的考核：对工作认真负责、业绩突出的给予奖励，对工作不称职、多次屡教不改的予以辞退；对工作失职，侵犯老人合法权益，玩忽职守，发生责任事故、人员伤亡和重大经济损失的，依法追究其刑事责任。

对工作人员失职情况实行记分制考核，每扣1分扣工资30元，每月累计扣分不得超过10分，超过10分者予以辞退。

四、居家养老服务运营

寿康居家养老服务体系由指挥调度中心、智慧养老平台、智能终端设备、照护师团队组成，以社区为依托，以专业化为老服务为主要服务形式，广泛集合社会资源，充分利用社区资源，为居住在家的老年人提供以解决日常生活困难为主要内容的照护服务，旨在使居家老人足不出户就能享受到生活照料。

寿康居家养老需要建立在智慧养老的基础上，智慧养老包含软硬件平台和指挥调度中心两部分。

（一）指挥调度中心的功能布局

寿康居家养老指挥调度中心承载着呼叫中心、集中监控、24小时值班、照护师调度等职能。

1. 终端设备配置

终端设备有老人定位手机、生命绿手环、电子保姆、智能床垫、一键呼叫器、照护通等。

（1）老人定位手机：老人定位手机具有SOS一键呼叫功能，同时具有GPS定位功能，利用SOS一键呼叫和GPS定位功能可帮助老人获得紧急救援和走失定位。

（2）生命绿手环：生命绿手环是专门为老人定制的，每个手环上都有对应老人的特殊编码，这样老人走失或发生特殊情况时，说出老人佩戴手环的数字编码就可以查询到对应老人的详细信息和老人家属信息等。

（3）电子保姆：电子保姆是针对老人紧急救助和一般服务的产品，如老人遇到紧急情况时只要按下按钮就可以得到紧急救助，同时屏幕动态显示二维码，供照护师上门服务时通过扫码开始服务。电子保姆是居家老人的紧急呼叫主机，分布在家里的各个紧急呼叫按钮通过蓝牙与电子保姆连接，从而实现了分布式紧急呼叫功能。

(4)智能床垫：夜晚休息时，智能床垫可以监测老年人的睡眠数据以及心脏等脏器指标，并实时上传到健康平台，一旦出现异常，系统可自动预警，第一时间通知老人子女和照护师。

(5)一键呼叫器：一键呼叫器用于老人紧急呼叫救助，可以在老人家里分布式地安装多个一键呼叫器，与电子保姆关联使用，一旦老人出现紧急情况，只要按下红色按钮或拉动红绳，系统会自动预警，第一时间通知老人子女和照护师，为居家老人提供更多的安全急救措施。

(6)照护通：照护通用于帮助子女实时了解老人的状况，如有紧急情况，照护师可通过智慧养老平台查看老人实时画面和家里的实际情况。

2. 服务团队配置

寿康居家为老服务中心配备主任 1 名、照护师若干名、坐席人员 3 名。照护师必须是经过专业机构培训，有相关部门颁发的职业资格证书，持证上岗。

3. 服务对象

(1)主要包括年满 70 周岁、生活不能自理且在市区无子女照顾的低保老人、重点优抚对象、“三无”老人、革命“五老人员”以及高龄老人等，这部分老人的居家养老一般由政府购买服务来支撑。

(2)有经济能力及失能、半失能老人，需要上门照护、健康检测、康复理疗等服务的老年人，以自费的形式购买服务。

4. 居家服务方式

根据老人对服务的需求，服务方式以照护师上门服务为主，结合日间照料中心的托管照料提供短期托管、文娱活动等服务。根据老人的身体状况，实行“一对一”或是“一对多”的上门照护服务。同时，结合志愿者、义工等形式为老人提供精神慰藉服务。寿康居家养老平台和智能终端设备的结合，为老人提供了紧急救援、健康管理、走失定位等服务。

5. 居家养老服务内容

寿康智慧居家为老服务系统以生活照料、助餐服务、助洁服务、助浴服务、助行服务、助购服务、康复护理、健康检查、精神慰藉为主要服务内容，为老人提供个性化的服务，具体如表 5-2 所示。

表 5-2　　寿康智慧居家为老服务系统的服务内容

类别	项目	服务标准
日常照料	家务整理	(1)开窗通风,保持卧室、厨房、卫生间等居室内部整洁,物品摆放有序,无乱放、乱挂现象 (2)翻晒(被褥、枕头、毛毯等),更换床上用品(床罩、床单、被套、枕套、枕巾),按老年人的习惯整理床铺,保持床铺清洁、美观
	扫地拖地	(1)由内而外地清扫地面,垃圾抛入簸箕时不扬尘 (2)由内而外地拖洗地面
助餐服务	老人餐厅	(1)尊重老年人的饮食生活习惯,注意营养,合理配餐 (2)洗、煮饭菜时应干净、卫生,无焦煳
	上门送餐	(1)送餐上门应及时、保温 (2)送餐餐具保持清洁卫生
助洁服务	上门理发	简单理发、修面,做到老年人容貌整洁
	洗脚剪指(趾)甲	泡脚,洗脚,剪指(趾)甲,保持老人指(趾)甲整洁、无异味
	打扫居室	(1)打扫室内外卫生,保持卧室、厨房、卫生间等居室内部整洁 (2)整洁美观,目测无尘,空气清新无异味 (3)保洁用具应及时清洗,保持清洁 (4)货币和贵重物品应提醒用户妥善保管
	清洁物具	物品摆放整齐有序,洁净无浮尘
	衣物洗涤	(1)清洗、更换衣物,无脏污 (2)洗涤前应检查被洗衣物的性状并告知老年人或家属 (3)应分类洗涤衣物,并做到洗净、晾晒 (4)贵重衣物不在本洗涤服务范围之内
助浴服务	上门助浴	(1)助浴前应进行安全提示 (2)助浴过程中应有家属或两名以上服务人员在场 (3)上门助浴时应根据四季气候状况和老年人居住条件,注意防寒保暖、防暑降温及浴室内通风 (4)助浴过程中应注意观察老年人的身体情况,如遇老年人身体不适,应协助采取相应的应急措施
	社区助浴	(1)助浴前应进行安全提示 (2)社区日间照料中心配置助浴设施 (3)助浴过程中应有两名以上服务人员在场 (4)助浴过程中应注意观察老年人的身体情况,如遇老年人身体不适,应协助采取相应的应急措施

续表

类别	项目	服务标准
助行服务	陪同外出	(1)助行服务一般在老年人住宅小区及周边区域内进行 (2)助行服务中应注意途中安全 (3)使用助行器具时,应按助行器具的使用说明进行操作
	代办服务	(1)代办各种手续、代缴各种费用等日常生活事务按照老年人的要求及时办理 (2)开展代办服务时应当面清点钱物、证件、单据等,并妥善保管好
助购服务	陪同购物	(1)陪同购物一般在老年人住宅小区及周边区域内进行 (2)服务时应注意途中安全 (3)使用助行器具时,应按助行器具的使用说明进行操作
	代购物品	(1)代购日常生活用品时按照老年人的要求及时办理 (2)当面清点钱物、单据等,并妥善保管好
康复护理服务	起居服务	(1)协助老人穿脱衣服和如厕方法得当,老年人无不适现象,衣物整理放置有序 (2)洗漱(刷牙、洗脸、洗脚等)个人卫生应协助到位 (3)衣着适度、整洁 (4)定时为卧床老年人翻身,无褥疮 (5)饮食、如厕等应协助到位
	代购药品	(1)代为配药的范围为诊断明确、病情稳定、治疗方案确定的常见病、慢性病 (2)代为配药一般到老年人居住地所在区域范围内的医疗机构进行 (3)代为配药应做到当面清点钱款和药物等
	陪同就医	(1)陪同就诊的情形为:常见病、慢性病复诊;辅助性检查;门诊注射、换药 (2)陪同就诊应注意途中安全 (3)及时向老年人家属或其他监护人反馈就诊情况
	现场理疗	(1)在专业人员的指导下进行 (2)应符合老年人的生理心理特点 (3)理疗过程中应注意观察老年人的身体适应情况,防止损伤 (4)根据需要配备相应的合格理疗器具
	医疗保健	(1)医疗协助服务:应遵照医嘱,及时提醒和监督老年人按时服药,协助开展医疗辅助性工作,应能正确测量血压、体温等 (2)健康咨询服务:通过电话、网络及讲座或老年学校等方式为老年人提供预防保健、养生护理及老年期营养、心理健康等知识教育

续表

类别	项目	服务标准
精神慰藉服务	精神支持	读报,耐心倾听,能与老年人进行谈心、交流;尊重并保护老年人的隐私
	心理咨询	掌握老年人的心理特点和基本沟通技巧,能够观察老年人的情绪变化,并通过心理干预手段调整老年人的心理状态
	法律援助	根据老年人的需要,由第三方机构提供必要的法律咨询、政策解读等免费、公益类服务
智能终端配置	紧急救助、一键呼叫	(1)根据老人的需求情况,自愿购买智能终端 (2)配置 4G/5G 卡,实现数据实时上传到平台

6. 居家服务流程

寿康智慧居家为老服务系统的居家服务流程如图 5-3 所示。

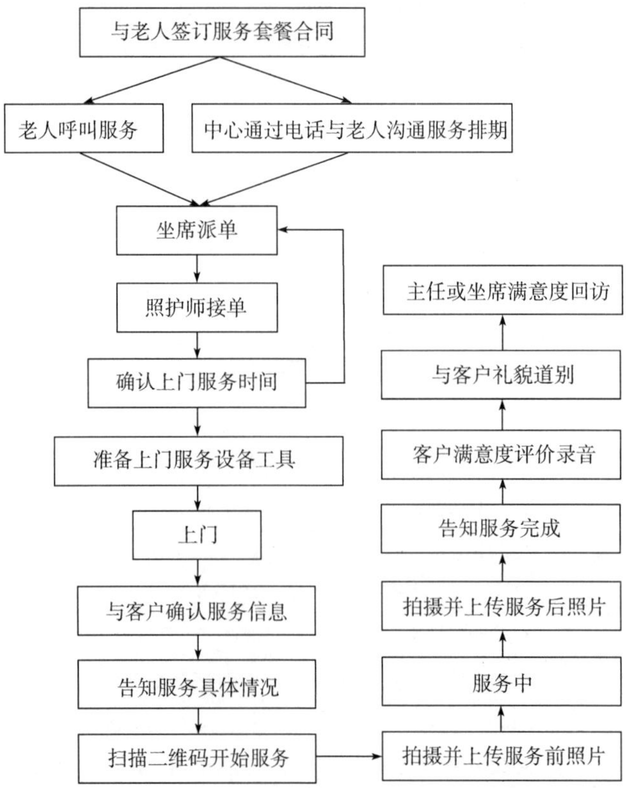

图 5-3　寿康智慧居家为老服务系统的居家服务流程

7.适老化改造服务

针对高龄居家老人及行动不方便的老人，智慧居家为老服务中心将养老机构适老化布局的经验结合智慧养老的预警功能，形成了一套适老化改造方案，为居家老人提供了专业、定制化的适老改造解决方案，如卧室和卫生间安装紧急按钮和照护通、对卫生间和浴室进行适老化改造、加装适老化智能家具等。

五、健康医疗服务运营

寿康公司秉承着“以老人为中心的家庭式健康医疗服务”的理念，通过模式创新及技术整合，以健康档案为基础，以健康医疗信息平台为载体，以健康检测终端设备为手段，为老人带来了线上线下相结合的整体式健康医疗服务。

寿康健康医疗服务是针对老人的特殊身体机能变化而建立的一项重要服务项目，其中，健康管理是通过对老人身体主要指标进行日常定时测量，再通过无线网络将数据上传至智慧养老平台，并建立完整的健康档案，通过对老人健康数据的长时间积累与分析，对老人接受医疗服务时提供信息参考。同时，寿康公司正在积极探索远程医疗模式，以实现远程预约、专家诊疗的便捷医疗服务。

六、项目实施价值

寿康社区居家智慧养老系统是利用互联网开展的综合性、线上线下、全方位的养老服务，同时从衣食住行、护理、娱乐、健康等方面为老人提供全面的服务，结合传统家庭、社区、机构养老等方式，将各方紧密联系在一起，满足老人的物质与精神需求，致力于为老年人打造更加健康舒适、安全便捷的现代养老模式。

寿康社区居家智慧养老的优势正在日益凸显，主要表现为以下几点：

一是在智慧养老方面。传统养老的主体是家庭和机构养老。家庭养老是老人在家中自我照顾、子女照顾或请保姆照顾，该模式存在很大的安全问题，如子女忙于工作而照顾不周、请专人照顾费用过高等。机构养老存在养老服务统一化，难以实现老人自身需求等问题。而寿康公司运用信息技术，构建了信息平台，对服务方式进行了整合和改善。与传统的养老模式相比，智慧养老的优势主要体现在以下几个方面：首先，在服务能力方面，利用信息技术服务平台提高了服务质量和效率。智慧养老运用互联网技术和适老化智能设备，可以解决老人各方面的需求问题，同时提高了服务工作的水平，实现了服务的优质化和高效化。其次，寿康智慧养老信息平台和社会公共平台的结合，将老人的服务需求和社会组织进行连接，为老人提供了更精准、更便捷的服务。最后，通过对老人数据信息的收集，建立了老人基本信息数据库，同时通过智能终端的信息采集，建立了老人健康档案，在给老人带来智能照护服务的同时为政府解决了老人服务问题，提高了政府为老服务的能力。

二是在服务形式方面，寿康公司拥有专业的照护师团队，通过将多年的机构养老服务经验导入到社区和老人家里，让老人在家就能享受到专业的养老服务，同时将专业的照护服务与智慧养老的信息技术相融合，解决了老人不集中、服务内容不统一、突发情况无法及时知晓等一系列为居家老人提供上门服务时遇到的难题，将居家养老服务实实在在地落到了实处，为居家养老由政府兜底向市场化运作转变奠定了基础。通过长期的专业服务与亲情打造，照护师将成为老人最值得信赖的人之一，真正解决了居家老人的养老难题。

开展社区、居家养老意义重大，符合我国“未富先老”的社会特点，适应人口老龄化发展的客观要求，是完善养老保障体系的必要补充。通过建立智慧养老平台，让社区、居家养老实现从原来单向的政府供给向专业化、市场化、社会化转变，社区、居家养老由原来的单一型升级为区域性、网络性的全面“社区居家智慧养老”，是提高老年人生活质量，加强社会主义精神文明建设的现实需要，更是缓解政府负担、解放生产力和维护社会稳定的现实出路。

2017 年，寿康公司在鄂托克前旗成立了居家为老服务中心，运用该项目，通过政府购买服务的方式，建立了全旗智慧养老服务平台，并为鄂托克前旗六大社区约 1000 位老人提供了上门照护服务，包括生活照料、送餐、保健按摩、康复护理、精神慰藉、文娱活动、健康检测、紧急救助等多项为老服务内容。同时，受鄂托克前旗政府委托，寿康公司负责运营春苑社区日间照料中心，为老人提供短期托管、文娱活动、助餐、助浴、助洁、健康护理等服务，真正实现了社区居家智慧养老。

从2018年鄂尔多斯诃额伦为老服务中心综合体成立以来，寿康公司运用该项目为周边覆盖社区居民提供了118项服务，涵盖了生活和精神的方方面面，通过积极乐活、老龄生活规划、健康科学干预失智失能老人的方式，形成了常态服务体系，累计至今共服务近万人。

（本节作者：祁小艳 王骏飞 程智平 张萍）

第四节 中小城市开展养老服务智慧化建设的方向与路径
——以四川省眉山市东坡区为例

在大众眼里，智慧科技向来是北上广深等一线城市的“专属”，国内各领域的智能化建设普遍遵循“从城市到农村”的发展路径，先在经济文化发达的东部地区试点，进而向中西部地区推广。然而，实践证明，由于东部一线城市在经济基础、消费水平、民众素质等方面与中西部地区欠发达城市存在较大差异，因此试点成果和经验难以实现推广和普及，因而中小城市的智能化发展必须结合地区实情，走自己的发展道路。

一、中小城市开展养老服务智慧化建设的必要性

（一）迫切的养老服务需求与稀缺的养老服务供给之间的矛盾

经济欠发达地区通常也是劳务输出较多的地区，老龄化程度也相应较高。仅以四川省眉山市东坡区为例，全区老年人口为20.01万，占全市人口总数的22.6％，老龄化程度远超全国平均水平。根据对东坡区185个城市老年人口家庭的抽样调查，95.6％的家庭在养老服务方面的确存在多种类型的购买需要，需求主要集中在家政（35.1％，保洁、做饭为主）、社交（47.6％，棋牌、舞蹈等活动）、医疗（27.9％，中医更受欢迎）、身

体护理(28.3%)等。

相对于庞大的市场需求,老年人获得服务的渠道较少,安全系数低,能够享受的服务种类也十分有限,服务质量也比较低。传统的养老服务方式已经无法满足老年人日益增长的多样化服务需要,必须通过“互联网+”的模式整合零散的线下服务资源,搭建便捷、安全的线上交易平台,更好地满足老年人的需要。

(二)养老服务市场的“人才荒”短期内亟待解决

养老服务市场的人才稀缺已是非常普遍的社会现象,仅以养老护理市场为例,目前我国失能、半失能老年人数超过4000万,按照联合国标准,至少需要超过1000万护理人才,但我国实际从业人数不足100万人,经过正规培训、持证上岗的护理人员更是匮乏。越是欠发达地区,具有专业技能的服务人员就越是缺乏。

导致这种现象的原因主要有两个:一是因收入低、社会地位低带来的职业认同感不强,二是从业人员大多希望提供兼职服务而非全职服务,但目前兼职服务的求职渠道太少。想要短期内在市场上吸纳大量人才,就要想办法提高从业人员的收入,同时创造更多兼职服务的岗位。依靠传统的思路和办法是无法解决这个巨大难题的,必须进行路径革新。

二、中小城市进行养老服务智慧化建设的局限性

一是物质基础比较薄弱。中小城市的经济发展水平比起一二线大城市有显著差距,居民收入水平和消费能力整体偏低,对智能产品的承受能力有限。

二是科技人才十分匮乏。近年来,科技人才不断向一线城市和新一线城市集中,以四川为例,成都市的经济体量占到了四川省总体经济体量的1/3,各行各业的人才基本都向成都聚合,其他城市基本上很难留住优秀人才,尤其是从事人工智能和大数据产业的科技人才。

三是老年人对智能产品的接纳程度偏低。养老服务体系的智慧化建设离不开智能产品的广泛运用,比如智能手机、智能穿戴设备等。在中小城市,老年人受教育水平较一、二线城市整体偏低,对智能产品等新

鲜事物的接纳程度也有待提高。

三、中小城市开展养老服务智慧化建设的条件

一是各大通信公司完成了养老服务信息化建设的初步尝试。以中国电信、中国移动为首的通信企业在几年前便开始布局养老产业，试水养老服务信息化建设。眉山市东坡区于2016年1月开通了“12349”居家养老呼叫平台。该平台投入运营后，呼叫服务的方式较以往更加便捷，在初期受到了老年人的追捧，但由于线上服务与线下服务资金分配比例失调、线下服务内容匮乏且质量不高等问题，导致该平台后来的运营效果与预期存在较大差距。但这并不能证明中小城市发展智慧养老的方向是错的，而是为下一步的智能化建设积累了经验。具有雄厚实力的国有通信企业对养老产业的尝试也为中小城市开展养老服务智慧化建设创造了一定的条件。

二是老年人家属对“互联网＋”养老模式具有强烈诉求。一些外出务工的子女牵挂留守或独居在家的父母，希望通过网络实时查看父母的身体状况和生活状态，并且在父母需要的时候通过互联网为其及时呼叫服务。

四、中小城市开展养老服务智慧化建设的方向

一是量体裁衣，因地制宜。应结合本地区经济、文化、社会发展的实际情况，科学规划，选择适合自身发展的智慧化道路。经济投入应适度，不宜铺张浪费，项目建设不能流于形式，应充分考察老年人的需求，以带来养老服务的实际效果。

二是注重服务方式的智慧化，而非产品研发的智能化。基于中小城市经济发展实情，无论是政府还是市场，在智慧养老产业的推动过程中，都应当实事求是，把智慧化建设定位于如何使养老服务便捷和高效，而不是老年人的居家环境能够达到多么智能。

五、中小城市开展养老服务智慧化建设的路径

紧跟“十三五”规划所提出的“建设以居家为基础、社区为依托、机构

为补充的多层次养老服务体系”这一目标，眉山市东坡区在养老服务体系的智能化建设上进行了全面布局，产学研相结合，整合社区、机构和社会的养老服务资源，面向居家老年人搭建“基于地理定位的居家养老服务平台”，兼顾机构内老年人的养老需求，同时通过建立“农村信息服务中转站”的方式，创造性地将农村养老服务体系首次纳入了智慧平台建设中。

在这个过程中，眉山市东坡区创造性地解决了养老服务中的两个关键问题：一是居家老年人可以随时发布服务需求，且需求能够得到快速应答；二是单个个体只要具备服务技能，就可以兼职的形式提供服务。整个项目可以总结为“一个平台＋两种终端＋一部热线”。

1. 一个平台，基于地理定位的居家养老服务平台

该平台是一款为老年人提供快捷居家服务的手机 APP。老年人（或其家属）登陆 APP 后可通过页面选择想要的服务，或者通过语音直接下单，系统将综合服务人员的距离远近、专业度和信用度等指标进行派单，筛选出最优人选提供服务，服务内容涵盖家政服务、医疗保健、生活护理、心理咨询等。

服务人员的来源有以下两个方面：

(1)具有一技之长，拥有职业资格证书的社会人士。很多社会人士之前没有全职从事过养老服务行业，但他们拥有某种专长，如心理咨询师、社工师、健康管理师、中医师等，能够为老年人生活的某一方面提供服务。

(2)经过培训的下岗工人、失业人员和农村闲散劳动力。随着“养老护理员”这一国家职业资格证书的取消，养老服务市场的从业门槛降低，下岗工人、失业人员、农村留守妇女等就业困难群体通过岗前培训，有机会参与到养老服务产业中来。

如何激励这么多的服务人员进入市场？经济杠杆是调节市场供需矛盾的最有力武器，想要尽可能多地吸纳人才，只能采取增收的途径。相对于传统的上门服务，该养老服务平台的地理定位技术和智能派单功能极大地提高了服务人员的服务效率，使其接单率明显上升，从而达到了显著增收的目的，进而带动了人们参加就业和培训的积极性。

2. 两种终端

两种终端分别为智能手机和与平台连接的呼叫器。拥有智能手机的老年人通过下载 APP 呼叫所需的服务,也可委托能够操作智能手机的家属帮忙为自己下单。对没有智能手机或者不会操作智能手机,自身经济状况和身体状况都比较差的老年人,东坡区政府为其配备了可连接到居家养老服务平台的呼叫器,需要服务时,老年人按住呼叫器上的按钮,即可向平台发送服务呼叫信息,平台工作人员收到信息后,人工为该老年人下单。

3. 一部热线

既无智能手机也没有呼叫器的老年人可通过拨打“12349”热线呼叫服务,服务人员为其在系统中进行人工派单。针对无法使用智能手机的农村老年人,通过培训扎根于农村的“民政协理员”和基层老年协会的志愿者,在各村建立“信息服务中转站”,集中为有需要的老年人下单,系统将就近派单。基于多数农村地区交通不便、服务人员少的实际情况,可对当地老年协会成员和留守妇女开展技能培训,使之成为平台的服务人员。

(本节作者:杨祎,眉山静慈康养服务中心理事长)

第五节　国外智慧养老模式及经验启示

人口老龄化是人类社会面临的共同问题。全球老龄化现象最早出现在 19 世纪后期,欧洲一些国家因较低的生育率而率先步入了老龄化社会,法国成了世界上第一个老龄化国家,瑞典、挪威、英国也随后步入了老龄化进程。到 20 世纪 70 年代,老龄化问题逐渐在亚洲和美洲地区显现,继而发展成了一个全球现象。20 世纪 80 年代,联合国在维也纳召开了第一届老龄问题世界大会,会议通过了《老龄问题国际行动计划》,以进一步解决老龄化问题。世界各国目前都在积极探索应对老龄化问题的有效方法。

随着信息技术的快速发展,利用物联网、云计算、大数据、智能硬件等新一代互联网信息技术开展“智慧养老”模式越来越受到世界各国的青睐，这种模式把现代科技运用于老年人生活服务体系和管理体系，在提升老年人生活质量的同时使老年人过得更幸福、更有尊严、更有价值。本章介绍了国外智慧养老的几个典型模式和做法，并在借鉴国外实施智慧养老成功经验的基础上，提出了有助于我国智慧养老建设的几点启示。

一、国外智慧养老模式

(一)英国:智慧化服务助力社区养老

英国是较早进入老龄化社会的国家之一，老龄化问题较为严峻。根据英国国家统计局 2017 年 7 月发布的数据，英国 65 岁以上的老年人占总人口的比例为 18%，85 岁以上的老人占 2.4%；预计到 2046 年，英国 65 岁以上的老人占比将达到 24.7%。同时，英国人的预期寿命也在不断增加，预计到 2036 年，女性的预期寿命将达 86.6 岁，男性达 83.7 岁。

社区养老是目前英国大多数老人选择的养老方式，这体现了英国人“在家养老”或是尽可能地“如同在家养老”的理念。按照英国有关社区照顾的法令，几乎所有的社区都配备了相关的辅助设施，提供面向老年人的服务和帮扶政策。在社区网站上，可以查阅到各种养老需求所对应的服务。

如今，英国社区养老已经形成了一套较为完整的体系，与建设养老院、将老人集中起来看护相比，“去机构化”的社区养老模式可以更好地调动民间资源，展现养老服务的灵活性，也能够让老人最大限度地融入家庭和社区，尽可能让老人能够在自己熟悉的环境中安度晚年。社区服务部门受政府监督，机构的资质、服务的水平以及从业人员的资格等都会定期受到核查。老人可根据自身需求和自理能力，选择老年人活动中心、日托所、护理机构等，服务内容涵盖照顾生活起居、陪同购物就医、心理支持等方面。①

① 参见《英国社区养老如何“像在家一样”》，《解放日报》2019 年 2 月 25 日。

近年来,“智慧养老”模式逐渐进入社区,为社区养老注入了新的活力,较为典型的是“机器人护士”服务于家庭或社区,不仅可以完成对老年人的日常护理,而且还能够与老人互动,为老人提供咨询建议。另外,英国生命信托基金会还将智慧的理念运用到老年公寓的建设中,通过在家具、地板中植入芯片等方式,实现了对老人生活的远程监控。[①]

(二)美国:互联网智能服务平台提供多元化为老服务

美国是世界各国中较早进行老龄化相关技术研发的国家。美国由各州政府部门牵头主导,一方面大力推行“老年保健计划”,把医疗保险纳入老年人的医疗照护制度;另一方面,美国积极推进老年人的健康物联网技术研发,包括穿戴式技术、体域网/体感网技术、无创伤/无意识测量技术、服务机器人技术和各种智能技术、云计算技术等。

以 Honor 应用平台为例,该平台是由美国 Honor Technology 公司开发的 APP 类应用平台,主要服务对象为老人。Honor 平台本身不提供线下场所和服务人员的支持,而是通过匹配养老服务提供人员和老人或其子女线上提出的订单,来完成养老服务需求的满足。

在服务内容上,Honor 平台主要提供陪伴服务、配餐服务、卫生护理、用药提醒、上门照护、简单家务、陪同锻炼、辅助出行等居家养老服务。老人或其子女第一次注册使用时,需要接受平台的电话评估,评估时间在 1 个小时以上,评估内容主要涉及老人的生活能力、心理情绪、认知等。评估结束之后,老人或其子女可以根据需要选择相关服务和服务人员。

在人员机构上,Honor 平台主要包括养老顾问、养老专业人员、Honor 专家等。其中,养老顾问主要负责对老人进行评估和制订护理计划;养老专业人员则是在 Honor 上注册通过的服务人员,主要由他们为老人提供上门服务等;Honor 专家负责提供每天 24 小时的在线电话服务。

作为第三方公司开发运营的平台,Honor 已经在美国加利福尼亚

① 参见《老年生活智慧相伴》,《北京晚报》2018 年 10 月 25 日。

州、得克萨斯州、新墨西哥州等进行了运营，其收费已经与政府的长期照护保险、公众医疗等经费涉及的多个干系人进行了对接，精简了老人和其子女的支付流程。

Honor 平台最大的优势在于充分发挥了互联网时代共享经济的特性，在一定程度上缓解了供需双方的匹配问题。作为第三方线上平台，Honor 会对申请进入的服务提供人员进行审核，对申请进入的老人进行电话评估，保证供需双方信息的真实性和可靠性。[①]

（三）日本：养老服务智能化融入日常生活

日本是亚洲、也是世界各国中最早进入老龄化和超老龄化社会的国家之一。2013 年，日本的老年人口已超过 3000 万，占人口的比例超过 25％，是世界上养老压力最大的国家之一。

在智慧养老方面，日本着力打造了“30 分钟养老护理服务社区”，即在距离大概 30 分钟车程为半径的社区内，建设配备小型养老护理服务设施的新型服务社区。在技术上，日本充分利用其在信息技术和智能技术上的优势，推行小规模多功能型机器人，辅助养老护理和为社区老人登门访问看护；还用有线电视回传信道开展社区远程医疗和健康管理服务。日本早期主要家庭监测项目为血压和心电，现在已增加了更多的体检项。日本充分发挥其在机器人研发和制造领域的优势，开发了多种针对老年人照护的服务机器人，对老年人的日常生活实现辅助，提高了老年人的居家生活质量。[②]

在日本，老年人的各种日常需求也启发企业开展众多“定制服务”。近年来，科学技术的发展方便了人们的生活，也让不少老年人感到困惑。为帮助老年人融入智能社会，日本三大电信运营商之一的都科摩公司专门开设了面向老年人的“智能手机教室”，手把手地教授老年人使用智能手机。此外，为让老年人能更好地理解家电功能，日本一家企业在销售面向老年人的产品时，特意招聘 60 岁以上的人群作为工作人员。

---

① 参见左美云：《智慧养老内涵与模式》，清华大学出版社 2018 年版，第 44～46 页。

② 参见郑世宝：《智慧养老概念和内涵及具体实施办法》[EB/OL]，(2016-04-07)[2019-09-03]，http://www.jkyl.org.cn.

(四)芬兰:运用远程监测技术为老人提供安全保障

芬兰是老龄人口占总人口比重较高的国家。芬兰统计中心发布的统计数据显示,截至 2012 年 7 月底,芬兰总人口为 541.39 万,而 65 岁以上(含 65 岁)人口为 100.32 万,占总人口的 18.53%。从历史数据来看,芬兰 65 岁以上(含 65 岁)人口 1944 年为 25 万,1975 年为 50 万,1997 年为 75 万,从 1997～2012 年,仅 15 年时间就增加到 100 多万,表明芬兰的人口老龄化问题日渐突出。

随着远程技术的发展,远程通信、远程视频、远程监测、远程医疗等技术逐渐应用到了养老服务领域,以辅助解决养老难题。芬兰借助远程监测和数据分析,为老人提供了安全保障。

芬兰以物联网技术为依托,构建了物联网监测系统框架。该框架主要包括三个层级:感知层、网关层和云层。在这个框架下,芬兰推广应用了基于物联网的全方位养老监测系统,其涵盖了老人居家、出行、购物等各个方面。通过为老人配置体域网(Body Area Networks,BAN)设备或在固定场所配置监测设备,让老人"浸入"在一个全方位、多层次的保护网中。

对于常规的老人活动,该模式的监测系统借助物联网三层体系架构可完成收集数据、传递数据、分析数据等步骤。对于正常的数据,会定期向老人提供监测报告、生活建议和早期预警等;对于异常的数据,将会启动相关干预措施,为老人提供专业的指导和支持。为了更好地为老人提供针对性的服务,监测系统还连入了第三方代理机构,提供专业医疗分析和服务。

该模式的独特优势在于,能够实时分析老人的行动数据,并通过数据库的搜索对比,识别老人的正常或异常状态,并进行提前预警和干预。这样既可以降低老人遇到危险无法呼救的概率,又可以减轻养老照护者的压力。该模式的整体思想是借助物联网和云端平台的实时监测与分析,为老人的日常生活提供额外的保障,从而提高老人日常生活的安全感,同时也能为老人的照护者提供信息支持。

(五)韩国:两款科技产品撬动 4000 亿元社区养老市场

韩国目前正处于老龄化社会和老龄社会的交替阶段,其人口老龄化呈现出以下特征：一是老龄人口增长速度快增幅大。据统计，1980～2015年，韩国65岁以上人口比例从3.8%升至13.0%，增长9.2个百分点；2015～2050年，这一比例预计将从13.0%飙升至35.9%，增长22.9个百分点。从进程看，韩国从老龄化社会到超老龄化社会仅用了27年，而这一进程法国用了157年，英国用了100年，美国用了89年。二是受城市化影响，农村老龄化问题突出。城市化影响了韩国人口的城乡分布，尤其20世纪70～80年代的"进城热"使农村劳动力大量入城，城市人口占到了韩国总人口的90%以上，且还在增加中，使得农村"空巢老人"增多，人口老龄化更为严重。①

随着物联网、人工智能等技术的不断发展，相关领域科研成果正不断融入养老产业。韩国养老服务市场上，以物联网技术为代表的科技养老服务正成为新的行业增长点，相关领域科研成果正不断融入养老产业的发展。韩国的以下两款助老科技产品可为中国的老人智慧养老产业提供参考：

一是机器人"萌娃"为居家老人提供温馨服务。在"萌娃"身上安装有行动传感器，可以捕捉老人回家的信号，老人外出回来迎接他们的不再是空无一人的家，而是智能娃娃温馨的问候。"萌娃"还可以根据老人的抚摸给出类似"奶奶的手掌真暖和"等贴心的语言反馈。不仅如此，在子女手机上还可以安装"萌娃"的管理软件，可以通过设置让"萌娃"提醒老人每天的天气情况、体检时间、吃药时间等。韩国光阳市市民金亨心表示，以前自己一个人的时候觉得孤孤单单的，有了"萌娃"就感觉像有了说话的伴儿，像是家里又多了个人似的。智能娃娃的开发者金女士说，他们的开发初衷是本着操作最简化的标准，外形设计成娃娃也是为了满足老人们对亲人的渴望；内置的人工智能语音程序则是基于老年人的日常生活、心理活动等方面，预设了上千个场景对话信息，全面照顾老人的情感需求。

二是通过智能手机实时监测老人状况，确保独居老人的安全。一款

① 参见陆继锋：《韩国应对人口老龄化的经验》，《学习时报》2016年7月9日。

被称为“智能安心机”的手机可以帮助社区养老机构实时监测居家养老老人的身体状况，以解决子女不在老人身边的问题。“智能安心机”可以一键连接照顾老人的看护员和119救助电话，同时还搭载有复合传感器。基于物联网技术，手机可以实时测定屋内的温度、湿度，感知屋内老人的活动迹象。如果老人活动轨迹异常或长时间没有活动迹象，手机会自动向负责照料老人的看护员发出警报。目前这款手机已在仁川市1000余名独居老人家庭中试用，并将继续推广。

此外，可以语音操控的智能音箱、实时测量老年人血压的血压计以及有定位功能的智能手表等都为老人们的日常生活提供了便利。这些智能设备在韩国的推广费用一般由韩国政府、地方政府、相关企业以及老年人福利基金等负担，普通家庭也越来越青睐高科技养老服务产品。

据估计，韩国养老市场规模可达73万亿韩元，约合人民币4234亿元。随着市场规模的扩大和竞争日趋激烈，韩国养老产业与科技市场的联系将越来越密切，养老服务产品也将继续向专业化、细分化方向发展。[①]

二、国外智慧养老对我国的启示及建议

（一）政府在促进智慧养老快速发展中大有作为

随着时代的发展，智慧养老在养老服务中将会发挥越来越重要的作用，而养老服务是公共服务的重要组成部分，属于政府履职的范畴。政府在智慧养老方面始终扮演着政策制定者、推动者、扶持者、协调者和管理者的重要角色。政府需通过发挥宏观调控的全局作用，创造良好的政策环境。以英国、美国为例，在英国社区养老计划和美国老年人保健计划中，法制保障和政府政策支持发挥了重要作用。当前，我国已颁布多项推进智慧养老产业建设与发展的政策，但这些政策以指导性意见为主，缺乏具体的实施标准。政府在发展智慧养老事业中要想大有所为，应从以下几个方面入手：一是要完善相关法律法规，使智慧养老体系制

① 参见《韩国：两款科技产品撬动4千亿社区养老市场》[EB/OL]，(2019-06-09)[2019-09-06]，http://www.sohu.com/a/319371743_762454.

度化、法制化和规范化；二是要制定和完善行业标准体系，对未来养老服务智能化发展的项目建设、规划、设计、运营、管理、维护等各个环节制定标准化规程；三是要加强智慧养老服务质量监控和评估，委派专门机构依照规范化标准体系对服务机构和服务项目的运行进行日常监督和定期评估，对在智慧养老中的违法行为进行严厉惩戒；四是各地方政府要因地制宜，出台相关扶持性政策与符合当地情况的辅助政策，引导市场机构、消费者、运营商、制造商等相关利益方，共同营造智慧养老行业的良好环境，促进智慧养老行业快速发展；五是抓住当前发展科技创新驱动的有利时机，大力推进智慧养老运营的试点工作，出台相关鼓励政策，加快智慧养老发展。

（二）加快智慧养老核心技术与产品的研发

智慧养老融合了各项养老服务专业技术、计算机网络技术、智能控制技术及物联网等，来支持老年人的服务与管理需求，不仅能够提高养老服务工作的质量和效率，而且还能够降低人力和时间成本。与发达国家相比，我国对智慧养老信息技术的研发投入、智能产品设计、生产等方面还不能满足老年人需求。例如，服务机器人最关键的零部件是减震器和伺服系统，这两项成本几乎占了整机的一半，但这两大核心技术大多被国外企业所垄断。此外，智慧医疗的发展也是制约智慧养老发展的重要瓶颈，特别是人体体征数据与病理的大数据分析还处在起步阶段。因此，我国应当采取措施，加大技术研发力度。可借鉴国外经验，通过设立专项研究基金、税收优惠政策等引导相关机构和企业加强对智慧养老核心技术的研发。在设计智慧养老系统的产品（特别是一些高科技产品）时，应充分考虑老年人的实际状况，增加产品的便利性、智能性。

（三）大力开发社区和居家智慧养老服务项目

可借鉴英国、美国、日本等的经验，努力推动社区智慧养老服务供给。以社区为基本单元，依托社区各类养老服务机构，搭建社区、居家智慧养老服务综合信息平台，开发应用智能终端、便携式动态监测设备等，把智慧养老服务和产品的供给与老年人需求紧密地联系在一起，运用互联网与物联网技术收集与传输信息。其中，物联网主要通过传感器技术收集老年人的数据；互联网通过移动设备可以获取老年人的医疗护理、生活缴费、日常消费、网上消费、活动区域与常用软件和产品等信息。这些信息通过互联网汇总后上传到智慧养老运营平台，平台运用大数据技术进行数据分析，及时为老年人推送其需要的服务。另外，要根据老年人的普遍化、多样化需求，推进标准化、精细化的精准服务模式。服务机构要组建专业评估团队，根据对老年人的综合评估结果，将老年人的需求细化分类，制定分层、分类的智慧养老服务项目，充分给不同需求的老年人提供多样化、优质而高效的服务。

（四）构建信息共享的大数据体系

构建信息共享的大数据体系是发展智慧养老的前提条件，而目前我国养老服务相关信息尚不能融合、共享。以医养结合为例，政府部门、医疗机构、养老机构的信息相互不能连通，严重制约着医养结合模式的实现。政府部门之间、医疗与养老机构之间、政府与医疗机构之间的信息共享困难重重，大数据体系的构建面临巨大挑战。移动互联网、物联网、云计算以及人工智能等新型技术的进步能够发挥重要作用，但仅仅依靠技术进步难以解决问题，还需要政府、产业界、学术界共同努力，采用系统工程理念，从大数据治理、大数据标准制定、不同技术之间的融合等方面，来一起构建医养结合的大数据体系。例如，医养结合服务平台应当把医疗、护理、康复、照料等服务融合在一起，打破医疗和养老的分离状态，这样可以满足老年人的综合养老需求。

（五）倡导社会多元化主体共同参与

总览各国的成功经验，社会多方参与是共同的特征。智慧养老是一项系统工程，要打破由政府和福利机构包办的旧格局，政府要妥善引导，通过提供支持性和倾斜性的政策来调节各方参与智慧养老。例如，可以通过税收和贷款优惠政策鼓励社会组织、企业和个人积极参与智慧养老，形成多元化、多渠道的投资格局。

（六）加强对老人信息技术的应用培训

智慧养老系统以宽带计算机网络为基础，融合移动通信技术、传感器技术、全球定位技术以及多媒体技术，统一构建信息传输、交互、共享的信息服务平台。现阶段我国老年人口整体教育程度偏低，使得老人在接受和使用高科技产品的时候遇到了困难。因此，提高老人信息化水平是推进智慧养老建设的当务之急。对此，一方面要通过各类老年大学、电视节目以及各类教育培训班，加强对老年人掌握科技信息技术的培训，加大力度宣传智慧养老产品，全方位地介绍智慧养老的重要作用，提升老人的信息技术水平和对智慧养老产品的操控能力；另一方面，要在养老智慧产品的研发上下工夫，为老人提供操作方便、快捷的产品。

（七）培育壮大智慧养老服务队伍

人才是智慧养老服务发展的重要保障。对此，一是要加强一线养老服务人员的科学素养培训学习，提升他们掌握和使用智慧养老产品的能力，从而更有效、更精准地实现智慧养老项目或产品设定目标，使老年人真正受益。二是要鼓励有条件的地区开设社区居家智慧课堂，让更多子女学习智慧养老服务知识，并教会父母使用智能产品。三是要鼓励高校科研机构、专业培训机构等把养老服务与管理专业纳入教学规划，通过课堂教学、进修、对外交流、继续教育等多种方式，培育养老服务及相关领域具有国际视野的专业型人才、复合型人才，引导更多的大专院校学生和知识青年积极投入到智慧养老事业中。四是要创造更多让各类人才走出国门的机会，到智慧养老服务发展水平先进的国家学习，充分吸收他国的发展模式、产品研发、技术、服务等先进做法和典型经验等，为我国大力发展智慧养老提供有力的人才支撑。

（本节作者：李义宏，济南社会科学院）

第六章

老龄健康产业

人口老龄化是中国当前和未来一段时间内所要面临的国情，规模庞大且快速增长的老年人口以及缺口巨大的养老服务需求，都预示着我国老龄健康产业进入了重要发展时期。老龄健康产业的成熟和发展在一定程度上表明了一个国家或地区社会文明的阶段，体现了人口老龄化社会发展的必然趋势。根据全国老龄办的估计，中国老年人口的消费潜力将从2014年的4万亿元左右增长到2050年的106万亿元左右，占GDP的比例将从8%左右增长到33%左右。未来我国将成为全球老龄健康产业市场潜力最大的国家。

大力发展养老服务产业既是提高人民获得感、幸福感、安全感的重要组成部分，也将成为扩大内需、促进产业结构优化和实现经济平稳较快发展的重要推动力。因此，发展老龄健康产业不仅是缓解老龄化压力、应对人口老龄化需要的重要途径，而且研究老龄健康产业的发展问题并得出相关结论，可以为研究老龄化问题提供新的思路，同时为我国之后的老龄化政策制定和实施提供经验借鉴。

老龄健康产业自2013年正式进入市场化竞争以来，各类企业纷纷涉足，而目前我国老龄健康产业发展尚处于起步阶段，且由于经济发展过快，导致经营成本高企。老龄健康产业的发展目前呈现出了各细分行业的发展模式和路径不清晰，产品技术含量低，从业人员专业素养等有待提高，产品设计的多样性亟待丰富，小而不大、杂而不精等问题。针对这些问题，本章通过对老龄健康产业发展的瓶颈、旅游养老、养老地产和济南健康产业的基本梳理，提出了存在的主要具体问题，并对老龄健康产业的发展给出了建议和对策。

第一节　老龄健康产业发展的瓶颈及对策研究

人口老龄化是中国当前和未来一段时间内将要面临的国情。我国早在 2000 年就已进入老龄化社会，65 岁以上人口占比从 2002 年的 7.3%上涨至 2012 年的 9.4%。2012 年，我国 65 岁以上的人口已达 1.27 亿，且每年仍以 800 万的速度增加。根据国家统计局《中国统计年鉴 2018》的数据，2017 年，我国 65 岁以上的老人有 15831 万，占社会总人口的 11.4%，比 2016 年增长 0.6%。[①] 有关专家预计，到 2050 年我国 65 岁以上人口数量将达到 3.29 亿左右。我国人口老龄化趋势已成为不争的事实，如何积极应对人口老龄化成了新时代发展的历史使命。

习近平总书记在党的十九大报告中指出，中国特色社会主义进入了新时代，“我国社会主要矛盾已经转化为人民日益增长的美好生活需要和不平衡不充分的发展之间的矛盾”。具体到老龄化领域，就是广大老年人对美好老年生活的需要和不平衡、不充分的养老服务发展之间的矛盾。[②] 与发达国家不同，我国的人口老龄化属于未富先老。发达国家进入老龄化社会时，人均国内生产总值一般都在 1 万美元以上；而我国 2000 年进入老龄化社会时的人均国内生产总值仅为 7942 元，2016 年这一数值为 53680 元，应对人口老龄化的经济实力仍然比较薄弱。因此，迫切需要发展老龄健康产业。[③] 发展老龄健康产业是促进养老服务业发展、应对老龄化社会的重要举措，是实现新时代人民群众对美好生活需要的重要方面。

---

① 参见国家统计局：《中国统计年鉴 2018》[EB/OL]，(2018-10-24)[2019-09-07]，http://www.stats.gov.cn/tjsj/ndsj/2018/indexch.htm.

② 参见参见朱茜：《加快我市老龄事业和产业发展》，《大连日报》2018 年 5 月 16 日。

③ 参见阮梅花、刘晓、毛开云等：《老龄健康产业业态和服务模式》，《竞争情报》2017 年第 3 期。

习近平总书记在十九大报告中指出,"积极应对人口老龄化,构建养老、孝老、敬老政策体系和社会环境,推进医养结合,加快老龄事业和产业发展"①,为加快发展我国老龄产业以及老龄健康产业指明了方向。无论从我国老龄人口的规模和增长速度,还是从老龄健康产业市场的需求来看,我国老龄健康产业的发展存在巨大的上升空间,老龄健康产业将是新时期我国社会经济发展的重要主攻方向和新的经济增长引擎之一,老龄健康产业必将成为我国老龄化社会发展的战略性产业和支柱产业。发展老龄健康产业不仅能实现我国经济社会的持续健康稳定发展,而且还能造福于为国家发展做出过贡献的历代老年人,让老年人实现老有所养、老有所医、老有所教、老有所学、老有所乐、老有所为,实现全社会的和谐发展。

一、我国老龄健康产业发展的背景及现状

2013 年,《中共中央关于全面深化改革若干重大问题的决定》提出,积极应对人口老龄化,加快建立社会养老服务体系和发展老年服务产业;国务院《关于促进健康服务业发展的若干意见》指出,到 2020 年我国健康服务业的总规模达到 8 万亿元以上,成为推动经济社会持续发展的重要力量。健康产业,尤其是老年健康产业发展空间巨大。2017 年,国务院发布的《"十三五"国家老龄事业发展和养老体系建设规划》及民政部等十三部委联合印发的《关于加快推进养老服务业放管服改革的通知》都要求尽快破除养老服务业发展瓶颈,激发市场活力和民间资本潜力,促进社会力量逐步成为发展养老服务业的主体,培育和打造一批品牌化、连锁化、规模化的养老服务企业和社会组织。我国老龄化社会发展的形势和国家的规划必然会推动我国老龄健康产业快速发展。我国老龄健康产业拥有巨大的发展潜力和提升空间。

① 参见《党的十九大报告学习辅导百问》编写组:《党的十九大报告学习辅导百问》,党建读物出版社、学习出版社 2017 年版,第 38 页。

(一)我国老龄健康产业发展的背景

1. 严峻的人口老龄化挑战

2000 年以来,我国逐步进入了老龄化社会。据统计,2015 年 60 岁及以上人口达到 2.22 亿,占总人口的 16.15%。预计到 2020 年,老年人口将达到 2.48 亿,老龄化水平达到 17.17%,其中 80 岁以上老年人口将达到 3067 万。有专家预计,到 2050 年我国老龄人口将达到总人口数的 1/3,我国将进入深度老龄化社会(见图 6-1)。由于计划生育政策等因素的影响,我国 0～14 岁人口占社会总人口的比例不断降低,由 2000 年的 22.9%下降为 2016 年的 16.7%,受二孩政策的影响,2017 年为 16.8%。根据人口统计学标准,0～14 岁人口占社会总人口的比例在 15%～18%即为严重少子化。目前,我国正处在人口老龄化和社会少子化叠加并存的社会阶段,这种老年人口逐年增加和青少年人口不断减少所构成的"倒金字塔"形人口结构势必会影响我国经济社会的持续健康发展。

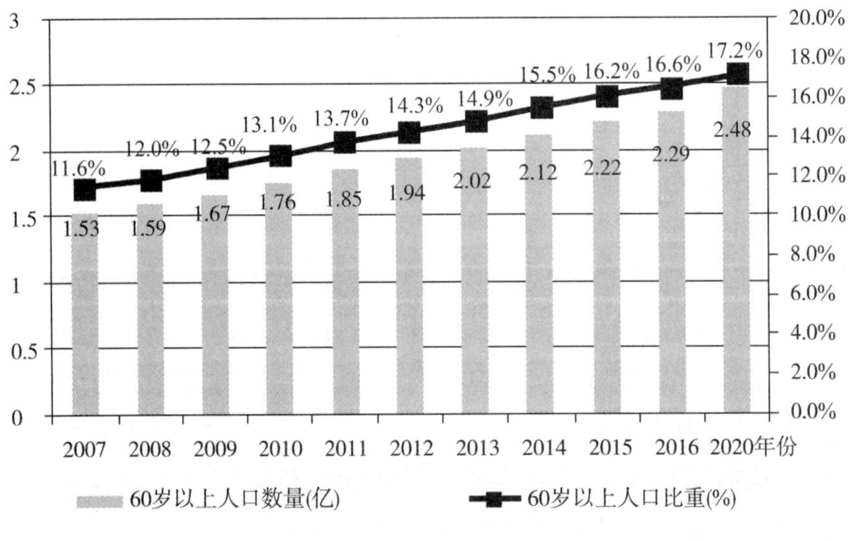

图 6-1　2007～2020 年中国 60 岁以上人口数量及比重[①]

① 资料来源:智研咨询集团:《2017～2022 年中国养老行业现状分析及投资战略研究报告》,2016 年。

2.“银发经济”蕴含巨大商机

我国人口基数大、进入老龄化速度快,已成为世界上老年人口数量最多的国家。老年人口的增加在给社会带来压力的同时,也给经济发展带来了机遇。老龄人口规模扩大、老年人身体机能下降以及疾病增加的趋势会给我国老龄健康产业带来巨大市场。“近几年,老年人的收入有较大幅度的提高,享受退休金或养老金的比例增加,年平均收入增长。老年人口数量的增加、购买力的提高以及购买服务和提高生活质量的欲望增加,必然使老年消费市场需求越来越大,老龄健康产业发展的前景越来越广阔。”[①]据中国老龄科学研究中心预测,“2050 年我国老年人口将达到 4.8 亿;2014 年至 2050 年间,老年人口消费潜力将从 4 万亿元左右增长到 106 万亿元左右,占 GDP 比重将从 8%左右增长到 33%左右。”[②]这些数据说明,我国“银发经济”蕴含着巨大商机。目前,我国老龄健康产业的市场供给远远低于老年人的市场需求,老龄健康产业拥有巨大的发展空间。

3.发展老龄健康产业对健康老龄化的积极意义

根据老龄人口增长速度和经济总量增长速度计量,预计我国老龄人口消费总额在 GDP 中所占比重呈现逐年递增的趋势,充分证明了老龄健康产业在未来国民经济增长中的关键性地位。这一辐射众多相关产业的朝阳产业的发展壮大,必将成为国民经济的重要组成部分。发展老龄健康产业,能够缓解我国人口老龄化的压力,减轻政府养老负担;能够丰富老年市场,提高老年人的生活质量;能够创造就业岗位,缓解就业压力;能够拉动相关产业发展,加快产业结构升级。[③] 发展老龄健康产业是实现我国健康老龄化的必由之路。

(二)我国老龄健康产业发展的现状

对老龄健康产业进行清晰和规范的界定是正确分析当下老龄健康产业存在的问题以及进行产业发展合理规划的前提。老龄健康产业是

---

① 熊必俊:《发展老龄健康产业增添长寿红利》,《中国人口报》2018 年 5 月 24 日。

② 老龄研究中心:《2050 年我国老年人口消费潜力将达 106 万亿元左右》[EB/OL],(2014-12-08)[2019-09-07],http://www.crca.cn/jjcy/2014-12-08/598.html.

③ 参见武赫:《人口老龄化背景下我国养老产业发展研究》,吉林大学 2017 年硕士学位论文。

老龄产业和健康产业的交集，是指能够为老年人提供身体和心理等方面健康产品和服务的直接或间接的生产体系，是一种专门满足老年人健康需求的新兴产业。它主要包括对疾病的预防与宣传、老年体育运动产业、老年保健品产业、老年康复和护理产业、老年医药产业、老年健康文化与旅游产业、老年健康管理咨询产业、老年医疗服务、老年健康保险和长期照料保险产业以及与之相关的边缘性产业。①

目前，老年人对于健康服务的需求内容越来越多元化，老龄健康产业的服务范围将从围绕老年“病”的医疗服务向围绕老年“人”的健康服务不断拓展，涵盖保健、预防、诊断、治疗、康复、护理等全方位，贯穿于老年人吃、穿、住、行、睡、用、乐等老年生活的各个方面，包括营养保健、穿戴保健、居住保健、运动保健、环境保健、心理保健等服务和产品，从而促进包括医疗机构、保健品、老年人健康护理机构、老年人体检、老年人旅游等一系列老龄健康产业的发展。②

从总体上看，我国老龄健康产业仍处在起步阶段，政策性壁垒和结构性矛盾并存，缺乏优质资源，发展存在不平衡和不充分的问题，供给侧相对不足，医养结合上覆盖面狭窄，专业人员不足，难以满足老年人不同层次的健康养老服务需求，发展质量和整体效益有待提升。具体来看，有以下几个特点：

1. 滞后性

目前，我国的老龄健康产业发展无论在数量上还是质量上都滞后于我国深度老龄化的社会发展现状。专门针对老年人的医疗卫生机构、保健机构、康复机构、护理院等严重缺乏，不仅不能满足机构养老的需求，而且对于社区养老和居家养老族群的健康服务能力也亟待提升。我国2017年的国民经济和社会发展统计公报显示，当年年末全国共有各类提供住宿的社会服务机构3.2万个，其中养老服务机构2.9万个；社会服务床位749.5万张，其中养老服务床位714.2万张。③ 从床位数上看，其数

① 参见张再生、邵辉：《老年健康产业发展的思路与对策》，《中国卫生政策研究》2014年第3期。

② 参见阮梅花、刘晓、毛开云等：《老龄健康产业业态和服务模式》，《竞争情报》2017年第3期。

③ 参见国家统计局：《中华人民共和国2017年国民经济和社会发展统计公报》[EB/OL]，(2018-02-28)[2019-09-07]，http://www.stats.gov.cn/tjsj/zxfb/201802/t20180228_1585631.html.

量与我国老龄化人口社会化养老的需求还有很大的差距。总之，我国对老龄化社会的应对尚不充分，老龄健康产业发展相对滞后。

2. 不平衡

从产业体系上看，老龄健康产业没有形成有效的产业体系，产业链比较松散，老龄产品市场发展不平衡，养老服务市场刚刚起步。总体上看，全国各个地区发展不平衡，部分地区的“一床难求”与一些地区的“高空床率”现象并存；居家养老、机构养老、养老金融、养老地产理念正逐步实施，但市场运作有待进一步完善和规范。从地域上看，我国的东部、中部、西部发展差距大且不平衡：东部发达省份对老龄健康产业发展投入多，结构比较完整；而中西部地区相对落后，发展比较缓慢。从市场定位上看，存在重视高收入老年群体，低估普通老年群体的消费需求的现象，养老企业普遍走“高端”路线，市场开发和服务定位以高收入老年群体为主，这反映了市场发展规律的必然性。但从市场发展的前景来看，中等收入群体才是未来我国老龄健康产业发展的主要消费力量，特别是城市中等收入老年群体。[①]

3. 不完善

从政策和法律上看，我国老龄健康产业的相关政策和法律尚不完善。我国是在“未富先老”的情况下进入了老龄化社会，这对我国的养老体系构成了严峻挑战。我国社会养老保障制度层面存在着结构性缺陷和城乡之间的巨大差别，突出表现为沉重的养老金负担、覆盖面比较窄和社会养老保险体系不健全等。另外，老年人在社会中属于相对弱势的群体，合法权益相对易受侵害。我国的相关法律虽对家庭赡养和扶养老人都有规定，但侵犯老人合法权益的现象依然经常发生。

二、我国老龄健康产业发展的瓶颈及原因分析

改革开放以来，随着经济体制由计划向市场的转变，我国已经成为世界第二大经济体。随着老龄化社会的来临，我国的老龄健康产业也在

① 参见吴玉韶：《对老龄产业几个基本问题的认识》，《老龄科学研究》2014 年第 1 期。

逐步发展。目前,我国老龄健康产业正日益多样化,涵盖了老龄人口的日常生活用品、文化休闲、家政服务、医养结合和养老旅游等方面。在一些发达地区,逐渐形成了家庭养老和机构养老相结合的养老产业模式。从全国范围来看,老龄健康产业存在发展不平衡、不充分,产业规模分散,产业结构不合理;资金投入不足,知名品牌和龙头企业少;老龄健康产业人才支撑不够;人工智能信息技术应用不足;观念落后等问题,存在诸多制约老龄健康产业发展的瓶颈因素。正确认识这些瓶颈因素并积极分析其原因,对于发展我国的老龄健康产业具有重要的意义。

(一)老龄健康产业发展的瓶颈因素

1. 产业供需不匹配

目前,我国的老龄健康产业产品单一,供需不匹配,主要表现在量和质两方面。在量上,我国总体养老床位供给不足,截至2017年年底,全国60周岁及以上人口达2.41亿,而相应的养老机构却只有14.46万家,养老院41700多个,养老服务床位714.2万张,相当于平均每千名老人使用床位不到30张。[①] 由于受我国传统家庭养老观念以及大多数民营养老机构价格较贵、位置较远等因素影响,许多民营养老机构空床率较高,全国养老机构床位空置率达48%。在质上,随着物质条件的改善,老年人生活日益多元化,在养老的概念方面,正从满足物质需求向满足精神需求方面发展;在养老的原则方面,正从经验养生向科学养生发展;在养老的目标方面,正从追求生活质量向追求生命质量转变;在养老的意义方面,正从安身立命之本向情感联络和心理依托转变。[②] 目前,为老年人提供科学养生、心理依托和精神需求方面的个性化服务和产品的企业、机构明显不足,养老模式的科学化、智能化和人性化有待提升。

2. 人才供给缺乏

在人才数量上,截至2017年年底,全国共有卫生技术人员891万人,

① 参见国家统计局:《中华人民共和国2017年国民经济和社会发展统计公报》[EB/OL],(2019-02-28)[2019-09-07],http://www.stats.gov.cn/tjsj/zxfb/201802/t20180228_1585631.html.

② 参见熊必俊:《发展老龄健康产业增添长寿红利》,《中国人口报》2018年5月24日。

其中执业医师和执业助理医师 335 万人，注册护士 379 万人，医护比例 1∶1.13[①]，离健康产业发展对医护专业人才的要求相比还有很大的差距。在人才质量上，高级护理人员稀缺，护理人员的学历大都集中在高中和大专，本科及以上学历的护理人员不足 1/4。受传统观念影响，社会对养老服务人员的认可度较低，再加上养老护理工作强度大、工资低、劳动保障欠缺，导致养老护理员素质低下、流动性大，队伍不稳定。目前我国的养老服务行业中，养老护理员多以农村户籍已婚女性为主，从业人员年龄大多为 40～50 岁，且受教育程度低。[②]

3. 资金投入不足

目前，老龄健康产业领域政府投入有限，民间资本投入不足，存在严重的资金缺口。老龄健康产业的服务对象是老年人，中国老人有勤俭节约的传统，老龄健康产业与其他产业相比利润不高，这就决定了老龄健康产业具有较长的周期性，且带有一定的公益性，故不是暴利行业。老龄健康产业的微利性意味着资本进入老龄健康产业不能获得高回报率，其主要是通过老龄健康产业长期和稳定的回报来弥补短期利润较低的现状。民营机构和企业的参与度不高，造成了老龄健康产业发展活力不足的问题。

4. 缺乏产业规范和标准

在加快建设养老服务业的过程中，标准体系建设尤为重要，通过建设先进的、适合我国老龄国情的养老服务标准体系，将为养老服务业的发展提供强有力的标准技术支撑，也会引导养老服务规范、有序、健康地发展。[③] 老龄健康产业在国内还处于起步发展阶段，各项产业规范制度还没有完整确立，缺乏规范化的、系统的产品设计标准、养老机构评审标准、专业人才培养和培训制度等。老龄健康产业的行业组织没有形成强有力的引导和规范作用，对老龄健康产业发展在实践的规范和标准上研

① 参见国家统计局：《中华人民共和国 2017 年国民经济和社会发展统计公报》[EB/OL]，(2018-02-28)[2019-09-07]，http://www.stats.gov.cn/tjsj/zxfb/201802/t20180228_1585631.html.

② 参见裴晶：《中医康复与保健(健康养老)专业建设和人才培养模式探究》，《卫生职业教育》2018 年第 22 期。

③ 参见牟丽娜：《标准源于生活，养老产业关系你我》，《标准生活》2017 年第 2 期。

究偏少，导致老龄健康产业的从业企业和服务组织良莠不齐。

5. 相关法律制度亟待完善

老龄健康产业的发展离不开完善的政策法律制度。目前，《老年人权益保障法》对老年人家庭赡养与扶养、社会保障、社会优待、法律责任等方面进行了详细规定，从社会和家庭角度维护了老年人的合法权益，但对老年人经济层面的保障相对缺乏。目前，我国专门针对老龄健康产业的法律和规章比较少，导致无法可依、无章可循。2013 年，我国制定了养老机构的设立和管理办法，而对老龄健康产业发展中企业和机构等的经营管理缺乏有针对性的法律约束。在老龄健康产业的发展热潮下，许多地方企业都提出了雄心勃勃的投资计划，导致无序开发、重复建设等现象比较普遍，老龄健康产业的发展得不到有效保障。

(二)制约老龄健康产业发展的原因分析

大力发展老龄健康产业是一个系统工程，制约老龄健康产业深入发展的原因是多方面的。

1. 政府方面

在国家层面，我国制定了老龄健康产业政策和未来的规划，但具体到各地方政府，则存在各自对老龄健康产业发展的认识不同和存在地域差异，还存在着政府职能转变和政策落实不彻底、不到位的情况。国家层面尚未制定出针对老龄健康产业发展的相关法律法规，审批繁杂干预多、无章可循规范少、优惠政策落实难、财政支持不够等因素阻碍了老龄健康产业的健康发展。另外，部门监管也存在“真空”，当前我国健康产业法规不完善，相关标准体系滞后，出现了一定程度的医疗信任危机，食品安全、保健品过度宣传等问题严重，导致消费者对中国健康产业，尤其是老龄健康产业的信心不足。

2. 社会方面

社会方面的原因主要体现在社会的认知和传统文化观念上。在社会层面上，由于我国老龄健康产业发展的时间短，对老龄健康产业包含的内容和如何发展还处在探索之中。在文化观念上，人们受我国传统敬老、孝老、养老观念的影响，认为只有居家养老才是孝。社会人口结构的变迁必然带来社会养老观念的改变，但人们养老观念的转变还需要一个过程。当前，无论是老年人还是年轻人，都较倾向于有着浓郁感情联结的居家养老模式，“相比于日益多元化的养老方式，人们仍然在主观意愿上更偏向于同家庭、子女联系紧密的传统家庭养老模式”[①]，大多数家庭仍然把居家养老作为首选。

3. 行业层面

老龄健康产业是服务老年健康福祉的产业保障，但当前老龄健康产业的发展内涵不够清晰，缺乏完整的产业链和产业体系，产业结构不合理，亟须加强引导规范；对老龄健康产业的内涵与卫生事业的关系以及发展模式等认识尚不清晰、不统一，老龄健康产业链条不完整、核心竞争力弱、人才培养模式不健全等也有碍老龄健康产业的发展。缺乏产业层面的信息共享平台，行业协会也未起到有效的监督和指导作用，导致了信息不对称和负面的外部影响，阻碍了产业的良性发展。

4. 企业方面

企业层面的原因主要表现在企业市场定位不准，投资利益化过重，人才短缺，营销策略失准，管理创新跟不上。目前，我国的老龄健康产业发展如火如荼，越来越多的企业已经或准备进入这一市场分一杯羹，但企业进入的大部分是有利可图的养老房地产、养老医疗行业，对于具有社会福利性质的养老院等方面涉入较少，导致产业发展不平衡。在养老用品和服务方面，由于未充分考察市场，企业提供的产品和服务与老龄人口的实际需求不符，导致企业发展受阻。另外，企业在制定营销策略时过于夸大宣传养老产品的质量或服务效果，导致产品或服务受到市场质疑，进而使产业整体信誉受损。[②]

三、发展我国老龄健康产业的对策建议

要抓住老龄产业发展的机遇期，最大限度地创造老龄产业发展的有效刚性市场需求，加快出台完善重点领域的老龄产业政策，加速培育老

① 朱海龙、欧阳盼：《中国人养老观念的转变与思考》，《湖南师范大学社会科学学报》2015 年第 1 期。

② 参见赵院刚：《产业链视域下我国养老产业发展研究》，中共重庆市委党校、重庆行政学院 2018 年硕士学位论文。

龄产业组织，打造老龄服务网络，建立国家老龄产业核心技术研发基地等，促进老龄产业健康快速发展。老龄健康产业要以积极的老龄化观念为引领，以需求为导向，以创新为动力，加快发展医疗服务、健康养老、健康管理、医疗器械、医药保健等健康产业，拓展产业发展空间，提高产业竞争力。

（一）政府和社会方面

在国家层面，要将老龄健康产业作为战略性新兴产业进行部署，研究出台促进老龄健康产业发展的相关政策，在市场准入、项目立项、土地供应、技术创新等方面为老龄健康产业提供优惠政策。要进一步改变百姓的养老观念，制定老龄健康产业政策和法律法规，加大对老龄健康产业人才的培养力度，为老龄健康产业的健康快速发展提供支持。具体来说应做到以下几点：

1. 深化放管服改革，落实好产业优惠政策

老龄健康产业在总体上具有准公共产品的社会供给性质，在某种程度上具有政府公共服务色彩以及社会福利、社会公益性质。目前，政府对老龄健康产业的发展愈来愈重视，对于发挥市场的决定性作用导向已明确，出台了金融机构对民办养老机构的投融资支持、税费优惠、补贴支持、人才培养等一系列产业优惠政策，但各项政策落地生根尚需时日。还需要进一步加强顶层设计，精简审批手续，全面清理、取消不合理的前置审批事项，着力放宽市场准入，支持和引导国内外资金投入到老龄健康产业发展中来。国内国外、省内省外投资者要享受同等政策待遇，加大土地、金融等相关产业优惠政策的出台力度并进行细化，认真贯彻落实。

2. 完善相关法律法规和制度

进一步完善相关的法律法规，制定《养老服务产业法》《养老机构管理规范》等，为国内兴办养老服务机构等产业提供政策依据。完善现有制度，提高老龄人口的支付能力，尽快建立长期照护保障制度。加大执法和监管力度，打击欺诈性宣传等行为，加强对老龄健康产品市场的监管，杜绝假冒伪劣商品的出现，为老龄健康产业的发展创造良好的市场竞争环境。

3. 加强人才配套服务建设

要加强老龄健康产业领域的专业化人才培养，增加对老龄健康产业发展所需人力资本的公共财政投入，引导养老机构增加对从业人员的职业技能岗位培训，稳定和扩大老龄健康产业的从业人员队伍与专业人才队伍。扩大职业院校和高等院校护理、老年服务与管理等专业的招生规模，在医学院校普遍设立老年病医疗、保健、康复、老年健康管理等相关专业。[①] 志愿者队伍是老龄健康产业发展的一种必要补充，要大力发展社区志愿者服务队伍，加强技能培训和教育，完善注册制度和激励机制，培养各种类型的老龄健康产业人才，让产、学、研、用融为一体。

4. 加强宣传，转变传统养老观念

老龄健康产业的发展与老龄人口的消费观念、消费能力密切相关。政府在制定经济政策和规划时，要考虑对老龄人口的保障制度建设，提高保障水平和收入水平，这样有助于老龄人口改变"重积累、轻消费，重子孙、轻自身，重物质生存、轻精神享受"的传统消费观念。由于家庭规模小型化，子女面临的老人赡养压力巨大，共居模式已日渐不适应新时期发展的要求，政府亟须加强养老知识宣传，特别是对农村地区的宣传，让民众逐渐改变养儿防老、孝不离亲的传统思想观念，尝试进社区、进机构养老，促进老龄健康产业发展。

（二）行业层面

要发挥行业协会、学会的作用，搭建信息交流平台，全面推动老龄健康产业标准建设，探索建立老龄健康产业服务和质量评估标准以及等级评估制度，提升服务质量和水平。具体来说要做到以下几点：

1. 充分发挥行业协会、社会组织的作用

坚持动员社会力量广泛参与。社会力量是老龄健康产业发展的重要补充，发挥着不可或缺的作用，特别是社会组织作用潜力巨大，但我国从事老龄健康产业的社会组织占比还很小。公益、志愿、慈善等社会力量在居家养老服务中也发挥了重要补充作用，可探索建立"时间银行"制

① 参见郭正模：《我国老龄产业的市场供给特点、运作机制及能力提升途径探讨》，《老龄科学研究》2018 年第 4 期。

度，使为老志愿服务制度化、常态化。[①]

2. 协助政府制定产业规划、规范和标准

老龄健康产业标准和规范是产业发展的质量保障。要制定符合我国实际的资质认证、经营评价指标体系等各类规范性标准，并做好宣传实施；集中优质资源，扶持产品与服务正规、诚信的企业和养老服务机构，加强行业监管力度，建立第三方评估机制，保障老年人的合法权益；积极向政府部门提出老龄健康产业有关政策、行业规划等方面的建议，参与制定国家发展规划，促进老龄健康产业发展。

3. 构建信息平台，促进行业信息交流

行业组织是非盈利性机构，拥有专门的信息渠道、人才优势以及半官方的背景，能降低企业搜集信息的成本，并提供高质量的信息。需充分发挥行业组织优势，积极提供信息服务，促进行业交流发展；加强信息技术的应用，利用互联网建立老龄健康产业信息共享和服务平台，建立起老龄人口、企业、政府之间的多向信息交流渠道，更好地服务于老龄健康产业。

（三）企业方面

企业是老龄健康产业的细胞单元，只有企业发展好了，老龄健康产业才会更加坚实。在企业层面上，主要是做好企业的市场定位、经营管理和产品技术创新，具体来说有以下几点：

1. 明确市场定位

根据企业的自身情况和未来发展方向划分不同的对象，找准定位，确定自己的目标市场；根据老龄健康产业所处发展周期的不同阶段制定相应的企业战略规划，在导入期及早布局，在成长期引领方向，在成熟期不断创新、突出特色，在衰退期稳步转产。[②] 医养结合是老龄健康产业发展的重要内容。

2. 加强市场调研和产品创新

老龄人口是一个特殊消费群体，不同年龄段的老人对消费产品和社

① 参见吴玉韶：《对新时代居家养老的再认识》，《中国社会工作》2018年第5期。

② 参见赵院刚：《产业链视域下我国养老产业发展研究》，中共重庆市委党校、重庆行政学院2018年硕士学位论文。

会服务有不同的要求，构成了一个规模庞大、结构多元的老龄健康需求市场。要满足不同层次老龄人口的需求，企业必须进行市场调研，加大产品创新开发力度，这样才能实现企业和老年消费群体的双赢。

3. 探索连锁经营模式，树立品牌效应

老龄健康产业连锁经营模式可以发挥资金、信息、人才等资源的集聚效应，形成规模经济，带来规模效益。要探索老年健康产业连锁经营模式，可在经济发达地区先行先试，提供高品质、高质量、专业化的产品和服务，统一宣传广告、服务规程和业务流程，实施特色经营，树立独特的企业形象，加深品牌信任度、市场认知度；然后逐层推进，进而推广到经济发展水平较差的地区，拓展经营网点，实现产品推广，让市场范围不断扩大。[①]

老龄健康产业是一个有机的整体，破除发展瓶颈需要全社会的共同努力和共同参与。笔者相信，通过我们的努力和探索，我国一定会成为世界老龄健康产业的主要领导者和贡献者。

（本节作者：高云，山东医学高等专科学校）

第二节　老年健康产业发展的对策研究
——以旅游养老为例

改革开放 40 多年来，我国的综合国力不断提高，人民生活水平实现了历史性跨越。人民群众在解决温饱后，对生活质量有了更高的要求，对美好生活的需求呈现出了多层次、多样化的特征，其中感受最深的是人们对健康的需求更加显著。特别是进入老年阶段后，由于身体机能下降，对身体健康以及与健康有关产品的需求更加强烈。在期盼稳定的社会保障和高水平的医疗服务之外，老年人也渴望能有舒适的居住条件、优美的环境、丰富的精神文化等。目前，国家对人民健康的关注是民之

① 参见张再生、邵辉：《老年健康产业发展的思路与对策》，《中国卫生政策研究》2014 年第 3 期。

所望、政之所为，特别是“为老年人提供连续的健康管理服务和医疗服务”已成为党和各级政府为人民群众提供健康服务的目标。

一、研究背景

自20世纪90年代我国进入老龄化社会以来，人口寿命便不断增加。据民政部《2017年社会服务发展统计公报》的数字，截至2017年年底，全国60周岁及以上老年人口有24090万，占总人口的17.3%，其中65周岁及以上老年人口有15831万，占总人口的11.4%。[①] 今后30年，我国的老龄人口数量将一直处于上升期，到2030年65岁及以上老年人将达到2.4亿～2.5亿，占总人口的16.3%～17.0%；到2050年将攀升至3.5亿～4.0亿，占总人口的24.1%～26.4%。[②] 由于我国老龄人口基数大、增速快，老年人身体机能衰退引发的老年患者数也多。总之，在各种原因的共同作用下，我国老年群体存在整体健康状况不佳、慢性病患病率高、失能率高等特征。虽然2015年我国人口预期寿命已达76.34岁，但是有文章指出，我国老年群体带病生存时间约为9年，而发达国家带病生存时间通常只有1～2年。可见，我们与发达国家老年人的健康水平还有很大的差距。健康是涉及全体国民的大事，从党的十九大报告表述“人民健康是民族昌盛和国家富强的重要标志”中就充分体现了党把对人民健康的重视程度提升到了国家层面，由此引发了“投资于健康”这个有利于释放投资和消费的局面。与此同时，与健康相关的产业也迎来了“春天”，带动了国民经济的增长，扩大了就业，并为社会经济的协调发展注入了新活力。在健康环境中，发展健康产业亦已成为《健康中国2030规划纲要》的重要内容，健康概念已从传统的治病医疗扩展到健身休闲、医药文化、健康管理等新业态。总之，健康产业融合了许多新元素，已成为众多产业的“综合体”。

其实，健康产业在我国还处于初始阶段，美、德、日等发达经济体在

① 参见民政部：《2017年社会服务发展统计公报》。

② 参见曾毅、顾大男：《社会、经济与环境因素对老年健康和死亡的影响——基于中国22省份的抽样调查》，《中国卫生政策研究》2014年第6期。

20 世纪下半叶开始就逐步把发展健康产业作为国家战略。而我国目前的健康产业不仅远远落后于美国、德国、日本等发达国家，而且还与一些发展中国家相比也有很大的差距。[①] 以居民保健品支出为例，近几十年来我国保健品市场呈现快速增长的趋势，但与发达国家相比差距仍很大。西方发达国家由于饮食单一，保健品也是人们长期服用的产品，故其销售市场比较成熟，如美国就有营养保健公司大大小小 3000 多家。由于保健品种类丰富，货真价实，质量有保障，因此许多去海外旅游的中国游客也会购买各旅游地具有优势的保健品自用或馈赠亲朋。可见，作为健康产业的一部分，保健品有很大的影响力。如今，健康产业在一些发达国家是经济增长的支撑，而在我国却不是。随着国家和民众对预防疾病和保健的重视，健康产业正快速兴起。国家顺应时代，出台了《关于促进健康服务业发展的若干意见》等相关政策，以推进健康产业发展。

健康始终贯穿于人的一生，老年期是需要健康服务的重点阶段。近几年，中央强调供给侧结构性改革，其中也包括服务业供给侧结构性改革。在全方位、全周期的健康服务产业中，未来 30 年间，总数 4 亿左右的老年人群将成为健康产业发展的大市场。因此，发展老年健康产业，提高老年人的养老健康水平不但可以节约大量的医疗费用，而且还有助于让老年人为经济社会发展做出更多的贡献。发展养老健康产业既能有效解决人口老龄化带来的一系列问题，提高养老健康产品的质量和服务质量，又能实现经济结构的转型升级，培育经济增长新动能。要积极促进养老与旅游、互联网、休闲养生、中医药等健康生活相融合，催生健康养老新产业、新业态、新模式。

二、发展老年健康产业的意义

养老产业是为老年人提供设施、商品、服务等能够满足老年人特殊需要的产品，按需求的属性不同，可以细分为医疗保健、生活用品、家政服务、房地产、保险业、金融业、娱乐文化、旅游、咨询服务等多项产业。

---

① 参见李沛霖：《美国养老产业的发展及其对中国的启示》，《广东经济》2008 年第 6 期。

这些相互交叉的综合性产业是由老年市场需求拉动而兴起的新兴产业，主要得益于老龄化消费市场释放的巨大红利和老年人对健康养老的多元化需求。综观养老健康产业的发展现状，其已把传统的养老形态演变成带有健康性质的新型养老形态，聚集了更多的商机。在此，笔者将从以下几个方面阐述发展老年健康产业的意义。

（一）缓解快速老龄化带来的养老压力

从中华人民共和国成立到1980年，我国的总人口由建国初期的约为5.4亿增长到接近10亿，约30年的时间就增长了近一倍。人口高速增长带来的压力引发了社会发展的突出问题，为有效解决人口问题，20世纪70年代，我国施行了计划生育政策，形成了以“晚、稀、少”为主的人口策略。经过多年的努力，人口自然增长率已降至10‰，但由于人口基数大，每年人口增加的绝对数还是很大，单纯依靠限制生育来控制人口数量虽然在短时间内使人口增长的势头得到了迅速控制，但让生育规律戛然而止的方式加快了老龄化的来临，养老问题成了越来越严重的社会问题。目前，独生子女的父母辈已陆续进入老龄阶段，一对年轻夫妇在培育子女的同时还要照顾多位老人。特别是许多老年人因过去不注意保健和生活方式，造成慢性疾病缠身，需要长期治疗甚至长期待在医院，这不但严重降低了老年人的生活质量和幸福指数，而且还给子女带来了沉重的负担。尤其是当下各种医保政策还处在逐步完善的过程中，有部分老人尚未享受到国家的保险政策，若一个家庭中有长期生病、高龄、失能或丧偶独居的老人，其在失去生活质量的同时，也给子女带来了经济和精神上的双重压力。

另外，应对老龄化不仅只需要医疗、生活照顾，而且还涉及社会发展的众多方面。发展老年健康产业给养老注入了新的理念，扩展了养老内容的范畴。首先，老年人注重身体得病后治疗的观念已转变为病前的检测和预防，减少老年人的患病概率，增加健康有效年限，降低医疗养老成本。其次，老年健康产业还涉及老年文化与旅游产业等众多休闲娱乐与健康相关的产业，使老年人能够老有所乐，始终感觉融入社会，保持精神愉悦。可见，老年健康产业的发展对于缓解快速老龄化带来的养老压力起着积极应对的作用。养老健康产业发展得越好，老人就越能从各种养老健康产品中感受到对老年生活的帮助，这样既能减轻对子女的依赖，又能享受到快乐的晚年生活，同时还可以减轻家庭和国家的养老压力。当前，人口老龄化和健康养老正受到社会各阶层的广泛关注，已成为我国“十三五”乃至更长时期必须面对的问题，中央和各级政府高度重视，因而也促进了健康养老产业的极大发展。

（二）有利于供给侧结构性调整

中国进入老龄化社会已有20多年的时间，预计21世纪中叶，老年人口将达到4亿，其人口数量堪比一个中型国家。如此大的市场为“蓝海战略”提供了广阔的空间，若能有效地利用这个市场，调整供给侧结构，改善供给侧环境，优化供给侧机制，可激发老年健康产业的经济活力，从生产和供给端入手，为真正启动内需、打造经济发展新动力寻求路径。具体来看，一是老年人对老年健康产品和服务有强烈需求。近年来，伴随着国家经济的快速增长，劳动保险及医疗保障体系进一步完善，多数老人实现衣食无忧后，只是期盼在下半生不依靠子女的情况下享受丰富便捷的生活和有质量的生存。二是大部分老人随着退休金的多次连涨，具备了一定的消费能力。三是老人观念的转变。随着社会的发展以及受外来思潮的影响，人们的世界观发生了巨变，刚进入老年阶段的群体也是经历了改革开放的一代，在享受社会发展成果的同时，对消费也有着自己的理念。他们是老年健康产品的需求主力，希望为自己的幸福生活进行消费。可见，众多具备消费能力的潜在消费者给老年健康产业的发展带来了巨大的市场，而且规模是其他任何国家都无法相比的。由于与老年健康产业相关的产品涉及面广泛，有很强的关联性，若在关联中进行结构优化和产品创新，并与生物、信息等新技术融合向新产品转化，提高科技含量和附加值，可使其真正成为国民经济的新兴支柱产业。

（三）推动经济增长方式转变

健康消费在发达国家是拉动经济增长的主要力量。虽然我国经济一直处在快速增长阶段，但是长期以来，健康消费占GDP的比重明显偏低。李克强总理在2013年8月28日主持召开的国务院常务会议中提到，目前我国健康服务业产值仅占GDP的5%左右，而美国2009年便已达到 17.6%。[①] 以上数据表明，在健康服务供给上，我国与发达国家有着巨大的差距，无论是在产品种类、产品质量还是服务数量上，供需不平衡问题都非常突出。发展老年健康产业是一项惠及大众的民生工程，既能弥补老年健康产业目前的供给不足，又能引领老年人消费健康产品，同时促进经济增长方式的转变，并保持经济长期稳定增长。

三、养老健康产业中的旅游养老研究

老年健康产业是多项行业组成的庞大体系，作为健康产业的一部分，旅游已成为老年人的消费热点。笔者在此以老年旅游养老产业发展为例进行了研究，具体分析了老年旅游产业在发展过程中的问题以及化解问题的对策，旨在以点带面地撬动整个养老健康产业的发展。

随着物质条件的不断改善，老年人在满足日常生活、医药和保健品的需求之外，精神文化生活也逐渐成了必要的调味品。旅游作为满足老年人精神文化生活需求的一种方式，逐渐受到了老年人的青睐。《中国城乡老年人生活状况调查报告(2018)》中指出：2015 年，我国 14.31%的老年人有旅游消费行为，平均消费金额为 4928 元。按年龄段来看，低龄老年人是旅游的主体，占 68%，其次是 70～79 岁年龄段的老年人，占 26%，高龄老年人旅游比例较低，仅占 6%。从未来一年出游的计划来看，我国有 13.1%的老人明确表示未来一年有出游计划，9.1%的老人表示有可能在未来一年外出旅游。由此可见，老年旅游的比例正逐年攀升，成为老年人满足精神文化生活需求的重要方式。此外，老年人旅游有其得天独厚的条件，归纳起来有以下几点：

(一)退休后的休闲时光

老年人经过大半辈子繁忙紧张的职业生涯之后，终于有了自己的赋闲时间，不受人事关系的羁绊，没有工作上的压力和紧张，大量的空闲时间让老人放松了心态，可以自由地安排生活，做自己喜欢的事情。对此，多数老人把健康放在了首位。为了避免生病的痛苦，减轻医疗负担和子

---

① 参见陈惠芬、董翠华：《我国老年健康产业发展现状与对策初探》，《西南石油大学学报》(社会科学版)2016 年第 2 期。

女照顾的负担，老人们在饮食上注意少油少盐，推迟老年病来临的时间；并丰富自己的精神文化生活，在老年大学学画画、弹琴、唱歌，圆了年轻时的大学梦。另外，在经济条件宽松和身体状况允许的条件下，旅游成了时下许多老年人享受休闲活动的一种重要选择。

（二）旅游资源丰富

丰富的旅游资源为老人提供了可选余地。其一，可游览自然景观。我国国土广袤，有锦绣山川的自然风光，有历史悠久的灿烂文化，有习俗迥异的不同民族，土产丰饶、工艺绝伦、风味佳肴等一应俱全，还有山景、水景、文化名迹、古代建筑、古典园林等类型的景观，如以山为主的景区有五岳和四大佛教名山，以湖为主体的景区有太湖、西湖、洱海，以瀑布、河川为主体的风景区有黄果树瀑布、长江三峡、桂林漓江、九寨沟；以古建筑工程为主体的风景区有八达岭长城、明十三陵、青城山、都江堰等。各种景区景点可供老年人挑选的旅游线路有很多。由于老年人的体力以及心理承受能力有限，因此其在旅游时不能进行太过激烈的活动，想健康旅游就要选择适合的项目。如今，各景区为更好地服务游客，上山有索道，景区配备观光车，这一切也为老年人旅游创造了可行的条件。其二，各有特色的城市旅游。国内有特色的城市数量不少，喜欢到城市旅游的老年人，可选择被称为“东方夏威夷”的热带滨海旅游城市三亚、享有“春城”美誉的昆明、“山青、水秀、洞奇、石美”的山水奇迹城市桂林、“上有天堂，下有苏杭”的苏州/杭州和被称为“海上花园”的厦门等；也可选择一些北方城市，如北京这个六朝古都，除了历史的沉淀，还具有深厚的文化底蕴，是一个古典与现代相结合的城市。此外，中原的西安等等。除了国内，周边的东南亚各国也是不错的旅游地，具有异国特色，路途也不是很远，身体不错的年轻老年人一般都能接受。

四、形式多样的老年旅游

旅游产业经过多年发展，在产品不断创新和完善的同时也在进一步细化。如旅游养老，主要是以健康为目的，把旅游活动与养生、养老有机结合在一起。它既是一种新型的旅游产品，也是一种新型的养老模式。旅游养老与传统旅游和养老相比有其自身的特点：一是对目的地的气候和环境有较高要求，对老年人而言更多地倾向选择气候宜人、阳光充足、生活舒适的地区；二是旅游养老者更愿选择经济实惠的当地养老院、养老公寓等养老机构居住，这种选择相对于酒店、宾馆更方便，价格也更便宜；三是与传统旅游相比，旅游养老有一个突出特点，就是在旅游地暂住的时间较长。可见，近年来不断兴起的旅居养老、乡村旅游、养生旅游等模式是为引导老年人的健康养老而拓展的老年旅游方式，这些方式带动了旅游产业及其他行业协同发展。

（一）旅居养老模式

旅居养老是“候鸟式养老”和“度假式养老”的融合体。有条件的老人会在不同季节，辗转多个地方，边旅游边养老。与普通的走马观花、行色匆匆的旅游不同，选择“旅居养老”的老人一般会在一个地方住上十天半个月甚至数月，放慢旅途的节奏，慢游细品，以达到既健康养生、又开阔视野的目的。以海南“候鸟式养老”为例，汹涌澎湃的“候鸟”人群催生了海南的“候鸟式”休闲养老产业。有些老人为了消暑避寒，会寻找舒适、休闲、安逸的养老环境。海南岛是我国唯一的热带海洋岛屿，是避寒的好地方，有着阳光、海浪、沙滩的热带风光和无冬的地理气候，成了避寒特有的稀缺资源。此外，海南岛是排名靠前的宜居地，也是世界闻名的“长寿岛”。据统计，2011 年海南全省户籍人口 907.82 万中，100 岁以上的老人有 1610 人，平均每 10 万人中有 17.73 位百岁老人，百岁老人的比例居全国首位，高于国际通行的每 10 万人中有 7.5 位百岁老人的“长寿之乡”标准。海南岛每年吸引 45 万人来岛上休闲、养老、度假、旅游，预计未来进入海岛养老的“候鸟”老人规模还将不断上升，到 2020 年海南岛将吸引 63 万“候鸟”老人养老度假。[①] 究其原因，一是健康的自然环境。岛上有温泉和适宜的气候，适宜老年人养老养生。一年四季的绿色植被形成了天然氧吧，空气中的氧气和负离子含量高达每立方厘米 2000 个以上。据多年采取“候鸟式”养老生活的老人介绍，很多老人的慢性支气管炎、哮喘、咽炎、肺气肿、风湿病、关节炎、心脑血管等多种疾病在海南居

① 参见涂爱仙、魏品：《海南省养老服务社会化的困境与出路》，《特区经济》2015 年第 8 期。

住一段时间后都得到了不同程度的缓解和康复。舒适的环境、缓慢休闲的生活氛围让老人从身体到精神都感觉到轻松和愉悦。二是海南岛实施“国际旅游岛”和品牌战略，利用本地资源优势，把发展“候鸟式”休闲养老产业作为品牌战略的重要组成部分。2014 年 4 月《海南国际旅游岛建设发展规划纲要》指出，要在全省公共卫生和基础医疗服务水平的基础上，大力发展休闲疗养产业，满足国内外游客的休闲疗养服务需求。发展“候鸟式”养老产业是对海南产业结构理性优化的具体实施。“候鸟式”休闲养老产业的发展带动了海南岛旅游、房地产、医疗保健、养老服务等相关产业的协同发展。

(二)乡村旅游模式

乡村旅游作为一种旅游模式，是发达国家工业化与城镇化发展进程中的产物。发展乡村旅游业不仅能够促进传统乡土文化和文明的发展，而且还能够促进农业产业结构调整，增加农户收入，解决农村发展困境，推动农村社会持续发展和传承农耕文明。若在乡村旅游模式中加入适合老年人养生和保健的元素，使老年人成为居住时间最长的游客，那么乡村游将有更深层的意义。笔者将通过对以下几个发达国家发展乡村旅游过程的介绍，希望对我国老年乡村旅游的发展起到有效的借鉴作用。

1. 法国乡村旅游模式

法国的乡村旅游是政府主导的，为缓解城镇化进程中的农业经济萧条，法国政府大力扶持乡村旅游产业的发展。1951 年，法国开始在乡村地区建设乡村(民俗)旅馆，并启动了“繁荣小城镇”计划，用公共财政支持“农村家庭旅游服务计划”。经过 10 年的发展，法国政府颁布了第一部《马尔罗法》以规范乡村旅游，该法要求在推进小城镇、乡村游开发的过程中，要注重乡村生态与人文景观的结合。法国政府还采取免税政策，鼓励成立乡村旅游合作组织或中介机构，对乡村游进行有序经营。如此一来，乡村旅游在法国便走上了规范化的发展道路。20 世纪 70 年代末期，随着工业化和城镇化发展速度的放缓，城市人口对于回归乡村有了更多的兴趣和期待，乡村旅游进入了快速发展时期。1972 年，法国政府又颁布了《乡村旅游发展质量规范法》，推出了乡村旅游发展系列质量标准与技术规范，设立了旅游检查制度，并赋予游客评价的权利。如今，法国乡村旅游已经形成了一定的模式，主要类型集中在农业休闲、民俗旅游、美食品尝等方面。

2. 美国乡村旅游模式

美国人有休闲的传统，久居城市的民众为农村自然的田园风光所吸引，乡村旅游成了人们旅游的首选项目。第二次世界大战之后，美国经济迅猛发展，由于地广人稀导致农业生产相对过剩，美国政府便推出了“农业生态补偿计划”，将大量的农业用地转化为非农业用地。转化后的土地部分被开发成国家公园、野生动植物保护区、公众休闲游憩区，从而助推了乡村旅游的发展。20 世纪 70 年代，出现了一种把农场作为乡村休闲游的新型态势，这种为游客提供休闲农业体验游的农场拓宽了乡村旅游的范围，受到了城市居民的欢迎，并得以快速发展，在后来短暂的 10 年间，仅美国东海岸就有 1500 处之多。到了 1990 年，乡村旅游开始在美国大中型城市周边聚集，像华盛顿、纽约、洛杉矶等周边先后开辟了大量的休闲农业、农业文化遗产等休闲旅游区域。由于交通上的便利，大大促进了休闲农业旅游向纵深发展。美国依托都市型的乡村旅游类型既包括有浓厚人文色彩的田园、村舍、农业文化遗产等旅游项目，也包括自然风光旖旎的山川、河流、森林、湿地等旅游项目。活动内容既包括传统的垂钓、农业劳作，也包括新型的休闲运动、人文浸染。旅游者在休闲娱乐中体验自然风光，同时达到放松心情、修身养性的目的。

3. 日本乡村旅游模式

日本将乡村旅游视为解决乡村人口空心化的基本措施。经过多年的发展，乡村旅游已成为集休闲观光、农业教育、农业体验为一体的多功能性复合型旅游模式。20 世纪 60 年代中期，日本工业化和城镇化的高速发展，造成农村老龄化、空心化和过疏化的问题日益突出。日本政府为了解决这一现象，采取了推进农业现代化和城市工业转移等一系列措施来提升农村产业集群的水平。具体来说，一是 20 世纪 60 年代末期，城市附近的观光果园、休闲农园成为了乡村旅游发展的最初模式；二是到 20 世纪 70 年代，休闲方式范围扩大，出现了专业化的农业观光农场和农园，乡村旅游进入了“快车道”前行；三是到 20 世纪 80 年代，资本大举进入农业产业，并兴起了开发乡村旅游和度假休闲等项目的建设热潮，各类大型的农业休闲度假村相继建成，如北海道的农业综合休养基地。此后，乡村旅游在日本由单一的观光旅游发展为休闲度假和农业体验。到后期，政府开始实施"外国旅客访日计划"，依托这个计划，乡村旅游业逐渐发展成为产业集群性质的多功能复合型旅游，成为农业转型发展的方向。

4. 中国乡村旅游模式

我国乡村旅游开展的时间较短，但增长速度很快。各国摸索的乡村旅游经验对我国乡村旅游的发展起着一定的借鉴作用。具体来说，一是我们在发展工业化的同时推进城镇化，与各国农村空心化和老龄化有相似之处，先进国家的发展道路为我们提供了发展的捷径；二是乡村旅游区域聚集在大中城市周围，这种旅游形式适应城市居民日益增长的短途休闲度假的需求，被越来越多的人青睐，特别是老年人。我们可在借鉴国外乡村游经验的同时结合我国国情，创新出更适合的乡村旅游模式。

我国是以农业为主体的发展中国家，乡村地域广阔。乡村旅游把自然、民族文化和农耕文化融入了传统文化中，丰富了旅游业的内涵。乡村旅游与农业有着紧密的联系，是一种新型的产业模式。据初步统计，2016 我国有 10 万个村开展了乡村旅游活动；2015～2017 年，全国乡村旅游收入分别是 4400 亿元、5700 亿元、7400 亿元，一直处于高速增长态势，乡村旅游成了农村发展、农业转型、带动农民致富的重要渠道。随着生活经济水平的提高，回归自然成了人们追求返璞归真的精神享受，特别是老年群体，大多数是从农村走入城市，健康乡村旅游对他们来说更具有归属感和亲切感。通过发展乡村旅游，带动特色种植、养殖产业发展，像体验农村生活、垂钓以及品尝农家美食等都是老年游客喜爱的活动。所以，要拓展老年乡村旅游的基础设施建设，满足吃住游、休闲娱乐、时令花果采摘、农家风情体验等多种需求，让老人能够在农村享受一段健康养老的生活，带动老年乡村旅游产业的发展。

五、发展老年旅游产业存在的问题

随着时代的进步，人们的消费观念也发生了转变，旅游对身体好的老年人有着极大的吸引力。改革开放之前，旅游尚未走入寻常百姓家，年轻人为照顾家人及生存而忙碌，就是偶尔旅游也是件奢侈的事。为弥补年轻时的遗憾，许多老年人结伴同行或在子女的陪同下参与旅游，现在“银发旅游”俨然成了旅游市场的主力军。但从老年旅游产业的发展现状来看，其发展速度还是滞后于人口老龄化的速度。据国家旅游局的调查显示，老年旅游已占据旅游市场20%的份额，旅游收入达上百亿元，成为仅次于中年旅游的第二大旅游市场。[①] 虽然养老旅游的市场前景很广阔，但是发展后劲却不足。王红姝发现，我国老年人游客每年创造的旅游业产值大约是3000亿元，但是目前旅游市场上提供的产品和服务还不到500亿元，而切合老年人旅游时间长、旅游节奏慢、喜欢在某些特别的地方停留享受的旅游特点，有为老年人量身制作的旅游产品和服务的旅游机构少之又少，与老年人的旅游需求差距甚远。[②]

（一）旅游养老产品供给不完善

旅游养老产业的发展有赖于旅游养老产品供给。供给不完善既影响了旅游养老的服务品质，也阻碍了旅游养老产业的快速发展，究其原因有以下几点：

1. 老年旅游产品不够丰富

老人旅游产业是一个复杂的庞大系统，除满足一般旅游的“吃、住、行、游、购、娱”六大基本需求外，还应当根据老年人的特点延长“住行游娱”各个环节的时间，并根据需求提供医疗、日间照护以及户外休闲活动等服务项目。目前，很多地方为老年人服务的观念滞后，旅游线路和产品还是延续以往旅游观光产品的内容，对老年旅游者的需求没有细分，导致旅游产品粗化、泛化，无法满足养老旅游者个性化、特色化的需求。现阶段，没有多少旅行社专门经营针对老年旅游的产品，即使有旅行过程也不尽如人意。例如，中国铁道旅行社就开辟了“夕阳红”老年旅游专列，专列为老人旅行创造了便利条件，列车上配备有专职医护人员全程

① 参见单亚琴、姚国荣：《国内养老旅游研究综述》，《牡丹江大学学报》2016年第9期。

② 参见王红姝、罗永：《基于老龄化社会的伊春避暑养老旅游发展研究》，《林业经济》2014年第9期。

服务，列车按规定的旅行路线游玩5～13天不等，老人行程几乎全部在列车上度过。这种方式的不利之处在于老年人连续长时间乘车，食和住的规律被打破，容易诱导老年病复发。

2.旅游养老设施仍有待完善

旅游设施包含交通、居住、医疗、购物等服务设施。目前来说，旅游设施建设中大多忽略了老年人的需求。老人旅居养老是在旅游地居住一段时间，居住方式是依托当地的老年公寓、养老院、疗养院、度假村等实现异地旅游养老。由于各地的养老设施缺乏统一的标准，服务水平也参差不齐，多数养老机构以民营为主，逐利目的性强，所以在缺少服务规范约束下的情况，许多养老机构在硬件和服务水平上都不完善。具体来说，一是养老机构硬件较差，用于旅游养老的老年公寓、养老院、疗养院等居住条件都一般，大多数只有一些休闲活动室、棋牌室等简单的活动设施，远不能满足老年人“养眼、养身、养心、养气、养性”的颐养需求功能；二是专业化程度很低，服务意识不到位，养老护理人员多由进城务工人员、下岗工人、低龄退休老人组成，缺少专业化培训。

3.旅游养老行业标准执行不严

2015年老龄委公布了《旅居养老服务机构评价标准》，作为首部旅居养老行业标准，其大大提升了旅居养老服务行业的标准规范。该标准为解决当前旅游养老产品模式不成熟、政策法规不健全、行业秩序不规范等问题提供了参考，有助于推动旅居养老产业向规范化、市场化的方向发展。但是，旅游养老产业在我国仍处于初级阶段，整个行业内部还依然存在明显的不规范现象，特别是各地经济发展不平衡，该规范也很难约束所有的旅游地达到统一的标准，鱼龙混杂在所难免。例如，有些旅游地导游缺乏基本的职业道德，存在欺骗老年旅游群体的现象，迫使老人购物和参加自费项目，同时任意压缩调整合同规定的项目；有些旅游公司运行存在很大的问题，经营过程不是以提升服务质量和导游的素质来吸引游客，而是使用价格“游戏”对消费者采取欺瞒手段，带来了信任危机。这些现象严重影响了老年旅游产业的发展。

（二）保障制度不完善

不管是旅居养老还是随团出游，相应的保障机制都是老年旅游时所依托的屏障。由于各地相关的保障制度未能统一，也成了阻碍老人旅游养老产业发展的原因之一，具体体现在以下几个方面：

1. 医疗保障制度的不完善

旅游养老人群以老年游客为主，由于身体衰老的自然特征，其对医疗的需求明显高于普通游客，所以旅游目的地的医药费结算是否便捷成了影响异地旅游养老的关键因素之一。当前，现行的医疗保险制度不支持异地结算，即使返回居住地报销，不仅需要开具很多证明，而且报销比例也明显不同，这样就为旅游养老的顺利推进带来了很大障碍。有的省份为了促进旅游养老的发展，主动加强政策制度供给，比如海南省自2010年启动了“医保异地结算”，与9个省、市、区（共16个统筹区）签订了异地就医结算合作协议。尽管如此，医保异地结算仍存在很大困难。

2. 老年福利差别对待

经济快速增长的红利为百姓带来了许多福利，其中各省市出台了关爱老人的政策，如免费享受公交出行、免费进公园，但这些福利在许多城市仅限于本地老年居民，非本地老人被排斥在享受福利政策之外。现在，旅居养老的人越来越多，若旅居目的地无法让老人享受到当地市民待遇，对旅居养老的群体也会造成感情伤害。

（三）相关法律不健全

老年人是特殊群体，外出旅游发生意外的概率高于一般游客；另外老年人知识结构老化、反应迟缓，容易上当受骗，这些都是不可避免的现象。如今，针对老人旅游的一些法律法规尚不健全，一旦出现旅行社或导游违约、侵权行为，无论投诉或是起诉，都面临着维权难的问题。旅行社违约和侵权成本相对较低，而旅游者维权成本较高。同样，若法律不健全，投资老年旅游项目的企业或个人也会心存顾虑。老年人对外地的环境条件若不适应，很容易在旅游时发生意外伤害，受伤后又不懂得收存证据，这样会影响对涉事各方处理的公平性。

（四）旅游养老产业体系不完整

旅游养老产业的发展不仅是旅游与养老两项产业简单的组合，而且还涉及老人需求的医疗、交通、居住、文化、服务等多个方面，更需要旅游养老目的地“尊老、敬老、乐老”的人文关怀环境。当前，我国旅游养老产业大多只是参照普通旅游形式组织，即使在旅游的行程中有所涉及，也只是各产业之间的简单组合，完整的产业链条和旅游养老环境远未形成。当前，单一的产业不适应经济发展的趋势，有目标的融合才能发挥旅游养老产业的巨大能量。所以，旅游养老产业要重视上下游之间产业链的衔接，与相关的养老、医疗、房地产、服务等产业形成整体，实现融合共同发展。还要形成旅游养老完整的产业链和产业体系，更好地满足我国巨大的旅游养老市场的需求。

六、促进老年旅游产业发展的对策与建议

（一）丰富旅游养老产品供给

大力发展老年旅游，积极丰富和创新适合老年人特点的旅游产品，推动形成专业化的旅游养老服务品牌。具体来说，一是规划引导各景区培育老年旅游服务意识，修建适合老人的旅游设施，适当配备老年人出行辅助器具，严格执行无障碍环境建设标准。二是鼓励各地景区和企业针对老年旅游推出经济实惠的旅游产品和优惠措施，因为老人比较喜欢选择平缓的旅游方式，到宁静的地方会逗留一段时间，停留的时间越长，自然花费也越多。如今世界上许多著名旅游地把旅游的目标客户关注点转移到了退休群体上，提供了个性化的独特服务，以吸引退休人群。例如，随着旅游活动、娱乐休闲、康复与医疗服务等新兴旅游目的地的不断涌现，导致许多著名旅游地的旅客平均停留时间减少，于是这些旅游目的地采取项目捆绑且价格低廉的销售方式，大力吸引退休人群。[①] 三是利用信息技术、人工智能、互联网等高科技，与养老产业深度结合，研发新产品，创新新业态，吸引更多的异地游客实现旅游养老。黄钰堡提出了城郊旅游养老产品设计开发的原则，并将旅居度假养老产品、休闲农业旅游产品、康体养生旅游产品融入开发。[②] 另外，可充分利用中医养生保健、治未病的独特优势，在旅游养老产业中充分挖掘中医药的作用，把中医药养生产业与城郊的温泉游、休闲农业游等产业相融合，既可提

---

① 参见王红芳：《医疗旅游发展与国际经验研究》，《调研世界》2012 年第 1 期。

② 参见黄钰堡：《城郊旅游养老开发模式研究》，广西大学 2014 年硕士学位论文。

高老年人的健康水平，又可以开发中医养生保健产品吸引老年游客，带动旅游产业的发展，可谓一举两得。

（二）推进旅游养老保障制度改革

旅游养老产业具有广阔的市场，要想对其进行深度挖掘，就应对现有的制度进行改革，出台有利于老人出行的便捷政策，才能有利于老年旅游业的发展。首先应建立便捷的医保结算制度，为旅游养老发展扫除制度障碍。具体来说，一是深化医保联动体制改革，建立异地就医治疗的结算机制，制定基本的医疗保险关系转移使用管理办法，解决旅游养老者在异地就医时形成的医疗费用跨地区核销问题。二是试建全国统一的医保结算制度。可借鉴国外的医疗保险制度，在60岁以上的老年人中优先试行。以澳大利亚的医疗保险为例，澳洲公民医疗保险国内通用，只要持有医保，不管是在居住地还是在其他临时居住地，都可随时就医，不需办理任何医保转移手续。如此一来，既方便了公民就医，也不需要费用结算。其次，制定旅游养老服务规范，打破户籍和地域限制，让老人在居住地享受到的公共交通减免政策在全国通行。同时，临时居住地公园和旅游景区门票也要对全部老年人实施优惠政策，真正为他们量身制作旅游产品，打造专业化的老年旅游服务品牌，满足老年人的旅游需求。

（三）健全老年旅游的相关法律

法律的强制性是旅游养老产业规范化运营的保障。在构建旅游产业政策法律调控的过程中，应从全局考虑，以立法为主，减少出台临时性和片面性的政策。面对老年群体的复杂性，立法时要尽量详细分清各方的责任和义务，只有用法律的准绳制约每个环节，才能保护个人、企业、投资者等各方的利益。健全法律和有法可依是保障市场良性运转的手段。同时，行业内也要制定相关的标准和行业规范，监管部门要认真履行责任，明确职责所在，避免相互推诿，力保相关法律和行业标准的有效实行，确保旅游养老这一健康产品的质量和安全。

（四）提升旅游养老产业的生产效率

提升旅游养老产业的生产效率可有效降低成本，是产业发展的重要途径之一。近年来，国家进行了供给侧改革，其重要内涵之一是注重经济发展效率，旅游养老产业也会按照此改革方向，坚持以提高经济发展质量和效益为中心，从两个方面提升人力、物力、财力的开发利用效率。一是盘活闲置资产。当前国内适应旅游养老的区域以东南部居多，这些地方也是人口众多之地，建设用地紧张，若能充分盘活现有闲置住房设施，并鼓励企事业单位将闲置或腾退的公寓、厂房、校舍等资源用于旅游养老产业的发展，则不仅能化解房地产产能过剩的问题，而且还能大大提升效率。二是加深专业分工协作。我国的旅游养老产业现在基本囊括了旅游养老的大部分产业活动，这主要是产业链不完整造成的。要想提高经济效益，应分工协作，延长产业链。同时，要引导旅游养老产业延长链条上的产业向精细化、专业化、品牌化方向发展。产业链的加深可以极大地提高效益。

（五）促进旅游养老产业的可持续发展

随着老年人收入水平的提高以及消费观念的改变，旅游养老不再是单纯的休闲娱乐活动，而是一项注重健康与养生相结合的养老生活。任何一个产业的发展都需要有强大的市场基础，以我国老年人的数量和老龄化持续的时间来衡量，旅游养老这个市场将会产生大量的消费需求，充分挖掘这个市场的潜力或许会成为扩大内需市场的重要引擎，不断促进旅游养老产业的可持续发展。具体来说，一是重视长期发展规划。各级政府、企业要立足长远利益考虑，积极设计规划，坚持以市场为主导，建立旅游养老产业体系，研究出台一系列实际有效的促进旅游养老产业健康发展的策略。二是营造良好的旅游养老发展环境。良好的旅游养老环境是旅游养老业可持续发展的重要条件之一，应采取多种措施构建尊老、爱老的社会环境氛围。一方面，应加强医疗卫生、交通、生态环境等老人必不可少的公共基础建设，并逐步完善旅游养老设施配套；另一方面，应树立良好的诚信环境，并加强信用体系建设，将养老机构的服务质量、信誉状况等纳入信用体系。

（本节作者：王丽娟，济南社会科学院）

第三节 “银发时代”养老地产发展路径研究

中国早在2000年就进入了老龄化社会。根据国家统计局发布的数据,近年来我国老龄化速度在明显加快。截至2017年年底,我国60周岁及以上人口共有24090万,占总人口的17.3%,其中65周岁及以上人口15831万,占总人口的11.4%。根据联合国人口署估计,到2025年,我国65岁及以上人口数量将达到2亿,2050年将突破3亿。[①] 党的十九大报告中明确指出,要实施“健康中国”战略,积极应对人口老龄化,构建养老、孝老、敬老的政策体系和社会环境;推进医养结合,加快老龄事业和产业发展。近年来,在国家的扶持下,养老地产行业迎来了政策红利期,得到了快速的发展,由龙头房企牵头的项目在一些城市全面开花。[②]

一、养老地产的发展背景及政策

(一)养老地产的概念

养老地产是依托于房地产业为载体,并在此基础上与养老服务有机地结合起来,其核心在于适老化设计。养老地产主要的产品形态包括保险公司推出的养老机构,如养老院、老年公寓、旅游地产、养老社区等。同时,我们要分清养老产业和养老地产的概念是不同的,养老地产只是养老产业的一个环节和载体。[③]

(二)养老地产的发展背景

目前,我国养老产业仍处于早期发展阶段,随着老龄化社会的到来,养老产业的社会需求正在迅速增长;同时,国家对养老产业的政策支持力度持续加大,带动了行业经营方式和服务理念的更新转变,养老产业将迎来新的发展机遇。受政策的大力跟进以及拿地融资成本上升、利润下滑等因素影响,越来越多的房企加快了多元化业务拓展,探索出了新

① 参见刘潇潇:《“银发浪潮”汹涌来袭养老地产万亿蓝海盼破局》,《经济日报》2018年2月18日。
② 参见罗毅:《加快推进养老适老地产发展的建议》,《社会民生》2018年5期。
③ 参见石岩:《顺势而为布局养老地产》,《中国保险》2018年第4期。

的利润增长点，加紧布局养老地产。[1]

国家统计局的数据显示，截至2017年年底，我国60周岁及以上老年人口达24090万，人口占比为17.3%；65周岁及以上老年人口为15831万，人口占比为11.4%，如图6-2所示。综观近十年的人口数据，我国65岁及以上老年人口数呈现不断上升的趋势，同比增速由2009年的3.2%增长至2017年的5.52%。按照国际上通常的说法，当一个国家或地区60岁以上老年人口占人口总数的10%，或65岁以上老年人口占人口总数的7%，即意味着这个国家或地区进入了老龄化社会。数据显示，我国已步入深度老龄化社会，并且这一比例严重超过国际上的标准。另外，据民政部统计，截至2016年年底，全国各类养老服务机构和设施有14万个，比上年增长了20.7%；各类养老床位合计730.2万张，比上年增长了8.6%。尽管每年养老床位数都在同比增加，但床位供应数量与老年人口快速增长之间的矛盾依然很大。我国人口老龄化正在加剧，但养老资源供应不足，这就为养老地产业的发展提供了契机。[2]

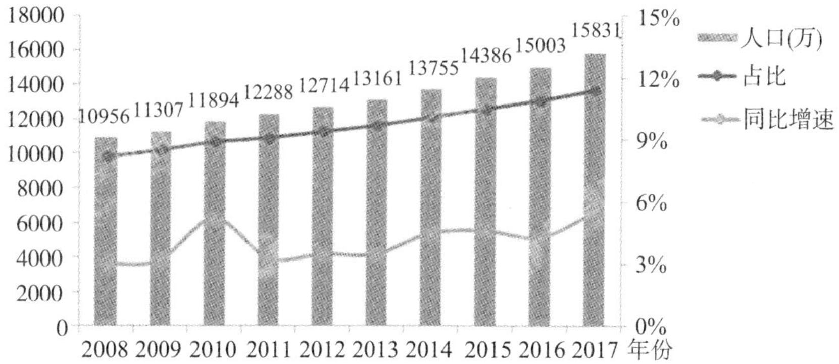

图6-2　2008～2017年我国65岁及以上人口统计

（数据来源：国家统计局）

“十三五”规划提出，要构建多层次的养老服务体系，为养老行业的发展指明了方向。2017年2月，国务院印发了《“十三五”国家老龄事业

① 参见刘佩、王琳：《看房企如何突破养老地产发展瓶颈》，《产业地产》2018年第2期。

② 参见石岩：《顺势而为布局养老地产》，《中国保险》2018年第4期。

发展和养老体系建设规划的通知》，指出要建立健全“以居家为基础、社区为依托、机构为补充、医养相结合的养老服务体系”，多层次与多样化的养老服务将明显改善服务质量，合理化服务结构，这将成为目前养老行业发展的探索方向。2017年10月，中国共产党第十九次全国代表大会在北京胜利召开，报告强调要“老有所养、住有所居、弱有所扶”，同时提出“加快老龄事业和产业发展”，将拓展养老产业带到了房地产行业面前。房地产行业整合日益趋势明显，行业集中度加速提升，收购并购数量和金额增多，截至2017年10月，已有12家房企销售额超过1000亿元，占全国销售额的比重近30%①；而且热点城市的土地获取门槛不断提高，“竞价＋竞配建＋竞自持＋摇号”的新型土地出让方式不断提升拿地门槛，对房地产企业的发展提出了新的要求。

二、养老地产的经营模式和盈利模式

据专家分析，未来15年内，养老产业市场的规模将超过10万亿元人民币，并成为中国产值最大的产业。目前每年为老年人提供的产品还不足500亿元，尤其在养老住宅供应方面存在短缺。这也说明，进入老龄化“银发时代”后，不仅催生出了前景可观的养老产业，而且还必然使楼市的供求关系出现本质性的变化。随着转型和调控的深入，各地不断出现房价下跌消息和房地产企业“钱荒”窘境，加之“以房养老”的政策出台，决定了“养老地产”的实际需求和未来发展趋势。这使不少房地产企业主动或被动地进军养老产业，目前国内已有超过80家房地产企业进入“养老地产”领域，在开发项目中引入了“养老地产”“老年社区”等概念。客观而言，真正的专业养老社区仍寥寥无几，目前国内尚未出现达到国外发展程度的专业养老社区（照料型社区和关怀型社区）。其实，早在2011年，国内就出现了一波“养老地产”热潮，而在更早之前的2005年，中国老龄事业发展基金会发起的“爱心护理工程”便吸引了近40家民营企业挂靠在该基金会之下，开发与老年护理有关的地产项目。此后，关

① 参见藏波、滕永乐、谢刚：《房地产市场发展趋势与商业银行融资机遇》，《新金融》2017年第8期。

注老年住宅、老年地产的房地产企业日益增加。

我国养老地产的经营模式主要为房屋建设与后期住宅管理相结合的经营模式，即从土地的获取、项目的设计、施工到竣工后的售卖和管理都由一个房地产公司独立完成，这个过程使得养老地产的开发对房地产公司的专业化要求很高，而我国传统的房地产行业只需房企完成从土建到售卖的过程，对于后期社区的管理房地产公司并不熟悉和擅长，这也是我国养老地产至今并未取得显著成功的重要原因。因此，近年来我国房地产市场逐渐开始实行专业化分工合作的经营模式，房企仍负责土建和售卖，而后期的社区管理则由专业的物业管理公司负责，实现了联合经营和专业化分工，以便给住户带来更专业、更满意的服务。

三、养老地产的典型案例

在政策支持、行业空间巨大以及企业竞争加剧的背景下，各大房企已有近半数开展了养老地产的开发。从房企进入养老产业的经营模式来看，以轻重并举的运营模式为主，按护理老人的等级可分为老年公寓、长者社区以及照料中心。

（一）三大层级养老服务产品，全品类布局打造闭环体系：万科

万科养老起源于2009年，在杭州良渚文化村项目中落地的“随园嘉树”养老公寓标志着万科集团养老业务迈出了探索的第一步。自2015年投入运营以来，已有600余位老人入住，成为2016年G20峰会的接待参观点；同时，万科养老开始仅服务于自己开发的项目，现在正向市场化进发，打造“居家、机构和社区”三大层级的闭环服务体系，引领养老行业服务标准。为满足不同老人客户群体，万科养老的产品线分为随园嘉树（活跃老人公寓，主要面向自理型老人）、随园护理院（家庭式老人康复护理中心，面向术后康复及失能照护两类老人）、随园之家（社区居家养老服务中心，面向社区居家老人），全方位提供了不同层级、满足不同需求的服务体系。三大产品线的服务相互依托与打通，一方面随园嘉树和随园护理院的客户存在转化和共生的可能，双方在服务上可进行补位；另一方面随园护理院拥有三大产品线中最专业的医护服务人才，可为随园嘉树和随园之家提供所需的医疗、康复、护理服务，同时社区居家养老的

随园之家又能为随园嘉树和随园护理院导入客户，最终三大产品线实现了老人客群的全面覆盖和服务生态闭环，满足了老人的全面需求，从邻里式养老服务向中国老人服务转型，形成了以老人服务为中心的养老生态圈。

万科还利用三大产品线闭环建立了网络布局生态：以随园嘉树和随园之家为中心点，随园之家密集式布点，形成了随园嘉树、随园护理院和随园之家的组团式网络，三大产品线互补，建立了全面的老人服务网络，通过客户的转换共生推动布局的生态化发展。其次还建立了“随园＋”的合作生态平台，打通了政府协会、专业医院、养老机构等上下游老人产业链，打造了集医养护服务、人才培养、硬件配置、运营管理、资本投资于一体的老人服务生态联盟，为未来的发展提供了更多的可能。万科还打造了未来可延展的服务生态，加快老人大数据库的建设，建立了老人生活、健康数据库，希冀为为政府、企业决策和服务提供依据。

（二）居家养老与机构养老有机结合：天怡养生园项目

该项目由山东神州天怡旅业发展有限公司投资建设，位于济南植物园南邻，占地面积 580 亩，规划建筑面积 11.1 万平方米。项目计划按两期进行：一期工程建筑面积 3 万平方米，于 2014 年 6 月交付；二期工程建筑面积 8 万平方米，于 2015 年年底交付。该项目将居家养老与机构养老较好地结合在了一起，把养生、养老、休闲、度假、运动、保健等生活要素紧密地关联在一起，是创新养老服务模式的有益尝试，被山东省老龄委、养老事业发展基金会列为山东省“养老示范项目”。项目全部建成后，机构养老可解决 300 床位，居家养老可解决 800 户。目前该项目的运动养生体验区大部分已经完成，高尔夫练习场、网球场、篮球场、足球场均已经对外开放。社区内还规划有休闲养生体验区——天怡养生小镇。小镇的功能设施非常齐全，主要是满足会员的日常生活需求，如医疗、购物、休闲、保健等；配有会议接待中心、养生大观园、商业步行街、健康管理中心（百草园）和上善水疗中心、主题养生食府。其中，酒店式养老公寓是专门为老年人设计的养老公寓，每层设有专门的护士站，为老年人的身体健康提供细心呵护。

(三)轻重并举的合作养老模式,从服务出发定义养老标杆:远洋椿萱茂

远洋集团于2009年开始拓展养老业务,并成立了养老业务中心,到2012年正式成立了远洋养老运营管理有限公司,并推出了高品质养老服务子品牌——“椿萱茂”。椿萱茂以“立足北京,全国布局”为方向,已进驻北京、上海、广州、武汉、成都、苏州、杭州、南京、天津、大连、三亚、海口等城市。椿萱茂均采用国际养老服务理念及标准,保证各地老人均能享受到高品质的专业服务,成为引领各城市高端养老服务水平的标杆。从客群定位来看,椿萱茂将客户群体定位为全龄老年群体。椿萱茂将失智照护作为远洋养老整个照护体系中的重点发展方向,与美国领先的养老运营商建立了长期的战略合作伙伴关系,以专业化去研究养老服务。从产品模式看,椿萱茂主要打造老年公寓、长者社区和照料中心三种产品。开始主要采用租赁的轻资产形式,注重养老服务的本质,以养老运营服务能力打造养老品牌,然后将养老服务嵌入社区实现全龄产业链的发展。未来,椿萱茂将强调轻重并举的发展方式,分三条产品线进行打造,产品线将进一步丰富:第一条是老年公寓,大致规模为8000～20000平方米,以服务协助及护理老人为主,其下属的北京亦庄、北京双桥等都是该类型;第二条是长者社区,社区规模为2万～20万平方米,客群以独立老人和活力老人为主,并提供老人在不同身体阶段的养老服务,其下属的北京璞湾长者社区(顺义后沙峪)、上海虹湾长者社区(江桥)将率先采用此种方式;第三条是照料中心,主力产品只有800～3000平方米,大部分产品以嵌入式或在社区周边展开,服务便捷。[①]

(四)滚动式开发模式的探索:西部西城养老社区

该项目由济南实力房地产开发有限公司旗下的恒生伟业置业有限公司开发建设,以建立具有示范意义的养老社区为目标,拟面向中高端人群及需要服务的人群。项目占地约380亩,总建筑面积约35万平方米,项目临近玉符河生态缓冲区,因而被命名为“玉符生态健康城”。目

① 参见刘佩、王琳:《看房企如何突破养老地产发展瓶颈》,《产业地产》2018年第2期。

前，玉符生态健康城已有清晰的设计方案，并建成了四栋样板楼。由于济南市没有可供借鉴的养老地产项目，因此玉符生态健康城项目在推进过程中遇到了诸多困难。项目运用“滚动式开发模式”探索破解养老地产资金回笼周期长的困局，其定位是综合性、复合型养老居住社区，主要面向中高收入老年人，有集中式供养和居家式供养两种模式。集中式供养主要面向孤寡老人，房间相对较小，更像是养老公寓；而居家式供养更注重营造家庭氛围，主要针对子女不在身边照顾的老人，居家式供养有两室、三室等多种户型，子女可随时探望，也可与老人一室居住，是集中式供养的升级版。玉符生态健康城将采用“只租不售”的经营模式，有租赁制和会员制两种收费方式。会员制要求老人在入住时先缴纳一定的会员费，会员费按年收取，老人可选择30年，也可选择3年、5年，不过随着配套的完善，后期续费价格会高一些。玉符生态建康城建筑以适老设计为主，遵循老人的生活习惯，养老配套涵盖护理、医疗、康复、健康管理、文体活动、餐饮服务、日常起居等多个方面。玉符生态健康城还将与国内运营成熟的养老地产商合作，把项目纳入全国养老地产的网络中，一旦有突发情况或老人需要外出旅游，可在全国范围内调配资源，实现人员的异地转移和异地资源共享。

（五）中国首创学院式养老模式的养老地产：乌镇雅园

乌镇雅园总面积约为60万平方米，其产品核心构思来自于那种学院化的乌托邦式小镇。乌镇雅园坐落在美丽的乌镇，位居上海、杭州、苏州三个城市几何中心的位置，坐拥高质量游客群体，还有达沃斯论坛级的世界互联网大会的产业配套，自成体系的养老配套设施和精细化的服务既可以开展旅居度假，也可以开展休闲养老。乌镇雅园采用的是新民国建筑风格，以原生态自然景观加以江南园林式造林手法，诗情画意，师法自然。项目规划有单层别墅、多层公寓、小高层公寓等多种产品类型。该项目分为养生养老、健康医疗和休闲度假三大主题，包括欧洲品牌的医疗公园、欧洲品牌的护理养老中心、五星级度假养生酒店，雅达与绿城共同打造的自助养老居住区绿城乌镇雅园还设置了3.5万平方米规模的老年大学——绿城乌镇颐乐学院。乌镇雅园集聚了六大功能区块，是一座国内功能齐备、设施先进、模式丰富、规模庞大的复合休闲健康养老主题园区，但其项目规模较大，运营服务型部分比较高，对开发商的管理能力有更高的要求。

四、对养老地产的发展建议

随着中国老龄化的加速，我国养老地产将成为房地产市场不可或缺的重要组成部分。对此，笔者有以下发展建议：

（一）科学调研，合理规划

自 2010 年开始，“9073”概念逐渐风靡全国养老界，即 90%的老人选择居家养老，7%的老人选择社区养老，3%的老人选择机构养老。而据最新的专业机构调查数据显示，接近 80%的老年人趋向于居家养老，这意味着老年人的生活观念发生了变化，接受外向的社交社区方式的比例增大。养老格局的变化映射出了养老地产作为朝阳产业而发展潜力巨大。虽然有诸如乌镇雅园等成功的养老地产项目案例，但国内非常成功运营的项目并不多见。由于政策扶持及资源配套的不平衡，一方面是公办养老机构“入住难”“一床难求”，另一方面是民营养老机构近 50%的综合空置率，导致中国养老机构存在严重的结构性失衡。因此，发改、住建等职能部门应重视区域内的客户细分和市场调研，科学研判和谋划引导，精心做好总体发展规划，切忌盲目上马、遍地开花。要结合发达国家的先进经验，制定出统一的发展规划以及顶层设计方案，如应该将养老地产的发展纳入我国的养老保险体系范围之内，同时结合区域经济发展状况，打造出高端的养老地产项目。另外，也要建立以居家养老为基础、以居住社区以及社区养老设施为辅助的养老地产模式。[①] 通过制定统一的发展规划和顶层设计，实现养老产业的共同发展。

（二）构建政策扶持体系

据中国社科院老年研究所测算，目前中国养老市场带来了约 4 万亿元的商机，到 2030 年可能增至 13 万亿元。专家预测，在总量巨大的老年人口中，只要有 10%入住养老社区，就有可能在未来 3 年产生至少 4500

① 参见蔺鹏、孟娜娜：《供给侧结构性改革下中国养老产业的发展路径研究》，《海南金融》2016 年第 11 期。

个养老地产项目需求。而令人尴尬的现实是，收费高昂、舒适度差、人文关怀少是老年人对市场上大部分养老地产项目的普遍印象；与此同时，养老地产项目的开发和投资者也是怨声载道，土地审批难、运营成本高等让养老地产很难盈利。面对大众群体的“冷眼相对”和地产商的“微利尴尬”，如何才能让养老地产的“外热内冷”出现“柳暗花明”？养老地产的发展离不开国家的支持，因此国家应该进一步优化政策，通过简化养老地产审批流程，加大税收优惠力度，支持养老地产行业的发展。养老设施用地应从国家土地政策层面给予明确，土地出让金价格应低于商业地产。可尝试类似于保障性住房用地的做法定向供应，以降低建设成本。另外在土地规划布局上，应充分考虑周围环境、位置及后期医疗等配套设施的落地。在金融信贷、税费减免等方面，政府也应给予支持，让企业在利润与公益间找到平衡点，从而保证服务的永续性。同时加大监管力度，防止利益输送圈地套利，在企业后期的运营监管中，严格审核，避免出现变相销售。要开拓多种养老形式，大力发展居家型养老，注重老年群体的精神需要，这也是一个不错的发展方向。身处银发时代，养老地产这块“香饽饽”成了越来越多地产商竞相追逐的目标。虽然看似美好，但通往美丽道路的过程并不通畅，仍需要对养老地产的性质、运作模式及老年群体的整体需求进行深入研究，在行政审批和资金方面开通绿色通道，明确各相关部门的职责，在项目立项、开发建设、配套服务、运营管理等方面确保政策措施落实到位；建议金融机构适当放宽养老地产项目的贷款条件和限额，延长还款时限；明确卫生医疗机构进驻养老服务机构的相关办法。

（三）建立多元化的养老地产发展模式

养老产业虽然投资前景乐观，却“钱”途渺茫。由于投入高、回报期长、盈利模式模糊，当下的养老产业投资机构并不明确知道该把钱投向何处。在中国房地产业的发展历程中，养老地产还属于“新生儿”，业内对其发展模式的争议一直没有间断过。目前，很多养老地产实际上都是打着养老的旗号去圈地。所谓“成功模式”，无非是圈大量的土地，拿到最优惠的土地政策，房子建成之后全卖掉或者大部分卖掉，然后把卖房子赚取的部分利润补贴到养老产业里。随着养老地产开发中的运营意识和服务意识逐步强化，养老地产模式也在不断升级，产品形态逐步多元化，出现了医疗养老结合（如上实东滩瑞慈花园在社区中设置瑞金医院）、“候鸟式”旅游养老（如保利三亚海棠湾和太平保险集团的梧桐人家）等多元化养老地产模式。[①] 尽管各种养老地产新模式不断出现，但对大多数服务商来说养老地产还是一个新的领域。中研普华研究员刘志达表示，其开发模式、商业模式尚处于探索阶段，政府的配套政策及行业标准都没有明确，所以做养老地产需要特别谨慎。他还表示，区位、环境、配套是关键，理想情况是有优质的景观资源，同时又有完善的医疗生活设施。作为新兴产业，养老产业发展时间较短，有机遇也有挑战，但目前尚未形成明确的角色分配，很多地产商、保险公司同时兼任着养老物业的开发商、持有业主以及运营商。相比之下，美国养老地产生态系统的核心是通过开发商、投资商与运营商的角色分离，实现开发利润、租金收益、资产升值收益与经营管理收益的分离。中国养老地产要得以持续发展，也需要构建这样一个清晰的养老地产金融生态链。除此之外，养老公寓的物业管理和服务也应该成为老年公寓项目中一个较大的盈利点。除了常规的物业服务，针对老年人的需求，社区服务可以增设日常的订菜送菜服务、厨师服务、清洁卫生服务、患者看护服务、家庭保姆服务、收费钓鱼服务、收费娱乐服务、收费社区活动服务等。总体而言，市场需求变化对养老机构的要求越来越高，既有硬件设施的要求，也有软件多样化服务的需求。同时，国企资金不断进入养老机构，必将带来行业新一轮的洗牌，而民营企业在资金规模、人才储备等方面比较欠缺，因此其自身需要不断创新，通过轻资产化、多元化、乡村化、资本化来积极面对挑战，实现健康发展。

（四）培育养老地产参与主体

目前，养老地产投资开发主体出身领域单一，包括房地产开发商、保险机构、私募基金以及国外养老投资运营机构在内的投资方在养老地产开发运营中都不能作为主体形成产业整合力量，这就需要养老地产业培

① 参见谢意浓、谢荣华:《人口老龄化背景下养老产业发展实践路径研究》,《中国市场》2017 年第 14 期。

育一批产业跨度大、金融服务链条长的大型企业集团，借助产业基金、资产管理和银行、证券、保险等业务渠道的综合优势，将养老地产投资、开发、运营、服务、管理和退出等各环节金融化，形成内部可复制、外部可推广的养老地产发展模式和盈利模式，以及养老地产金融化模式，从而整合、协调养老服务设施与高端养老服务，推动养老服务社会化。在此基础上，投资主体应充分发挥综合优势，协调产业力量，鼓励金融、房地产与其他实业的协同，推动养老地产业务发展，包括提供中高端养老地产开发与服务，直接满足社会需要；创新养老地产金融化新模式，提供示范力量，服务养老地产行业的整体发展；为政府中低端养老服务输出管理体系、服务标准和服务运营机构。

中国目前是世界上老年人口最多的国家，当前人口平均预期寿命达76.34岁，但养老产业还处于早期发展阶段。随着老龄化社会的到来，养老产业的社会需求将迅速增长。通过发展养老地产，能够为老年人提供更加优质的环境，安抚老人的居住以及消费需求，但由于老年人的消费意愿相对较低，而且项目建设定位相对较为高端，政府也缺乏相关的支持政策以及扶持，导致我国养老地产的发展速度较为缓慢。因此，为了推进我国养老地产的进一步发展，需要进一步加大政策支持的优惠力度，推进我国养老地产项目的有效运行。另外要加强顶层设计，真正满足老年人的需求，加强合作，建立以多元化为主题的养老地产发展模式，同时积极培育养老地产参与主体，才能够真正地推进我国养老地产的快速发展。

（本节作者：李战，济南社会科学院）

第四节　济南健康产业发展研究

随着我国居民收入水平的提高，对健康的要求正日渐趋于多元化。健康不再局限于躯体健康无病痛，而是更关注一个人的整体健康，还包括心理、社会适应、道德品质等。为了满足这种多元化的健康需求，全面发展健康产业是形势所需。健康产业是与人的整体健康相关的产业的统称，以满足人们多元化的健康需求为导向，以提高人群的健康水平为目的，整个产业链可以延伸至促进人群健康的方方面面。

一、健康产业发展概述

健康产业在促进国民经济增长方面的贡献非常大，各国健康产业在GDP中的比重均达到了10%以上，而我国目前卫生总费用占GDP的比重仅为5.1%，健康产业无论是整体规模还是发达程度都远远不够，与发达国家差距巨大，无法满足国内对健康产业的巨大需求。[①] 在这种背景下，以促进人群健康水平为发展目标的健康产业获得了广阔的发展市场。2007年，我国政府专门制定了“健康中国2020”发展战略，为提升我国居民健康水平制定了具体的目标和原则。

据山东省统计局测算，2016年山东省医养健康产业增加值为4284.8亿元，占地区生产总值的比重为6.3%。其中，健康制造业和健康建筑业为2108.6亿元，占49.2%；健康服务业为2091.9亿元，占48.8%；健康农业为84.3亿元，占2%。

（一）健康产业发展历程

健康产业在我国已有20多年的发展历史，主要包括以下三个方面：

（1）从产业规划的角度分类，认为健康产业即是与健康存在内在联系的制造与服务产业的总称。宫洁丽认为，保健品、营养品、健身、健康管理、医疗器械、健康咨询等都属于健康产业管理的范畴，上市行业都属于与健康存在内在联系的制造与服务产业，主要从事设备生产和健康服务咨询两方面内容。[②] 制造经营主要指健康产业的生产制造，包括药品、中药材、保健品、化妆品、健康设备等；而健康服务则包括健康管理、营养保健、健康咨询、人才服务等方面的内容。王波、甄峰、沈丽珍等认为，广义的健康产业包括与人类身心健康相关的全部产业的总称，其中服务业、制造等也属于健康产业管理的范畴。[③] 健康产业分为健康服务业和

---

① 参见董翠华：《成都市健康产业发展研究》，西南石油大学2016年硕士学位论文。

② 参见宫洁丽：《环首都健康产业开发可行性研究》，河北联合大学2011年硕士学位论文。

③ 参见王波、甄峰、沈丽珍等：《健康产业发展与健康城规划探析——以秦皇岛南戴河国际健康城为例》，《规划师》2012年第6期。

健康制造经营业，目前健康产业主要包括医疗产品、营养保健产品、养身健身、健康管理与个性化咨询服务等，与人们的身体健康息息相关。通常我们所说的“健康服务业”主要有健康管理、养生健身、营养保健、医疗服务、健康咨询以及相关从业人员的培训等；而“健康制造生产业”主要是指医疗用品、营养保健产品、养生健身器材、中西药、医用器械等产品的生产与经营。

(2)根据在产业链上的位置不同，可以将健康产业分为前端、传统、后端三大类。健康产业的前端产业主要包括健康教育、健康体检与健康管理，可以帮助人们第一时间发现疾病，采取紧急医疗措施，并且进一步维护人体健康等；传统产业分为多个不同的层级，主要包括健康食物的制造、加工、生产、销售与服务等；后端产业包括运动健身、养生保健以及美容等，能够促进人们拥有一个健康的体魄。吕岩曾在其著作中表示，现代人类越来越注重自身生活品质的提升，拥有正确的健康理念给健康产业的发展奠定了良好的基础；而横跨传统医疗卫生、健康养生、营养保健等多个不同服务领域的健康产业实现了健康服务与管理的一体化，有效提高了国民健康水平。[①]

(3)根据消费者对产品与服务的不同需求，可以将健康产业分为医疗性健康服务以及非医疗性健康服务。王晓迪、郭清表示，在新一轮健康观念的影响下，传统的医疗服务产业已经无法满足现代人类社会对健康产业的需求，而越来越需要实现健康服务的多样化。[②] 健康产业通常是指与保护、加强、改善人体健康息息相关的，包括产品、服务、相关器械生产制造、销售等不同领域的多元化产业的统称，大致分为医药产业与健康服务业两大类。医药产业的目的是治疗疾病、恢复健康，包括药品生产业、医药服务产业、医疗设备产业、体外诊断技术产业以及其他产业；健康相关产业包括保健品产业、健康体检与健康管理服务产业、老年颐养与延缓衰老产业、中药养生保健产业、健康传媒与文化产业等。

随着我国社会经济发展水平的不断提高，国民生活质量有了明显改

---

① 参见吕岩：《健康产业：我国现代化进程中的巨大机遇和挑战》，《理论与现代化》2011年第1期。

② 参见王晓迪、郭清：《对我国健康产业发展的思考》，《卫生经济研究》2012年第10期。

善,公众对健康产业的发展状况也有了更高的要求。相关评估信息显示,2015 年我国健康产业市场整体规模已经突破 5 万亿元,到 2020 年,健康产业市场规模将突破 10 万亿元,对我国国民经济的发展起到了十分关键的影响作用。但从目前的发展状况来看,我国健康产业的发展速度与西方发达国家相比存在明显差距。例如,美国公众健康产业支出占国民生产总值的 16%左右,而我国健康产业生产总值占国民生产总值的 4%左右,该数值甚至比一些发展中国家还要低。所以,尽快实现健康产业升级的发展目标对我国健康产业的发展而言具有十分重要的战略意义。①

(二)健康产业发展目标

《“健康中国”2030 规划纲要》明确提出,我国健康服务业的总规模于 2020 年、2030 年分别超过 8 万亿元和 16 万亿元,“健康中国”战略必将成为我国医疗健康产业发展的重要引擎。到 2030 年,具体实现以下目标:

(1)人民健康水平持续提升,人民身体素质明显增强,2030 年人均寿命达到 79.0 岁,人均健康预期寿命显著提高。

(2)主要健康危险因素得到有效控制,全民健康素养大幅提高,健康生活方式得到全面普及,有利于健康的生活环境基本形成,食品药品安全得到有效保障,消除一批重大疾病危害。

(3)健康服务能力大幅提升,优质高效的整合型医疗卫生服务体系和完善的全民健身公共服务体系全面建立,健康保障体系进一步完善,健康科技创新整体实力位居世界前列,健康服务质量和水平明显提高。

(4)健康产业规模显著扩大,建立起体系完整、结构优化的健康产业体系,形成一批具有较强创新能力和国际竞争力的大型企业,成为国民经济的支柱产业。

(5)促进健康的制度体系更加完善,有利于健康的政策法律法规体系进一步健全,健康领域的治理体系和治理能力基本实现现代化。

(三)健康产业发展潜力

中国现有 14 亿人口,潜在消费市场巨大,而 2018 年中国老龄化人口

① 董立晓:《威海市文登区健康产业发展战略研究》,山东财经大学 2015 年硕士学位论文。

已经达到2.5亿，再加上中产阶级快速形成等原因，健康产业市场规模将远超8万亿元，健康服务业已经被国际经济学界确定为“无限广阔的兆亿产业”。世界顶尖经济学家保罗·比尔兹(Paul Bilse)早年曾预计，到2010年，与健康相关的产业将为美国经济带来每年1万亿美元的收益，这些收益来自为大众提供令人更健康、更美丽、延缓衰老或预防疾病的产品和服务等，大健康产业将成为世界“财富第五波”。马云更是直言：“中国的下一个首富，一定在大健康领域。”在政策推动和追求健康的趋势下，资本方纷纷转舵。2017年福布斯富豪榜数据显示，排在前十的富豪中，大多数已经涉足了大健康产业。现举例如下：

(1)阿里投资10亿元开办了“阿里健康”。目前，全国有超过400家大中型医院加入了阿里的互联网“未来医院”，覆盖了全国90%的省份。对比马云表示，未来人类的健康应该更多地来源于健康的生活方式和对疾病的预防，而不仅仅是在患病后去寻找治疗。今后阿里想干的就是健康、快乐两个产业，如何让人更加健康，如何让人更加快乐？不是建更多的医院找更多的医生，更不是建更多的药厂，而是我们(投资)做得对的话，30年以后应该是医生找不到工作了，医院越来越少了，药厂少了很多，这就说明我们做对了。

(2)腾讯布局医疗人工智能引擎——腾讯睿知。腾讯整合了执业医师资源，上线了健康咨询业务，布局了14个医疗服务领域，试图介入医疗环节上的各个领域。腾讯睿知是一款预判疾病的人工智能引擎，目前主要的应用场景是智能导诊，即通过人机对话，患者能找到最合适的医生，医生也能筛选出与其专业方向匹配的患者，让导诊服务从传统的“依图找科室”升级为“精准找医生”。

(3)百度布局：连接医患＋人工智能。李彦宏表示，百度想做的事情是把正确的患者送到正确的医生那里。自2012年至今，百度自身开发了百度医疗大脑、百度医生、拇指医生、百度健康、百度医学、Dulife、百度直达号等八个医疗板块，使医生和患者之间能够更加合理地匹配，达到更高的效率。

(4)小米探索健康大数据。做手机的雷军也慢慢开始了战略转移，打造了用于身体健康检测的小米手环、小米体重计，探索健康大数据。

二、济南健康产业的发展目标

2018年6月25日,山东省人民政府发布了《山东省医养健康产业发展规划(2018～2022年)》,该规划指出,医养健康产业是新旧动能转换"十强"产业中的五大新兴产业之一,是改善民生和发展经济的重要契合点;发展医养健康产业有利于推进"健康山东"建设,有利于推动实现高质量发展,加快新旧动能转换,有利于增强群众的获得感、幸福感、安全感。该规划按照产业集聚、错位协同、均衡发展的原则,依托区位、交通和资源优势,强化核心引领、带状集聚、多点支撑,整体构筑了"三核三带多点"的医养健康产业发展格局,辐射带动全省医养健康产业的健康发展。

济南市发展健康产业的战略布局如下:依托大数据、医疗和科研优势,加快建设国际医学科学中心、国家健康医疗大数据北方中心,开展健康医疗大数据应用,促进医养健康产业高端化、专业化和智慧化发展,打造高端医养健康产业集群和创新创业孵化基地;支持济南建设国际医学科学中心,加快建成山东质子治疗中心,提升区域肿瘤诊疗水平;推进国家人类遗传基因库山东创新中心、中科院中能医用直线加速器等重大项目建设,充分发挥其在提升医疗技术和重大疾病诊疗水平方面的引领作用。

医养健康产业经过与相关部门、专家学者反复研究论证,明确了产业概念,厘清了产业边界,确定了十大重点领域,分别是医疗服务、健康教育与管理、健康养老、生物医药、医疗器械与装备、中医中药、体育健身、健康旅游、健康食品和健康大数据。

(一)医疗服务领域

(1)加快医疗服务创新发展。支持济南建设国际医学科学中心,加快建成山东质子治疗中心,提升区域肿瘤诊疗水平。推进国家人类遗传基因库山东创新中心、中科院中能医用直线加速器等重大项目建设,充分发挥其在提升医疗技术、重大疾病诊疗水平方面的引领作用。重点建设山大齐鲁医院急诊、省立医院心血管、省肿瘤医院肿瘤、省千佛山医院呼吸专业四大国家疑难危重疾病诊疗中心。济南国际医学科学中心孵化器，山东省肿瘤防治研究院放射肿瘤学科医疗及科研基地以及山东第一医科大学建设项目，济南高新区生命科学城发展中心等项目。

(2)推进多元化办医。加快推进城市医疗集团建设，大力培育以资产为纽带、三级医院为主体、辐射区域二级医院和专科医院的纵向整合型医疗集团。进一步放宽准入条件，大力引进优质医疗资源，支持中外合资合作办医，引导社会资本进入高端医疗服务领域，打造国际一流的医疗服务综合体。探索采取“社办公助”的方式，通过支持学科建设、派出管理技术团队、组建医疗联合体等形式，扶持一批基础较好、有一定技术优势、群众认可度较高的社会医疗机构。支持城市二级医院以托管、合作等方式与社会资本合作，加快向康复医院、老年病专科医院、护理院、临终关怀医院等老年专业医疗服务机构转型。允许公立医院以特许经营的方式与社会资本开展合作，支持社会资本以联合、参股、兼并、收购、托管等方式参与公立医院的改制重组。争取到2022年，全省三级社会医疗机构达到10家以上，每千人社会办医床位数力争达到1.6张，社会办医服务量占医疗服务总量的25%以上。

(3)强化临床新技术应用。加强基础与临床的协同创新，加快基因/蛋白组学技术、系统生物学、干细胞与再生医学、生物治疗、基因检测与靶向治疗等前沿技术的临床应用，增强重大疾病防治科技支撑能力。加快发展与基因技术紧密结合的精准医疗，建立高发疾病专病基因库和诊疗数据信息库，构建精准医学创新平台。加强出生缺陷、肿瘤、心脑血管、神经系统等疾病发生发展的机制研究，支持开展复合手术、微创手术、介入手术、个性化治疗、手术机器人等临床治疗新技术的推广应用。开发多维功能分子影像技术，引导精确放疗，提高常见恶性肿瘤的临床疗效，建设全国一流的精准放疗中心。

(4)推动智慧医疗发展。鼓励医疗机构开展云计算、物联网、嵌入式软件、无线传感、人工智能、移动医疗APP等新一代信息技术应用，向患者提供智慧门诊、智慧病房、智慧医技、智慧管理、智慧后勤等智慧医疗服务。在门诊服务等重点领域构建智慧应用体系，为患者提供预约诊疗、移动支付、床旁结算、就诊提醒、结果查询、信息推送等便捷服务。促进“互联网+医疗健康”发展，构建覆盖诊前、诊中、诊后的线上线下一体化医疗服务模式。支持医疗联合体运用互联网技术,加快实现医疗资源上下贯通、信息互通共享、业务高效协同,推动构建有序的分级诊疗格局。争取到2022年,二级以上综合医疗机构普遍建设为互联网医院。

(二)健康教育与管理

按照"多元化、个性化、全程化、智慧化"的要求,加快构建全生命周期健康评估咨询体系和健康管理服务体系,推动健康教育与管理产业快速发展。具体来说要做到以下几点:

(1)广泛开展健康教育。大力发展医养健康相关图书、报纸、期刊、音像制品和电子出版物市场,发挥好传统媒体、自媒体、新媒体健康教育功能,推广普及医养健康科学知识,倡导积极健康的生活方式,不断提高居民的健康素养。争取到2022年,全省居民健康素养水平提高到25%。加强健康文化传播与交流,支持开展健康题材文艺创作,举办健康促进论坛等学术性和群众性健康文化活动。挖掘儒学、道家等传统文化的养生文化底蕴,开办养生文化体验班、养生文化研修班等养生文化活动。

(2)加快发展多元化的健康管理服务。积极引进国内外知名专业健康管理机构和品牌,鼓励公立医院与社会资本合作开展健康管理服务。发展以商业保险机制为支撑、以健康风险管理为核心的健康管理新型组织,积极开展健康筛选咨询、大病管理与治疗等形式多样的健康管理服务。支持社会资本发展健康体检、专业护理、心理健康、母婴照料和残疾人护理等专业健康服务机构。大力发展健康市场调查、咨询、管理等第三方服务机构。争取到2022年,培育10家以上的大型健康管理企业(机构)。

(3)积极拓展预防保健服务。以预防医疗服务为核心,加快完善预防保健产业链条,推动疾病治疗向健康的方向促进转变。加强预防医疗科学研究,加快突破生物医学检测、生物治疗、细胞治疗等关键技术,发展基于基因检测的早期筛查与诊断技术,支持开展个性化的预防和治疗服务。支持医疗机构综合运用现代分子医学、细胞免疫学、功能医学及临床医学等医疗技术和方法,对引起慢性疾病的重大风险因素进行风险评估、风险干预、筛查防治和健康管理。加强区域公共卫生服务资源整合,鼓励组建综合性公共卫生服务中心。加强公共卫生大数据分析应用，提高监测、预测、预警、处置疫情和突发公共卫生事件的能力。

(4)深入推进家庭医生签约服务。进一步拓展和深化家庭医生签约服务，将基本医疗、基本公共卫生和健康管理有机整合，为签约对象提供综合、连续的基本医疗卫生服务。到2020年，实现家庭医生签约服务制度全覆盖。支持各地结合实际，创新服务模式，丰富签约服务内涵，拓展个体化健康管理、社区医疗和双向转诊，促进家庭签约服务智慧化。探索通过购买商业医疗保险的方式，满足居民多层次、多元化的服务需求。

(5)持续提升妇幼健康保障水平。进一步健全妇幼健康服务体系，加强妇幼保健机构标准化建设，引进优质妇幼保健医疗资源，增加优质产院产房资源供给。打造高端人类辅助生殖机构，鼓励开办高端孕产期护理服务机构，引导医疗机构提供多样化的产科、儿科特需医疗服务。落实母婴安全行动计划和健康儿童行动计划，深入推进出生缺陷三级预防，实现免费产前筛查和新生儿筛查全覆盖。积极开展对高龄孕产妇、再生育人群的服务和指导。

(6)不断丰富健康保险产品和服务。推进商业保险机构参与医疗保险经办服务，完善多层次的医疗保障体系。积极引进国内外大型健康保险机构，满足多样化、多层次的健康保障需求。加快推进长期护理保险，到2020年，实现职工长期护理保险全覆盖；二级以上医疗机构全面推行医疗责任险。鼓励商业保险机构参与经办长期护理保险，积极开发与长期护理保险相衔接的商业护理保险产品。促进个人税收优惠型健康保险业务发展，推动老年人意外伤害保险提标扩面。支持商业保险机构开发适销对路的疾病保险、医疗保险、护理保险、失能收入损失保险、医疗意外保险、手术意外保险等健康保险产品。

(三)健康养老

积极应对人口老龄化趋势，充分发挥山东省生态环境的综合优势，完善老龄健康政策支持体系，做优以“医养结合”为重点的健康养老产业。争取到2022年，对65岁以上老年人的健康管理率达到85%以上。具体来说要做到以下几点：

(1)推进医养结合。创建全国医养结合示范省，加快建立以居家为基础、社区为依托、机构为补充、医养相结合、覆盖全体老年人的健康养老服务体系。深入推进机构医养结合,支持各地改造一批二级以上综合医院及非建制乡(镇、街道)所在地的基层医疗卫生机构,重点向康复、护理和养老服务延伸,或转型发展成为收治高龄、重病、失能、部分失能老年人的医养结合机构。引导养老机构申请开办老年病医院、老年康复医院、老年护理院、中医医院、安宁疗护机构等,配备专业康复人员或引入专业康复机构。建立健全医疗卫生机构和养老机构的合作机制,开通预约就诊绿色通道,加快推进医疗养老联合体建设。加强老年病医院、老年护理院、老年康复医院、安宁疗护机构和综合性医院老年病科建设。支持社会资本采取特许经营、公建民营、民办公助等模式,新(改、扩)建以老年医学、老年康复为主的医养结合机构。争取到2022年,全省老年人医养结合服务覆盖率达到90%左右,护理型养老床位占养老床位总数的40%以上。

(2)开展社区居家健康养老服务。完善社区医养服务设施,推进其与卫生、助残等公共服务设施的统筹布局、互补共享,在社区养老服务机构配备护理人员、康复护理设施设备和器材,引导老年人日间照料中心、老年人活动中心、托老所等社区养老机构与周边医疗机构的"嵌入式"发展或签订合作协议。引导社会力量管理运营社区医疗养老服务机构和设施,培育一批品牌化、连锁化、规模化的龙头社会组织,使社会力量成为提供社区医养服务的主体。加强以农村特困人员供养服务机构为重点的农村养老服务设施建设,按照区域优化、布局合理的原则,充分利用乡镇敬老院等现有资源,新(改、扩)建一批农村综合性社会福利服务机构。到2020年,城镇社区养老服务设施覆盖率达到100%;农村社区养老服务设施覆盖率达到70%,2022年达到75%。

(3)丰富养老服务业态。大力发展养老服务企业,鼓励连锁化经营、集团化发展,实施品牌战略,培育一批各具特色、管理规范、服务标准的龙头企业,加快形成产业链长、覆盖领域广、经济社会效益显著的养老服务产业集群。支持养老服务产业与健康、养生、旅游、文化、健身、休闲等产业融合发展,丰富养老服务产业的新模式、新业态。鼓励金融、互联网等企业进入养老服务产业,适度发展健康地产,建设健康养老综合体。大力发展智慧养老服务,开展健康养老大数据的深度挖掘与应用,创新发展慢性病管理、居家健康养老、个性化健康管理、互联网健康咨询、生活照护等健康养老服务模式。争取到2022年,创建国家级智慧健康养老示范基地12个,智慧健康养老示范社区55个,智慧健康养老示范企业15家。

(4)增加老年用品供给。加大老年产品的研发力度,编制老年人产品、用品行业目录,支持生活护理、监测呼救等产品、用品的开发,优先发展健康促进、健康监测等可穿戴设备,以及慢性病治疗、康复护理、康复辅助、智能看护、应急救援、旅游休闲等产品。丰富老年人用品市场,鼓励设立老年用品专柜、专营店、连锁店,增强老年食品、药品、保健品和生态产品的供给能力,重点发展适合老年人的情感陪护、娱乐休闲、残障辅助、安防监控等智能化产品。

(5)加快适老化建设改造。推进居住区和公共服务区的适老化设施建设,实施老年人家庭适老化改造,开展既有多层住宅加装电梯的试点工作,加大已建居住小区公共场所、城市道路和涉老设施场所的无障碍化改造力度。完善涉老设施建设标准,落实城乡各类公共设施、老年设施和建筑工程的建设标准、生态标准、技术标准。加强适老化技术标准的实施与监督。到2020年,新建城市道路、社区公共场所和涉老设施场所无障碍化率达到100%。

(6)推广普及老年教育。落实老年教育发展规划,扩大老年教育资源供给,拓展老年教育发展路径,加强老年教育支持服务,促进老年教育的可持续发展。优先发展城乡社区老年教育,加强对农村散居、独居老人的教育服务。推动普通高校和职业院校结合学校特色开发老年教育相关课程,积极为社区、老年教育机构及养老服务机构等提供支持服务。引导老年大学进一步提高面向社会办学的开放度,支持鼓励各类社会力量举办或参与老年教育。到2020年,县级以上城市至少建设一所老年大学。

(四)生物医药

以人民的健康需求为导向,瞄准国际医学前沿,重点发展生物技术药物、海洋药物、小分子药物等创新药物,提高原研药、首仿药、中药、新型制剂等的创新能力和产业化发展水平。争取到2022年,国家级企业技术中心达到 20 家，产值过百亿元的生物医药产业园区达到 15 个。具体来说应做到以下几点：

(1)大力发展生物技术药物。围绕基因工程和新型疫苗等创新前沿和关键技术，加快重组单克隆抗体药物、抗体耦联药物、新型重组蛋白质药物、血液制品、干细胞技术与产品、治疗性疫苗和核酸药物、生物诊断试剂等新型生物技术药物的研发。在基因工程药物方面，重点加强重组蛋白的突变体、修饰体、融合体、重组单克隆抗体等类药物的研发；在新型疫苗药物方面，重点开展新型抗肿瘤、抗病毒感染、抗细菌感染、抗寄生虫感染等疫苗研究；在生物诊断试剂方面，重点推进临床生化试剂、免疫诊断试剂、分子影像诊断试剂、高通量生物芯片等产品的研发与产业化。

(2)积极培育特色海洋药物。构建海洋生物药物资源库，加快突破海洋药物研发关键技术，开发海洋创新药物。重点发展海洋糖类创新药物、海洋小分子创新药物，创新发展海洋中成药及海洋生物材料。在海洋糖类创新药物方面，重点针对肿瘤、心脑血管、神经系统及代谢性疾病，研制具有自主知识产权的系列海洋糖类创新药物。在海洋小分子创新药物方面，建立靶向性海洋小分子创新药物先导化合物研究技术体系，筛选发现海洋小分子活性天然产物。在海洋中成药方面，重点开发疗效显著的海洋中成药和中药新剂型产品。在海洋生物材料方面，重点研发先进的医用生物材料、组织工程支架、药物载体材料。

(3)加快研发小分子药物。重点突破活性化合物高效合成、手性药物合成与拆分、药物晶型研究等关键技术，重点发展针对肿瘤、心脑血管疾病、糖尿病、神经退行性疾病、精神性疾病、高发性免疫疾病、重大传染性疾病等的创新药物。加速罕见病药物、儿童用药、艾滋病药物、老年病用药等临床短缺药物的开发及产业化。在传统原料药方面，重点发展与主导原料药相匹配的精细化工产品、医药中间体。在制剂产品方面，重点开发缓控释、靶向给药、透皮吸收、黏膜给药、载体给药、儿童及老年人特殊给药的新剂型、新产品。

(4)做大做强药品流通业。鼓励大型药品流通企业通过并购、重组和企业内部资源整合等方式，加快形成以大型骨干企业为主体、中小企业为补充的药品流通网络，打造面向全省、辐射全国的药品现代物流配送中心。鼓励药品零售业规模化、集约化、连锁化经营，扩大和完善医保定点药店布局。支持大中型药品流通企业向居民社区及乡镇布局延伸，构建立体化区域药品供应体系。在药品流通、药品零售和药品工业及第三方药品等领域，积极发展新形式的、安全的电子商务，创新药品流通商业模式和业态。争取到2022年，全省药品销售总额达到1600亿元，培育1～2家年销售额过200亿元、2～3家年销售额过100亿元的跨区域经营的大型药品流通企业。

（五）医疗器械与装备

突出解决高端医疗器械依赖进口、核心部件国产化程度低的问题，重点加强数字诊疗装备、体外诊断产品、高值耗材等重大产品攻关，加快推动医疗器械技术突破，打造高端医疗器械产业集聚基地。争取到2022年，培育8家以上具有自主核心知识产权且具备一定规模的创新型医疗器械与装备高技术企业，部分重点产品市场占有率达到30%以上。具体来说应做到以下几点：

(1)研发医疗器械特色优势产品。重点开发数字化探测器、超导磁体、高热容量X射线管等关键部件，开发手术精准定位与导航、数据采集处理和分析等技术。加快研制核医学影像设备PET-CT及PET-MRI、超导磁共振成像系统、多排螺旋CT、彩色超声诊断、图像引导放射治疗、质子/重离子肿瘤治疗、医用机器人、健康监测、远程医疗等高性能诊疗设备。重点开发高性能的数字化X射线机、彩色超声成像仪、心电监护系统、呼吸（麻醉）机、血液净化设备、消毒灭菌设备等产品。

(2)发展医用生物材料及高端耗材产品。推动生物三维(3D)打印技术、数据芯片等新技术在植入/介入产品中的应用，重点开发可降解生物材料、体内植入材料、表面改性及生物功能化修饰技术、生物材料纳米制备技术等。发展心脏瓣膜、心脏起搏器、全降解血管支架、人工关节和脊柱、人工耳蜗等高端植入/介入产品，支持新型生物医用材料及高端耗材、新型血管支架、组织工程瓣膜、组织功能修复材料、神经修复材料、骨科材料、血液净化材料及设备等重大新产品的研发及产业化。

(3)开发智能健康设备。发展适用于智能健康终端的低功耗、微型化智能传感技术，室内外高精度定位技术，大容量、微型化供能技术，低功耗、高性能微处理器和轻量操作系统。围绕家庭和个人医疗、保健、养老需求，发展数字化诊疗设备、健康监测装备、可穿戴医疗装备、医用机器人等新型医疗器械设备。积极开发基于虚拟现实（VR）、增强现实（AR）技术的临床辅助、康复训练设备。

（六）中医中药

依托丰富的中药材资源，积极发展特色优势中药产业，提升中医药健康服务水平，大力弘扬中医药文化，打造全国重要的中医药养生基地。争取到2022年，建设6个中医药省级工程技术中心，培育60家规模以上中医药龙头企业。具体来说应做到以下几点：

(1)壮大中药材种植基地。依托省中药材良种选育工程技术研究中心，大力开展中药材优良品种选育，加强野生中药资源保护，在泰山、蒙山、昆嵛山、微山湖建立濒危野生药用动植物保护区。支持金银花、银杏、丹参、桔梗、牡丹、玫瑰、西洋参、驴皮等药材基地建设和发展。争取到2022年，全省中药材种植面积达到330万亩，产值180亿元以上；建设中药材产业科技示范园160个，中药材规范化生产基地70个。落实中药材生产质量管理规范（GAP）种植要求，加强药材产地加工研究，提升药材规模化和标准化生产水平。支持有条件的企业到省外传统产地建设药材基地。加强中药资源动态监测与保护，建设中药材追溯系统，打造精品中药材。

(2)加快发展现代中药。支持中药科技创新，加快形成自主知识产权，促进创新成果的知识产权化、商品化和产业化。推进中药工业数字化、网络化、智能化建设，加强技术集成和工艺创新，提升中药装备制造水平，强化中药工业知识产权运用能力，培育大型中药企业集团和产业集群。加强重大疑难疾病、慢性病等的中医药防治和新药研发，积极推广生物酶仿生提取、膜分离、超临界萃取等技术应用。推进实施中药标准化行动计划，重点开发中药药效及安全性评价、质量综合评价、现代分离纯化、中药饮片（提取物）加工炮制与质量控制等技术，研制一批疗效确切、安全性高、有效成分明确、作用机理清晰的中药产品。发挥中医药在养生保健产业中的作用，加快开发中药保健品、功能食品、药酒、药妆等。

(3)提升中医医疗保健服务水平。充分利用山东省的中医药特色优势,发挥中医药在治未病中的主导作用,在重大疾病治疗中的协同作用,在疾病康复中的核心作用。实施中医临床优势培育工程,创建国家级区域中医(专科)诊疗中心,打造一批省级中医专科专病诊疗中心。建设中西医结合创新研究平台,开展中西医临床协作试点,建立重大疑难疾病中西医联合攻关协作机制。积极推进中医医院及有条件的综合医院、妇幼保健机构治未病科室建设。加强中医药综合服务区(国医堂、中医馆)建设。支持社会力量开办中医医疗机构、中医药博物馆、中医经络按摩馆、太极运动馆、养生馆、药膳馆等,开展中医特色治疗、康复理疗、针灸推拿、药膳、情志养生等服务项目,实现集团化发展或连锁化经营。鼓励中医药机构充分利用生物、仿生、智能等现代科学技术,研发一批保健用品、保健器械器材等。加快中医"治未病"技术体系与产业体系建设,促进中医药与健康养老、治未病、旅游文化等融合发展,打造一批中医健康养生基地。争取到2022年,全省创建10个左右中医药特色医养结合示范基地。

(七)体育健身

深入推进全民健身与全民健康深度融合,大力开发具有消费引领性的健康运动项目,积极推广覆盖全生命周期的运动健康服务,构建健康运动产业生态圈。具体来说应做到以下几点:

(1)拓展体育健身休闲产业。依托山岳、海河、湖泊等资源,重点发展路跑、骑行、登山、冰雪、露营、攀岩、帆船帆板、皮划艇、汽摩、航空、垂钓等户外运动健康休闲产业。鼓励和支持各地因地制宜,创建国家体育产业基地、国家级运动休闲基地、国家体育公园和城市体育服务综合体。实施体育医疗康复产业发展行动计划,依托专业医疗机构和运动休闲基地,加快科学健身指导体系建设,培育体育康复产业,探索设立体育康复产业园区。实施"精品赛事提升计划",支持各地举办一批高水平、高质量的运动主题赛事活动,进一步提升黄河口(东营)国际马拉松赛、泰山国际登山节、中国国际航空体育节、青岛国际帆船周、潍坊国际风筝会、济南国际泉水冬泳节等赛事的国际影响力。积极推广太极拳、健身气功等传统养生运动项目。大力培育健身休闲、竞赛表演、场馆服务、体育中介、体育培训与教育、体育传媒等体育服务业，支持各地打造一批优秀的体育俱乐部、协会等体育社会组织。

(2)提升体育健身用品的制造水平。发挥国家体育用品质量监督检验中心(山东)、国家体育用品工程技术研究中心等平台的作用，重点围绕运动健身器材、高科技运动器材、新材料运动器材等，做强做大健身休闲器材装备制造业。支持体育健身用品企业参与高新技术企业认定和国家、行业标准制定，提高关键技术和产品的自主创新能力。鼓励研发新型体育器材装备、可穿戴式运动设备、虚拟现实运动装备等。鼓励企业通过合资合作、联合开发等方式，提升冰雪运动、水上运动、汽摩运动、航空运动等高端器材装备的本土化水平。

(八)健康旅游

依托独特的生态、康养与旅游资源，加快开发滨海疗养、森林康养、温泉浴养、研修康养等健康旅游业态以及高端健康体检、医学美容、养生护理、医疗保健等健康旅游项目，推动医养健康与旅游深度融合。争取到2022年，建设60家省级康养旅游示范基地。具体来说应做到以下几点：

(1)发展滨海休闲健康旅游。充分利用山东半岛的海岸自然环境与养生特点，以海滨城市、优质海岸、特色海岛和广阔海域为载体，合理布局滨海疗养院、绿色健康宾舍、疗养公园，规划建设一批海岛健康旅游目的地、滨海休闲度假养生基地。加快开发海水热疗等健康养生产品，打造独具特色的滨海中医理疗、滨海养老、避暑养生、膳食疗养项目。挖掘养生文化，打造“仙境海岸、养生福地”养老健康旅游服务经济带。

(2)发展山地生态健康旅游。依托丰富的山地生态资源，进一步加强优质森林资源、中医药资源与现代医学及传统医学的有机结合，大力开发景区森林浴、登山览胜、天然氧吧、中医药疗养康复、竹林疗养等生态养生体验产品，以及避暑度假养生和生态夏令营项目，鼓励开发森林旅游、中医药健康旅游主题线路，打造具有国际特色的山地生态健康旅游胜地。

(3)发展温泉浴养健康旅游。充分挖掘山东省丰富的温泉地热水体资源，发挥其美容、瘦身、养生、康体等功能，积极发展温泉养生文化，推动温泉资源的综合开发利用，结合辅助养生材料、养生手段及现代科技康疗手法，培育以温泉疗养、温泉保健等为调养手段的健康养生业态，建设一批集休闲度假、特色医疗、保健养生于一体的温泉养生小镇、温泉度假城、温泉保健疗养基地。

(4)发展田园休闲健康旅游。依托各地的区位条件、特色资源和市场需求，推进健康养生项目与种植养殖基地、农耕用器、农耕文化、民俗风情、农业劳作过程和农业生产过程相结合，大力发展农业“新六产”，开发田园观光、农耕民俗体验、乡野拓展、乡村度假、乡村慢生活体验等多种乡村休闲业态，设计田园休闲健康旅游精品线路，建设一批休闲农业公园和田园康养综合体。

(九)健康食品

加快生产开发以科学保健理论为基础的健康食品，以满足人民群众日益增长和不断升级的对安全、多样、健康、营养食品的消费需求，加快完善健康食品标准体系，推动健康食品产业高质量发展。具体来说应做到以下几点：

(1)积极发展功能性农产品。深化出口食品农产品质量安全示范省建设，深入开展果品、蔬菜等标准园创建活动，重点扶持无公害农产品、绿色食品基地建设，打造高端绿色农产品生产基地。重点支持中药材、菌类和茶叶等营养功能成分的提取技术研究，大力发展食药同源农产品种植养殖，开发营养均衡、养生保健、食药同源的加工食品。加强功能农业技术研究，综合采用农业技术、生物工程、生物营养技术等，积极发展功能农业，开发富硒、富锌、富钙等功能性农产品，建设一批功能性农产品生产基地。

(2)大力开发营养保健食品。围绕婴幼儿、孕妇、老年人的健康营养问题，结合患病人群的医学营养临床需求，以及特殊环境工作人员的防护需要，重点推动抗衰老食品、膳食补充剂、营养强化食品、功能食品、特殊医学用途食品的研发。发挥人参、西洋参种植规模和品质优势，开发利用其养生保健功效，加快人参、西洋参系列保健产品的研发加工。聚焦特色养生保健食品资源，加大研发力度，丰富产品品类，做大阿胶、鱼油等保健品市场。支持研究开发功能性蛋白、功能性膳食纤维、功能性糖原、功能性油脂、益生菌类、生物活性肽等保健和新型营养健康食品。

(3)加快发展海洋健康食品。实施“海上粮仓”战略，推进“海洋牧场”建设，积极发展海参、贝类、藻类等具有药用价值及保健功能的海产品种植养殖，打造海带、刺参、金枪鱼、鱿鱼、三文鱼、鳕鱼等海洋健康食品生产基地。以深海生物组织和海洋活性物质提取为方向，加强海洋生物保健品及功能性食品的研发和生产。

(十)健康大数据

推动健康医疗信息系统和公众健康医疗数据互联融合、开放共享，探索服务新模式，培育发展新业态，积极营造促进健康医疗大数据创新发展、安全规范的应用环境。争取到2022年，基本形成以健康需求为导向的健康医疗大数据产业体系。具体来说应做到以下几点：

(1)夯实健康大数据应用基础。实施全民健康保障信息化工程，强化公共卫生、计划生育、医疗服务、医疗保障、药品供应、综合管理等应用信息系统的数据采集、集成共享和业务协同，促进信息产业与健康产业深度融合。进一步完善以居民电子健康档案、电子病历、电子处方等为核心的基础数据库，大力推广“健康云”应用。鼓励各类医疗卫生机构推进健康医疗大数据采集、存储，加强应用支撑和运维技术保障，打通数据资源共享通道。制定分类、分级、分域健康医疗大数据开放应用政策规范，稳步推进健康医疗大数据开放。加快健康医疗数据安全体系建设，支持高等院校、科研院所开展健康医疗大数据基础研究，积极争取在山东省建立国家健康医疗大数据研究院和开放大学。

(2)全面深化健康大数据应用。促进大数据支撑下的健康维护、健康保障、健康产业三大体系融合发展。加强居民健康状况等重要数据的精准统计和预测评价。推动社会保障卡融合居民健康卡工作，实现实名就医“一卡通”和就诊信息互认共享。综合运用健康医疗大数据资源和信息技术手段，健全医院评价体系，完善现代医院管理制度，优化医疗卫生资源布局。推进健康医疗临床和科研大数据应用，依托现有资源建设一批心脑血管、肿瘤、老年病和儿科等临床医学数据示范中心，构建临床决策支持系统。支持医疗机构加强人口基因信息安全管理，推动精准医疗技术发展。发挥大数据的服务支撑作用，构建数据共享、人才互动、项目共建的格局，加快培育富有山东特色的“全息数字人”产业链。

(3)培育健康大数据新业态。加强健康医疗海量数据存储清洗、分析挖掘、安全隐私保护等关键技术攻关，抢占健康大数据产业技术和市场制高点。积极鼓励社会力量创新发展健康医疗业务，促进健康医疗业务与大数据技术深度融合，加快构建健康医疗大数据产业链，不断推进健康医疗与养生、养老、家政等服务业协同发展。鼓励发展基于大数据的精准健康管理服务。大力发展居家健康信息服务，规范网上药店和医药物流第三方配送等服务，推动中医药养生、健康养老、健康管理、健康咨询、健康文化、体育健身、健康旅游等产业发展。推动疾病危险因素监测评估和妇幼保健、老年保健、国际旅行卫生健康保健等智能应用。

三、济南健康产业发展存在的主要问题

(一)全面健康素养有待提高

健康素养的缺乏主要表现在两个方面：健康知识的缺乏和健康知识向健康行为转化能力的缺乏。健康素养的缺乏是我国普遍存在的问题，其不但会影响居民的健康水平，而且还会影响健康产业的发展。《全民健康素养促进行动规划(2014～2020)》提出，到2020年，全国居民健康素养水平提高到20%。只是大力发展健康产业，但居民健康素养跟不上，则健康产业的发展将会受到一定的制约。

健康知识的缺乏和健康知识未能有效转化为健康行为，导致居民不能够正确选择健康的生活方式和行为方式。因缺乏相关知识，在接受健康服务时，消费者无法做到自主选择，只能处于被动地位，听从服务提供者的建议和安排；而健康服务企业提供的服务数量和品质在很大程度上并不是取决于消费者的实际情况，而是取决于企业自身的选择，并不一定能够符合消费者的需求。健康素养的缺乏和对健康的强烈需求导致了居民在消费健康产品和服务时的盲目性，如过分听信不实广告而盲目跟风，导致不少商家借此谋取暴利，而许多优良的商品和服务却不能得到认可，严重影响了市场秩序。

(二)老年产品开发不足

随着社会发展水平的提高,老年人的平均寿命也在提高,老年人处于老年阶段的时间也将不断拉长,但老年人的平均健康寿命与平均寿命相差了约 12.5 岁。健康寿命是指在寿命中拥有健康身体的年限,这意味着平均每人约有 12.5 年的时间处于非健康状态。在提高平均预期寿命的同时,提高平均健康寿命时间,减少平均健康寿命与平均预期寿命之间的差距已成为目前发展健康产业的重要目标,而提高平均健康寿命的重要途径就是提高老年人的健康水平。

随着经济的发展,老年人的消费能力明显增强,其对老年健康产业发展的需求非常强烈。发展老年人健康产业不但能够有效提高老年人的健康水平,而且还能够帮助解决养老问题,因此应积极开发老年人产品市场,着力将老年健康产业发展成为新的经济增长点。但是,由于对老年人市场的重视不够,在健康产业的发展过程中,老年人市场未得到有效利用,针对老年人的产品和服务种类较少,明显存在老年人产品市场开发不足的现象。目前,济南市健康产业市场上针对老年人的健康产品和服务专业化程度低,在产品研发中未能真正了解老年人的特殊需求,产品供给和需求之间的错位现象严重。

老年人所需要的产品和服务需要个性化,在产品和服务研发中,不但要研发针对老年人共性问题的产品和服务,而且还需要研发个性化的服务。健康产品市场上也普遍存在质量较低、价格奇高的问题,导致老年人的消费需求难以转化为消费行为,老年人市场未能得到充分利用。

(三)养老配套产业缺乏

养老产业是为生命长期健康、幸福实现的各种产业和研究提供的服务,是通过各种生命研发、科学研究、生产应用提供保持和延续生命活力的全方位、针对性联通服务,其产业链延伸到第一、二、三产业,是一个综合性的产业,与健康产业内其他产业都有密切联系,需要众多产业配套发展。养老产业不只是为老年人提供生活场所,更是要满足老年人的各项健康需求。养老机构的兴建首先要依赖于房地产业提供经营场所,缺乏建设用地是造成养老机构数量不足的重要原因;制造业可提供养老机构内的基础设施;医疗和医药产业可为老年人提供医疗保障;健康管理产业、康复和护理等产业可为老年人提供健康服务；休闲娱乐业提高了老年人的幸福指数等。养老配套产业缺乏不但会影响养老服务的数量，而且还会影响养老服务的质量，缺乏相关任何配套产业都无法实现全面的养老需求。

（四）政府监管不力

健康产业内各行业良莠不齐，存在众多扰乱市场秩序的问题，降低了公众的信任度，特别是保健品行业问题非常突出，如在广告中夸大功效，误导消费者。由于缺乏相关专业知识，消费者不能作出准确的判断，上当受骗甚至贻误治疗的情况时有发生。另外是产品和服务价格偏高，健康产业基本属于卖方市场，信息不对称，消费者缺乏讨价还价的能力，对于接受的服务质量很难作出判断，基本都是由卖方决定健康产品的价格。但监管部门通常采取抽查的方式进行监管，并不能起到很好的监管作用。由于健康服务的异质性和无形性，服务效果难以判断，很多服务难以制定详细的行业标准和统一的价格，缺乏切实可行的管理标准。

（五）健康产业链较短

养老产业内纵向合作程度低导致产业挖掘深度不足，产业链偏短，产业网络覆盖面小，产业内相互带动作用差。一条完整的健康产业链是集产品的研发、生产、销售和使用为一体的，以实现从产品需求向产品消费的转化。一个产业的发展需要众多的配套产业，如健康管理产业的配套产业有医学检查设备的研发、生产和销售，相关健康产品的研发、生产和销售，还有相关人员的培养，不但包含了健康产业内的其他行业，而且还需要健康产业外的其他行业的配合。健康产业内的纵向合作程度低，产业链挖掘不足，终端产品不能够很好地满足消费者的需求，这不但削弱了消费者的积极性，而且还限制了健康产业发展的空间。

（六）健康服务业比重偏低

按照产业结构划分，健康产业可以分为健康服务业和健康制造业，健康服务业除了医疗服务和健康管理服务外，还包括养生康复、休闲健身、营养保健、咨询服务、人才培训等众多行业。健康服务业是健康产业发展的趋势，在国内外健康产业的发展过程中，健康服务业的比重都呈现不断上升的趋势。在发达国家的健康产业中，健康服务业的比重达

70%以上，而济南市目前健康服务业整体规模较小，发展程度较低，尚未形成完善的健康服务业体系，整体竞争力较弱，服务种类少，服务质量偏低，不能满足市场需求。

导致健康服务业比重偏低的原因主要有以下几个[①]：一是健康服务业起步较晚，作为医疗和医药产业发展到一定阶段后的产物，没有得到充分的重视。二是健康服务业项目单一，市场开发不足。一般的健康服务业倾向于医疗服务和健康管理服务，不但种类少，而且企业规模小，开发新服务的能力不足，难以满足消费者越来越多的健康管理需求。提供的服务种类单一，大量的需求未能转化为消费，抑制了健康服务业的发展。三是健康服务业的消费意识有待提高。一方面，人们对医疗和医药的消费意识较高，而对健康服务业的消费意识较低，注重病后的治疗而轻视了病前的预防，未充分认识到健康服务对健康水平提升的巨大作用；另一方面，由于目前健康服务业的整体发展水平较低，服务质量难以得到保障，导致居民对健康服务业的信任度较低，居民的消费需求未能有效转化为消费行为。

四、促进济南市健康产业发展的对策建议

要想促进济南市健康产业的发展，可以借鉴各地比较成熟的方法和经验，可以主要从以下几个方面着手：

（一）加强健康知识宣传和教育

加强健康知识宣传，加强健康素质教育，提高居民健康素养，养成健康习惯。除有效利用现有宣传媒介外，还要积极开拓健康知识宣传新渠道。网络因受众广泛，知识传播速度快等优势，成了新兴的传播媒体。网络用户年轻化，接受新知识的能力较强，是促进健康知识传播的主要力量。还可以组织一些有经验的营养师或健康管理师，开展网上健康知识交流，针对关注度较高的日常健康问题，在平台上分享专业知识的相关经验，加强日常健康知识传播，帮助人们养成健康的生活方式。

① 参见董翠华：《成都市健康产业发展研究》，西南石油大学 2016 年硕士学位论文。

健康素养的提高对于促进健康产业的发展至关重要，一方面，健康素养的提高能够提高居民的健康意识，充分了解健康产品和服务的重要性，促进居民在健康保健消费观念上由病后的被动消费变为病前的主动消费，促进对健康产品和服务的消费，带动经济的发展；另一方面，健康素养的提高使得居民在消费时具有更多的话语权，能够自主选择所需要的服务，对服务的质量和合理价格作出较为准确的判断，增加人们的消费保护意识。

（二）树立“健康济南”规划理念

宣传健康理念，打造“健康济南”，提高济南市健康产业的吸引力，在政府对健康产业的规划中，要明确产业定位，将健康保健、养生康复和健康旅游作为重点项目规划，在政府投资、税收、用地规划等方面给予一定的倾斜。在经济规划中，将健康产业的规划纳入其中，提高社会对健康产业的认知和健康文化的认同感，学习健康知识，提高健康素养，创建健康文化，打造城市特色。

在健康产业规划方面，值得借鉴的是成都市规划建设的国际医学城。该项目是在温江区集中发展的，集预防保健、医疗服务、养生康复、国际医疗旅游、教育研发和商务配套为一体，面向国内外市场，专业化、国际化和多元化的健康产业服务平台。2007 年开始建设，总投资约 500 亿元，到 2012 年已经建设成为中西部医疗及健康服务核心基地，项目产值达 40 亿元。2016 年成为国家健康管理示范区，到 2020 年已成为国际医疗旅游目的地。该项目重点建设了芙蓉长卷中医药文化养生公园、美国 ICT 集团（成都）肿瘤诊疗中心、北京阜外心血管医院成都分院、四川省八一康复中心、四川大学华西医院永宁分院、博奥生物成都独立医学实验室、医疗综合服务区等。①

（三）加强对健康产业的监管力度

我国居民对健康产品和服务普遍存在信任度较低的问题，主要是政府对健康产业的监管力度不足，市场上产品和服务的质量普遍偏低，而

① 参见董翠华：《成都市健康产业发展研究》，西南石油大学 2016 年硕士学位论文。

价格偏高,或者以次充好,欺骗消费者的事情时有发生,这就需要政府加强监管力度。

首先,要有详细的行业标准。目前健康产品和服务市场较混乱,产品质量良莠不齐,价格差异大的主要原因在于缺乏详细的行业标准。但由于健康产业范围广,尤其是健康服务业具有无形性的特点,很难制定统一的标准。但对于健康制造业,可以参照医疗与医药行业的标准来制定详细的健康制造业标准;而对健康服务业,可以从硬件设施、从业人员的专业水平、服务质量考核等方面进行分类分级考核,相应地予以一定的规范指导。

其次,加大对破坏诚信的处罚力度。对于有了详细标准规范的指导,对应措施就是监管和处罚力度,让破坏诚信经营环境的违规者倾家荡产,逐步清理出健康产业从业队伍。各个机构增设消费者评价机制,通过消费者评价来约束从业人员的服务态度,定期对各机构的评价情况做出展示,激励从业人员提高服务质量。政府应充分发挥对市场的监管作用,维持健康产品和服务市场的秩序,提高产品和服务质量,提高居民对健康产品的信任度,促进居民将对健康产品和服务的需求转化为消费行为,扩大健康产业潜在的市场需求,带动健康产业持续发展。

最后,要增强行业自律意识。加强从业人员的职业道德素质教育,增强行业自律意识,减少过分治疗现象。在医疗体系内规范用药,避免优先使用昂贵药品的问题;在健康服务领域,坚决整治强制性消费保健品的问题;在医疗服务领域,注重患者个人意愿,避免强制治疗,尤其在重大疾病治疗方面,对已经无治愈可能的,应尊重患者及家属意愿,尽量避免伤害性治疗,可以减轻患者痛苦为目的进行保守性治疗,维护患者最后的尊严。

(四)扩大健康产业链

我国健康产业目前开发程度较低,产品和服务种类较为单一,产业链短,产业的覆盖率不足,产业挖掘深度有待提高。将健康产业与周边产业合作开发,不断加深对健康产业的开发深度,才能不断延长健康产业链,扩大健康产业的范围,提高健康产业的综合竞争力和对经济的带动力。目前的市场供给与需求之间存在偏差,市场需求未得到充分认识，限制了健康产业市场的开发。可以委托专业市场调研公司进行健康产业市场需求调研，了解目前市场上各种产品和服务的需求情况，然后开发新产品，弥补市场空缺，增加产品和服务种类，注重个性化需求。另外，企业要通过产品自主创新，不断延长产业链，开发消费者所需求的客户终端，满足最终消费需求。

（五）增加健康服务业的比重

在目前的健康产业结构中，健康服务业的标准偏低，未能充分发挥健康服务业在健康产业中的重要作用。健康服务业是健康产业未来的发展趋势，也是满足居民健康需求的必然选择。可通过多种政策倾斜，扩大健康服务业的比重，发挥服务业在产业结构调整、促进经济增长、带动就业等方面的巨大作用，满足居民的健康服务需求，提高健康产业的综合竞争力。例如，在医疗方面，可以将日常医疗作为独立的发展方向，借鉴深圳试行的家庭医生责任制，家庭医生服务团体可以由家庭医生、护士、公共医生组成，团队按照社区来提供家庭健康服务，负责家庭成员常见病、多发病的诊疗服务和特殊人群的预防保健，并对居民进行健康教育和转诊推介。这样可以及时处理各种常见病，避免由于时间耽误造成的不良后果，特别是对于老年人或孕妇等特殊群体非常重要，而且还可以有效地缓解医院的拥挤现象，做到医疗资源的合理配置。

（本节作者：许海峰，济南社会科学院）

后 记

本书是2018年度济南社会科学院的重大课题研究成果。为保障课题顺利推进，我们特邀山东社会科学院崔树义研究员为学术顾问，成立编委会和课题组，由马军远担任编委会主任，王国庆担任课题负责人，朱冬梅、齐峰、吕荣斌、王志宝、王丽娟、徐海峰、李战、李义宏为编委会成员。本书得到了国家社科基金青年项目：中国“积极老龄化”驱动机制及差异化策略研究（16CJY022）的资助。

本书由王国庆统筹，朱冬梅任主编，齐峰、李战任副主编。本书第一章由朱冬梅撰写；第二章第一节由周刚撰写，第二节由董园园撰写，第三节由童国庆撰写，第四节由武玲娟撰写，第五节由王若维撰写，第六节由吕荣斌撰写；第三章由王志宝、赵娜娜、亓广志撰写；第四章第一节由邬春艳撰写，第二节由步昭瑞撰写，第三节由丁坤元撰写，第四节由孟慧撰写，第五节由寇崇佩、宫会亮、赵军撰写；第五章第一节由郭建钊撰写，第二节由杨晴撰写，第三节由祁小艳、王骏飞、程智平、张萍撰写，第四节由杨祎撰写，第五节由李义宏撰写；第六章第一节由高云撰写，第二节由王丽娟撰写，第三节由李战撰写，第四节由许海峰撰写。

本书在编写过程中得到了山东社会科学院、山东大学、山东省老年学学会、山东师范大学、中共济南市委宣传部等单位有关领导和专家的大力支持，并给予了悉心指导，在此表示衷心感谢！

由于笔者水平有限，书中难免存在不足之处，敬请读者批评指正。

本书编委会

2019年12月